本书系四川大学中华文化研究院 2019 年度招标课题："作为媒介的圣贤：中华文化理想人格的传播学研究"的结项成果

华夏传播学文丛之三

作爲媒介的聖賢

中华文化理想人格的传播学研究

谢清果　等著

九州出版社 JIUZHOUPRESS ｜全国百佳图书出版单位

图书在版编目（CIP）数据

作为媒介的圣贤：中华文化理想人格的传播学研究 /
谢清果等著. -- 北京：九州出版社，2021.11
ISBN 978-7-5225-0638-8

Ⅰ.①作… Ⅱ.①谢… Ⅲ.①中华文化－文化传播－
研究 Ⅳ.①G125

中国版本图书馆CIP数据核字(2021)第229685号

作为媒介的圣贤：中华文化理想人格的传播学研究

作　　者	谢清果　等著	
责任编辑	王海燕	
出版发行	九州出版社	
地　　址	北京市西城区阜外大街甲 35 号（100037）	
发行电话	(010)68992190/3/5/6	
网　　址	www.jiuzhoupress.com	
印　　刷	北京九州迅驰传媒文化有限公司	
开　　本	720 毫米×1020 毫米　16 开	
印　　张	21.75	
字　　数	416 千字	
版　　次	2021 年 12 月第 1 版	
印　　次	2021 年 12 月第 1 次印刷	
书　　号	ISBN 978-7-5225-0638-8	
定　　价	68.00 元	

总　序

华夏传播学：构建传播学"中华学派"的必由之路

　　华夏传播研究是伴随着传播学中国化进程而产生的一种具有中国主体意识的学术探索。20世纪70年代末，余也鲁、徐佳士等人于港台地区首创，力图从中华五千年文明中探索出中国人独特的传播智慧，以丰富和发展源于西方的传播学。而1993年当厦门大学新闻传播系创系10周年的时候，余也鲁等人与厦门大学的郑学檬教授（时任厦门大学常务副校长）共同商议举办了"首届海峡两岸中国传统文化中传的探索座谈会"，同时也成立了厦门大学传播研究所作为推动全国传播研究的基地。此后，积极推动出版了《华夏传播论》和《华夏传播研究丛书》（三卷）等著作，从此厦门大学成为海内外华夏传播研究的重要基地。

　　转眼间，华夏传播研究已走过了四十个春秋。研究的接力棒落到了新一代学人身上。为了不辜负前辈们的殷切嘱托，厦门大学传播研究所决心继续打造"华夏传播研究"这一学术传统，在教学上创立了厦门大学经验，即开出了本硕博贯通的课程教学体系，体现在面向本科生开设"华夏传播概论"必修课，面向硕士生开设"史论精解：华夏传播学"（必修课）和"中国传播理论"（选修课），面向博士生，开设"研究前沿：华夏传播研究专题"，同时博硕士课程打通，可以互选。同时，建设了相应的配套教材与教辅：本科生教材为《华夏传播学引论》（厦门大学出版社，2017），硕士生教材为《华夏文明与传播学本土化研究》（九州出版社，2016，2018年荣奖福建省社会科学优秀成果三等奖），博士生教材为《光荣与梦想：传播学中国化研究四十年（1978—2018）》（九州出版社，2018），当然这三本教材都可以互为参照学习，各有侧重。本科生教材以西方传播学框架来建构华夏传播学的基础理论体系，以方便学生进行比较学习。硕士生教材侧重华夏传播学自身的理论建构，形成了包括心传论、风草论、情感论等有中国特色的理论体系。博士生教材则重在对历史的把握，注重观照传播学中国化进行中的论争，把握华夏传播研究四十年的历史成就。同时，为了帮助初学者入门，我们主编了《华夏传播学读本》（世界道联出版社，2016），该书主要精选了本领域的代表性论文，让读者能够直观把握这个领域研究的特色。同时，为了实现一本在手，概览华夏传播研究的主要成果的目标，我们主编了《华夏传播学的想象力——中华传统文化传播研究著作评介集成》（九州出版社，2018），该书收录了近 40 年来该领域代表性成果的著作提要，并做了简要的评介。在科学研究方面，我们力争打造"华夏文明传播研究"方向，从文明传播学的高度，来建构华夏传播研究自身的话语体系、理论体系与实践体系。我们一方面主编了《中华文化与传播研究》《华夏传播研究》两本集刊；另一方面也主编了《华夏文明传播研究文库》（含《华夏文明与舆论学本土化研究》《大道上的老子——〈道德经〉与大众传播学》等 10 部），从而初步打造出了研究特色，产生了一定的学术影响。

我们心中有一个梦想，那就是将华夏传播研究提升到"华夏传播学"，经过不懈努力，最终能够成为与传播学"美国学派""欧洲学派"相媲美的"中国学派"，至少要做到中国传播研究的"厦大学派"。因为在我们心中，华夏传播学是华夏传播研究领域发展到 21 世纪一种更为深沉雄厚的学术追求。华夏传播学是在对中华五千年文化传统中的传播活动与传播观念进行发掘、整理、研究和扬弃的基础上，建构起来的能够阐释和推进中华文明可持续发展的传播机制、机理和思想方法的学说。她不仅站在中华文化立场上，归纳提升了中国人的传播智慧，而且含摄全球传播视野，综合创新，打造出有民族性、时代性、先进性、全球性的传播理论。

2018 年 9 月 16 日，一批有志于推动华夏传播学缔造的传播学人集聚江苏金坛，于首届"华夏文明传播与企业家精神培育研讨会"上成立了"华夏传播研究会"，挂靠华夏文化促进会，从此，从厦门大学传播研究所发展而来的华夏传播研究会正努力以工作坊、研究会、办刊等方式，不断提升华夏传播学的研究力，不断集聚研究人才，以期创造更加辉煌灿烂的明天。

本丛书取名"华夏传播学文丛"是立志于赓续《华夏传播研究丛书》的传统，继承开创华夏传播研究新境界。热切期望有志于中华文化传播研究的学人加入我们的行列中来。

2021 年 10 月

序

　　圣贤文化是中华文化的核心内容，尊圣成贤是传统士人的根本追求。如果说礼乐文化是中华文化的表现形式，那么圣贤文化是中华文化的本质内容。礼乐文化从根本上讲是圣贤创造与传承的，因此，圣贤思想与精神自然贯注在礼乐文化之中，而礼乐文化的终极目标就是要学以成人，成为圣贤。因为只有圣贤才会自觉去传承礼乐。因此，礼乐与圣贤两种文化其实是中华文化的内核，是一体两面的关系，两者不可分离，不可或缺。

一、关于圣贤文化研究的学术史梳理

　　"圣"的研究。中国历来崇拜圣人，对圣人的论述史不绝书，自孔子后传统经典不断阐述圣人的言论、德行和标准，尤其对圣人的品德人格进行详尽的阐述，这些阐述又不断被后人解读，这些解读无不受到当时特定历史条件的影响，体现着当时的时代氛围和意识形态。对于"圣"与"圣人"的研究，目前学界主要在思想史、历史学、哲学、文字学、政治学、人类学、传播学等领域都有所涉及。①思想史方面的研究：吴震先生《中国思想史上的"圣人"概念》从思想史的角度对圣人的概念及其变迁做了一个观念史的考察。王文亮先生的《中国圣人论》从"圣人与人的本质""圣人与学问修德""圣人与士人性格""圣人与夷夏秩序"等七个方面考察和研究圣人观念在历史上的发展及其对中国传统文化各层面的渗透，时间维度横跨先秦至清末，是较早的是关于"圣人"研究的观念史专著。刘刚、李冬君的《中国圣人文化论纲》中提出了"圣化"的范畴，对孔子进行了新的探讨，全书主要阐述"圣化"比"礼""仁"等观念能更为深入把握中国文化特质，更为清晰展示中国文化发展趋势，并着重考察了在春秋至秦汉大一统时期，宋儒造圣时期的圣化思潮中，孔子从载体上升为主体，以及与孔子圣化有关的学术演进、学派兴衰及其政治沉浮。关于"圣人"的标准，张放涛、王金辉主编的《中华圣人》一书收录中国历史上公认的圣人，包括中华民族的先祖"帝圣"（三皇五帝等），也包括历史上伟大的思想家（孔孟老庄等），还包括对某一领域有开创性贡献的人（如医圣、画圣、科圣、药圣、厨圣等），将圣人理解为道德极高或智能超常的人，与司马光《资治通鉴》"才德全尽谓之圣人"相符。此外，圣人也是古代中国臣子对君主的尊称或美称（周良霄《皇帝与皇权》）。葛荃先生在《权利宰制与理性：士人、传统政治文化与中国社会》一书中认为，中国传统文化中的"圣人"通常被理解为"理想化的政治人格和道德人格"。②政治学方面的研究：中国政治思想史家在《中国传统政治思想》一书中指出，圣人"既是一种关于人的共同观念体系，又是一种充分理想化的政治模式"，君王通过当政"成圣"，知识阶层通过学习修养而成就"内圣外王"，他把"崇圣"归结为"中国传统文化的本体"。萧延中先生在《中国早期社会共同体之政治形式与象征谱系纲要》一文中，借用涂尔干的象征理论考察了"圣人崇拜"在政治文化中的政治社会功能，认为中国传统文化中的"神化圣人"是一种"政治象征智慧"，"圣"之崇拜所表现出的实质能量建构出一幅"神圣公共象征"与"政治共同体认知"两大系统之间彼此支持和相互依存的政治意识图景，并在很大程度上成为"礼仪文化"特定内涵的核心要素。③传播学方面的研究：古文字学家如唐兰、郭沫若等较多着墨于字体演变的考证，而哲学史、政治思想史等领域的研究则注重考查"圣"的观念建构，而较少结合训诂学和考古学知识做进一步考证。较为新近的研究中，潘祥辉先生将"圣"字考据与观念史流变有机结合，结合训诂学和考古学知识对"圣人"进行研究，在其著作《华夏传播新探：一种跨文化比较视角》中，结合翔实的考据，从传播学的角度对"圣"之起源、"圣"之偏倚、"圣"之内涵演变、"圣"之中西方比较差异进行了考察，得出了圣人是中国历史上最早的、最专业的"职业传播者"的结论，并发现中西方圣人具有一定的共通特征，但实际上形同意不同，中国"圣人"概念是一种中国文化特有的产物，具有"媒介学"特征，为传播学角度考察"圣"文化开拓新视野。

"贤"的研究。有关"贤"的研究流变呈现从理论研究向实践应用方面的转变的特征。起初，学者集中于探讨墨子、荀子、孔子等的尚贤思想，如张国福于1988年发表的《墨子"尚贤"思想浅析——兼谈先秦尚贤之风》一文阐述了春秋战国时期崇尚贤者已蔚然成风，许凌云于同年发表的《墨子尚贤、兼爱论》一文提出尚贤思想古已有之，但值得注意的是贤人的含义在各个阶级是不同的，必须意识到墨子尚贤主张的阶级性质和时代意义。此外还有徐进于同年发表的《荀子尚贤思想初探》一文总结荀子尚贤则治、唯贤是取、得贤必用的思想精髓。此后，从1990年到2010年，有关贤的研究较为分散，林翊探讨了墨子尚贤思想和企业人才机制建立的关联，朱汉民、周俊勇、刘觅知、陈钢等探讨了宋儒所推崇的圣贤气象的理想人格的成因与要求标准，并分析了圣贤气象对自我发展、人才培养等具有的引领价值。2010年至2015年间，国外学者对尚贤思想在政治领域的影响关注渐增，加拿大籍学者贝淡宁出版的专著《贤能政治：为什么尚贤制比选举民主制更适合中国》中，对"贤能政治"进行了详细论证，力图证明尚贤制更适合中国国情，在学界引起广泛争论，刘希京、黄玉顺等学者对其进行了批判，认为贤能政治的本色是人治，其本身面临理论与现实的双重困境，发展民主才是构建良好政治生态的根本；杨国荣等学者认为，就现代政治体制的建构与实践的展开而言，既需要关注贤能政治注重实践主体的德性与人格的政治取向，也不能忽视民主政治突出政治实践的规则与程序的基本立场。这个阶段也开始出现贤的文化实践研究，余志权、胡德军分别以象贤中学、上屋小学为例，阐述以国学经典为基础开展贤文化教育的实践案例。周宗波、陈磊、陈慧君等阐述了上海奉贤区将"敬奉贤人，见贤思齐"的贤文化融入日常工作，培训良好家风，提升居民文明素质，最终荣获上海首个区长质量奖的实践经历。从 2015 年到当前，贤的相关研究进入井喷期，培育和实施乡村振兴战略是党的十九大报告中的重要内容，对此，众多学者对乡贤文化进行了研究，乡贤文化为主题的研究成果高达 110 篇，成为贤相关研究的热点。该阶段的研究包括对传统乡贤与新乡贤文化的区别联系的探究，对乡贤文化与乡村治理间关系的剖析，对乡贤文化与社会主义核心价值观落地的积极作用的探讨等诸多内容，更注重于考虑贤的文化价值的实践应用。对贤的有关研究主要可分三类：从文字学、语言学角度对"贤"的考察，从思想义理层面对"贤"的研究，以及德育、管理等应用实践热点的研讨。总体说来，近年来"贤"相关的实践性和应用性更为凸显，研究的角度也更为多元。值得注意的是，对贤的基础性研究，将语言文字学角度研究与"贤"思想史方面研究相结合的研究尚相对零散，对贤文化传播效果的实证研究较为丰富，但较为缺乏对传播理论框架的探究与创新。

综上所述，目前圣贤文化研究已经取得了丰硕成果，但是仍然有一下缺憾。①研究视角较为狭窄。目前的研究主要集中在思想史、政治史、历史等学科，使得圣贤文化的内涵得到了充分发掘，但是对于其产生的现实能量与效用的整体性考量与探讨尚有不足。②研究方法较为单一。圣贤文化在中国古代社会的传播中，不仅由于官方的主导宣传，更重要的是其传播的手段的多样，而这些多样的方式并不完全通过文本研读可知，需要通过社会心理调查以及其他手段加以补充探究。③应用研究仍需扩充。目前的大部分研究属于基础理论研究，对于理清圣贤观念很有帮助，但是对于其在当代社会的价值涉及有所不足，理论应用的实效性有待进一步加强。

二、本研究的学术价值与社会价值

就学术价值而言：其一，对于传统圣贤文化的弘扬具有重要作用。圣与贤是中国古代思想史上十分重要的概念，众多研究成果表明，在"天人合一"这一中国传统思想的基本概念和基本精神之下，举凡归之于"天人"的命题都渗透着"圣""圣人"之色彩，"贤"成为通达终极目标"圣"之前的可见目标，圣贤成为天道与人道的中介点，作为媒介，"圣贤"这一人格理想的合理性、合法性与正当性来源于"天道"；同时，"圣贤"又是普通人可以理解与企及的、可以通过学而达之的人格理想，即下学而上达的人生理想境界。"圣贤"理想人格作为中国传统文化的基本特征之一，从跨学科、跨文化角度对其进行考察十分有必要。其二，有助于开拓传播学本土化研究路径。通过对传统圣贤文化传播范式的考察与传播理论框架的构建，以及其现代实践的实证考察与分析，是为了建构起既深深根植于历史与传统的土壤，又能具有现代社会的适应性与适用性，并为世界范围内集中西方文化精华之大成的传播学发展有所促进，让民族的成为世界的，为全人类命运共同体的发展做出理论与学术贡献。

就社会价值而言：其一，有助于提升全社会道德教化的内涵。圣贤文化的教化范式有丰富的智慧和实践经验可供今天借鉴，其"美俗移风""以文化人"的教化内涵、知识分子的道德坚守以及民间榜样的树立和弘扬等都是当今道德教育可汲取的丰富营养，有助于真正提高德育实效性，同时助力乡村建设，传承乡村文脉、重建乡村文明，让新农村成为城市发展的后花园。其二，有助于增强文化自信。顺应国家繁荣发展哲学社会科学的倡议，努力实现传播学的本土化，即将传播学与中华优秀传统文化相结合，努力建构中国自己的传播观念及其理论体系，从而增强中华民族的文化自信。

三、本研究的对象、内容与特色

研究对象：本课题主要研究作为媒介的圣贤及圣贤文化传播现象，即是探讨并提炼以"圣贤"理想人格为媒介的华夏传播特色理论与传播范式。首先，"圣贤"是沟通天人的媒介，中国传统思想中的"圣贤"是中国古代知识分子对价值之终极依据的人格化。圣贤文化的传播有别于"榜样传播"，不专指某个或某些特定的人，而是华夏文明体系中"天人合一"思想结构的关键性环节。圣贤是沟通"天"与"人"的媒介，是"天道"在现实层面的具体再现。作为媒介，"圣贤"这一人格理想的合理性、合法性与正当性来源于作为价值本体和宇宙本源的"天道"；同时，"圣贤"又是普通人可以理解与企及的、可以通过学而达之的人格理想，即下学而上达的人生理想境界。中国古代大多数哲学家或思想家皆通过诠释"圣贤"而建构起了对于宇宙存在与人类社会之理据的认知。其次，"圣贤"既是媒介又是讯息，中国传统人生哲学的传播媒介包括典范人格（理想人格）与经典，传统知识阶层经、传、注疏的治学模式与"为学即为道"的人生理念，使"六经注我，我注六经"成为圣贤文化独特的传播模式。圣贤文化的传播，是依据哲学家、思想家的知行体验，对传统经典（一般指先秦时期的原创经典）进行解码与重新编码的过程，也是译码者按照经典的指引在实践中不断追求人格理想的过程。再者，就圣贤文化的传播路径而言，在传播过程中一方面逐步下移，由"圣王"发展到"满街都是圣人"；另一方面逐步内化，由外王实践向单纯的道德修养转型。在整个过程中，贯穿着道统、学统、政统的分离。道统是超越学统与政统的最高价值追求，学统传承道统同时也为政统服务的，学统和道统又受到政统的现实制约。以士大夫为代表的知识阶层形成了群体独有的人格特质，而圣贤文化在民间的传播也有其自己的独特模式。

研究内容：本研究问题意识在于建构以理想人格为媒介的传播范式及如何充分发挥其传播效果，集中在以下方面探讨：

第一，探讨以"圣贤"作为媒介何以成为可能。结合文字学考古，以思想史中的几个重要时期为主要背景，考察圣贤内涵的变迁及其与时代背景、传播环境等之间的关系。三代时期，沿袭神道设教的思想传统，圣贤是"天道"在人间的代言人，这个时期的圣人"还崇高得遥不可及"。人们以"圣贤"为媒而进行对天道的体认。先秦时期考察儒家基于"仁道"原则的圣贤观，道家基于"自然"原则的圣人观，以及墨家"尚贤"思想。从两汉儒学的政治化发展至宋明，"圣贤"经历了"神话"化的过程，两汉时期儒学的神学化是理想人格"圣化"的开端；魏晋崇尚"名士风度"，而此理想人格同时面临着"名教与自然之辩"理论困境，性情说的讨论由此展开，此阶段老庄思想与儒家的对立色彩已大为淡化。至宋明时期，在魏晋玄学奠定的援道入儒的基础之上，理学确立了作为"天道""天理""太极""诚"的终极价值本体。"天理"作为全然之理，统摄道德法则与自然法则。至此，儒家"天道"核心内涵的价值关怀、名教的社会伦常的终极依据得以确立。发展至心学，原本"天理"作为全然之理，统摄道德之理与自然之理，亦是将道德法则等同于自然法则，在实践过程中就会出现"格物"并不能"穷理"的现实状况。心学的发展，对"天理"的神秘化色彩进行祛魅，范畴进行收缩，使价值本体回归价值世界，道德价值内在于人心，因此"心即理""心外无物"。

第二，探讨并总结以"圣贤"为媒介的传播范式。在知识阶层的传播历史上可分道统、学统与政统三个层面，现代则对应文化传播、教育传播和政治传播。例如文化传播中对经典的损益和不同时代士大夫人格风尚，教育传播中官学、私学、童蒙教育、女性教育和社会其他阶层教育中圣贤文化的传播，政治传播中圣王治国、士大夫阶级"学而优则仕"的价值取向等。"乡贤"是圣贤文化在平民阶层的传播模式，是榜样传播与空间传播的结合。可从传播者与受众、传播媒介、传播内容变迁、传播效果考察等层面对圣贤文化传播进行考察，并总结其在人内传播、人际传播、组织传播、群体传播（乡贤）等方面的传播模式。

第三，构建现代圣贤文化传播新模式。本书参照已形成研究成果的中国传统理想人格的传播范式，对当代理想人格的传播范式进行探讨和理论建构；本书也对地方乡贤文化进行重点探讨，历史上"乡贤"传播的空间经历了从先贤祠到乡贤祠的演变，侧面反映着古代市民社会的兴起。乡贤是地域文化的重要组成部分，同时又体现出职业构成多元化、身份趋向平民化、居住空间离地化等新特征。通过对现代新乡贤文化建设实践的考察，总结问题并提出乡贤传播模式的新构想。

本书最大特色是把圣贤文化传播放置在一个个具体的领域和场景中去，从而使圣贤精神传承显得真实可信。书中既有探讨《墨子》《庄子》《论语》《周易》《鬼谷子》等经典中的有关圣贤自我传播、说服传播、修辞传播等方面的智慧；也有佛学、阳明心学、先秦儒家等修身成圣的路径求索。此外，也关注孝文化、民俗文化、深衣文化、生肖文化等具体的子文化领域中是如何传承圣贤品格的内容，甚至也关注圣贤文化传播对日本的影响。如此，圣贤品格一方面在书籍媒介以及各种生活媒介如服饰中传播开来，另一方面，圣贤本身是中国社会一以贯之精神媒介，借对圣贤文化的信仰，圣贤自身符号化为思想，并成为中华民族的集体无意识，进而融汇在人们的日常实践中。正是圣贤文化这种人文信仰支撑着中华民族历经劫难，而依然屹立的根本原因所在。借助彼得斯在《奇云》一书提出的概念，圣贤文化是一种基础设施型媒介或元素型媒介，因为她塑造了"中国精神"，演绎出博大精深的中华文明。

研究特点：

第一，充分借鉴媒介环境学派理论，如麦克卢汉"媒介即讯息"，英尼斯媒介偏倚论等，参考媒介学的思考路径，对作为媒介的"圣贤"进行传播学视域的全面考察。

第二，参考结构主义符号学理论方法（如罗兰巴特的神话学说），对圣贤文化符号进行分析，对圣贤人格理想"神话化"的过程进行考察，总结提炼其理论构建的框架与方法。

第三，建构以圣贤（理想人格）为媒介的传播理论体系，并提出创新性的理论体系建构设想：①圣贤理想人格内涵的变迁，探讨传播内容与时代背景之间的关系；②中国社会不同时代的传播环境，考察传播环境对圣贤文化传播的影响；③圣贤文化的传播者与传播受众，在不同的社会阶层中圣贤文化的传者与受者具备一定的差异性，同时又具有共通性；④圣贤文化的传播媒介与传播空间，圣贤

（人）与经典（语言符号）都可作为传播的媒介，还包括有各种非语言符号，传播空间与传播媒介密切相关；⑤圣贤文化的传播效果，对其在政治、教育、文化等不同层面的传播效果进行考察；⑥圣贤文化的内向传播，考察以个人修养为主的内向传播特质与范式；⑦圣贤文化的人际传播，探讨交往中圣贤的观念对人际关系的影响；⑧圣贤文化的组织传播，古代官学、书院、蒙学等组织以及现代企业、团体、社区等组织传播制度的考察；⑨圣贤文化的群体传播，考察乡贤从祀制度与乡贤祠的演变，以及乡贤选拔与公论（舆论）、国家重大事件之间的关系；⑩现代新乡贤文化实践，采用民族志研究等定性研究方法对现代新农村建设中乡贤文化的建设进行考察；以理想人格为媒介的传播模式新构想。虽然这些设想并没有全部实现，但这是难得的一步。相信未来的研究，将进一步推进。

研究目标：本研究致力于建构以"圣贤"理想人格为媒介的传播范式，具体包括文化传播、教育传播、政治传播等层面及乡贤文化传播的创造性转化以及当代实践形态的创新性发展。本研究提出"作为媒介的圣贤"理念，旨在探索华夏文明传播的独特范式与内在特征，构建以时代理想人格为轴心的传播模式，也是为了在发展当代社会伦理道德体系时能有所借鉴与扬弃，继承和发扬中华传统文化中的优秀内涵，为提升社会道德水平和安顿个人身心、提升民族文化自信做出学术贡献。

四、本书的研究思路和方法

研究思路：首先，对圣贤人格与圣贤文化进行思想史的梳理并对与之相关的文化符号进行分类和阐释。对广义的圣贤如儒、道、佛三大学派中理想人格的追求进行阐释，对以儒学为主流的中国传统思想中"圣贤"观念进行界定；对圣贤文化综合体，包括"圣贤"言行教化及其具体符号如语言符号（承载圣贤思想的经典文本、传说故事、戏曲剧本、碑刻、钟鼎文等）及非语言符号（图像、卦象、文庙、戏曲、雕像、剪纸等形式）进行分类和阐述，进而从中选择一些如生肖、民间信仰等内容开展先期研究。

其次，梳理中国传统思想史中的"圣贤"观念相关理论体系的发展脉络，对中国传统社会中圣贤文化在各个不同方面的传播进行阐释，从而总结提炼出以圣贤为媒介的传播理论范式框架。本研究以散点透视的方式，管窥中华圣贤文化的精神气质，并剖析其在传播学各个领域的内涵呈现。

最后，以中国传统圣贤文化传播理论框架为依据，以西方传播理论为参照系，开展学术对话，以圣贤文化传播实践效果为参照，尝试建构适用于当代的以理想人格为媒介的传播理论。着力探讨圣贤文化在当代的教化价值。

　　研究方法：本研究通过将中国传统文化中的政治传播、教育传播、文化传播、民间传播与传播学的媒介、场域与观念的话语系统对接，将文献考证与思想内涵的理性剖析结合，力求对圣贤文化传播进行整体的历史梳理、系统诠释和可行的理论构建。注重综合运用以下研究方法：①文本分析方法：对"圣"与"贤"及圣贤文化进行语言文字的考据与思想史的考古；②结构主义符号学研究方法：对理想人格的"圣化"过程进行符号学的分析。

　　圣贤文化可谓博大精深，本书只是我们从传播学角度加以探讨和发扬的一次尝试。由于我们的能力有限，书中有许多不足之处，恳请方家赐教！期盼我们共同推进中华文化的传播学研究事业更上一层楼，并为最终建构与欧洲传播学和北美传播学相媲美的华夏传播学而不懈努力！

谢清果　董熠

2021 年 4 月 10 日

目　录

第一讲　华夏内向传播研究

第一章　无待逍遥：庄子《逍遥游》的
圣贤内向传播观

　　当前学界对内向传播领域的研究尚处于起步阶段，西方理论在研究中呈现出垄断姿态。华夏文化中的内向传播兼具中华传统文化色彩与传播学色彩，是内向传播研究和华夏传播理论发展的重要突破口。为此，本章立足于传播学本土化的基本立场，从庄子的《逍遥游》出发，跳脱出西方理论框架的限制，探究庄子的圣贤内向传播过程，从而推动内向研究领域的纵深化发展。

第一节　内向传播研究的学科基础

　　内向传播被视为一切人类传播研究的基础，其研究包括了"人对内在与外在刺激作出反应的过程、人的自我概念、心理需求以及态度和行为改变等多方面的内容"①，主要强调的是人自身对信息的处理和消化，涉及了人脑的构成、人对刺激的反应机制以及对人意识的探究等生理性问题。从自然科学领域出发，丹尼尔·丹尼特所著的《意识的解释》、弗洛伊德的人格理论等，都以科学实证为依据，对人的自我传播进行了深刻的解剖。但内向传播中，人所扮演的角色不是被动的接受者，而是能够充分发挥主观能动性做出积极反馈的实践者，其中除了生理机能上的作用，还包含了人复杂的内心感受和思维过程。罗洛·梅的《人的自我寻求》、恩斯特·卡希尔的《人论》、里克·M.加德纳的《日常生活心理学》、库利的镜中我理论、米德的主我客我理论和内省式思考理论、布鲁默的自我互动理论等社会学研究成果，就从社会科学的角度切入，从人的能动性的发挥上对内向传播进行解读。目前学界公认的内向传播理论经典是库利的镜中我理论与米德的主我客我理论，二者虽然一定程度上解答了内向传播这一传播学问题，却仍然缺少传播学

---

① 许静：《新闻传播系列：传播学概论（第2版）》，北京：清华大学出版社，2013年，第19页。

关怀。

自然科学的研究为内向传播的探索奠定了实证研究基础，但人对自我的求索却远早于此。苏格拉底公元前 5 世纪就提出了被大家所熟知的"认识你自己"的观点，认为对永恒真理的追求不能依赖于自然外物，而要反求于己。

第二节 何以逍遥：为什么要选择庄子的《逍遥游》

立足于内向传播领域的研究现状，本章从社会科学的角度切入，以庄子的《逍遥游》为研究载体展开探究，主要出于三个方面的考虑，一是中国传统文化中对内向传播的探究特点，二是庄子所代表的道家学派在华夏传播领域的地位，三是《逍遥游》本身所蕴含的独特研究价值。

一、中国古代以圣贤为导向的内向传播探索

相较于西方，中国对于自我的认识要更早一些。春秋战国时期，百家争鸣之下诸子对于自我的探索呈现盛放之姿，中国对于内向传播的目的统一且明确：成圣成贤。从这个角度来说，从中国人探究成圣成贤路径的那一刻开始，我们就开始了对内向传播的具象化探索。

至圣先师孔子所创立的儒家学派中，就尤其注重对自我的认识与完善，故儒学又称"为己之学"，儒家强调以"省己、克己、毋我"来提高自身修养[1]，而后推己及人，做到兼济天下，通过对社会的贡献实现自我的价值，即以内向传播为基本方法，将感性认识与理性约束相结合，完成自我与外界的交互。

不同于儒家学派中对人的社会性的强调，同样在中华文化中具有基础性地位的道家学派则具有鲜明的叛逆色彩，极度追求内向修为的纯粹，将"心斋"和"坐忘"视作精神进入道境的主要途径，讲究摒弃外物对自我的干扰，从而"自正自化"[2]。

二、道家对内向传播的独特贡献

道家对人际传播、社会传播等外在传播的弱化，更加突出了其在内向传播上的贡献，道家对"我"的强调，注重的是个人内部的成长与进化，讲求的是"物化"与"自省"之道，赋予人的自我思考与发展以重要的地位，将人的自我传播

---

[1] 宋昱含：《〈论语〉中孔子的自我观》，《临沂大学学报》2020 年第 3 期。

[2] 谢清果：《道家语言传播主体的求真意向》，詹石窗总主编：《百年道学精华集成》第 5 辑，上海：上海科学技术文献出版社，2018 年，第 370 页。

视为"成圣成贤"的重要途径，而这正是内向传播所探究的内容。因此，道家的内向传播不仅对道家研究具有重要作用，更对中国本土的内向传播提供了关键路径，当前，在学界对道家的内向传播研究还处在起步阶段，探究道家的内向传播更显其价值。

着眼于道家的内向传播，逃不开对老庄哲学的探索，老子和庄子作为道家学派的代表人物，其传播思想各有侧重。① 在入圣的途径上，老子强调"无为"，庄子追求"无待"。从字面上理解，"无为"便是无所为，即不需要刻意的追求，而是顺应自然万物，把老子的"无为"放置于"小国寡民"的语境当中，则无为更像是对不妄为的提倡，具有"无为而治"的政治眼光，因此，老子的内向传播观具有治世的现实意味；"无待"便是无需待，即什么都不需要依赖。庄子认为生命只是"道"的表现形式，它具体是什么并不重要，重要的是生命与"道"的统一，均齐万物而为一，追求不羁放纵的逍遥之境，却慎终如始。比起"无为"，庄子的"无待"更显透脱而豁显。

因此，从内向传播角度来看，庄子的思想更为纯粹，却又不失传播学关怀与本土化视角，本章将以庄子的入圣模式为切入点，探索华夏传播视域下的内向传播。

三、《逍遥游》中凡人皆可入圣的普世价值

值得注意的是，无待并不是庄子自己明确提出的思想，而是提炼自《逍遥游》中的"此虽免乎行，犹有所待者也"。《庄子》一书作为体现庄子思想的集大成之作，其首篇《逍遥游》在思想深度和艺术高度上都具有代表性，体现了庄子人生论中的核心内容。要解读庄子的内向传播观，绕不开《逍遥游》。同时，选择《逍遥游》进行解剖更富有现实意义。何来"更"字一说？事实上，对庄子内向传播的思想探究多以庄周的蝴蝶之梦为切入口，因为梦境是一种特殊的内向传播模式②，且在庄周梦蝶中可以更加显著地进行自我和他者的区分，从而划分出明显的传者与受者进行论证，因此，庄周梦蝶的研究具有特殊性和便利性。但比起庄周梦蝶中顿悟的偶发性，《逍遥游》更具有普适性。在《逍遥游》当中，庄子论述了大小之辨，指出每个人都应该努力突破自己小的局限，去寻求无待，这样的突破是艰难却可实现的。对于众人来说，最重要的环节还是实现大小转变，而如何才能突破自身小的局限而至于大的转变呢？内向传播是完成这一转变的根本途径。庄子为众人提供了一条具有普世价值的通圣之路，即先收束向内，避免外界的纷

---

① 谢清果：《华夏传播学引论》，厦门：厦门大学出版社，2017 年，第 84 页。
② 陈力丹：《自我传播的渠道与方式》，《东南传播》2015 年第 9 期。

扰；再于自己内心中完成"心斋""坐忘"的过程；最后与天地合一而至"无待"的境界①。后文中，笔者将以《逍遥游》为例，探究庄子入圣的内向传播模式，探寻中国圣贤的入圣之道，为内向传播领域贡献中国化视角。

第三节　自取之辨，物化之境:《逍遥游》与庄子的圣贤内向传播观

把握庄子的思想特征后，需要凭借《逍遥游》的文本内容，来将庄子蕴含在其中的传播思想具体化，《逍遥游》中，蕴含了庄子对内向传播过程、途径、状态的理解。其中，文中对至人、神人、圣人的描写是探究庄子内向传播观的关键，也是本节内容中分析的重点。

一、庄子圣贤内向传播过程的基本构成

借用拉斯韦尔的 5W 传播模式，即传播过程中的传播主体、传播内容、传播渠道、传播对象和传播效果五大要素②，解剖《逍遥游》中体现的内向传播观，可以发现，在圣贤内向传播中，主体、渠道、对象和效果都是基本确定的。

最显而易见的是传播效果的确定。《逍遥游》的核心是庄子的逍遥观，"逍遥"是庄子认为"入圣"的状态体现，也是庄子认为内向传播需要达到的最终目标，即庄子的圣贤内向传播观期以达到的传播效果。圣贤的一切内向传播活动，都是为了到达成圣成贤的"逍遥"之境。

而在这一内向传播过程中的参与者，除了既充当传播主体又同时是传播对象的"自我"，还存在着他者。除了他者的存在，庄子对内向传播过程中参与对象的划分有一个基本要件——对他者的划分，庄子认为对内向传播进行参与和干扰的他者可以是具体可感的实体对象，也可以是抽象的外物，他将心灵精神以外的存在均视为他者③。结合庄子对内向传播的基本认识，他将内向传播视为达到自我内外和谐的信息传输，认为人在本性上就具有通达修道的能力，这一能力是寄托于人的思想而非身体，所以庄子对人的身体和心灵先进行了划分，他认为身体只是心灵的寄寓之所，如果过度依附拘泥于身体的限制，心灵上的悟道之路则会受阻。

确定了传播主体、传播对象和最终的传播效果，传播的渠道也就得到了明确，

---

① 霍霄:《众人何以至逍遥:〈逍遥游〉给一般人的至逍遥之路》,《名作欣赏》2020 年第 9 期。

② 郭庆光:《传播学教程》,北京:中国人民大学出版社,1999 年,第 36 页。

③ 陈禹含:《〈庄〉"逍遥游"超越之路研究》,硕士学位论文,四川省社会科学院哲学与文化研究所,2019 年,第 6 页。

在圣贤的内向传播过程中，最重要的渠道就是自我的思想，他者和自我的互动是起辅助作用的方式。

二、"分与物化，无待他者"的逍遥之道

"无待"是庄子圣贤内向传播的基本途径之一。庄子在文中论述了大小之辨，认为万物无论大小，皆有定分。小至朝菌和蟪蛄，大至鲲鹏，都不能做到真正的逍遥天地间。因为即使是鲲鹏，在扶摇而上的时候，也是"去以六月息者"，仍然有所凭借。庄子理想中的逍遥和现实的差距究竟何在？《逍遥游》中给出了答案——"恶乎待"，也就是"无待"，即无待他者、不依靠外物才能逍遥。在庄子看来，道生万物，道对世界与自我的塑造起到根本性的作用，在自我与他者关系的调节中亦是如此。以他者自观，则他者与我都各有特色，各持本性，难以调和；若以道自观，则自我与他者都失其性而复归道体。因此，要调和自我与他者的矛盾，就绝不能仅仅寄托于"自我"的对立面——他者。结合庄子对人的本性的认识，拘泥外物的结果只会是为外物所累而不自由，超越他者的干扰，执道而行、以道御物，才能真正做到"无所待"而至逍遥。

"无待"处理的是自我与他者的关系，从指涉对象来看已经超越了单纯的"内"的范围，属于"外化"。但无待就足够了吗？不依靠外物便自然成贤了吗？庄子对"无待"的强调是对外在条件的排斥吗？恰恰相反，庄子给出了另一个条件——"物化"。

道家学派认为，万物的生成和显现都是"化"的结果，"化"指的是道的化生，物因"化"而存，而非依靠别的力量"造"，物自身就是其存在的根据，自成其原因与结果，因而万物平等，虽有大小之辨，却无高低之分。[①] 物化实际上指的就是彼我同化的精神境界，这里的物是包括"我"的概念，是对天地万物的总称，物化成立的前提就是泯除事物的差别，因此，逍遥境界的到达最终也要落实到具体的物我关系的调适上[②]，出于内向传播传者与受者皆为自我的特殊性，也为了与"物化"之物做区分，物我关系可以理解为他者与自我的关系，其中他者指的是除了自我以外的存在，也就是"无待"中所待的对象。他者与自我之间存在着对抗性，二者之间矛盾调和解决的过程即是物化的过程，矛盾的调和意味着自我与他者的差别在概念上被消除，物化的过程结束，"物我同化"的结果也就达成。

---

① 王凯：《论庄子"物化"说的美学意蕴》，《东方论坛——青岛大学学报（社会科学版）》2020年第 1 期。

② 秦碧霞：《与物化一而"游"于"逍遥"——从物我关系视角对〈庄子·逍遥游〉之解读》，《喀什师范学院学报》2013 年第 2 期。

三、"至人无己，神人无功，圣人无名"的内向传播剖析

针对如何处理"他者"的存在这一问题，庄子提出了两个具体的行动措施：在行为上不依靠，在态度上无差别。做到了"无待"，达到了"物化"之境，也就有了圣贤的具体形象，即"乘天地之正，而御六气之辩，以游无穷"的圣人、神人和至人，其中，《逍遥游》原文中的"至人无己，神人无功，圣人无名"对应揭示了三个圣贤形象的根本品质特征①。

至人"无己"就是对自我与他者界限的消弭，即《齐物论》中的"吾丧我"。"吾丧我"中的"吾"是指得道的逍遥之我，"我"指外在与内在都受到了世俗的影响，充满了他者印记的我，"丧我"即丢却自己后天的是非、毁誉、生死，摒除社会中映射出的我，齐物我，抛却他者，看似无己，实则确保留了不待他者的真正自我。如何才能以道化是非、化毁誉、化生死，从而只留"吾"呢？庄子用儒家圣人尧和隐士许由的例子告诉我们，首先要"通过一种思辨的方式，经由对物的某种理解，在心和物之间达成某种关系"②。即要承认他者的存在，辨清他者与自我的界限，才能达到"物我齐一"，免除他者对已至逍遥之我的影响，此谓至人之齐。

所谓神人"无功"，是在劝谏世人不去立功吗？非也，而是警惕世人不要为功而功。在庄子看来，只有完成了个人的生命关怀，才能实现政治和社会的安定，他置个人的入境于首位，并认为个人得道之后，天下的安稳是自然而成的。因此，庄子所说的"无功"恰恰是有功，只是更强调了立功之后如何对待功③，神人应是区分清楚了社会的需求与自我的需求，在实现自我的同时满足他者的需求，齐物我之需，最终跳脱出他者之功，达到了有大功而不居功的"心中无功"之境。此谓神人之齐。

圣人"无名"并不是指无名的圣人，因为"圣"本身就是天下之大名④。但庄子却认为"名"是累赘的外物，圣人必有名，无名又如何能成圣呢？看似矛盾的"圣人无名"，实际上可以拆解为两个部分：从外部来看，圣人享举世誉之的大名，这样看来圣人仍有所倚待，并不逍遥；从圣人的自我维度上内观，"圣"明白他者与自我皆是道的分化，所以能够遵循事物本真和自然法则，而不汲汲于名，做到"人苟无名与自我之心，自无烦恼之根，自无世俗一切牵挂之累"⑤。通过摆脱世

---

① 陈赟：《"神人无功"与圣人的逍遥——论〈庄子·逍遥游〉中的藐姑射山神人之寓言》，《兰州大学报》（社会科学版）2020年第5期。

② 王博：《庄子哲学》，北京：北京大学出版社，2013年，第102页。

③ 王景琳 徐匋：《〈庄子·逍遥游〉中的"神人无功"》，《文史知识》2014年第7期。

④ 王景琳 徐匋：《〈庄子·逍遥游〉中的"圣人无名"》，《文史知识》2014年第6期。

⑤ 蒋锡昌：《庄子哲学》，北京：商务印书馆，1937年，第83页。

俗利禄荣辱等他者的束缚，保持心的虚、静、止，如此是非、毁誉甚至生死才不会干扰圣人通往逍遥，达到"无名"之境。此谓圣人之齐。

"至人""神人"与"圣人"通过内向传播来达到圣贤的境界，而三者完成内向传播的过程都有显著的共同点：物我的"分"与"齐"和他者的"在"与"离"。

四、物我的先分后齐与他者的先在后离

"庄子所要成就的，乃是向内展开的，向道与德上升的个性。"[①] 这个向内展开并上升的过程，即是成圣成贤、至逍遥之境的内向传播过程。道家哲学追求的理想境界是一元的，所以"至人""神人"与"圣人"进入逍遥的境界之后都是只有"我"在场，而不依持外物、不困于他者。庄子以"齐物"的观点来对待人世间的自我与他者的对立，塑造出的"至人""神人"与"圣人"，对于人世间的言辨、是非、生死、利害等二元关系皆视为一，[②] 所以"至人""神人"与"圣人"的逍遥从结果上看都是不存在他者的，三者在分清自我与他者之后，都追求一个"齐"字，这是庄子齐物思想的映射，也是庄子圣贤观的体现。"齐"的逍遥，就是内向传播的结果。

而在达到"齐"的境界之前，存在着分的过程。庄子认为，欲要齐，必先分，要分清楚真与幻，才有可能达到物化的境界。[③] 在内向传播的过程里，真是自我，幻是他者，齐就是他者的离场，剩下自我达到入圣的逍遥境界。"至人""神人"与"圣人"分别厘清了"吾"与我、"功"与我和"名"与我，借由"吾""功"和"名"这些他者的存在，在世俗的框架中挣脱世俗的价值判断，超越他者的桎梏，在他者离场后达到逍遥的境界。

通过至人、神人和圣人的例子，得以窥见庄子所提倡的内向传播模式：分与物化，无待他者。先分后齐，以分求齐，达到自我与他者的和谐统一。

而庄子所提倡的内向传播的前一个过程其实充满了西方理论色彩，即"分"的过程。西方理论中有非常鲜明的他者属性，对他者在场的始终强调与庄子强调的先"分"后"齐"有所不同。

---

① 　徐复观：《中国人性论史》，北京：九州出版社，2013 年，第 373 页。
② 　赵明明：《〈庄子〉"至人""神人""圣人"形象研究》，硕士学位论文，青海师范大学中国古代文学专业，2019 年，第 54 页。
③ 　刘涛：《分与物化：庄周梦蝶的主旨》，《阜阳师范学院学报》（社会科学版）2010 年第 1 期。

第四节　分与物化，不待他者：庄子的
内向传播观与西方理论的异同之处

前文提到，西方的内向传播理论中具有明显的他者属性，其中又以"镜中我"理论，主我客我理论和自我互动论为典型。以西方的内向传播理论特色为镜，将进一步深化对华夏内向传播观的理解。下文中，通过西方内向传播理论与庄子内向传播观的对比，庄子内向传播观中的华夏特色将更加明了，同时借由中西理论的比较与结合，探讨庄子内向传播观的传播学价值。

一、西方经典内向传播理论的发展概述

美国实用主义心理学创始人威廉·詹姆斯（William James）把"自我"（self）分成了"主我"（I）和"客我"（Me），据此，库利引申出"镜中我"的概念。

1902 年，库利在《人类本性与社会秩序》一书中，提出了经典的社会学理论——镜中我理论。库利认为，人对自我的认识在很大程度上决定了人的行为，这一观点是对内向传播存在并且发挥意义的重要佐证。同时，库利认为他人对自己的评价、态度等是反映自我的一面"镜子"，个人透过这面"镜子"认识和把握自己。① 这一论断是基于库利对个体存在于群体之中、群体存在于个体之中的讨论，在自我和群体的关系探究中，库利发现人的自我反思高度依赖于外界的评价和反馈，这一观点从人的社会性视角对内向传播提供了理论依据。

这样的划分方式在米德的主我客我理论中得到了进一步的阐释和发展，米德在研究人的内向传播活动时发现，人的行动深受自我意识的影响，通过内向传播这一过程，人们可以把自己看作在某一个场景中的被评价对象，在自我解读和评价的反思中，对自己的行为和反馈进行控制和调节。

米德将自我分为了相互联系的两个方面，即理论名称中的"主我（I）"和"客我（Me）"。其中，"主我"是意愿和行为的主体，"客我"是社会评价和社会期待之下产生的认识，二者分别体现了个人的行为反应和自我意识的社会关系性。米德认为，社会的评价和期待可以使个人的行为发生变化，而行为主体的行动也会推动社会对其看法，在"主我"和"客我"的不断的互动中，新的"自我"也不断形成。米德的"主我客我理论"从自我认识、行为方式、外部环境三个维度的互动上阐释了"自我"在传统意义的现实社会中的形成与发展。② 可见，米德

---

① 贾玉斌主编：《广告与营销辞典》，北京：中国工商出版社，2006 年，第 55 页。
② 乔治·赫伯特·米德：《心灵、自我和社会》，霍桂恒译，北京：华夏出版社，1999 年，第 192 页。

的主我客我理论将内向传播的对象做了明确的分割，划清了内向传播中"我"与"他"的界限。

在 1969 年出版的《象征互动论》一书中，布鲁默将人与自身进行互动的过程称之为"自我互动"。布鲁默将"自我"也放进了人的认识对象里，他认为，在人认识外部的人、事、物的同时也在认识自己。在这个过程中，人能够认识"自我"，并与"自我"进行沟通，以此完成自我的传播，并能根据"自我互动"的结果来采取行动。布鲁默指出，"自我互动"的本质其实是将自我与他者的社会互动过程进行内化，也就是将他人的期待和反馈经过自己的接收与处理，经过这一过程，他人的期待也不再是原本意义上外界评价的直接反馈，据此而形成的自我也非原本意义上的自我。① 布鲁默的理论从社会学的角度发展了内向传播的探究。

二、西方经典理论与庄子的圣贤内向传播观的异同

由对西方经典内向传播理论的对比得出，主我客我理论与自我互动理论相较于"镜中我"理论，更具有内向传播色彩，但无一例外，他们都强调了在内向传播过程中除了自我以外的他者的在场，并且认为他者的评价和期待是人进行自我传播的重要依据——他者直接推动并且促进了个人的内省，并始终存在于传播过程当中。具体到《逍遥游》中，西方理论强调的是自我与他者的互动，即至人与己、神人与功、圣人与名是如何相互影响的，这是内向传播理论探究的普遍观点，但这一观点却与庄子身上体现出的内向传播过程有所冲突，它们都漏掉了一个很重要的环节——他者的离场，即至人丧我、神人不居功、圣人不求名的时刻，而这些时刻才是三者抵达逍遥的真正体现。

以此观之，庄子哲学的特别之处就在于，西方对内向传播的研究强调自我对外部信息的处理和消化，某种程度上更像人际传播角度的研究，强调的是内向传播的社会性。但庄子强调的是不受外物干扰的自我升华，这是一种高度理想的状态。

三、不受外物干扰的自我升华：庄子圣贤内向传播观中他者的离场

庄子的内向传播过程首先不是二元对立的，即自我非仅是自我，他者非仅为他者，这一点从庄周梦蝶中就可以看出：庄子觉得自己化成了蝶，而蝶也成了他。庄周梦蝶的过程其实是具象化的自我他者化和他者自我化的过程，作为圣贤的庄子超脱出了自我与他者的对立限制，从他者角度完成对自我更加全面的认知与思

---

① 尹保华：《社会学概论》，北京：知识产权出版社，2018 年，第 120 页。

考①，这一论证就已经证明了庄子在自我传播的过程中力求跳脱出自我与他者、传者与受者二元对立的范畴。

其次，他者的影响是不可否认的，这适用于所有内向传播的过程，因为人的社会性是不可否认的。巴赫金认为，意义产生于两个或两个以上的对话之中。所以内向传播中自我意义的探寻必须依靠他者的力量，自我建构过程中他者的必然存在性不证自明②。这是否与庄子"万物齐一"的思想相背离？前文提到，万物齐一是庄子内向传播追求的结果，而在传播的具体过程当中，他者这一立场都是完成内向传播中不可或缺的一个要素。③个人需要凭借他者，来完成对自我的认识，即使在"吾丧我"的观点中，也仍然强调了充满他者痕迹的"我"的存在。

但是，他者在内向传播中并不是始终存在的，他者的离场体现在内向传播的方法上，庄子借齐物的方法，超越虚实、物我的界限，摒除他者影响以此自我超脱的精神境界。④庄子对个体的感知能力和通达性做出了要求，不待他者而自明万物，充分发挥人通灵的本能，即收视返听⑤。"齐物"和"收视返听"的方法，都是对他者离场的强调。他者的离场同时还体现在庄子内向传播的结果上，即前文提及的"逍遥"，也具有明显的"排他"性。

由此可见，庄子身上体现的内向传播过程中，他者是先在场、后离场的，而他者的离场，标志着传播者入圣的开始。

四、庄子圣贤内向传播观中"他者的离场"的传播学意义

关万维曾指出，"逍遥"和"齐物"之间存在价值悖论，因此认为庄子陷入了无法自破的僵局⑥，但如果把逍遥和齐物视作内向传播过程中的不同阶段，这个僵局也就不攻自破了，他者的在与离，串联起了庄子的两大核心思想，完善了庄子内向传播的基本过程，兼具了传播学关怀与现实意义。

目前的华夏传播研究存在一个通病——使用西方理论来直接讨论中国问题，不能不说这在一定程度上有悖于华夏传播学的研究本心，华夏传播研究是为了与

---

①　郭晨：《自我与他者：对话维度中的"庄周梦蝶"》，《现代语文》（学术综合版）2013 年第 6 期。

②　刘雪丽，朱有义：《巴赫金对话理论视阈下主体的自我建构》，《俄罗斯文艺》2019 年第 4 期。

③　谢清果，王婕：《"他者特性"与"万物齐一"：彼得斯与庄子对"交流"困境的求解路径比较》，《江苏师范大学学报》（哲学社会科学版）2020 年第 2 期。

④　谢清果：《自我与超我的蝶变——内向传播视角下的庄子之梦新探》，《诸子学刊》2018 年第 2 期。

⑤　谢清果：《道家内向传播的观念、路径及其目标》，《未来传播》2019 年 4 月第 2 期。

⑥　关万维：《"逍遥"和"齐物"的价值悖论》，《广东社会科学》2012 年第 6 期。

西方理论对话、提出中国见解而进行的^①，但直接使用西方理论的结果就是发现库利、米德、布鲁默等西方理论解释力极强，古今中外概莫能外。而在理论嵌套的过程中，其实不难发现华夏的传播现象里存在着一些不被西方理论所包括、所解释的过程，就如本文中论述的"他者的离场"这一环节，这是充满中国哲学思考的一个环节，仅仅依赖于西方的理论框架是无法洞察的，对庄子内向传播的探究在学界已经初有成效，但学者们在论述庄子内向传播观时往往意识到了庄子思想与西方理论相去甚远，却只停留在提出差距的层面，鲜少有进一步的补充和探究，事实上，"他者的离场"这一环节的加入也将使庄子的内向传播过程更加合理、更加完整。西方理论所不适用的这个小角落，正是中国智慧大有可为之处。

本章意图通过放大"先分后齐、他者离场"这个西方理论未曾关注到的内向传播要点，来指明华夏的内向传播、中国的入圣之道最后需要回归到没有他者只有自我的环节才算结束，期望为后续的华夏传播研究起到抛砖引玉之效。这既是理论上的贡献，也是笔者认为具有现实启发之处，对于庄子入圣的探究，它的研究结果可以直接给众人提供自我修习的途径，给人格独立和精神自由以启发，为成圣成贤的道路提供参考。而发掘它的过程则可以让我们看到华夏传播研究有更多后来者需要承担的责任。

（本章作者：范晗馨　谢清果）

---

① 谢清果：《光荣与梦想：传播学中国化研究四十年（1978—2018）》，北京：九州出版社，2018年，第129页。

第二章　修身日记：阳明后学成圣的
内向传播实践

　　华夏圣贤思想不仅仅包括圣贤文化内涵，成为圣贤的工夫路径也是其非常重要的组成部分。在内向传播中，内省式思考是成圣的路径之一，也是阳明思想中重要的一环。阳明心学以成圣成贤作为理想目标，一生都在致良知，认清真实道德高尚的自我。本章将以阳明后学成为圣贤的实践路径——修身日记作为切入点，探索华夏传播体系下媒介中介化的内向传播智慧，提炼出阳明后学通过修身日记建立的内向传播模式特点，并指出心学的义理思想与修身日记实践之间的现实张力，探讨其具有的现实意义。

　　阳明心学是华夏圣贤文化中的瑰宝，其中蕴含的内向传播智慧对于当代社会有着重要的启示意义，尤其是明末清初的阳明后学纷纷采用修身日记作为修身路径的做法，对于普遍运用媒介作为中介进行内向传播的现代社会具有启示性。而已有的华夏内向传播学术体系中更多的是对圣贤文化中的思想内涵进行分析，且大多直接用西方内向传播理论进行论证，很少对人内传播的表征、成为圣贤的工夫路径进行分析，提炼出华夏内向传播的独有智慧。因此本章希望通过梳理阳明学派的修身日记，围绕内向传播工夫论对华夏传播学术体系进行补充；进而为接受主体性的提出提供论据，为建构与西方传播体系相区别的华夏传播话语体系添砖加瓦，最后发挥华夏文化中的内向传播智慧，希望能对当代修身实践提供一些思考。

第一节　修身日记：内向传播的媒介化呈现

　　内省是一种重要的人内传播形式。在华夏文化的历史长河中，儒释道三家皆需通过内省来完善个人品德和行为，解决现实问题。以往的学术研究也注重从百家的义理思想中证明内省的存在、分析内省的特征，或注重对修身日记的内容进行梳理和分析，有待进一步将修身日记当作媒介中介化内向传播的重要媒介，从而细化对阳明后学内省式思考的个性研究。

一、华夏内向传播中的内省式思考

在华夏内向传播研究中，内省式思考是非常重要的路径。道家的"心斋"和"坐忘"是内省式思考的重要方式，体现的一种以忘我合道为目的的内省式思考过程；① 修身自省也是老子探讨的核心命题，老子的自我观引入"道"的象征意义来引导自我省思，不断消除世俗价值观的污染，最终实现"无为而无不为"的自然、自由的人生境界；② 对于儒家而言，内省也是其内向传播的基本方式，以浸染、消融的方式进行自我教化。③

"内省式思考"同样是阳明思想中的重要一环。④ 阳明心学实现了对思孟学派传统观念的继承和对程朱理学的进一步发展，以成圣成贤作为理想目标。⑤ 阳明学派一生都在"内省"自我的"良知"，从而认清真实的自我，而不是被遮蔽的自我，不仅仅是反思个人的行为，更要反省自己行为的动机，不断严格地要求自己的内在和良知，从而不断地驱除人欲，存得天理，达到自我圆满和解脱。⑥

二、媒介中介化传播视角下的修身日记

可以总结发现，以往华夏内向传播更多研究发生在人体内部的内向传播表征："内省式思考"，而陈力丹老师在《论人内传播》一文中曾提及"自言自语"这一人内传播的明显表征不仅仅体现在无声的人内传播思考，也可以体现为见诸文字的日记，因此本文将试图以阳明学派的修身日记为切入点，浅析华夏内向传播体系中的媒介中介化传播路径。

（一）晚明阳明心学修身日记概说

修身工夫不仅发生于理学家的内心世界，往往还需要凭借具体手段落实于日

① 谢清果：《道家内向传播的观念、路径及其目标》，《未来传播》2019年第2期。
② 谢清果：《内向传播的视阈下老子的自我观探析》，《国际新闻界》2011年第6期。
③ 谢清果：《内向传播视域下的先秦儒家"慎独"观》，《杭州师范大学学报》（社会科学版）2017年第5期。
④ 董方霞：《内向传播观照下的"致良知"研究》，《中华文化与传播研究》2018年第1期。
⑤ 董方霞：《内向传播观照下的"致良知"研究》，《中华文化与传播研究》2018年第1期。
⑥ 董方霞：《内向传播观照下的"致良知"研究》，《中华文化与传播研究》2018年第1期。

常生活之中，就内在省察改过的工夫来说，在日常修身实践中往往需要凭借自讼、省过会、修身日记等具体手段或载体。其中修身日记被认为是宋明儒学修身传统中使用最广泛和最值得注意的方式。① 伴随着中晚明阳明心学的登场，修身日记的身影在阳明学群体中活跃起来。② 王汎森在《明末清初的人谱与省过会》中考察了阳明学派及其影响下的儒者记录修身日记的现象③，吴震著作的《明末清初太仓地区的思想活动》对阳明后学记录修身日记的现象也做了考察。④

但上述学者的研究集中在以哲学视角对阳明学说的修身日记进行梳理与考察，若将修身日记这一内在省察改过工夫放在华夏内向传播学说下研究，将补充现存的基于"身体场"的完整自我传播系统研究，归纳探索阳明后学在实践中呈现出的传播模型及其特征。

（二）修身日记：一种媒介中介化自我传播

日记作为一种记录内容的形式，需要以媒介作为载体，媒介技术是日记历史演化的核心动力，《从口语日记到 Vlog：身体视域下的一种自我传播形态演变》一文以身体维度将日记进化历史分为口语日记、书写日记、网络日记、视频日记四个发展阶段，并总结书写时代下自我传播形态的具体体现，但缺乏对于华夏文化土壤中孕育产生的日记的总结；⑤《从独白式微博书写看媒介中介化自我传播》一文直接提出媒介中介化自我传播的三个属性，虽提及内省性，却是以独白式微博这一网络日记为对象提出的。⑥

值得进一步探索的是阳明后学的修身日记作为媒介中介化自我传播形态的个性：不仅仅是记录日常，更具有与现代网络日志内向传播貌合神离的内省性，本文借分析充满圣贤之道的修身日记试图为如今以网络日记与视频日记为代表的媒介化自我传播提供借鉴意义。

根据文献阅读结果提出本章的研究问题：将在华夏传播的学术体系下，结合圣贤文化，以媒介中介化内向传播为研究对象，阳明学派修身日记为切入点，通

---

① 王璐：《明代儒家省过工夫的发展脉络——以儒家修身日记为中心的考察》，《史学月刊》2020 年第 6 期。

② 王璐：《明代儒家省过工夫的发展脉络——以儒家修身日记为中心的考察》，《史学月刊》2020 年第 6 期。

③ 王汎森：《权力的毛细管作用：清代的思想、学术与心态》，北京：北京大学出版社，2015年。

④ 吴震：《明末清初劝善运动思想研究》，上海：上海人民出版社，2016 年。

⑤ 高慧敏：《从口语日记到 Vlog：身体视域下的一种自我传播形态演变》，《中国地质大学学报》（社会科学版）2020 年第 1 期。

⑥ 张放，尹雯婷：《从独白式微博书写看媒介中介化自我传播》，《当代传播》2012 年第 4 期。

过梳理阳明学派修身日记的理论背景与社会背景、内容与形式，论证蕴含其中的内向传播智慧；试图提出以成圣成贤为指向的修身实践中媒介中介化自我传播的模式与特点；最后揭露当修身日记参与到阳明学派的内向传播实践后，媒介参与内向传播与阳明学说本身产生的张力。

第二节　省察改过以成圣：内向传播视角下
阳明心学的修身日记

阳明心学认为人天生就是圣人，对人性秉持乐观的态度，可一旦无法成圣，则会产生道德上的紧张情绪。为了缓解理论上的紧张，回应明清时期人心浮躁的社会风气，阳明后学借助修身日记记录本体、省察改过、倾诉表达，记录的内容与记录这一行为皆富含内向传播智慧。

一、阳明学派修身日记兴起的理论背景与社会背景

成圣是儒者常挂在嘴边的术语，是他们的最高诉求和自我价值的终极体现。如果说孟子"人皆可以为尧舜"说的是儒者的最终目标和最终理想，那么阳明认为成圣是每个人的本体，因此他的弟子王艮、董沄说出门所见，发现"满街都是贤人"[①]。在阳明学派看来，成为圣人的关键在于心纯乎天理，而并不在于知识之多寡、才能之大小、学问之高低。换言之，即使是凡人，只要使己心纯乎天理，便可以成为圣人。种种说法都可以看出阳明心学对成圣的可能性极其乐观。

但尽管是如此乐观的人性论，也存在十分强的道德紧张。这样的道德紧张主要体现在两方面：一方面因为每个人天生便是圣贤，所以一旦无法成圣，便算是自暴自弃。也就是人天生便是圣人，所以一旦无法成圣，就是自己对道德至善的本体的放弃。阳明心学认为人天生就有绝对力量来控制自己所有的行为，故如果人在道德修养上软弱无力或变化无常，那绝对不是因为天生的缺陷，而是自己努力不够，无处可委过，因而在道德修养上的紧张情绪，也就非常强烈。另一方面，因为人的天性太过乐观，故认为善才是正常状态，从而对人性的昏暗面十分敏感。

所以为了缓解内心的紧张，帮助自己更有系统地省过、改过，更好地达到成圣之本体，阳明后学借由修身日记判断自己是否算是圣贤之人。心学本身就有借助修身日记的传统，有道德实践的日常生活化倾向，修身工夫不仅发生于理学家

---

① 　王守仁：《传习录》，饶宗颐编：《传习录下》，北京：中信出版社，2016 年，第 317 页。

的内心世界，还需要凭借具体手段落实于日常生活之中。到了明末国家危亡，社会动荡的时期，省过、改过成为王学信徒非常重要的话题，强调去除物欲之弊。譬如王阳明在惜阴会里要求每个人立日记、每家立日记记录道德生活。①

按照阳明"心即理也"的学说，在反省中，人的心不仅要作为被控诉者，同时也要成为反省者与控诉者，蕴含内向传播的智慧，比如在刘宗周的《讼过法》里，控诉者是良知，而被控诉的是自己的宿疾和恶念，主告和被告都是自己的心。可这样的做法在道德实践时一直面临着巨大的质疑，便是良知既然会自欺或是被私欲的诡辩所蒙蔽，那么人心中的良知怎么会有能力分辨自己是否在最明澈的状态执行知过改过的任务呢？加之明清人心膨胀的社会风气，为从观念上扭转人心的错误走向，唯有重振人们对天命等客观第三者的敬畏。因此又有心学信徒在记录修身日记时，带有宗教色彩地想象出一个客观监督者，对其进行忏悔坦白，使自己不敢隐瞒己过，呈现出另一种内向传播体系。

二、阳明学派修身日记兴起的内容与公开范围

伴随着中晚明心学的登场，修身日记的身影在阳明心学群体中活跃起来。阳明学群体撰写的修身日记主要包括三大类内容：

一是对至善的道德主体进行描写；江右王学罗洪先的文集中张有几则名为《日札》的记，其中有一则内容如下："在复古书院，当大众中忽省，吾人当自立身放在天地间公共地步，一毫私己着不得，方是立志。只为平日有惯习处，软熟滑浏，易于因仍。今当一切斩然，只是不容放过，时时刻刻须此物出头作主，更无纤微旧习在身，方是工夫，方是立命。此意须常提醒，不尔，又只一时意气兴废也。"②罗洪先认为"吾人"在天地之间的任何一件事中都不得有一毫私欲，并且在日常生活中要时刻保持澄澈的良知本体。晚明泰州学派的领袖罗汝芳也常常在日记中记录对良知心体的体悟与描述，例如二月初一日"心体渐觉显明，事多得力"；二月二十三日"夜坐，心体甚稳契"；四月初五日"闭蓬静坐，心体浑然，更是亲切"。③此类记载可以皆看出罗汝芳对其自身心体的明确感知。

这一部分关于道德良知主体的记录暗合了阳明心学的理论，依心学理论，良知本体是人人具足，个个圆满的，而又由于良知是无处不在的，所以阳明后学认

---

① 王汎森：《权力的毛细管作用：清代的思想、学术与心态》，北京：北京大学出版社，2015年，第239页。

② 罗洪先：《日札二条》，《念庵文集》卷八，《四库明人文集丛刊》，上海：上海古籍出版社，1993年，第174—175页。

③ 罗汝芳：《癸酉日记》，方祖猷编：《罗汝芳集》，南京：凤凰出版社，2007年，第724、728、735页。

为通过记录日常生活中的一举一动，就能很好地展现自己的至善的道德主体，实现自我价值。因此修身日记中一部分内容就是记录日常发生的事情以及由此引发的对内在心体的感知。

二是对私意欲念等内在昏暗面进行省察改正：阳明心学宣称"圣人为人人可得"，在理论上无限扩张良知心体，随着至善的道德主体被唤醒，私欲恶念等内在昏暗面就会被自然解除。可落实到现实中，阳明后学认为只有不断地省察改过才能确保良知不被遮蔽，因此省察改过成为他们修身实践的重要组成部分。如罗念庵的大弟子胡直"日书己过以自箴"，①对于自己每一个想法甚至每一个梦境都进行严密的反省；罗汝芳在《癸酉日记》上每天记录自己的所作所为和反省结果，并且在每天日期的下端，设有一方块，将方块分割成左右上下四小块，分别写上"可"或"未"或"得"，显示一天德业进展的结果。②种种例子可以看出当时的阳明儒者对于"自讼"实践十分看重，且经常通过修身日记的方式将其记录下来，成为修身工夫的重要路径。

三是融入宗教色彩对上天鬼神进行倾诉。理性精神一直是宋代以来的思想主流，可是人们对于古代中国传统的报应观念以及"上帝""鬼神"等宗教观念秉持着信而不疑的态度，并不是以理性拒斥信仰，而是重视宗教信仰的道德教化功能，强调敬畏天神。尤其是在心学容易导致人心自我膨胀，没有普遍客观衡量标准的前提下，部分阳明心学家秉持在道德自讼的过程中同样有上帝鬼神的监视，帮助儒学超凡入圣的理想得以实现。王龙溪在自家发生火灾后，一连写了《火灾自讼长语示儿辈》及《自讼问答》两篇长文"自讼记过"，认为发生火灾是由于鬼神的眼睛是明亮的，面对上天的警示，他一定反省自己的过错，洗心革面。③可见阳明儒士也会通过记录过失的方式来向鬼神表决心，希望借此不再"见恶于鬼神"。

作为揭露内心真实想法的修身日记，记录者往往需要面对记录自我道德过失与其作为圣贤之徒之间的分裂感。阳明心学强调心本澄澈，认为需要不断地扩充自己的良知本体，而不是诉诸天地鬼神、讲求因果报应。因此为避免这些与心学之理有出入的文字引来世人对日记记录者修身工夫和道德水平的质疑，记录者大多将修身日记销毁或只在小范围内进行公开。

晚明泰州学派罗汝芳曾在十七八岁立日记以"自纪功过"，但是这一部记录道

---

① 姜宝：《留部稿八·宪使庐山胡公传》，《姜凤阿文集》，《四库全书存目丛书集部第128册》，济南：齐鲁书社，1997年，第308页。

② 王璐：《明代儒家省过工夫的发展脉络——以儒家修身日记为中心的考察》，《史学月刊》2020年第6期。

③ 吴震：《明末清初劝善运动思想研究》，上海：上海人民出版社，2016年，第103页。

德实践情况的《克己日录》后来被他自己烧掉了。陆世仪，对自己的修身日记《格致编》十分看重，并将其作为修身团体的指导手册，说明在私下的团体中，修身日记是可以被共同观看的。陆世仪还曾打算将这本修身日记公开，但最终还是因为《格致编》受《功过格》的影响，其内容儒释马鞍山掺杂，为了避免后人误读，想要将其烧毁，最后虽未焚毁，却也决定不公之于众。①。

中国古代日记大多付梓印行，不强调私密性，十分有可能为了符合社会的角色期待进行无意或有意的文饰与矫厉。②然而修身日记要么被焚弃要么只在私下的团体中公开，且强调需要"诚意正心"才能真正做到省察改过、脱凡入圣。这恰好说明其不同于其他的中国古代日记，偏向大众传播领域，而是更注重文本只面向作者本人，强调真实诚实的原则，属于内向传播范畴。

第三节　抽身离体以自审：修身日记的媒介中介化

梳理修身日记的内容与公开范围可以发现修身日记中蕴含着人内传播的智慧，因此在论证过程中，不仅可以从修身日记记录的内容入手，也可以从其记录的形式、使用的方法探索媒介介入之后的内向传播模式。

一、修身日记中与自我修身的关系

阳明先生认为"心本澄澈"。对阳明学派而言，任何修身工夫只是为了恢复心的原始状态，修身的过程便是如何去除过错的过程，使被遮蔽的内心恢复至善状态，因此改过一直是阳明学派的重要课题。加之王阳明强调"心即理也"所以改过的主体一直是自己，很少外求于他人，自讼成了改过实践的重要方法。

孔子言："已矣乎！吾未见能见其过而内自讼者也"，这句话表明了孔子认为能认识到自己的过错深刻反省的人是很少存在的。可阳明学派又主张每个人都能成为圣人，在明朝末年社会风俗败坏之时，这样的想法便遭到了质疑，"心"同时作为一个被控诉者和控诉者，殆如狂人自医其狂。为了解决这种困境，阳明后学不再只是从内在心性的锻炼上入手，因为内在于人心的道德境界是无法看见的，而且只从心性上下手，其效果是不能持久的，所以人们愈益相信只有从表现在外

① 　王璐：《明代儒家省过工夫的发展脉络——以儒家修身日记为中心的考察》，《史学月刊》2020年第6期。
② 　邓建：《从日历到日记——对一种非典型文章的文体学考察》，《中山大学学报》（社会科学版）2014年第3期。

的行为下手，由外而内才能奏效。① 修身日记的引入一方面便是回应质疑修身工夫的解决方法：讼过以改过，通过每日撰写修身日记奉行心学严格的道德修身要求，表现在人体之外的媒介在修身自讼的过程中可作为客观的监督、控诉角色——"策励进修良法"。另一方面有些阳明后学将其看作达到修身的终点"天人合一境界"的方法，陆桴亭非常看重修身日记的重要性："奉行日记，精者究极于身心性命，粗者用心于务本力农。岂不是以吾心之元合天地之元，当下便是天人合一境界？"② 在他看来"天人合一境界"是须"奉行日记"才能实现。

所以晚明阳明学者将修身日记当作十分重要的修身手段，修身日记主要是讼过与记录善行，讼过是为了不断恢复本心，改掉过失，借助修身日记使整个改过的方式更加客观，遵守诚实勿欺的态度；记录善行则是为了扩充本心，是天地之元与人心之元沟通与融合的关键。

二、修身日记中的内向传播智慧

在内容方面，一部分极为严格的阳明后学仍然坚持诉求本心，让自己同时扮演受审者和检察官的双重身份进行对话，另一部分学者在现实的困境下引入宗教色彩，想象出天地鬼神的角色进行自我反省。

明末大儒刘宗周曾提出两个相对的观念"造化之鬼神"与"吾心之鬼神"，前者是指"超自然"的力量，后者是指内心化为心性的良知。③ 因此后者的鬼神是一种修辞手法，不是真正融入宗教含义的鬼神，而是将良知比喻成不可侵犯、威严凛然的角色。所以刘宗周在《讼过法》中提到的"鉴临有赫，呈我宿咎"中的"鉴临有赫"是指人心良知。正如王汎森指出"在刘宗周的《讼过法》中，控诉者是良知，而被控诉的是自己的宿疾和恶念"④，良知是严厉刚正不阿的"我"对另一个在具体情境中呈现出恶念被遮蔽的"我"进行不断地追问，通过这样的方式进行检讨。值得关注的是，虽然同为人格的分化，这与弗洛伊德的本我、自我、超我有不同的性质。阳明后学中的本体即良知已经是追求完美与高尚行为的主体，类似"超我"的状态，而阳明心学的另一个"我"带有"自我"与"超我"的性质，即在与社会交往的情境中产生的不顾道德价值，追求自身利益的"我"。但弗洛伊德的"超我"并不是天生就具备的状态，"本我"更强调人的本能，"自我"表现

---

① 王汎森：《权力的毛细管作用：清代的思想、学术与心态》，北京：北京大学出版社，2015年，第196页。

② 吴震：《明末清初劝善运动思想研究》，上海：上海人民出版社，2016年，第290页。

③ 吴震：《明末清初劝善运动思想研究》，上海：上海人民出版社，2016年，第86页。

④ 吴震：《明末清初劝善运动思想研究》，上海：上海人民出版社，2016年，第172页。

为具体情境中道德理性和道德情感的统一体，从这一层面解读也可以看出弗洛伊德的人格说与修身日记内向传播中的两个人格是有明显区别的。

另一部分阳明后学在其撰写的内容中融入宗教色彩想象出上帝的角色，强调祸福之存在。在他们的修身日记中含有对上帝的忏悔，并希望通过悔过向想象出的"上帝"诉说的方式转祸为福。如上文所提及王畿在家中发生大火以后，对于自己"闻教以来四五十年"的生涯，以能否"无复世情阴霾间杂障翳否乎"以及是否能做到"严于屋漏，无愧于鬼神"这两点来自省自责，并向鬼神开列了数条罪状以自讼，表示这次火灾是"行业所招，鬼神之所由鉴"，表示如若有一点"文过"饰非之意，则必将"重见恶于鬼神也"。① 像王畿这样的心学家，虽作为儒者但是在遇到一时的灾祸时，却会表现出因果报应的思想观念。但他们也仍然强调阳明心学道德源自良知本体，为善不是为了求报；强调遇到灾祸时人可以通过深刻的自讼改过的方式，实现"转祸为福"的目标。这是另一种自我对话的方式，不像前人角色扮演为圣人的慎独抑或自我对自己的审判，这类心学家想象出一个外界超自然力量，并且幻想这个超自然力量一直监督着自己。因此将灾难归咎于超自然力量的惩罚，一旦遇到生活中的灾害，儒学者希望通过思考自己的过错，向超自然力量悔过以便"消灾致福"。

在形式方面，媒介的介入打破原始自我传播的身体场，使内向传播呈现出新的模式。在口语时代，自我传播主要是发生在身体内部感官之间的互动传播。人的大脑是信息中枢处理器，将外部接收到的信息在身体中内化，将自己的行为或者思维通过记忆的方式储藏在大脑里，通过思考或者外化的自言自语来实现人内传播。在这一过程中，保存原有信息的主体和接受外来信息的主体都是一个人，人内传播的本质即自身对于原有信息和新接收的信息之间的碰撞。

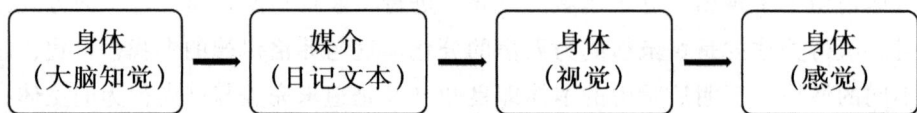

图 1 修身日记内向传播路径

当阳明学者突破身体场的局限，借由修身日记进行自讼活动时，传统的内向传播模式"身体—身体"就会变成"身体（大脑知觉）—媒介（日记文字）—身体（视觉）—身体（感觉）"这样的传输路径。大脑会形成自己对社会他人做出的行为知觉，需要注意的是在阳明心学的道德研究范围内，更多的是强调对道德行为的知觉。进而通过媒介即用笔书写文字记录在纸上，再通过凝视文本，让视觉

---

① 吴震：《明末清初劝善运动思想研究》，上海：上海人民出版社，2016 年，第 105 页。

作为身体接受文本图像这类信息符号的入口，进入记录者身体内后通过已有的道德评判标准对文本图像符号进行判断。判断之后记录者思考自我是否符合圣人形象，产生感觉。从这一内向传播路径中可以看出阳明后学借助修身日记进行内省式思考打破了闭环式的自我传播形态，且在加工的过程中比起西方的"镜中我"理论更加强调记录者自身判断后产生的感觉，而不是想象他人评价与原有的自身认知相比较产生感觉。

库利提出的"镜中我"理论指出，人们的自我认识分为三个阶段，首先想象别人眼中我们的形象即对自己的行为给别人造成的印象的知觉，再想象他人对于这种形象的评价，最后通过想象出来的他人评价产生某种感觉，如自信或羞耻感等等。可以看出"镜中我"理论十分强调他人对自我认知的关键作用。可在阳明心学看来"性是心之体"，这个体即本体，本体即良知，良知即人之"性"，良知实际上是价值本体，是人所有道德活动的本原。因而作为一个具有先天道德判断能力的人，其无善无恶的自己的良知才是衡量自我道德行为的标尺，在记录道德行为并产生感觉判断时"不假外求"，而是从本原上努力，造就一个坚定丰富不因外界信息随意改变就动摇本体的内心世界。

三、修身日记中的媒介中介化自我传播的模式特点

正如麦克卢汉所说"媒介即人体的延伸"，人类与媒介共生，媒介的嵌入改变了身体的存在状态，在使用媒介的同时会重新建构人类的身体、社会与精神世界，会对人和整个社会起到组织和塑造的作用。[1] 阳明学者在通过修身日记这样的媒介进行内向传播时，也会呈现出与完全依靠身体的自我传播不一样的特点。

（一）延伸性

媒介中介化自我传播的出现，使原本封闭的富含哲学意味的反身性实现了在时间和空间上的延伸。[2] 对于阳明学者来说，将反省悔过的文字记录在媒介上可以帮助他们在进行自我感知时，回溯到更加久远的道德实践，时间期限大大延长，另一方面尽管书写、自我查看修身日记内容属于私人领域范畴，但是一部分阳明后学群体为了加强客观性，会将修身日记在团体内传阅，在这一层面上可以说是延伸了空间距离，让自我传播带有开放性。

---

① 杜丹：《共生、转译与交互：探索媒介物的中介化》，《国际新闻界》2020 年第 5 期
② 张放，尹雯婷：《从独白式微博书写看媒介中介化自我传播》，《当代传播》2012 年第 4 期。

（二）程序化

儒家内部一直未形成普遍认可的省察改过的模式，经常被质疑对过恶的省察不够精细，悔过也缺少仪式感，[①]明末清初的阳明后学家为解决儒家修身工夫实践困境不断做出努力，在通过修身日记进行内省式思考时，形成了详细的记过条目，修身日记的内容也规定了固定的省察时间和省察方式，体现出媒介中介化介入内向传播后的程序化特点。

如上文所提到的《癸酉年日记》记录了每天的所作所为，并且将一天的行为得失转化为数字统计；刘宗周在《人谱》中的《讼过法》更是记录了具有方法论意义的省过方式："一炷香，一盂水，置之净几……""正俨威间，鉴临有赫"[②]；北方王门孟化鲤在《三子纪过簿序》中说："吾有过，吾记之，庶几睹斯簿也，怵目惕心，赧颜汗背，将有言也，将有为也。监于覆辙，不致复犯乎！斯亦昔人'分豆识念'之遗意。"[③]只要有过错就得记录下来，从中也可以看出记录程序的严密，不放过任何一种想法，甚至借用佛僧的"分豆识念"来进行道德实践。

比起佛教、道教在对于罪恶的忏悔和消除方面有着丰富的理论与完善的仪规，儒家的内省式思考往往是零散的，且没有客观的监督者，无法保证自我传播的仪式化，更多是出于自觉的思考，是没有规定时间的一些灵感顿悟和唏嘘感慨。引入媒介化的阳明后学在进行自我传播时，建构起了一套更加完整的改过实践体系，是悔过自新得以实现的保证。

（三）序列性

在口语时代，日记生产具有抽象性、知觉性与感知性等特征，是身体的本能反应，然而与之相比，个人书写让经由书写规则规训的记录者在记录时提升了个人信息、情绪与抽象思维的存储与组织方式，让自我传播更加趋于理性化和序列性。[④]例如阳明学者在记录时会进行信息的选取，会遵循句法规则，更是会受到阳明心学极为严格的道德要求所束缚不能完全地将脑中所想书写为纸上文字。例如刘宗周竭力主张《人谱》只记过不记善，以声扬自己改过就是善，修身日记不需

————————
①　王璐：《明代儒家省过工夫的发展脉络——以儒家修身日记为中心的考察》，《史学月刊》2020 年第 6 期。
②　刘宗周：《讼过法》，吴光编《刘宗周全集第六册文编下》，杭州：浙江古籍出版社，2012年，第 103 页
③　吴震：《明末清初劝善运动思想研究》，上海：上海人民出版社，2016 年，第 103 页。
④　高慧敏：《从口语日记到 Vlog：身体视域下的一种自我传播形态演变》，《中国地质大学学报》（社会科学版）2020 年第 1 期。

要再多设"善格"的主张。① 除此之外在记录书写的时候必然会进行文字的斟酌思量，将需要改过的事情按照发展的脉络、论证的逻辑——道来，王龙溪在《自讼问答》中不是简单地把思索的内容直接写在纸上，而是有意识地涉及文本的叙述逻辑顺序，他通过自问自答的方式，自己设计了十一个问题和答案，谈及"报应""祸福"等问题。除此之外，他通过文本表达的意思也是有序列性地层层递进：首先认为"幸与不幸"的状态时时发生，由天数决定，其次，他表达了吉凶祸福都是自己的行为所导致的，再者解释作为儒者他认同圣贤之说不以因果为说，但也"未尝外于祸福"，最后强调他对于祸福的态度与小人不同，不是出于功利的。② 可见当记录者需要在媒介上进行省察改过时，必定需要将自己的思维活动与感觉有序列地进行排序，这样一个有逻辑性地排列过程也展示出媒介作为中介参与到自我传播后对我们思维观念、行为方式的反作用。

第三节　知行相冲以重建：媒介中介化下内向传播的张力与现实意义

选择阳明学派的修身日记作为研究对象具有重要意义。阳明学说无限扩张良知心体，对于成贤有着极为苛刻的道德要求，撰写修身日记这种显露自我过失的方式面临着巨大的实践困境，因此以其进行媒介中介化自我传播时会发现别具一格的内部张力与现实意义。

一、媒介中介化下的张力

阳明后学引入修身日记作为自己修身的具体路径，在当时遭到一些学者的质疑与抨击，经过分析也可以发现以记录内省式思考为主要内容的修身日记在实践过程中与阳明学说的义理思想存在张力。

一方面是来自个人对自己的道德要求和揭露过失之间的挣扎。西方日记学研究指出：日记实际上是一种交流形式，虽然日记本身是隐私的，但"写作把它拖进了公共领域"，这种交流形式建立在一个悖论之上：隐私假设（即日记作为一种文本只面向作者本人）与对隐私侵犯的共存。③ 阳明学者也面临着相同的困境，他们记录修身日记除了对道德主体的体认和涵养，更加重要的是希望通过自我反省

① 吴震：《明末清初劝善运动思想研究》，上海：上海人民出版社，2016年，第160页。
② 吴震：《明末清初劝善运动思想研究》，上海：上海人民出版社，2016年，第107页。
③ 王璐：《明代儒家省过工夫的发展脉络——以儒家修身日记为中心的考察》，《史学月刊》2020年第6期。

揭露罪恶的方式实现成圣这一最终目标。当揭露自我过失和内心挣扎的文字记录暴露后，会对以圣人形象要求自己的儒者造成负面影响，为了避免后人肆意评说，给自己的形象造成分裂感，修身日记往往被烧毁或只在一定范围内公开。刘宗周的弟子陈确所指导成立的省过会，会友之间不但互相观察纠正看得见的行为，还要将每个人心中所想，别人看得见看不见的错误行为一律坦白地写在具有修身日记性质的"日史"上，在省过会内进行公开。① 王汎森指出，许多立日谱的人在某个时期便要焚弃，这导致留存下来的日记非常少。前文所提到的流传下来的修身日记，也大多经过修改，并不完整，种种举措都从侧面证明了当媒介中介化介入自我传播后给记录者带来的焦虑、煎熬等情绪。

　　另一方面是记录内省式思考为主要内容的修身日记在实践过程中与阳明学说的义理思想存在张力，其程序化的操作方式也会被质疑为不过是流于形式的内省方式，无法真正地成为圣贤。修身日记程序化且偏重记录省察工夫的做法在当时就遭受过质疑，孟化鲤曾在《三子纪过簿序》中记录了时人对修身日记的质疑："学须真知真改，奚假于簿。不然过小则纪，隐微与重大则未必纪，簿亦奚为？"② 其认为圣贤之学的关键在于真正知道自己的过错，真正地进行改过，而非走形式地将其过失进行观察记录，就算对自己的道德过失记录得再严密，也会因为道德主体被遮蔽而无法认识到错误的原因是什么。

二、媒介中介化下的现实意义

　　修身日记作为媒介参加了阳明学者的内省式思考，在传播过程对于个体道德主体性的看重对于我们当前运用电子日志，视频日志记录生活或者反省的形式提供了一些建议。当我们用例如 Vlog 视频日记的方式记录生活或者反省改过时，因为网络具有突破时空及互通互联的特征，所以公共表达的意识深深嵌入自我表达的内向传播中。为了迎合虚拟世界的社会认同，即便是记录自己的日志生活，也会十分重视群体审视下的"客我"。为了扮演这样的角色就会陷入混乱中，无法坚定自我的价值观与自我的道德标准。华夏文化内向传播中强调的接受主体性，可以帮助我们坚定自我心性，保持道德判断能力，而不是在信息爆炸的社会里曲意迎合。

　　除此之外，阳明学者引入修身日记进行内向传播遭到的社会质疑同样值得我

　　① 　王汎森：《权力的毛细管作用：清代的思想、学术与心态》，北京：北京大学出版社，2015年，第22页。

　　② 　王璐：《明代儒家省过工夫的发展脉络——以儒家修身日记为中心的考察》，《史学月刊》2020年第6期。

们深思。当我们记录日记时，是否形式大于内容。流于仪式化和程序化的记录形式可能不但不会帮助记录者省察改过，还会变成一种表演，使记录者更加迷失自我。所以尽管在现代社会中，正视媒介中介化的内向传播附带的仪式化作用也十分重要。

三、阳明后学修身工夫的现实意义

在修身日记中蕴含的阳明心学的修身工夫同样有许多可供当世所借鉴之处。一是改过。"智者不以无过为喜，人之大德在于改过，作一新人。"[①]在日常生活中，每个人都会犯下过错，但更重要的是"不贰过"，以圣贤之志关照内心，以良知要求洞察自身。每天都要不断地审视内心，反省自己，这样的做法就像是在心里筑建一座大坝，在面对外界的诱惑和个人的恶习时，不至于轻而易举就被冲垮良知大堤。二是自身道德修养的提高，道德修养不是外界强加于人，而是将道德准则内化于心的优秀品质。为满足自己内在道德需要进行长期刻苦的道德修养以达到能够驱善避恶，明伦查物，健全自己的人格，提高自己的道德境界。[②]当遇到问题时，不是任由他人评说，而是检查自己，用自己已经建立好的道德体系去反省自己、分析问题。用这样的方法去克服当今社会上出现的家庭道德失范，社会公德意识冷漠等不良现象。三是知行合一的重要性，陈确庵强调记录日记必须遵守"诚实勿欺的原则"，修身不能流于表面，更强调的是知行合一，实践是检验修身心性的重要方法，个人的道德修养必须通过实践中的磨炼才能真实诚实地反映出来。

修身日记作为内向传播的表征是经常被忽略的课题，然而在媒介物质性越来越引起传播学研究重视的情况下，探索隐藏在日记中的媒介中介化内向传播具有十分重要的现实意义，值得我们挖掘。这样的内向传播形式也不仅仅只包含在阳明后学的修身实践中，而是隐藏在整个华夏文化体系中，其中的个性与共性仍需要后续研究不断推进。

（本章作者：邹雨欣 谢清果）

---

① 陈本荣：《从阳明心学中体悟修身真谛》，《贵阳日报》2017年第7期。

② 张金桃：《儒家修身观及其现代意义》，《武汉大学学报》（哲学社会科学版）2005年第3期。

第三章　向死而生：晚明文人
自撰墓志铭的精神通贤之路

　　自撰墓志铭以志者的人生记忆作为内向传播之前提，以志者的自我觉醒与自我审思作为内向传播之深刻表现。其志者作为主我，彰显自身的主体性，回首一生，捕捉记忆，其客我则更多地以后世与未来的期望为规范和标准，主我与客我相互对话、互动，形成自撰墓志铭中向死而生的自我审思，形成独特的面向未来的内向传播机制。晚明文人在以墓志铭为媒介的内向传播活动中，袒露真我，释然往昔，寻找介于官场与山林之间的独特超凡入圣之路，实现自我和谐；并在此基础上超出本我，转而追求精神与思想的永恒性，在历史中留下圣贤之悠悠余韵，达到向死而生之深刻价值。自撰墓志铭则在以上过程中发挥媒介的功能——作为评价依据的分野功能、作为书写载体的愈合功能以及作为记忆媒介的传承功能，以无声的语言发挥影响，帮助志者通往圣贤之路。

　　古往今来，许多豪杰在生命逝去后，依然在历史的流变中留下了响彻世界的自我回音。如奥古斯丁在《忏悔录》中写下自己宗教信仰的改变过程，卢梭也在自己的《忏悔录》中剥去那件"华美的袍"而记录其人生的阴影面；如杨绛在《我们仨》中记录着一家人生活的点滴，如萧乾在生命的终点写下"他有时任性、糊涂，但从未忘过本，他有一盏良知的灯，它时明时暗，却从没熄灭过"之自我审思的文字。总而言之，他们都在一种向内的探索中留下了普世的思想结晶，在自我审思中筑起了精神之堡垒。

　　而中国古代的自撰墓志铭作为以上思想形式的典型，将自我审思置于生与死的议题之下，在这一过程中不断深化自我认知、实现自我超越。这种精神追求同样蕴含于古代圣贤的思想中，如孔子对学生的告诫，"见贤思齐焉，见不贤而内自省也"。又如孟子"行有不得者皆反求诸己"的思想，如荀子同样强调"参验反省"，认为圣贤之所以为圣贤，并非因其能说会道，而是以礼严格要求自己、受谏而能戒、省过而能改的结果[①]。由此可知，中国传统圣贤文化将自省置于重要位置，将其视为使自身道德修养臻于完美的方式。而自撰墓志铭将自省放入更宏大的议题中，其以墓志铭为媒介、于生死之间自我审思的精神，同样对于通往圣贤之路具有重要意义，自撰墓志铭所承载的价值也因此越发在历史的更迭中熠熠闪光。

然而，对于中国古代墓志铭的研究少之又少，既有研究主要以唐代、宋代的自撰墓志铭和个别古代文人的自撰墓志铭为主要对象，对于元、明、清自撰墓志铭的发展概况及其特点还未形成相关成果[②]。总体看来，前人的研究更倾向于断代的研究或个别化的文本分析，而没有运用具体的学科和理论视角进行深入探讨与剖析。因此，本章根植于华夏传播的土壤中，又以内向传播的视角，叩问自撰墓志铭中的自我审思与圣贤之风。

第一节　从内向传播到华夏内向传播的追寻

内向传播，又称为自我传播或人内传播，它探讨个体心灵世界中的自我对话，即个体向自己发出信息，并由自己接收和处理信息的过程[③]。换言之，在内向传播过程中，主体（负责传播信息）与客体（负责接收信息）为同一人，传播过程中发生的一切活动皆在人体内完成[④]。因此，内向传播是规模最小、最为基本的传播活动，也是其他传播活动发生的前提与基础。

我国目前的内向传播研究大多仍然以西方的内向传播理论为基础，其中美国学者威廉·詹姆斯的自我理论、社会学家查尔斯·霍顿·库利的"镜中我"理论、社会心理学家乔治·赫伯特·米德的象征互动论在某些自我传播现象的阐释中发挥了较大影响。另一方面，我国学者也逐渐开辟了更符合中国语境的内向传播研究路径，并显示出愈发开放的态势，其主要采取认知心理学、思维科学、人格心理学、社会心理学等理论范式[⑤]，并寻求与传播学的结合点，从而达到内向传播的新的理论高度。

事实上，内向传播的形态在中国大地上早有深厚的文化背景。例如儒家的"慎独"，正是通过将圣贤形象符号化为客我，并与当下的主我进行自我互动，由

---

① 闫广芬：《君子之学：养成圣贤的教育传统》，南京：江苏人民出版社，2017 年，第 212 页。

② 许玲玲：《自撰墓志铭研究》，硕士学位论文，苏州大学，2015 年，第 3 页。

③ 陈力丹：《自我传播与自我传播的前提》，《东南传播》2015 年第 8 期。

④ 姜宏杰：《内向传播在新媒体互动装置设计中的应用研究》，硕士学位论文，大连外国语大学，2020 年，第 2 页。

⑤ 姚汝勇：《自我传播内涵考察》，《新闻知识》2012 年第 10 期。

此通过内向传播实现由凡入圣、心灵升华的目的①；庄子的"吾丧我"则蕴含着道家开创的通过坐忘心斋的内向传播活动而实现自我升华的独特路径②；以及之后阳明心学的"致良知"思想，更是对儒家内修之路的一种解构，直接从"心"上寻找答案以追求成圣成贤的最高境界，不失为内向传播的生动诠释③。总而言之，华夏传播学派已在内向传播的本土化研究中积累了丰硕的学术成果，同时让大众看到，相较于西方传播理论，中国独特的内向传播思想一定程度上消解了他者的存在，转而诉诸自我的心灵，从追求个体的社会化进程转向强调主体的自我完善与自由④。

从以上研究中也能看出，中国传统的内向传播活动作为人与自己的对话，很少能留下外在的具体的传播痕迹。然而，古代的自撰墓志铭却成为文人士子内向传播的外在媒介，使他们的自我审思在面对历史的大浪淘沙下依然得以保留、传承；其中晚明特殊的时代背景、社会语境，以及这一时期孕育出的特殊"山人"文化，使得各色各样的文人作为不同的传播主体，在其以自撰墓志铭为媒介的内向传播活动中创造出更为璀璨多彩的思想内容。本文所述的晚明时期具体是指1573年万历帝登基至1644年崇祯帝殉国之间的七十一年时间，民国金石学家朱剑心曾对此有所阐述："明自神宗万历迄于思宗崇祯之末，凡七十年，谓之晚明。此七十年间，政治腐败，学术庸暗，独文学矫王、李摹拟涂饰之病，抒发性灵，大放异彩。"⑤目前对于晚明自撰墓志铭的研究较少，基本被涵盖于以明代墓志铭、古代墓志铭作为整体对象的研究中，呈现出零碎的、散化的特点，而自撰墓志铭在晚明时期的特殊性与启发性尚未被发掘。因此，本章以晚明文人的自撰墓志铭为研究对象，在时代浪潮与个人追求的矛盾碰撞下，这一时期的自撰墓志铭呈现出特殊的内向传播形态，也定义了不同的圣贤内涵与圣贤之道。

第二节　作为华夏内向传播形态的自撰墓志铭

自撰墓志铭的最初形态即为墓志铭，墓志铭通常是指放置于墓中的志文铭辞，又名墓志、圹铭、圹记、埋铭等。作为一种传统的实用文体，墓志铭多以记录逝

---

① 谢清果：《作为儒家内向传播观念的"慎独"》，《暨南学报》（哲学社会科学版）2016年第10期。

② 谢清果：《内向传播视域下的庄子"吾丧我"思想新探》，《诸子学刊》2014第1期。

③ 董方霞：《内向传播观照下的"致良知"研究》，《中华文化与传播研究》2018年第1期。

④ 谢清果：《我与华夏传播学体系的建构（中）——以"华夏内向传播"理论提出的过程为例》.《广西职业技术学院学报》2019年第6期。

⑤ 朱剑心：《晚明小品选注》，台北：台湾商务印书馆，1954年。

者的生平事迹与家世叙述为主要内容，借以铭功颂德，哀悼逝者①。其在体式规范上由题、序、铭三部分组成，被框定在一个比较严格的内容框架下：其中"序"，即"志"，意为记载、记录，以记叙逝者的身世为主，多用散体写成；而"铭"主要以铭功颂德，寄托孝子贤孙的哀思为主，多用韵文写成②。正如学者褚斌杰在《中国古代文体概论》中对墓志铭的定义："墓志铭，是古代墓碑文的一种，它前有一篇记述死者生平的传记，后有一篇颂赞体的铭文。"③

自撰墓志铭则是墓志铭中的特殊形式，是古代文人回首一生，以临终者的眼光对自我做出审思与评价，并由此完成深刻的自我认知与自我超越的文体。相较于墓志铭，自撰墓志铭在体式规范与内容创造上都具有更大的自主性与自由性，它也从墓志铭中他人对逝者慎终追远的人际传播范畴转向了文人士子自我审思的内向传播范畴。

一、自撰墓志铭中的人生记忆：内向传播之基本前提

美国心理学家加德纳将记忆分为三种类型：第一，"情景记忆"，指每个人对自己所经历的事情的记忆；第二，"语义记忆"，指个体记忆中所学到的关于外部世界的知识。第三，"程序性记忆"，指个体学到的各种操作技术与技能的记忆④。而志者在撰写自己的墓志铭时，需要尽可能地唤起情景记忆，将或精彩纷呈或踽踽而行的人生经历从个体的记忆库中调取出来；同时，他也需要一定的语义记忆，将自己的记忆与感受通过文字符号的形式外化地呈现出来，并加之一定的语艺修辞，以在字里行间展现文人墨客面对死亡的具体思考；此外，志者为自己撰写墓志铭的过程中也必定使用了程序性记忆，才能使其思想以口述的或文本的方式留存下来。例如，明代文学家、书画家徐渭在《自为墓志铭》中写道：

生九岁，已能为干禄文字，旷弃者十余年，及悔学，又志迂阔，务博综，取经史诸家，虽琐至稗小，妄意穷及，每一思废寝食，览则图谱满席间。故今齿垂四十五矣，藉于学宫者二十有六年，食于二十人中者十有三年，举于乡者八而不一售，人且争笑之。而已不为动，洋洋居穷巷，僦数椽储瓶粟者十年⑤。

这段文字便描写了徐渭9岁时的学习才能与其后从事经史研究的经历，他调动"情景记忆"，回首过往至如今45岁的人生故事，他在官办学校已二十六年，

---

① 李秀敏：《唐代自撰墓志铭略论》，《文艺评论》2013年第4期。

② 许玲玲：《自撰墓志铭研究》，硕士学位论文，苏州大学，2015年，第5页。

③ 褚斌杰：《中国古代文体概论》（增订本），北京：北京大学出版社，1990年，第432页。

④ 里克·M.加德纳：《日常生活心理学》，刘军等译，北京：中国人民大学出版社，2008年，第107页。

⑤ 徐渭：《徐渭集》卷二十六，北京：中华书局，1983年，第638—640页。

成为山阴县获公家津贴的一员已十三年，参加举人考试八次而没有一次考取、尽兴居于穷巷陋室间靠几缸粗粮度日也已十年；同时，撰者徐渭调动"语义记忆"和"程序性记忆"，以文字语言为媒介，将抽象的回忆进行符号化，以语言修辞知识进行组织，并通过一定的技能手段呈现于外。以上自撰墓志铭中的故事无不以记忆作为开启内向传播活动的前提，只有回忆起过往发生的经历与故事，将现在的"我"作为主体，将过去的故事里的"我"作为客体，内向传播活动才得以穿越时间与空间，实现现在的"我"与过去的"我"的心灵对话。

二、文人士子的自我觉醒与自我审思：内向传播之深刻表现

记忆使得"我"既成了主体，又成了客体，记忆构成了内向传播的基础。然而，记忆并非等同于简单事实，也无法贴合于外在客观。卡西尔在《人论》中对此阐释道："在人那里，我们不能把记忆说成是一个事件的简单再现，说成是以往印象的微弱映象或摹本。它与其说只是在重复，不如说是往事的新生，它包含着一个创造性的构造性的过程。"① 换言之，内向传播活动在自我记忆的基础上，由人类记忆自身所具备的主观属性决定，其必定还包含着创造性的构造性的过程。

（一）觉醒的"我"

这种创造性、构造性过程在自撰墓志铭中不仅仅是人内在对自我记忆的二次传播，更表现为文人士子的自我觉醒与自我审思。 明人刘茞在其自撰墓志铭《秋佩生作墓志铭》中进一步解释道：

> 古人墓志铭托之名笔，盖欲附文集以传远，后世懵此义，后遗名爵以为耀，文浮质灭，识者少之。近世录名臣收人物者多据此，益见其惑也。又有自作挽歌，自作祭文者，事虽不经，情则夷旷，吾有取焉。故自述志铭，期以传信。② （《明文海》卷四五四）

由此可见，明代文人已逐渐从前人墓志铭的"文浮质灭"之风中走出，他们在撰写自我墓志铭时，越发注重自我的真情，怀有"即使不曾阅历万事，性情依然平和旷达"之胸襟，他们自撰墓志铭的内容与思想，并非期望求得当时社会的承认、认可，而志在后世能够将其作为可信的内容流传下去。此时，个人的主体性在自由意志与社会桎梏的矛盾张力中逐渐彰显出来，自撰墓志铭中的"我"的意识觉醒了。

---

① 恩斯特·卡西尔：《人论》，甘阳译，上海：上海译文出版社，1985 年，第 65 页。
② 黄宗羲：《明文海》卷四百五十四，台北：台湾商务印书馆，1986 年，第 554 页。

（二）未来的"他者"

在自我觉醒不断加深的过程中，文人的心灵走向了一种更为深刻的内向传播活动，即自我审思。然而，不同于西方内向传播理论中以根植于历史与传统文化的社会性"他者"为参照的自省活动，也不同于儒家将礼乐体制规范内在化而去他者的"慎独""修身"，不同于道家具有去身体化仪式意味的"心斋""坐忘"，晚明文人在自撰墓志铭中的自我审思将定义"客我"的权利赋予了后世与未来。

西方传统内向传播机制中，不论是"镜中我"理论，还是象征互动论，其自我的存在都有赖于当下的外在环境，自省活动也依靠从社会性他者的视角出发来审视和评价自我，从而实现自我调节和社会控制①。而社会性他者是根植于文化的，而文化很大程度上是由历史与传统塑造的，具有一定的过去指向。然而，与以上根植于历史与当下的他者视角不同，晚明文人在自撰墓志铭中的自我审思，以独特的发展眼光，将"客我"建立于对后世与未来的期待之中：其主我彰显自身的主体性，回首一生，捕捉记忆，其客我则更多地以后世与未来的期望为规范和标准，主我与客我相互对话、互动，形成自撰墓志铭中向死而生的自我审思，形成独特的面向未来的内向传播机制。因此如上文所述，刘蒝写下了"自述志铭，期以传信"。

此外，晚明文人的自撰墓志铭在未来"他者"的关照下所希冀的向死而生，也并未转而走向宗教文化中不可知的彼岸世界，而是在自我审思中留下实质的、宝贵的精神财富与思想结晶，使得后世能因此产生共情或获得力量。明代文学家、史学家张岱在《自为墓志铭》中回忆人生经历、进行内向传播活动时所蕴含的自我审思也非常深刻："劳碌半生，皆成梦幻"，"甲申以后，悠悠忽忽，既不能觅死，又不能聊生，白发婆娑，犹视息人世"②。他在全文关于"我"的书写中，不仅仅是觉醒，更是审思，对人世之审思，对命运之审思，对自我之审思，由此体现出内向传播作为人的思想活动的深刻性。

三、特殊的"谀墓"与自我粉饰：内向传播之角色扮演

诚如上文所言，记忆并非过往事件的简单再现，记忆的主观性既能极大地发挥人的思想力量，导向自撰墓志铭中的自我觉醒与自我审思，同时也能激发人的权力欲望，使得墓志铭变为一种更为特殊的"谀墓"，即带有浮夸意味的对逝者进行歌功颂德以流传后世的文体；使得自撰墓志铭也变为带有自我粉饰色彩的文章。德国哲学家尼采在《善恶之彼岸》一书中写道："我这样做了，我的记忆说，我不

---

① 李瑾：《从米德的符号互动论看跨文化研究》，《齐鲁学刊》2013年第6期。
② 张岱：《琅嬛文集》卷五，长沙：岳麓书社，1985年，第200页。

可能这么做过；我的自尊说，自尊寸步不让。让步的最终还是——记忆。"① 自撰墓志铭作为一种公之于众并流传后世的文体，其承载的社会价值与历史意义，使得部分志者愈发感到自尊之沉重，在上述情况下，记忆便是自尊作祟下有选择的记忆，自撰墓志铭从某种程度上说也有可能是带有粉饰色彩的墓志铭。

此时，未来的"他者"又以另一种姿态出场了，正如米德所阐释的"角色扮演"的概念，自我个体在角色扮演的过程中会像对其他人行事那样对他自己②。此时未来的"他者"不仅是文人期望的寄托者、权利的赋予者，而更多的是规范与压力的施加者。在志者为自己撰写墓志铭的过程中，角色扮演实际上是一种折中状态，介于其理想自我和未来的"他者"对其所施加的社会期待与社会规范之间。为了尽可能地满足与实现志者的自尊，他可能会在自撰墓志铭中掩饰那些影响自我美好形象的东西，而按照能够满足未来"他者"期待的角色进行书写，这样便产生了人格暗影，产生了粉饰色彩③。

第三节　作为超凡入圣媒介的自撰墓志铭

自撰墓志铭作为一种内向传播形态，以志者的人生记忆为基础，同时包含着创造性与构造性的自我觉醒与自我审思的过程。当笔者聚焦于晚明文人这一特殊时代的特殊群体时，他们以自撰墓志铭为媒介的自我觉醒与自我审思，更为华夏传播学中超凡入圣之路径研究提供独特价值。

回顾朱剑心先生对晚明的描述："明自神宗万历迄于思宗崇祯之末，凡七十年，谓之晚明。此七十年间，政治腐败，学术庸暗，独文学矫王、李摹拟涂饰之病，抒发性灵，大放异彩。"④受到这一时期政治腐败、学术庸暗的现实社会的影响，晚明文人生存在现实严峻的社会环境与传统"修身齐家治国平天下"目标指向之间的矛盾与挤压中，他们除了转向未来之"他者"之外，还在自我追问中找到了一条独特的中庸之道：既非入世于纯粹的官场，又不隐居于纯粹的自然，而是介于两者之间，在世俗社会与传统文化的条条框框下、在出世与入世的对立关系中，达成了一种新的妥协，即"山人"文化⑤。

"挽近世所称山人者之什，予得而言其概矣。初未能以子大夫取显融，而无以游扬于公卿间，则山人；搦三寸管为羔雉，而阴取偿其值，阳浮慕为名高也，则

① 维蕾娜·卡斯特：《依然故我》，刘沁卉译，北京：国际文化出版公司，2008 年，第 128 页。
② E·M. 罗杰斯：《传播学史》，殷晓蓉译，上海：上海译文出版社，2005 年，第 146 页。
③ 陈力丹：《自我传播的渠道与方式》，《东南传播》2015 年第 9 期。
④ 朱剑心：《晚明小品选注》，台北：商务印书馆，1954 年。
⑤ 李焯然，陈彦辉，杨雪樱：《张岱〈陶庵梦忆〉的梦与情》，《国际汉学》2020 年第 S1 期。

山人；甚者以揣摩捭阖之术糊其口，而无以自试，不托迹于章缝则不售也，则亦山人。故挽近所称山人者多大贾之余也。语称大隐则朝市，小隐则山林，今山人不山居而借朝市以借口焉。朝岿冠而博绅，暮习咿吾以备顾问。"① 以上是明人王士性对"山人"的概括性解读，他们多以诗文书画为工具，干谒权贵，激扬声名，以获得"幕修"或赠予为主要目的，并具有一定的流动性②。

"晚明"之"晚"在其山人文化中有所体现，一方面，它昭示着有明一代的颓败与迟暮，另一方面，它也让人看到，中国来到了传统主流文化解体蜕变、涅槃重生的历史关口③，晚明文人已在社会生活中逐渐彰显出现代意识，其自撰墓志铭中同样也显示出现代主体性元素。他们通过推崇真我、张扬个性、陶冶性灵、追求自由的独特方式，达到个体的自我认知与自我超越，通往不同于传统所定义的圣贤之路，形成朱剑心所述的"大放异彩"之势。这与中国传统儒家文化中自我约束式的养心修身而成圣，道家文化中归复自然、无待逍遥而成圣，以及佛家文化中超脱世俗、明心见性而成圣的路径较为不同。

除了超凡入圣之思想路径差异，其独特性更在于自撰墓志铭这一媒介。当晚明文人打开"约哈里窗户"中不为他人所知的秘密角落，自撰墓志铭这一承载他们思想内容的媒介，便以无声的语言在跨越时空的传播中承担起多种功能，具体表现为以下三个层次。

一、真我再现，不朽之思：作为评价依据的分野功能

志者撰写自我墓志铭的过程中，伴随着调取记忆、自我审思等内向传播活动；进而将此内向传播活动置于生与死的议题下，晚明文人在预设生命即将终结的语境中愈发敢于展露真实的自我。例如陈继儒在《空青先生墓志铭》中便以一问一答的形式将自己真实的人生、真实的个性娓娓道来，在强烈的主体意识的指引下，他以自由烂漫的态度分别回答了"曷不著书""曷不仕""曷不为儒者"等自我之问，最后对于自我当下的处境做出了如下阐释：

曰："曷不他居而居于斯？"曰："我貌癯削，而衣田衣，而冠山冠，以投于缙绅中，则笑其太质，以投于鹿豕中，则笑其太文。我处于不质不文之间，使缙绅鹿豕交相迷失，而不知我为何若人氏，我以此老矣。"先生如是者若干年④。

---

①　王士性：《汲古堂集序》，何白撰，《汲古堂集》（明·万历刻本）卷首。

②　张德建：《明代山人群体的生成演变及其文化意义》，《中国文化研究》2003 年第 2 期。

③　赵强，王确：《何谓"晚明"？——对"晚明"概念及其相关问题的反思》，《求是学刊》2013年第 6 期。

④　陈继儒：《陈眉公集》卷十五，续修四库全书 1380 册。

陈继儒首先在内向传播中将一个不质不文的自己坦诚地表达出来，他既不投于缙绅，又未完全投于鹿豕，因而处于交相迷失的状态之中。陈继儒等志者将这种自我迷失的幕后形象与自我审思的幕后行为，通过自撰墓志铭这一媒介展现在前台上，展现给明代的公众与后世的人们，一方面将其个体的内向传播内容上升为跨越时空的不朽之思；另一方面，自撰墓志铭也成为对志者进行盖棺定论、完成历史评价的重要依据。

正如上文所述，自撰墓志铭具有一定的"真我再现"性质，让后代能够从中获取关于志者的讯息，并作为对其进行一定历史评价与历史地位分野的依据。此外，抛开其所承载的内容，自撰墓志铭作为媒介本身，在封建等级社会中就具有分野功能，只有文人士子等社会上层阶级才能将自己对"不朽之思"的追求外化于自撰墓志铭中，换言之，自撰墓志铭作为媒介本身便是这一群体与平民百姓分野的依据，是这一群体形成自我身份认同的工具；晚明时期的文人更在"山人"文化中形成了一种清雅出尘、傲世而立的自我想象与认同。

二、稀释符号，自我和谐：作为书写载体的愈合功能

在晚明文人于自撰墓志铭中袒露自我的基础上，鉴于其所处的特殊时代背景与动荡社会环境，文人个体自身生命的矛盾与纠葛之处必然会重现于内向传播之中，此时自我和谐便成为超凡入圣征途中无可回避的命题之一，而自撰墓志铭这一媒介作为书写载体，也承担起自我和谐心灵过程中的愈合作用。

米德的符号互动论正是将"心灵"定义为一种过程，笔者认为其对于"心灵"的过程化、动态化与晚明文人的自我和谐以超凡入圣之路具有一定的相似性。米德认为"心灵"的过程是指个体使用有意义的符号与社会其他个体进行互动，并将此内化于自身的过程。换言之，只有当个体对某一符号赋予意义时，该客体才能够对个人产生价值；而当个体失去对符号的感知时，客体的存在也便失去了意义。而晚明的山人文化中同样含有隐逸、出世的一面，它一定程度消解了传统儒家"圣贤"符号的意义，一定程度减少了对居庙堂之高的价值追求，此时，功名利禄等外在客体便对晚明文人失去了意义。他们的超凡入圣之路转向了一条介于官场与山林之间的中庸之道上，在对于"性灵""自由"的追逐中，实现对生命往昔之释然，对矛盾自我之和谐。

除了思想上超凡入圣的转变，当文人们将心灵的矛盾挣扎书写在墓志铭这一载体上，这一行为过程本身就具有愈合功能，并促进自我和谐的发展。在心理干预方法中，书写表达通过书写披露和表达个人感受与想法，在暴露自我的同时也

进行了认知重构，对心灵健康具有显著的促进作用①。晚明文人将个人内在的生命挣扎之境书写于自撰墓志铭之外在媒介上，他们在暴露自我、"真我再现"的基础上，在内向传播活动中进行自我审思与认知重构，从而在这一行动过程中实现自我愈合与自我和谐。

自我和谐之结果同样在自撰墓志铭中有所展现，如张岱在《自为墓志铭》中所写："任世人呼之为败家子，为废物，为顽民，为钝秀才，为瞌睡汉，为死老魅也已矣。"②他突破了世人评价的外在标准，稀释了传统所建构的客观符号，将自撰墓志铭作为生命矛盾与挣扎之境的书写载体，而在愈合与和谐中走向了晚明文人群体所定义的独特的圣贤之路。

三、圣贤余韵，向死而生：作为记忆媒介的传承功能

如果说以上两个层次依然是自撰墓志铭中的小我层面、本我层面，其志者正走在通往超凡入圣之征途中，那么以下自撰墓志铭中对于永恒性的追求，才真正进入超我层面，真正发出圣贤之余韵，使志者在历史的长河中向死而生。

一方面是，是晚明文人追求"义"的精神与人生态度。如徐渭的《自为墓志铭》中写道："人谓渭文士，且操洁，可无死。不知古文士以入幕操洁而死者众矣，乃渭则自死，孰与人死之。渭为人度于义无所关时，辄疏纵不为儒缚，一涉义所否，干耻诟，介砀廉，虽断头不可夺。"③由此可知，徐渭为人处世之原则，既不受外在社会评价的规约，也不受传统儒家观念的束缚，而是以文人自己所定义的"义"来衡量，且即使断头也不能改变此风节。另一方面，则是晚明时代背景下遗民群体的集体情感，表现为面对改朝换代、山河破碎、诀别故国时的悲壮感，以及在此基础上志者赋予自己的超越时代更迭的使命感。例如王夫之在其《自题墓石》中所留下的墓志铭："拘刘越石之孤愤，而命无从致，希张横渠之正学，而力不能企。幸全归于兹丘，固衔恤以永世。"④他称自己既不能一展骁勇实现壮志，而又无能著书授课展露才学，因此只好含忧而逝。这是文人在遗民情怀下对自我价值的质疑与解构，这种心灵的自我对话蕴含着一个社会的永恒话题，即宏大时代与渺小个人之间矛盾激荡所带来的悲壮和感伤。又如屈大均在《自作衣冠冢志铭》中所说："不曰处士，不曰遗民，盖欲俟时而出以行先圣人之道，不欲终其身

---

① 王永，王振宏：《书写表达及其对身心健康的作用》，《心理科学进展》2010年第2期。
② 张岱：《琅嬛文集》卷五，长沙：岳麓书社，1985年，第200页。
③ 徐渭：《徐渭集》卷二十六，北京：中华书局，1983年，第638—640页。
④ 王夫之：《姜斋文集补遗》卷二，影印清同治四年刻本，续修四库全书，上海：上海古籍出版社，2002年，集部1303第559页。

于草野为天下之所不幸也。""噫嘻！衣冠之身，与天地而成尘；衣冠之心，与日月而常新。"① 在悲壮与感伤之外，屈大均的恢复之志、圣人之道，始终不渝，可谓超越时代的"知其不可而为之"之英雄精神。

诚然，上述思想精神之结晶得以在历史中熠熠闪光，不可忽视自撰墓志铭作为记忆媒介所发挥的传承功能。由于思想、精神等抽象内容的不可遗传性，其只有以一定的媒介具体表达出来、记录下来，才能在空间中传递，在时间中传承，进而沉淀为文化与意义。从这一角度说，后世对晚明文人自撰墓志铭的每一次解读，都以自撰墓志铭这一媒介作为空间和时间重构的起点，从这一起点出发，进入内容，领略精神，自撰墓志铭才完成传承并连接空间与时间意涵的媒介功能。

可见，晚明文人在以墓志铭为媒介的内向传播活动中，祖露真我，释然往昔，寻找介于官场与山林之间的独特超凡入圣之路，实现自我和谐；并在此基础上超出本我，转而追求精神与思想的永恒性，在历史中留下圣贤之悠悠余韵，达到向死而生之深刻价值。

本章首先指出自撰墓志铭是华夏文化中特殊的内向传播形态：其主我彰显自身的主体性，回首一生，捕捉记忆，其客我则更多地以后世与未来的期望为规范和标准，主我与客我相互对话、互动，形成自撰墓志铭中向死而生的自我审思，形成独特的面向未来的内向传播机制。总而言之，志者的人生记忆作为内向传播之前提，志者的自我觉醒与自我审思作为内向传播之深刻表现，此外，在角色扮演、自我粉饰的内向传播活动中还产生了特殊的"谀墓"。

在此基础上，笔者进一步聚焦于晚明这一特殊时期与晚明文人这一特殊群体，将自撰墓志铭视为他们超凡入圣之媒介，一方面深入自撰墓志铭的文本内容进行思想与精神剖析，以寻求其时代语境下特殊的圣贤内涵与圣贤之道；另一方面则关注自撰墓志铭作为媒介的功能，其作为评价依据的分野功能、作为书写载体的愈合功能以及作为记忆媒介的传承功能，以上功能皆基于志者在自撰墓志铭中发挥主体性、再现真我，同时又以无声的语言发挥影响，帮助志者通往圣贤之路。

总而言之，本章看到了晚明文人自撰墓志铭的独特性与启发性。作为内向传播形态，其不同于西方以根植于历史与传统文化的社会性"他者"为参照的自省活动，也不同于儒家将礼乐体制规范内在化而去他者的"慎独""修身"，不同于道家具有去身体化仪式意味的"心斋""坐忘"，也不同于宗教信仰中转而诉诸不可知的彼岸世界，自撰墓志铭蕴含着具有"未来"特性的他者，将定义"客我"的权利赋予了后世。作为超凡入圣媒介，晚明文人在自撰墓志铭中所呈现的圣贤

---

① 屈大均：《翁山文外》卷八，续修四库全书，上海：上海古籍出版社，2002 年。

路径也与儒家、道家、佛家较为不同，他们通过推崇真我、张扬个性、陶冶性灵、追求自由的独特方式，转向了一条介于官场与山林之间的中庸之道上，在自我审思中逐渐实现个体的自我认知与自我超越，从而在历史中留下圣贤之悠悠余韵，达到向死而生之深刻价值。

　　事实上，关于生和死是古往今来每个人都必须面对的议题，"一切历史都是当代史"，尽管本章聚焦于晚明这一特殊历史时期，然而我们同样在自撰墓志铭中看到相通的情感，看到个人在时代与命运间行走时的生存困境。笔者希望在为华夏传播的内向传播形态与媒介功能提供新的思考之外，更能以人文主义的眼光看到人之所为人的主体性与自由性，同时任何一个时代都不能遗忘，我们看似光辉的令人骄傲的历史背后，是一条条在生命的困境里挣扎过的血肉之躯。

（本章作者：舒艺　谢清果）

第二讲　华夏人际传播研究

第四章　民胞物与：华夏人际交往观中的圣贤之风

"民胞物与"内蕴仁爱和谐的儒家传统，是中国传统文化中交往观的重要组成部分，对当代中国的人际传播、跨文化传播等交际行为具备指导意义。本研究首先对"民胞物与"思想的观念意涵进行梳理，提出其作为一种交往方式的理论价值；进而引入布伯的对话理论对"民胞物与"交往观的哲学思考做出阐释，发掘中西理论资源在"关系"和"他者"两个层次上的连接点；最后对其蕴含的圣贤形象期待进行剖析，总结出仍适用于当代的理论意义和应用价值。

在重视大众传播、效果研究和批判理论的当代传播学界，人际传播的地位与意涵容易被忽视；直至 20 世纪 90 年代，才有王怡红、芮丙峰开始探讨其内涵、关系理论和情境理论等，然而仍少见于当下的科研和教学中。

但在笔者看来，考虑到人际传播的性质与内核，其能够成为当代华夏传播学发展的重要理论源泉，在中国语境中完成本土理论的建构。一方面，人际传播是人生命之始本能的传播，其后才是从本能转向的、自身控制的有意识的传播[1]，这彰显了人际传播的基础性地位；另一方面，人际传播以关系为核心，有助于学界在关系维度重新审视传播的观念[2]，进而巩固传播学本土化的理论基石，体现了其与华夏传播学发生联结的可能。

在《论"人际传播"的定名与定义》一文中，王怡红比较阐释了中西"人际传播"的内涵。从训诂学的视角加以审视，"际"字为左右结构，左耳刀形状如入耳，意指"人的倾听"，右边的"祭"字则有"将肉放在祭台上，对天神、地

---

① 　陈力丹：《试论人际关系与人际传播》，《国际新闻界》2005 年第 3 期。
② 　刘海龙：《中国语境下"传播"概念的演变及其意义》，《新闻与传播研究》2014 年第 8 期。

祇、人鬼进行祭拜的敬畏之情"①；结合儒家思想占主导的时代背景，以"仁""礼"为核心的伦理规范统驭人的思想观念、交往行为②，使得汉语中的"人际"天然与"仁"的伦理关系含义相通，偏向于自我与他人的交融或仁的"等级关系"。与之相对，英语中的"interpersonal"突出独立的"自我""私人"和"个人"，强调独特的个体之存在，体现更多的是法理上的"个体之间"③。

可见，人际传播与华夏传播的连接点在于儒家传统文化内核及其指导下的行为表现。"人际"代表个体间关系交往的结构，"传播"指示交往行为的方式，从中可提炼出某种交往观，以发挥儒家传统文化的应用价值、彰显传播学本土化的理论价值。

然而，现今华夏传播中的人际传播研究集中见于两个领域：一是以具体现象为切入点提炼相关理论，如胡先缙、黄光国、翟学伟、金耀基等学者的"面子"研究及其放射出的"关系""人情"研究；二是选取某一特定思想家，分析其交往哲学。少见脱离具体语境、以指导现实生活为目标的共通交往准则。而华夏传播学中对"交往观"的研究成果则集中表现为"共生交往观"④，强调宏观层面的国家叙事与跨文化传播层面的交往方案，未见以人际传播为核心。

针对以上问题，笔者提出"民胞物与"交往观，认为其可谓孕育自中国传统儒家文化的有关人际传播的哲学思考与实践经验的系统性总结。"民胞物与"交往观包含着"仁爱"与"和谐"两层核心观念，强调人我一致、去他者化的哲学经验，蕴藏着从古至今中国民众对"圣贤"的形象建构与期待，并在形象期待的过程中完成了实质上对理想自我、理想人际关系的自我投射。因此，"民胞物与"可以被确认为一种交往的观念，不仅能为人际传播实践提供指导、为华夏传播理论丰富视域，更能从根本上挖掘国人意识、民族情感，或可服务于文化心态的比较研究。

---

① 许慎：《画说汉字：1000 个汉字的故事》，转引自王怡红：《论"人际传播"的定名与定义问题》，《新闻与传播研究》2015 年第 7 期。

② 王怡红：《论中国社会人际传播的价值选择》，《现代传播（北京广播学院学报）》1996 年第 5 期。

③ 王怡红：《论"人际传播"的定名与定义问题》，《新闻与传播研究》2015 年第 7 期。

④ 谢清果：《文明共生论：世界文明交往范式的"中国方案"——习近平关于人类文明交流互鉴重要论述的思想体系》，《新疆师范大学学报（哲学社会科学版）》2019 年第 6 期。

第一节　"仁爱"与"和谐"：
"民胞物与"交往观作为华夏传播的重要指南

"民胞物与"交往观代表了儒家学派尤其是宋明理学所期待的一种理想社会的交往状态，能够彰显华夏人际传播的重要精神内核，丰富现有的人际传播理论。本节将首先说明"民胞物与"的基本思想，进而分别阐述其中的"仁爱""和谐"观念，并对其理论价值做初步总结。

一、"民胞物与"交往观的思想释义

"民胞物与"的意思是"民为同胞，物为同类，泛指爱人和一切物类"，又可译为"不仅天下之人皆如我的兄弟，而且天下之物亦皆我的同类，我对他人他物均应像兄弟一样对待"[①]。该句语出自宋代理学家张载的《西铭》，是为该篇核心思想。

> 乾称父，坤称母，予兹藐焉，乃混然中处。故天地之塞，吾其体；天地之帅，吾其性。民吾同胞，物吾与也。大君者，吾父母宗子；其大臣，宗子之家相也。尊高年，所以长其长；慈孤弱，所以幼吾幼。圣其合德，贤其秀也。凡天下疲癃残疾、惸独鳏寡，皆吾兄弟之颠连而无告者也。于时保之，子之翼也；乐且不忧，纯乎孝者也。违曰悖德，害仁曰贼；济恶者不才，其践形，唯肖者也。知化则善述其事，穷神则善继其志。不愧屋漏为无忝，存心养性为匪懈。恶旨酒，崇伯子之顾养；育英才，颖封人之锡类。不驰劳而底豫，舜其功也；无所逃而待烹，申生其恭也。体其受而归全者，参乎！勇于从而顺令者，伯奇也。富贵福泽，将厚吾之生也；贫贱忧戚，庸玉汝于成也。存，吾顺事；没，吾宁也。（《西铭》）

根据现有分析，《西铭》可从大体上分为三个层次。

"乾称父，坤称母，予兹藐焉，乃混然中处。故天地之塞，吾其体；天地之帅，吾其性"为第一层，主讲天人关系，实质是"宇宙间第一层次的纵向上下'父子'关系结构"。"惟天地万物父母。"[②]（《尚书·泰誓上》）"乾，天也，故称乎父；坤，地也，故称乎母。"（《易传·说卦》）可见，"乾父坤母"是对《书经》《易传》之"大父母"观念的继承，据以说明作为宇宙根源的乾坤与人类及自然万物之间的关系；其后的"予兹藐焉，乃混然中处"，则是张载反观自身，对人类藐小地位的感知与揭示；因此进一步得出：人类的形体和德行都由天地（乾坤）赋予[③]。由这一层，张载

---

①　张世英：《人类中心论与民胞物与说》，《江海学刊》2001 年第 4 期。
②　林乐昌：《张载〈西铭〉纲要新诠》，《中共宁波市委党校学报》2013 年第 3 期。
③　林乐昌：《张载〈西铭〉纲要新诠》，《中共宁波市委党校学报》2013 年第 3 期。

非人类中心主义的思想跃然纸上。

"富贵福泽，将厚吾之生也；贫贱忧戚，庸玉汝于成也。存，吾顺事；没，吾宁也"为第三层，强调主体对贫富和死忧的态度[①]。"富贵福泽"和"贫贱忧戚"分别是人生所遇顺境与逆境，"厚吾之生"与"玉汝于成"则反映了张载对其乐观、豁达的平常态度。人活于世顺从事理，离世则心安理得、安宁而逝。儒家"死生有命，富贵在天"的命运观被发扬得淋漓尽致。

其余部分为第二层，张载用大段笔墨描摹其社会视觉中的理想状态。他站在传统宗法关系的角度，对不同社会成员的地位与职责进行勾勒、并加以规范，传递出"天下所有人都是同出于天地父母的同胞"的基本思想；因而人应当按照孝悌仁爱的原则、而非贫富贵贱的差别，处理各种社会关系。这种和谐、友爱、依循伦理秩序的向往，是对"民胞物与"原则具象表现的描述，也是对儒家"移孝作忠""以孝治天下""亲亲尊尊"的社会伦理观念的精彩表达[②]。

由此可见，"民胞物与"思想从本质上来说是儒家学派、宋明理学对期望中社会状态的一种描摹，但也包含对彼时社会现实的关怀，可谓兼备理想性与现实性。这样深厚的思想含量，为从其中提炼出一种交往观提供了充足的可能。

二、"民胞物与"交往观的思想基础

"民胞物与"交往观不是孤立的、静止的，而是在对前人思想的继承之上，不断进行创造性发展和转化的产物。"仁爱"与"和谐"正是其继承的思想基础。

（一）仁爱：构筑人际传播的普遍之爱

在"民胞物与"交往观中，"仁爱"的理念得到了极大的彰显。

一方面，"民胞物与"交往观继承儒家思想的一贯脉络，天然蕴含"仁爱"的儒家精神。《论语》有58章谈到"仁"，109次出现"仁"字，可见"仁爱"是儒家思想的基本精神。儒家历代圣贤均不乏对于"仁"的论述。

《中庸》提到"仁者，人也"，表现出"仁"所指涉的理念广泛存在于人际关系之间。《论语·里仁》中的"唯仁者能好人，能恶人"与《孟子·离娄下》的"仁者爱人，有礼者敬人。爱人者，人恒爱之；敬人者，人恒敬之"，则表明仁"是人际交往的积极态度，有"仁"者可以正确的喜欢或者厌恶别人，也可以得到别人的爱与敬意。与此同时，"仁"又具有可推广性；既可以从微观的人际层面推广到宏观政治层面，即"仁政"，又能够从人与人的关系推广到人与物的关系。如"君子之于物也，

---

①　邹广文，蔡志军：《张载"民胞物与"思想的超越维度》，《河北学刊》2010年第2期。

②　张践：《〈西铭〉：中国士大夫的精神家园》，《江汉论坛》2004年第1期。

爱之而弗仁；于民也，仁之而弗亲。亲亲而仁民，仁民而爱物"（《孟子·尽心上》）。

而张载在其《西铭》中提出"凡天下疲癃残疾、惸独鳏寡，皆吾兄弟之颠连而无告者也"，正与"仁爱"观念的普遍性和"爱人"的态度相呼应，可见其对于"仁爱"的儒家精神之继承。

另一方面，"民胞物与"扩充了"仁爱"的基本内涵，强调普遍之爱与血缘亲情间的统一性。传统的儒家伦理强调有差等的爱，正如伦字所代表的是"从自己推出去的和自己发生社会关系的那一群人里所发生的一轮轮波纹的差序"[1]。但在张载这里，其不再强调差等次序，而是"将血缘之爱推广到所有的群体"[2]。

张载对此做出的贡献在宋明理学中得到了广泛肯定与讨论。程颢认为，张载的民胞物与是对仁本体的层次性展开，仁虽与万物浑然同体，此同体却非浑然为一、不分彼此，而是一种多样化的统一。程颐将这种同异关系概括为"理一分殊"，进一步回应了普遍之爱和血缘亲情之间的关系。而在《西铭解》中，朱熹对于"民胞物与"的义理做出解读："一统而万殊，则虽天下一家中国一人，而不流于兼爱之弊；万殊而一贯，则虽亲疏异情，贵贱异等，而不梏于为我之私。此《西铭》之大指也。"朱子指出，正是由于认识到一统而万殊，才不会流于墨子兼爱之道；正是由于认识到万殊而一贯，才不会流于私意胜而仁爱亡[3]。经过朱熹的诠释，"民胞物与"正式成为包容一体之仁和宗法差序的经典范式。

由此可见，"民胞物与"交往观的思想内涵之一即是仁爱相亲。这种交往观鼓励个体在进行人际传播活动时本着"将他人看作我的兄弟"的态度，而非严格依循固有宗法观念的桎梏；虽然对待陌生他人必然与对待亲属存在差别，但不过分强调差等的爱。这成功地重申了血缘伦理和普遍的爱之间的"一本"性，对"仁爱"的语境进行扩展，使其能够成为交往中的普适性准则、华夏传播的理想交往方式。

（二）和谐：追寻人际交往的本质价值

如果说"仁爱"更多反映于"民胞"（人与人的关系），"和谐"则更多体现于"物与"（人与物的关系）。考虑到"物与"源于对"民胞"思想的拓展，也可称其为"爱物"。对于"和谐"的崇扬，历代圣贤同样不乏相关论述。

裁成天地之道，辅相天地之宜。（《泰卦·象传》）

---

① 费孝通：《乡土中国》，上海：上海人民出版社，2006年，第23页。
② 干春松：《多重维度中的儒家仁爱思想》，《中国社会科学》2019年第5期。
③ 张新国：《朱子〈西铭解〉的哲学建构》，《福建师范大学学报（哲学社会科学版）》，2019年第1期。

唯天下至诚，为能尽其性；能尽其性，则能尽之性；能尽人之性，则能尽物之性；能尽物之性，则可以赞天地之化育，可以赞天地之化育，则可以与天地参矣。（《中庸》）

人，物也，物亦物也，虽贵为王侯，性不异于物。（《论衡·说死》）

人者，天地之心也。（《礼记·礼运》）

以上断言虽然来自不同流派，但均指向了相似的天人协调理想。如《中庸》所提到的，由于人秉"至诚"，所以能与万物相应而感通。对此，张载在其他著作中展开了进一步解释，如：

性者，万物之一源，非有我之得私也。惟大人为能尽其道，是故立必俱立，知必周知，爱必兼爱，成不独成。（《正蒙·诚明》）

可以看出，张载的观点在于：既然万事万物本性统一，那么人、物在本质上即为平等，这为人们提出"既爱人又爱物"的要求。

对此，张世英做出了进一步升华与阐释。他认为，"哲学应以建立在万物一体基础上的诗意和民胞物与的精神为目标，这种境界是真善美三者的统一"，"民胞物与精神是本体论与认识论的理想法则"，指示了"民胞物与"思想在哲学上的重要地位；同时，"万物一体的哲学本论是'民胞物与'的基础，民胞物与精神与万物一体思想一道，构成了对人类中心主义的超越"，彰显了"民胞物与"对最高价值"和谐"的追寻[①]。由此可见，"民胞物与"交往观中显而易见地蕴含着对天地万物的关怀。在儒家生态学看来，它体现了一种不以人为中心的环境伦理责任观；而在笔者看来，这份观念强调与自然万物维持堪比亲情的关系，正是以面对自我兄弟的方式面对整个环境与自然。

这虽然已超出了人际传播的范畴，但由于其以"仁"之"爱"为基础，因此是由人际层面出发并推广到其他层面，是将适用于人际传播的理论价值推广至人与物的传播。这彰显了"民胞物与"作为一种交往观的理论广度。可见，"民胞物与"代表着一种和谐、崇高的精神，与伦理观乃至宇宙观联系密切，具有高度抽象的交往价值。

三、"民胞物与"交往观的理论价值

前文梳理了"民胞物与"的意涵，意在说明其具备成为华夏传播学交往观的思想基础。本节则希望通过对华夏传播现有研究的比对，进一步总结"民胞物与"交往观作为华夏理想交往方式的正当性。

---

① 张世英：《哲学导论》，北京：北京大学出版社，2014年，第16页。

论及交往观，现有华夏传播的代表性研究成果集中表现为邵培仁的"华夏交往观"和谢清果的"共生交往观"。"华夏交往观"认为，文化之间的交往之道就是"和而不同""交而遂通"，用当代语言来说就是"多元、共存、接纳、欣赏"[①]；"共生交往观"则以习近平关于人类文明交流互鉴重要论述的思想体系为基础，强调"文明对话、交流互鉴"[②]。以上两种均从跨文化传播的角度出发，为文明与文明、国家与国家之间的交流传播勾勒出指导方案。但在此之外，目前学界少见直接服务于人际层面的交往观论述。

据谢清果编著《华夏传播学引论》，语言、面子、关系是人际传播的基本面向，其中最有特殊的当属"面子"及其背后的"关系"；而在关系层面，儒家崇"仁"，以"爱"为先导，其根本出发点就是相关性以及万物之间的不可分离性[③]。这分别能与"民胞物与"交往观中的"仁爱""和谐"两种理念对应起来。因此，"民胞物与"交往观天然与华夏人际传播的精神内核相契合，能够成为华夏传播的理想交往方式和重要指南。

第二节　从"关系"到"他者"："民胞物与"交往观作为人际传播的哲思来源

"民胞物与"交往观既作为包容一体之仁和宗法差序的理想范式，主张普遍之爱与血缘亲情间的统一性；又代表不以人为中心的环境伦理责任观，强调和谐至上的交往价值。这种由仁爱之心出发、对交往对象一视同仁的交往观念，与马丁·布伯的对话理论不谋而合。本节将首先对马丁·布伯理论中的人际传播哲思进行梳理，在此基础之上将"民胞物与"交往观与之进行比较，以阐释"民胞物与"交往观作为人际传播指导原则的合理性、实用性。

一、"我—你"与"我—它"：马丁·布伯两种人际传播的观念表达

在《我与你》中，马丁·布伯开门见山地提出其对人际传播的思考内容。他认为，可以根据"人执持双重的态度"，将世界区分为"双重世界"，而"人执持双重的态度"又由"双重的原初词"决定。这里的"原初词"是"我—你（I—It)"和"我—它（I—Thou)"两种截然不同的状态，指示了"我"的两种不同的

---

① 邵培仁，姚锦云：《和而不同 交而遂通：中华优秀传统文化的当代价值》，《新疆师范大学学报（哲学社会科学版）》2015 年第 6 期。

② 谢清果：《文明共生论：世界文明交往范式的"中国方案"——习近平关于人类文明交流互鉴重要论述的思想体系》，《新疆师范大学学报（哲学社会科学版）》2019 年第 6 期。

③ 谢清果：《华夏传播学引论》，厦门：厦门大学出版社，2017 年，第 93—120 页。

存在方式（是否作为"纯全之在"），是理解马丁·布伯人际交往观念的关键。

所谓"我—它"，指的是将所有交往对象视作使用对象的态度，"人流连于事物之表面而感知他们"，从中获致经验知识。布伯对此提出批评，认为"人生不是及物动词的囚徒，那总需事物为对象的活动并非人生之全部内容……凡此种种绝对构不成人生"，质疑"我—它"倡导的人生将价值局限在对对象的"使用"之中；又及"世界超然于经验之上，经验不足以向人展示世界"，指出"我—它"代表的世界观缺失对经验以外的感知。

"我—你"则"不以事物为对象"，是一种将他人（他物）看作具有与自己同样独立自由的主体性的态度，交往对象不再被视作有限之物，而是"无待无垠、纯全无方之'你'"。布伯认为，唯有采取这种态度，才能实现人与人的相遇，"创造出关系世界"；同时，他还强调："我—你"先在于任何形式，先在于对"我"之自我意识；仅在"我"自"我—你"中分离而出之时，"我—它"方可被陈述①。

将二者进行对比，笔者总结出差别与联系如下：(1)"我—它"与"我—你"所形塑的世界观不同，前者代表"经验世界"或"为我们所用的世界"（the world to be used），后者则指示"关系世界"或"我们与之相遇的世界"（the world to be met）；(2)"我—你"是"我—它"的前导状态，"我—你"本质上先在于"我"，"它"本性上后在于"我"，人通过"你"而成为"我"，进而产生与"它"的互动。在对这二者做一对比分析后，"我—你"观念的优越性得到了自然的浮现。因此，笔者认为有必要对其内涵进行进一步阐扬，同时挖掘"我—你"观念与"民胞物与"交往观可能存在的联系。

二、进入关系世界：寻找"我—你"观念和民胞物与交往观之同

"关系"是人际传播领域经久不衰的探讨话题，不仅表现于西方社会心理学中所谈的人际关系（relationship），也存在中国特有的关系学（guanxi）研究；而在布伯的论著中，"关系"正是其"我—你"观念的核心。在此，"我—你"观念与华夏人际传播理论的联结点显现了出来。

（一）关系的五个维度："我—你"观念的核心论述

王晓东、刘松认为，"我—你"存在的本源性体现在存在的完整性、存在的相互性、相遇与介入三个方面②；孙向晨则指出，布伯笔下的本源性关系世界由"直

---

① 马丁·布伯：《我与你》，陈维钢译，北京：生活·读书·新知三联书店，1986年，第17—33页。
② 王晓东，刘松：《人类生存关系的诗意反思——论马丁·布伯的"我—你"哲学对近代主体哲学的批判》，《求是学刊》2002年第4期。

接性""相互性""之间""相遇"四个概念描绘而成①。在比较、整合与补充之后，笔者认为可以使用以下五个维度来理解"我—你"的关系世界。

（1）直接性

与"你"的关系直接无间。没有任何概念体系、天赋良知、梦幻想象横亘在"我"与"你"之间。在关系的直接性面前，一切间接性皆为无关宏旨之物。

直接性是"我—你"观念的首要特征。关系主体间的交往是直接的，不存在对交往主体或关系本身的预设立场、个人经验、个人假设等中介阻碍。所谓"概念"，即"把感知观念固定于存在中的手段"；而"一旦纯粹关系夹杂了别的东西"，人即可能迷失于中介中，而忘记原有关系。

（2）相互与"之间"

关系既是被择者又是选择者，既是施动者又是受动者。我实现"我"而接近"你"；在实现"我"的过程中我讲出了"你"。我的"你"作用我，正如我影响他。

相互与"之间"是另一基本特征。关系在主体、动作与效果三方面发生互动，关系中的主体相互交换，关系依旧存在；关系的选择与被选择、发出与接受一体两面，往往同时处于相对立的状态中；关系既为关系主体带来实现自我的可能，又创造出建构对方形象的机会。因此，人生活于相互性之中，无法消融彼此、无法忽视外在，必须倾听自身以外的声音②。与此相关联的是"之间"（between）的概念，意在克服近代主体性哲学，强调"我"与"你"之间存在的张力。

（3）真实与相遇

关系并非太虚幻境，它是真实人生惟一的摇篮；凡真实的人生皆是相遇。

"相遇"是对关系的动态表述，既是直接性与相互性的结果，又是相互性的保障；"真实"则与"相遇"一体两面，其在关系中得以孕育，又在"相遇"中接受检验。

（4）现时性

本真的存在伫立在现时中，对象的存在蜷缩在过去里。

布伯认为，"我—你"代表现时，而"我—它"指向过去。参照前三个特征，不难理解，唯有在变化、无法预测的当下，摒弃过去的概念意象，才能实现完全直接、完全真实、相互互动的相遇。

（5）普遍性

爱本为每一"我"对每一"你"的义务……一切施爱者的无别……爱一切人！

---

　　①　孙向晨：《马丁·布伯的"关系本体论"》，《复旦学报（社会科学版）》，1998 年第 4 期。

　　②　王晓东，刘松：《人类生存关系的诗意反思——论马丁·布伯的"我—你"哲学对近代主体哲学的批判》，《求是学刊》2002 年第 4 期。

　　布伯特别强调"我—你"观念的适用范围，将关系中的"爱"提升至义务层次，进而得出发出者与接收者的"无别"，即普遍性。

　　由以上五个维度，布伯完成了其对"关系本体论"的建构，既超越了传统认识论哲学中主客对立的二元关系、也推翻了以单一实体为追求的本体论模式。尽管其中或多或少存在某些浪漫主义的绝对化想象，但无法否认，正是这般理想化图式赋予了其与"民胞物与"交往观发生联结与对话的可能。

　　（二）理想社会："民胞物与"交往观中的关系之爱

　　"我—你"观念构建了布伯心中期待的关系世界，而"民胞物与"交往观作为一种描绘理想社会的伦理范式，与其目标不谋而合。将两者进行对比，可以发现双方相互呼应、互为补充，"民胞物与"交往观可谓是"我—你"观念的中国表达。笔者试图以"关系世界"为旨要，聚焦"民胞物与"交往观中的"民胞"思想，搭建起"民胞物与"理想社会与"我—你"关系世界的沟通桥梁。这里的"桥梁"即为"民胞"思想的关系维度，分别有：（1）普遍性；（2）相互性；（3）现时性。

　　"民胞"思想中的关系普遍性突出表现于其对血缘之亲的超越，使公平和博爱跨越血亲"小家"而走向同气同性的"大家"[1]。它实质上是一种博爱观，强调人均平等地享有公共之性，以此为本产生的"爱"是打破人物间隔的普遍之爱。这与布伯"爱一切人"的理念要求殊途同归。同时，虽然"民胞"语出张载，但相关表述古已有之。孔子言"四海之内，皆兄弟也"（《论语·颜渊》），孟子倡导"老吾老以及人之老，幼吾幼以及人之幼"（《孟子·梁惠王上》），均表达了对关系普遍性及仁爱（乃至博爱）的追求，进一步丰富了"民胞物与"交往观的思想基础。

　　"民胞"思想中的关系相互性折射在以"仁爱"为前提，进行具体交往的行为逻辑之中。如墨子所述"视人之国若视其国，视人之家若视其家，视人之身若视其身"（《墨子·兼爱中》），体现主体互换可能中的相互性与"之间"概念。在当今学界，杜甫是"民胞物与"精神的典型代表人物。刘明华提出，其推己及人的情怀即与"民胞物与"的思想内在相通，是其人道主义精神的底蕴[2]。基于此，笔者认为"推己及人"作为"民胞"思想的重要组成部分，是关系相互性的集中体现。以杜甫《又呈吴郎》为例：

　　　　堂前扑枣任西邻，无食无儿一妇人。

　　　　不为困穷宁有此？只缘恐惧转须亲。

　　　① 　向世陵：《从"天下为公"到"民胞物与"——传统公平与博爱观的旨趣和走向》，《中国人民大学学报》2015 年第 2 期。

　　　② 　刘明华：《文化视野下的中国古代文学阐释》，北京：中华书局，2008 年，第 37 页。

即防远客虽多事，使插疏篱却甚真。

已诉征求贫到骨，正思戎马泪盈中。

诗作直观反映出杜甫推己及人的博大胸怀。在与陌生妇人的关系之中，杜甫自觉承担了感知另一主体的道德义务，以己之经历理解对方之"困穷"，进而做出"扑枣任西邻"的行为选择。可见，"推己及人"的"民胞"思想正与布伯对"我—你"观念的相互性表述趋同："我实现'我'而接近'你'；在实现'我'的过程中我讲出了'你'。"

"民胞"思想中的关系现时性与儒家传统的现实性息息相关。崔英辰认为，"儒教"的理想社会论是21世界人类所必须探索的理念中不可或缺的理论之一[①]；常新提出，"儒家的出发点是人生社会，其思考和情怀都集中于此"[②]。可见，以现实为依据、探寻理想社会的标准这一命题是儒家学派永恒的追求，注定与现时性相联结，并以此为基础构想可能的未来。而张载作为宋明理学的代表人物，不管是其在《西铭》中提出的"民胞物与"理想状态，还是妇孺皆知的"横渠四句"，都以现时性为立足点、以"爱"的关怀为核心，构建出儒学理想中的关系世界。

通过以上的三个关系维度，"民胞物与"交往观与马丁·布伯的对话理论实现了联结与交融，为人际传播的本土化话语做出以"仁爱"为要旨的启示。

三、审视他者：对比民胞物与交往观与"我—你"的观念之别

欲实现马丁·布伯理论与"民胞物与"交往观的联结，"他者"同样是很好的切口。"我—它"与"我—你"的差别不仅仅停留于经验世界与关系世界的两分，更表现于对"他者"所持的迥异态度；而在"民胞物与"交往观的关系世界中，"他者"却似乎不曾来过。

（一）他者之思：两种观念的根本差别

"他者"常应用于涉及身份、差异性、自我（selfhood）、识别和伦理等主题的论述中，既可以表示另一个人，也可以表示作为他人的自身（self）[③]。对西方哲学来说，"他者意识"的提出关系到整个西方哲学传统的转变[④]，意味着由主体性居

---

　　① 崔英辰：《儒学的理想世界观》，中国人民大学孔子研究院编：《儒学评论（第十三辑）》，北京：社会科学文献出版社，2019年，第5页。

　　② 常新：《张载"横渠四句"的人文情怀与现代性问题》，中国人民大学孔子研究院编：《儒学评论（第十一辑）》，保定：河北大学出版社，2019年，第234页。

　　③ 米歇尔·刘易斯·伯克，艾伦·布里曼，廖福挺：《社会科学研究方法百科全书 第2卷》；沈崇麟，赵锋，高勇主译，重庆：重庆大学出版社，2017年，第944页。

　　④ 孙向晨：《面对他者：莱维纳斯哲学思想研究》，上海：上海三联书店，2008年，第3页。

高临下到反思主客体关系的转向。谈及"他者"，"自我"是其必定绕不过去的背面与镜子。在"自我"与"他者"的关系中，可以展现出更多非对称性、开放性、对话性及别样的可能性；也正因如此，"他者"概念为人际传播视域创造出丰厚的理论资源与尚待开拓的理论可能性。

在笔者看来，"他者"是"我—它"与"我—你"之别的核心变量。"我—它"以自我为核心、为主体，"我"以外的他人成为"我"交往中的客体与他者，是"我"所经验的对象；因此只能发生"独白"，而非"对话"。"我—你"则"从心灵上转向他人"，主体因此能够进入到一种关系之中、发生"对话"，对话是人与人关系的根本所在①。可见，"对话"发生的条件在于消解了主体与客体的存在、自我与他者的概念，昭示出布伯明确的"去他者化"诉求。

纵观西方哲学的发展历史，从柏拉图《对话录》中的"同者定位取决于他者存在"到萨特存在主义中"他者对主体建构产生作用"，在 19 世纪后期之前，主体被赋予自发性、自主性、居高临下的地位；直至 19 世纪后期，现当代西方哲学才开始关注主体的限制性因素，并迎来女性主义、后殖民主义、生态批评学者借用"他者"概念完成批判话语的建构②。不难看出，布伯"去他者化"的诉求恰与该趋势所匹配；在《我与你》中，经历"我—它"与"我—你"的对比，我们可以清晰地辨识出由强调主体对客体的支配作用、到反思主客体关系的认识论转向。

（二）他者不曾来过："民胞物与"交往观中的和谐之风

列维纳斯说："从一开始，与'他者'的相遇就是我对他的责任。"③哈贝马斯则提出，马丁·布伯在其论著中，通过对话让他者做好承担义务的准备④。由此，笔者认为，在"我—你"观念中蕴藏着一种平等个体主义的立场模式，这个模式的理论价值在于重申他者的主体性地位，力陈主体转变对他者态度的必要性。理解关键点在于：他者拥有个体化核心，他在特性与主体共在。

然而，"民胞物与"交往观却少有对他在特性孤立的考察，也未见对他者主体性地位的陈述。因此，笔者试图提出"他者不曾来过"的观点，这一方面与"我—你"的他者主体化意涵形成差别，另一方面也有助于进一步展现出"民胞物与"的"和谐"价值。

从本质上来看，"民胞物与"交往观的终极追求在于调和天人关系。如前文所

---

① 王怡红：《当代人际传播研究与对话问题》，《学习与实践》2006 年第 11 期。
② 张剑：《西方文论关键词：他者》，《外国文学》2011 年第 1 期。
③ 孙向晨：《面对他者：莱维纳斯哲学思想研究》，上海：上海三联书店，2008 年，第 3 页
④ 哈贝马斯、曹卫东：《马丁·布伯：当代语境中的对话哲学》，《现代哲学》2017 年第 4 期。

述，"物与"是对"民胞"的拓展，继承了其"推己及人"的认知逻辑。它将交往主体泛化，使"民胞物与"交往观未局限于维护有爱的人际关系，而是上升为"天人调谐的人生理想的一部分"①。为了实现这个目标，张载用"性本一源"的论述对万事万物的本性进行统一，直接泯灭了"他者"概念的存在必要。

从指导思想来看，"民胞物与"交往观背后的中国哲学始终秉持"求同""求和"的价值取向。恰似钱穆先生所言，"中国学术有一特征，亦可谓中国文化之特征，即贵求与人同，不贵与人异"②，如：

大舜有大焉，善与人同，舍己从人，乐取于人以为善。（《孟子·公孙丑上》）

为学即是学为人，而为人大道则在人与人之相同处，不在人与人之相异处。（韩愈《原道》）

天子唯能壹同天下之义，是以天下治也。（《墨子·尚同上》）

以上表明，"同"是值得倡导的伦理价值；而"异"作为其背面，则自然而然落入被规避的一隅。受其影响，"民胞物与"交往观对和谐的追求亦是"求同不求异"传统的反映，因而出现了"他者"概念的缺场。

最后，萨丕尔·沃尔夫假设指出，我们所使用的语言决定了我们如何看待这个世界；而在中国哲学发展史上，主谓不分明的语言习惯直接影响了"他者"概念的产生与发展。张东荪曾表示："没有分明的动词，所以谓语不分明，而因为谓语不分明，遂致主语不分明。主语不分明，乃致思想上'主体'（subject）与'本体'（substance）的概念不发达。"③这从语言学的角度解释了在有关自我与他人关系的论述之中，历代圣贤为何并没有将主体真正抽离出来，赋予其独立概念及地位的意识。

综上所述，"民胞物与"交往观在意识层面上突破"他者"的心理界限，无形中完成了对传受双方主体性的强调。之于人际传播领域，其对平等、和谐的价值倡导不容小觑。

第三节　超凡入圣："民胞物与"交往观构建的形象期待

"民胞物与"交往观不仅是于现实生活有所裨益的人际交往指导，更是典型圣贤文化的研究资源，有助于我们理顺"圣贤"与"平民"的关系，洞见圣贤文化的深层特征。本节将首先对"民胞物与"交往观中蕴藏的圣贤意旨进行解析，进

---

① 刘明华：《文化视野下的中国古代文学阐释》，北京：中华书局，2008 年，第 28 页。
② 钱穆：《宋代理学三书随劄》，北京：生活·读书·新知三联书店，2002 年，第 206 页。
③ 张东荪：《从中国言语构造上看中国哲学》，《东方杂志》1936 年第 7 期。

而剖析其中的自我形象期待问题，回扣至人际传播的交往主旨。

一、"民胞物与"交往观中的圣贤意旨

张载为众人所熟知可能并非其"民胞物与"的社会理想，而首先是因其"横渠四句"的圣贤抱负。圣贤，即圣人和贤人；圣人指最有德才之人，用于形容皇帝和地位极其崇高的前辈，贤人则指有德才之人，多用于晚辈①。在这里，我们常谈的"圣贤"其实多指圣人。

与圣贤相关的论述多见于宋代理学。朱熹和吕祖谦在《近思录·圣贤气象》中辑录周敦颐、程颢、程颐、张载四位圣人的著述，首次专门论述了"圣贤气象"，"为有宋理学家一绝大新发明"（《近思录·圣贤气象》）；同样在《近思录》中，张载作为北宋四子之一被认定为圣贤。而其提出"民胞物与"思想的《西铭》始终备受理学家推崇，被冠以"秦汉以来学者所未到"②的高度评价，"充分表达了儒者的圣贤气象"③。

根据朱汉民的总结，宋儒眼中的圣贤应"关怀社会、心忧天下，具有'民胞物与'的博大胸怀，以社会和谐、国家富强、天下安泰为己任，积极参加治国平天下的经世济民的活动"。由此可见，张载"圣贤"的名号当之无愧。"民胞物与"交往观中天然蕴藏圣贤意旨。圣贤思想对仁爱相亲的处事原则、开阔的思想维度和社会视觉的重视与强调，正能够与"民胞物与"交往观中的仁爱之心和关系理念对应起来。另外，"民胞物与"交往观中蕴藏的"和谐"观念彰显出天人合一的世界观，放缩到人际传播层面而言则传达了对纯然对话的追求，进一步彰显了更高卓的圣贤品格。"民胞物与"所展现的超凡境界，可谓中国历史上的圣贤文化的典型代表。

二、圣贤与"慎独"：构建自我形象期待

在古代社会中，圣贤与平民的社会生活较为不同。圣贤居于精英阶层，在政治权威的金字塔中占据最顶峰；平民则作为普罗大众，居于圣贤、士之下的最底层。或许是因为二者之间存在的这般隔膜，在圣贤经典著作中传承至今的传统伦理，实际上与平民的实际生活有所出入。在论及传统社会大家庭与小家庭间的矛盾张力时，费孝通提出了一个与之相似的观点："……因为有了伦理观念中不分家

---

① 姜锡东：《论"圣贤气象"——宋代朱熹、吕祖谦〈近思录〉研究之一》，《河北学刊》2006年第1期。

② 程颢、程颐：《二程集》，北京：中华书局，1981年，第22页。

③ 朱汉民：《圣贤气象与宋儒的价值关怀》，《湖南大学学报（社会科学版）》2009年第6期。

的标准而在事实上不要求分家的农民却是很少很少。这说明了传统的伦理观念，至少在这一方面，并不是产生在农民的生活事实里的。……在分析大家庭这个传统标准时，更使我觉得中国士绅和农民生活的分化。传统伦理，尤其是见诸经典的，是从士绅们的生活中长出来的……"[①]

然而，在作为圣贤思想的"民胞物与"交往观中，平民的影子能够为我们所看见。一方面，张载的思想本身抱持着平等、相互的观念，提出施爱者与受爱者的无别，将对圣贤的规约无形中转化为对平民的激励；另一方面，结合社会学视野中的角色理论，我们可以将平民话语中有关追求圣贤境界的表达视作其为自身建构的角色和形象期待。

"慎独"即是平民构建自我形象期待的一种表现[②]，是儒家特有的内向传播活动，强调在"圣人平天下之使命的感召下，以社会期待的圣我为客我来召唤俗我洗心革面"。平民觉知到社会对于圣贤的期待与要求，一方面会无形中借此来要求自己，体现了"社会化"的作用机制；同时，平民对圣贤话语的代代相传随之成为社会教化的一部分，使之进一步返回到"社会化"的肌理之中。关帝信仰也是一例。关羽因忠于兄弟情谊且代表正义而素有"关圣"之称，在中国民间宗教中广泛存在，成为男性结义、秘密会社等社会团体成员之间的精神联结。[③]"关圣"所代表的忠诚、正义等品质形塑着这些团体成员的社会角色、形象与行为。

结合"民胞物与"交往观的特殊性质，其虽然是圣贤从其社会视觉中对人际传播提出的要求，但伴随着历史变迁与代代相传，早已内化到了每一个中国人的潜意识之中，成为中国人对自身的角色期待。考虑到人际传播在现实生活中无处不在，这种自我形象期待则一方面在个人的社会化过程中显得格外必要，另一方面在现实层面上也颇具指导意义，启迪公众以更高的境界追求。"民胞物与"由此成了发源于传统文化、应用于现实生活的宝贵文化资源。

综上所述，"民胞物与"交往观融合华夏传播内核与人际传播理论于一体，兼具理论意义与当下意义。经由华夏传播的解读与阐扬，它在本土语境的解释之外，又能与西方的对话理论发生联结，并经由联结而产生的对话反哺中华传播的观念与理论建构。作为某种人际交往观念，它具有坚实的思想基础和崇高的价值追求，融入了千年以来中国社会中的人际交往实践；作为宋明理学思想的一部分，它是

---

① 费孝通：《生育制度》，北京：商务印书馆，1999年，第131页。

② 谢清果：《内向传播视域下的先秦儒家"慎独"观》，《杭州师范大学学报（社会科学版）》2017年第5期。

③ 杨庆堃：《中国社会中的宗教》，范丽珠译，上海：上海人民出版社，2007年，第67—71页。

圣贤文化的生动结晶，内蕴着丰富的圣贤气象，彰显出中国传统文化的品格和气派；作为一种以"圣贤"为理想的形象期待，它能够为公众点明理想境界的所在，并鼓励个体在追求这一境界的过程中实现自我的升华。由此可见，在当下重新发掘、梳理与提炼"民胞物与"内涵的传播理念，具有格外重要的意义。

（本章作者：董一婷 谢清果）

第五章　贤者之识："礼尚往来"中的
人际传播理念与文化交往

　　中国素称礼仪之邦，"礼尚往来"是华夏礼乐文化中的重要理念。《礼记》作为中华典章制度经典文本，开宗明义地提出"礼尚往来"，足可见这一概念的地位之重。对此，尽管历代圣贤多有解释，但在现代语境下却少见相关阐述。本章首先通过回顾有关礼乐文化、人类学的礼物研究及礼乐传播的重要文献，提炼从传播视角解读"礼尚往来"的文化背景和理论基础；进而以华夏人际传播学的"面子""关系""报"为分析框架，对之加以解读，力求今与古的对话；最后推而广之，凸显"礼尚往来"理念对文化交往观的启示，阐扬中华圣贤的智识。本章意义在于，在人际交往的层面引导社会重新发现"礼尚往来"内涵的精神旨趣及背后的社会秩序，在国际交往层面为人类命运共同体的构建提供新视点。

　　中国素有"礼仪之邦"的美称，拥有灿烂的"礼乐文化"，并以此为特质之一而同西方区别开来。礼乐文化，连同居其上位的儒家圣贤文化，一道构成了中华文明的精神主干之一。"礼尚往来"既然是礼乐文化中颇为重要的一个理念，便值得进一步详细地探讨与梳理。作为中华典章制度经典文本，《礼记》开宗明义地便提出这一概念，足可见其地位的高度重要性：

　　太上贵德，其次务施报。礼尚往来。往而不来，非礼也；来而不往，亦非礼也。（《礼记·曲礼上》）

　　就目前学界专论"礼尚往来"的文章而言，杨向奎将若干先秦秦汉文献中的"施报平衡"原则与人类学家莫斯的馈赠理论联系起来，作为"礼尚往来"的一种阐释①。黎虎在周代的交聘关系中考察"礼尚往来"，并将之描述为"对等性原则在

---

　　① 杨向奎：《论"礼尚往来"》，《中国社会科学院研究生院学报》，1999 年第 1 期。

礼仪上的体现和运用"①。朱东丽、司汉武则从文化心理分析着手，认为"礼尚往来"植根于中国人"欠恩还报""求和谐、求均衡""面子"等文化人格之上②。这些研究的共识在于，"礼尚往来"折射出的是"对等"而"均衡"的关系；不足之处在于：其一，目前涉及"礼尚往来"的国内外研究专著颇多，但是这些偏向于历史或文化路径的研究并未形成对于这一概念的系统阐述，而且从研究数量上看也显得不足；其二，有颇多学科对这一话题给予了关注，如人类学界的莫斯、马林诺夫斯基、阎云翔和传播学界的黄光国、杨联陞、翟学伟等学者，但却未见对其系统梳理的跨学科研究论文；其三，在中国社会具有较强的等级特点的背景下，"对等"而"平衡"的阐释可能具有较大的局限性。

　　进一步讲，"礼尚往来"或许更应被当作一个传播方向的概念加以探讨。首先，"礼尚往来"所折射出的是送礼者与受礼者之间的互动关系，而关系正是传播学尤其是人际传播学的核心研究领域。其次，"礼"无论是作"礼物""礼品"还是作"礼仪""礼节""礼貌"解，在词义上均能被归纳到"仪式"的范畴之中，而凯瑞"传播的仪式观"思想正可以实现"礼"与传播学的对话。

　　由是，本章将提出首要的问题意识：从经典圣贤文本来看，"礼尚往来"的意涵及其所涉的原则和规范究竟为何？在此基础上，本章将以传播视角切入这一概念，寻求其对于华夏人际传播究竟有何启迪，这也是本章的核心所在。最后，本章将尝试将其推广到文化交往的层面，以期发挥这一传统圣贤智识的当下意义。

第一节　礼尚往来：礼乐文化的实践规范

　　在讨论礼尚往来、礼乐传播以及礼乐文化之前，一个关键的基础在于厘清这些概念中的"礼"究竟所指为何。汉语拥有诸多与"礼"相关的词汇。在《现代汉语词典》中，"礼"字字目下的词语有逾三十个。陈来梳理儒家思想史上有关"礼"的含义的若干说法，总结出"礼"在儒家文化中的六种含义：礼义（ethnical principle）、礼乐（culture）、礼仪（rite and ceremony）、礼俗（courtesy and etiquette）、礼制（institution）、礼教（code）③。由此可见，中国有关"礼"的文化十分发达，在政治与社会生活的各个层面均有丰富的表现。

---

① 黎虎：《周代交聘中的"礼尚往来"原则》，《文史哲》，2009 年第 3 期。

② 朱东丽、司汉武：《礼尚往来的文化心理解读》，《商业时代》，2010 第 6 期。

③ 陈来：《儒家"礼"的观念与现代世界》，《孔子研究》，2001 年第 1 期。

一、"礼乐"：制度与文化的双层理解

"'礼'是指社会人生各方面的典章制度和行为规范以及与之相适应的思想观念"，它与"乐"相辅相成，以"贵和"精神为核心，共同构成华夏"礼乐文化"的概念内涵①。礼乐文化连同居其上位的儒家文化，一道构成了中华文明的精神主干。因此，"礼乐"首先应被视为"礼"在社会制度层面的一种表达。但"礼乐"在成为正式的制度之前，实际上分散于各处的仪式之中，更倾向于作为文化而存在，"周公制礼作乐"是实现"礼乐"的制度化的节点②。那么，理解"礼乐"的恰当方式，至少要结合文化与制度双重的视角。张晓虎的观点也支持这一思路。他从功能的角度出发，认为"礼"可分作两种，第一种"带有原始宗教色彩的生活习俗"，第二种"具有文明社会等级制度关系的含义"，礼乐文化正是这两种"礼"的双重建构。③

从制度的角度看，中国礼乐制度的演进脉络大致可以描述如下：两周为确立期，汉魏六朝为演化期，隋唐为定型期，宋元明清延续发展，最终伴随封建专制王朝一同走向衰亡；尽管春秋战国时期"礼崩乐坏"，但这"只不过是显示了第一个'周期'的变化"。④从功能的视角看，礼乐制度之所以长期存在，一方面原因在于其可以确立维系官僚集团内部的等级尊卑秩序，与其"君君臣臣"的思想基础一脉相通；另一方面原因则在于其是官僚集团与民间民俗互动的重要窗口，官礼与民间礼仪、官乐与俗乐的接触交融，为官方统治与教化的实现提供了可能。

子曰："兴于诗，立于礼，成于乐。"（《论语·泰伯》）

从文化的角度看，孔子将两周时期的礼乐由制度层面集成为一套系统的文化与哲学，赋予其"人文主义的精神"，并将之确立为儒家学说的核心之一。⑤在儒家学说中，"礼乐"的精神同其他儒学概念息息相关。如，"礼之用，和为贵，先王之道，斯为美"展现了礼乐文化对于"和"的追求；而符合"礼乐"的等级秩序，本身就能达到"和"的状态，同时也是"君子"的行为，因为"君子和而不同"。在这里，"和是和谐，同是平等。礼的目标是和谐，不是平等……所谓和谐，不是为和而和，而是靠礼来节制和维持不平等"⑥。再如，"礼乐"与"修齐治平"

---

① 丁鼎：《儒家礼乐文化精神在中国传统文化中的地位及其现代意义》，《孔子研究》，2008年第6期。

② 李筱艺：《周公制礼作乐》，《前线》，2019年第2期。

③ 张晓虎：《礼乐文化——制度与思想的双重建构》，《深圳大学学报（人文社会科学版）》，2009年第6期。

④ 项阳：《中国礼乐制度四阶段论纲》，《音乐艺术（上海音乐学院学报）》，2010年第1期。

⑤ 黄宣民、陈寒鸣：《礼乐文化传统与原始儒学》，《中州学刊》，2006年第3期。

⑥ 李零：《丧家狗：我读〈论语〉》，太原：山西人民出版社，2008年，第462页。

的儒家政治理想也具有密切的关系，"礼"与"乐"尽管是两种途径，但都可以完成个体的君子式的修身，从而为进入家国天下领域提供坚固的基础。①

二、"礼"为何崇尚"往来"？

关于"礼"在传受双方之间"往来"的原因，人类学有着丰富的研究，其主要路径是从物质层面的"礼物"入手分析其中的精神原因。但作为经典圣贤文本的《礼记》及中国的当下语境也给出了相应的解释。以下，笔者将分别加以论述。

（一）来自圣贤经典与当下语境的解读

礼尚往来，出自《礼记·曲礼》。在上引句之后，《礼记》模糊地给出了关于"礼尚往来"之合理性和必要性的论述：

> 人有礼则安，无礼则危。故曰：礼者不可不学也。夫礼者，自卑而尊人，虽负贩者必有尊也，而况富贵乎？富贵而知好礼，则不骄不淫；贫贱而知好礼，则志不慑。（《礼记·曲礼上》）

通过这一句话，至少有以下信息可以为我们所知。第一，"礼尚往来"是"人"的事情，因而它涉及的是人际关系和人际传播的范畴；第二，"礼"连同"礼尚往来"，事关人之"安危"，且这里的安危主要是就社会层面与关系层面而言；第三，"礼"与"尊重""尊严"相关，"礼尚往来"在这里的语境下所指的是"相互尊重"。在后世及当下的语境中，前两点似乎变化不大，但是第三点中"礼"的含义却被悄然替换。《现代汉语词典》将之释义为"在礼节上有来有往"，这是对于"礼"的形式的强调；而政治话语却将此"礼"诠释为"礼物"，并进而与"贿赂""贿礼"等话语有所牵连。"礼尚往来"中"礼"的内涵，随着历史的进程，其含义从内容的"尊重"或形式的"礼节"逐步演变为"礼物"，并沾染了些许的污名色彩，然而却从未脱离与"礼"有涉的仪式意义。

（二）来自人类学研究的解读

关于"礼物"，人类学研究有着丰富的经验。现代人类学对于"礼物"话题的关注，几乎与其成型相同时。围绕"礼物交换"的明确讨论，始于马林诺夫斯基对美拉尼西亚的库拉制所做的民族志研究。作为一种地区间的大型交换活动，库拉涉及两种颇具仪式意味的土著宝物的无休止地交换和流动。针对土著人参与库拉制的动因，马林诺夫斯基不乏浪漫色彩地认为"（土著人）占有（库拉宝物）的

---

① 薛立芳：《儒家礼乐文化与修、齐、治、平之关系略论》，《湖北社会科学》，2012年第4期。

目的是赠予,(因为)富有的表征是慷慨"①。莫斯在《礼物》一文中,对于此前的工作做出了精到的总结。其问题意识在于,"在后进社会或者古式社会之中,是什么样的权利与利益规则,导致接受了馈赠就有义务回报?或言之,礼物中究竟有什么力量使得受赠者必须回礼?"② 对于这一问题,莫斯从毛利人的"豪(hau)"观念中找到答案,并将之解读为颇具神秘色彩的"礼物之灵",即"在被接受和被交换的礼物中,导致回礼义务的,是接受者所受到的某种灵活而不凝滞的东西。即使礼物已被送出,这种东西却仍然属于送礼者"③。以礼物为媒,"豪"从送礼者转向受礼者,并要求受礼者还礼,否则便会招致灾祸。尽管《礼物》一文大量引用了《西太平洋上的航海者》的民族志材料,但在理论观点上却与之分道扬镳:"互惠原则"的背后运作着权衡利弊的经济理性;"礼物之灵"则是"迫使人们必须对所受馈赠做出回报的那种精神机制",强调礼物在精神方面的突出特点。20 世纪80 年代,礼物的"不可让渡性(inalienable)"成为人类学礼物研究的新兴理论。同莫斯一样,"不可让渡性"理论支持并丰富了礼物交换在人类交往的精神方面所展示出来的重要特征。

上述研究的田野主要来自太平洋群岛,然而在中国情境下却有待调适。重大的分歧在于,以上研究均基于相对平等的社会而开展,但中国显然是等级社会,因此"礼尚往来"并不能被诠释为传统意义上的"互惠"。阎云翔基于对下岬村的民族志,区分了"互惠原则"在中国的等级社会情境下的四种变体:(1)常人总是以互惠的方式与他人往来——长期的赠礼、受礼和回礼;(2)无论是在亲属的意义还是社会意义上,随礼不能打破现存的社会地位等级体系,即必须要明白哪类礼物送哪类人;(3)"礼从往来":根据以往的相互关系来置办礼物;(4)回礼的方式:避免把礼物交换弄成还债,隔一段时间回礼或者把礼金换成实物礼品为宜。④尽管这四类变种都能够或多或少地反映"互惠原则",但社会等级差异对于"往来"的影响显而易见,即在平等的情境中确实存在明显的"互惠",而在等级的情境中则可能侧重甚至只有"往"或"来"一方。在工具性馈赠或言"关系艺术"中,礼物的价值由"送礼人的地位、送礼者和受礼者的关系远近、礼物的价值、送礼

---

① 布罗尼斯拉夫·马林诺夫斯基:《西太平洋上的航海者》,弓秀英译,北京:商务印书馆,2017 年,第 131—135 页。

② 莫斯:《礼物》,汲喆译,上海:上海人民出版社,2001 年,第 4 页。

③ 莫斯:《礼物》,第 18—20 页。

④ 阎云翔:《礼物的流动》,李放春、刘瑜译,上海:上海人民出版社,2017 年,第 133—134页。

时间"综合确定①，也反映出在等级情境中"礼尚往来"的不对等性。以"互惠"为基础，考虑中国情境下的面子、关系、人情、报等精神交往层面的概念，结合等级制的社会文化情境，或许才是更适合中国文化的有关礼物馈赠规则的思考方式。

三、"礼乐传播"：礼与传播的相遇

"礼乐传播是中国历史上极有特色的重要传播活动之一。它表现出我们的先辈克服传播技术落后的高度传播智慧：在书还是笨重的木牍竹简而社会上绝大多数的人又不识字的时代，他们就借助了礼乐这一传播形式，向全社会广泛地传播自己的思想观念。"②在华夏传播研究中，"礼乐"被视作一种形式独特的大众传播。从单次仪式的角度来看，其受众规模当然有限，称之为"大众传播"明显失之牵强；然而华夏传播研究却从同一仪式反复举行的角度来看待礼乐传播，如此则受众的规模不断累加，而终于可谓之"大规模"，"礼乐传播"也就成了一种特殊的"大众传播"，其功能在于"教化"③。

在华夏传播的学说中，"礼乐传播"更倾向于被解读为一种特殊的大众传播形式。然而，在现今的传播学视域下，"礼尚往来"尽管核心之一在于"礼"，但却属于"人际传播"的范畴。能否实现"礼乐传播"同"礼尚往来"的对话呢？笔者的回答是，"礼乐"既是一种社会与文化秩序，也代表了社会对个体行为的期望和约束，因而早已深入到人际关系中，并发挥着相应作用。由此可想，礼乐传播也可以对理解华夏人际传播中的礼乐因素具有启发性意义。正如上文所述，"礼尚往来"的"礼"先后指代尊重、礼节和礼物，尽管这些概念均较多地出现在人际交往的过程当中，但却受更大层次的"文化"所制约和影响。这在儒家典籍中有迹可查：

有子曰："信近于义，言可复也。恭近于礼，远耻辱也。因不失其亲，亦可宗也。"（《论语·学而》）

"不以贽，不敢见。"（《礼记·表记》）

因此，"礼乐文化"及"礼乐传播"应当被视作"礼尚往来"深植于其中的文化背景，而在关于"礼尚往来"的阐述中加以讨论。但由于目前学界主要从大众传播视角解读礼乐传播，因此本文更多的是补充关于华夏人际传播中的礼乐因素

---

① 杨美惠：《礼物、关系学与国家》，赵旭东、孙珉译，南京：江苏人民出版社，2009年，第126—131页。

② 黄星民：《礼乐传播初探》，《新闻与传播研究》，2000年第1期。

③ 黄星民：《从礼乐传播看非语言大众传播形式的演化》，《新闻与传播研究》，2000年第3期。

的论述，而非以礼乐传播的理论切入本文论述。

第二节 以礼为媒：作为人际传播的"礼尚往来"

作为礼乐文化的一部分，"礼尚往来"涉及人与他人及社会的精神交往和经济考量两方面的实践规范问题，其研究可以丰富华夏礼乐传播和人际传播相关理论。在当今语境下，"礼尚往来"首先是经济和物的往来，但是这却因为承载着送收双方的感情、关系而又显现出精神的特质。礼物的流动即是情感和关系的互动，二者借此得以维系和发展，这一过程也正是人际传播的过程。从词义上讲，"礼物"指有"礼"之"物"，物品必须被赋予仪式意义才可称为"礼物"，否则就只是单纯的物品。子曰："礼云礼云，玉帛云乎哉？乐云乐云，钟鼓云乎哉？"（《论语·阳货》），强调物背后的精神内涵，正是对礼物之仪式属性的生动注脚。而凯瑞所主张的传播的仪式观，恰好可以促成传播与"礼尚往来"的对话与交通。

在华夏人际传播的理论体系中，"面子"和"关系"相互交织在一起，构成了主干的分析框架。其中，"面子"反映人际关系中的角色与地位，影响人际关系的形成与变化；"关系"贯穿中国人处理社会关系的过程，受儒家大传统和小传统的共同制约[1]。"报"在华夏人际传播的概念框架中，尽管并未占据最显眼的位置，但就"礼尚往来"而言，却能揭示其中互动和变化的特点，因此笔者也将之纳入分析框架。作为受"礼"约束的人际传播概念或人际传播媒介，这三者均对于"礼尚往来"均具有相应的要求，"礼尚往来"又对之有着深刻的影响。在此之中，"礼"本身也就成了一种媒介。

一、面子："礼尚往来"的文化规矩

关于"面子"的定义，胡先缙、翟学伟等人曾先后给出若干定义，但若要给其下一确凿的定义却殊不容易。"面子"可以被理解为"一个人所持有的尊严"，但中国人对于这种尊严的需求却异乎寻常地多。[2]在戈夫曼"拟剧论"的视野中，"面子"代表角色的"前台"[3]，面对着台前的"观众"。因此，"面子"多是他人给的，实质上是他人对于个体的角色期待。在中国语境下，这种角色期待常与"礼"的伦理要求相契合：传播主体的行为符合礼则"有面子"，不合则"没面子"；行

---

① 谢清果编著：《华夏传播学引论》，厦门：厦门大学出版社，2017年，第93页。
② 张绪山：中国人的面子与面子观，《史学月刊》，2019年第3期。
③ 黄光国：《华人社会中的脸面与沟通行动》，陈国明编著：《中华传播理论与原则》，台北：五南图书出版公司，2004年，第311—336页。

事要给人"留面子"；大家都有面子则"和"。^①对于"礼尚往来"而言，"面子"约束着送收双方的各种行为。首先，"礼"，无论是礼节还是礼物，要与双方尤其是受者的地位和等级相符。在古代经典中，关于这一点有着诸多的明确表述，如：

> 祀加于举。天子举以太牢，祀以会；诸侯举以特牛，祀以太牢；卿举以少牢，祀以特牛；大夫举以特牲，祀以少牢；士食鱼炙，祀以特牲；庶人食菜，祀以鱼。上下有序，则民不乱。(《国语·楚语下》)

在先秦的礼乐制度中，不同等级、不同身份的人对应着不同级别的礼节("祀")及礼物("举")。那么，在"礼尚往来"中，形式层面的礼节及礼物也必须与"礼"对于等级秩序的要求一样，符合双方的身份和地位，以达到"面子"上的和谐。

这一点也深深地浸入到现代中国的礼仪之中。比如，在春节送礼的时候，下属可能会斥巨资给上级购买年货，而自己在平时却省吃俭用，不舍得消受奢侈之物。这样做的目的便是为了让礼物与上级的身份地位相符合，进而让自己在职场"有面子"。在文化层面同中国有颇多相似之处的日本，高级的松茸便是一种这样的礼物。^②其次，在等级情境下的中国，"礼"并不必然有往有来，更可能的情况是有往无来或有来无往，这主要取决于送收礼物的双方中一方相对于另一方的地位高低而定。"孝敬"是一个典型例子，晚辈把礼物献给尊长以表敬意的时候，长辈或尊者一般不会回礼；或者采用间接的方式，以"给（送礼者的）孩子"的名义实现回礼。完整的礼物往来链条更经常发生在平辈或朋友之间，互赠礼品可以更好地维系彼此之间的关系，"投我以木瓜，报之以琼琚。匪报也，永以为好也！(《诗经·卫风·木瓜》)"正是此理。第三，礼物关系的变化往往暗示着人际关系的变化，"礼尚往来"的中断可能意味着双方关系的断绝。阎云翔在《礼物的流动》一书中所写的高副乡长和李先生的案例可以很好地说明这一点。高、李二人本是很好的朋友关系，但高在晋升副乡长后却拒绝出席李的儿子的婚礼，这让李对高的道德产生极大质疑。而后，在高的儿子举办婚礼并邀请李出席时，李决定终止这段关系，但却采取了道德而不生硬的办法：派妻子而非自己前往女方家而非高家完成随礼，且女方家与高家仅一墙之隔。这种"公然漠视"的做法使得身为副乡长的高受到了冒犯，但李所占据的道德优势却使得他无力回应，因而只能自己承受"面子"的损失，并丧失这段关系。^③概而言之，"面子"是影响"礼尚往来"之现实情况的重要因素，影响、维系或改变着人与人之间以礼为媒的沟通行为。

---

① 谢清果编著：《华夏传播学引论》，第104—107页。
② 罗安清：《末日松茸》，谢孟璇译，台北：八旗文化，2018年，第143—154页。
③ 阎云翔：《礼物的流动》，第93—95页。

二、关系："礼尚往来"的深层纹理

与"面子"同样，"关系"也是一个重要的民俗概念。"互惠性"是"关系"的重要特征，中国人在占有某一项社会资源后，通过互惠性的社会交换，可以获得更多的社会资源，"关系"在其中发挥了社会交换"润滑剂"的作用，"关系网"也与此同时得以建立。[①] 中国的"关系"一般与英文的"relationship"等同起来，但二者在功能上却有些微的差别。相较于世界诸文化，"关系"在中国的社会文化中所扮演的角色更显重要。具体表现在于，中国人：（1）对关系更关心；（2）更认为关系对事情成败具有重大影响；（3）在自我的形成中扮演更重要的角色；（4）更重视和谐；（5）社会阶级差异导致更重视关系；（6）更善于策略性地操纵关系；（7）更具有长期取向。[②] 既然"礼尚往来"可以属于"关系"的范畴，那么也应同样适用以上七点。其中的绝大部分均可在传统伦理观念中找到对应，但对于第六点，即中国人"更善于策略性地操纵关系"，在中国古代主流的儒、释、道家中却鲜有相关论述，这足可说明传统伦理对于"操纵关系"的不鼓励了。

然而，在《红楼梦》中，出身旁支的贾芸为在贾府谋得一职，特地选取名贵礼物并候在王熙凤的必经之路上，却谦虚地说这礼物是打折买来的，这样基于一定亲缘关系的讨喜策略最终使得他成功实现了自己的目的。这一案例说明，在现实生活中，操纵关系的案例的确存在，并且可能不在少数。伦理观念与现实情况的冲突在此显现出来。在第七点中，伦理与现实相矛盾的情况也可能出现。传统伦理鼓励长期导向的关系，然而现实生活中却常见"求人办事"的情况，这时的礼物是工具性的、关系是短期导向的。官方话语将这种关系斥为反社会、败坏社会伦理的存在，但在民间话语中却有积极的、中立的和消极的三种评价，分别如：关系具有道德准则及必不可少的社会功能、关系是不得已的"生活需要"、关系造成社会关系的普遍恶化。[③] 这提示我们，在理解"礼尚往来"时，要保持区分在伦理观念层面还是在现实生活层面加以讨论的意识。伦理观念更可能受到来自知识阶层和官方的背书，而现实情况则反映了社会生活的具体情况。

以上更倾向于在理性层面讨论"关系"同"礼尚往来"的联系，但其中的情感因素同样不容忽视。在中国，理性的经济考量往往与情感因素一同出现，"人情""欠人情""还人情""人情债"一类的概念正是如此。在翟学伟看来，不同于作为一种资源扩散方式的"脸面"，"人情"内含着一种封闭式的交换意义，因为

---

① 翟学伟：《面子·人情·关系网》，郑州：河南人民出版社，1994 年，第 285—297 年。

② 马成龙：《关系与华人沟通行为》，陈国明编著：《中华传播理论与原则》，第 363—378 页。

③ 杨美惠：《礼物、关系学与国家》，第 47—59 页。

"有交换关系或恩惠关系才有人情关系，没有交换关系就没有人情关系"。① 在这里，"人情"既可以指代"情分"，也可以代指实物或经济上的回报，还可以代指某些特别的服务，于是"礼"的边界被大大拓展了。面子、人情、关系网是中国人特有的社会心理行动，体现出中国人对于人与人之间社会关系的极其重视，情与面均是社会关系的符号。②

三、报："礼尚往来"的变化之端

人情、面子、关系网同为"报"是中国重要的民俗概念，原使用于"祭祀""祭仪"等语境，含义大致是报祖宗之类的超自然力的恩典③，但后来则讲究的是有来有往、回馈、回报等理念④，因此颇为适用于理解"礼尚往来"中互动与变化的特点。在中国文化中，"报"导向的结果可区分为积极的和消极的两种。"报恩"可以代表积极的导向，主要是当他人于个体有重大恩情的时候，该个体则需要通过物品或服务的回馈而"报"以相应的尊敬。汉语中不乏这样的语汇，如"滴水之恩涌泉相报""大恩大德无以为报"。圣贤文化中也有诸多相应的案例。战国齐孟尝君"舍业厚遇宾客"，冯谖正在门客之列。尔后孟尝君不再受宠于齐湣王，"诸客见孟尝君废，皆去"；而冯谖却报以"狡兔三窟"之计，助孟尝君重回相位。⑤诸葛亮对刘备持相似的"报恩"态度，在《出师表》中直言："先帝不以臣卑鄙，猥自枉屈，三顾臣于草庐之中，咨臣以当世之事，由是感激，遂许先帝以驱驰"，而最终"鞠躬尽瘁，死而后已"。⑥与积极的"报"相反，以"报仇"为代表的消极的报则将结果导向完全相反的另一极，经典俗语如"此仇不报非君子"正是这一类的"报"。有时，报答某人之恩的方式可能是替他报仇。"士为知己者死"的豫让，为复赵襄子漆智伯首级为饮器的仇根，不惜"漆身为厉，吞炭为哑，使其形状不可知……伏于（赵襄子）所当过之桥下"；被识破之后，面对赵襄子对其为何忠于智伯的质问，豫让答道："至于智伯，国士遇我，我故国士报之"（《史记·刺客列传》）。由此可见，对于中国人而言，"报"的概念对于二人间的人际关系具有导向作用，并且往往将这段关系导向同为且互为两极的知己或仇敌。

① 翟学伟：《人情、面子与权力的再生产——情理社会中的社会交换方式》，社会学研究，2004年，第5期。

② 翟学伟：《面子·人情·关系网》，第301—302页

③ 杨联陞：《中国文化中"报""保""包"之意义》，贵阳：贵州人民出版社，2009年，第6页。

④ Richard Holt、张慧晶：《报与华人沟通行为》，陈国明编著：《中华传播理论与原则》，第407—434页。

⑤ 廉守昌主编：《中国历代礼贤通观（下册）》，济南：齐鲁书社，1997年，第1232—1233页。

⑥ 刘啸：《圣贤语录与文化现象》，北京：中国青年出版社，1989年，第3页。

"报"在"礼尚往来"的"往来"之处发挥作用。与"报恩"或"报仇"类似，"礼尚往来"也有着将其背后的人际关系导向两极的可能性。一方面，当个体以"礼"回馈给予他重要帮助的人的时候，二人的关系则在施与报的一来一往中建立起来；并且由于二人彼此的善意表达，这段关系通常是友好而长久的。另一方面，当个体将"报仇"当作变相的"礼"而回给他人时，二者的关系几乎只有进一步恶化的可能，甚至在"冤冤相报"中不断地恶化下去。

通过挖掘"报"在"礼尚往来"中的作用，其对人际关系的变化方向的引导作用已经清晰地显现出来。在华夏人际传播的分析框架中，更多是静态的"语言""面子""关系"等概念构成主干，而它们均不及"报"在揭示人际关系的变动方面的能力。既然"礼尚往来"确实是华夏传播的一个重要理念，那么"报"就值得在这一理论体系中得到更强的凸显。

第三节　从对立走向共生：作为文化交往的"礼尚往来"

在人际交往层面，"礼尚往来"同"面子""关系"和"报"之间有着若干关联。接下来，笔者将探讨将这一理念应用到更大层面的可能。基本的问题是，如果我们把"文化"人格化，那么"礼尚往来"在文化交往中是否也有相应的指导意义？一般的文化观倾向于将文化结构化为若干分支的整合体，这固然见长于对某个具体文化的分析，但却因为条分缕析的结构而可能丧失了文化的整体感。人类学文化与人格学派的理论给予了解答这一问题的逻辑可能，它将文化视作这一文化之下的人格的放大，"一种文化就像是一个人，是思想和行为的一个或多或少贯一的模式"①。这样，"礼尚往来"这一圣贤智识的应用推广便有了哲学式的基础。

一、干戈玉帛："礼尚往来"的化敌为友之道

"未知"常是"恐惧"的一个源头。两个素不相识的文化在相遇之初，若非彼此小心试探，就是互相以为敌人。"礼尚往来"则能够通过人与物的交流，互相了解、传递友好，有着化干戈为玉帛的功能。"只要社会、社会中的次群体及至社会中的个体，能够使他们的关系稳定下来，知道给予、接受和回报，社会就能进步……对立却不相互残杀、给予却不必牺牲自己。这便是他们的智慧与团结的永恒秘诀之一。"②

---

① 露丝·本尼迪克特：《文化模式》，王炜等译，北京：生活·读书·新知三联书店，1988年，第48页。

② 莫斯：《礼物》，第209页。

在中国古代历史中，此类案例并不难寻。《汉书·匈奴传》载："是时，匈奴以汉将数率众往降，故冒顿常往来侵盗代地。于是高祖患之，乃使刘敬奉宗室女翁主为单于阏氏，岁奉匈奴絮缯酒食物各有数，约为兄弟以和亲，冒顿乃少止。"汉初，中原皇权忌惮北方匈奴的势力，遂以和亲和岁贡之礼加以安抚，换取短暂的和平。在这里，双方的关系并不平等，汉族政权弱而匈奴政权强，"礼"并未在完整的"往来"链条中流动，而是单方面地由汉至匈奴，因此这段和平关系较为短暂。而在汉族政权为强而其他文化民族政权为弱的情况下，尽管双方关系并不平等，却"怀柔远人"，有时能够做到较为长期地维持关系。中日的古代交往并不平等，但是自遣唐使以来中华文化的对日传播，使得二者间的关系竟得以长期地维持。鉴真东渡即是古代中日文化交往史上的佳话。通过六次曲折的赴日旅程，鉴真不仅将中华佛教传入日本，同时也将中医药、艺术、礼制诸方面一并带去，极大地促进了双方文化的交流。而在日本史的书写中，鉴真受到挫折的情节被模糊而更多地留下了鉴真备受礼遇的情节及其矢志不渝、坚忍不拔的形象①。这一事实让我们看到了"盲圣"的高卓境界以及礼乐教化在跨文化传播中的积极作用。双方地位较为平等的"礼尚往来"关系，或许可以从"秦晋之好"的典故中觅得踪迹。作为一种政治联姻，春秋时期秦晋两国通过婚配的不断往来，以女性为媒实现关系的长久发展。②

凯瑞将"传播"视作"共享信仰的表征"，视作"一种以团体或共同的身份把人们召集在一起的神圣典礼"；通过传播，人们可以"建构并维系一个有秩序、有意义、能够用来支配和容纳人类行为的文化世界"③。通过作为传播的"礼尚往来"，传受双方可以以礼为媒共享一定的意义，从而打破陌生甚至化敌为友，尽管这受到双方地位平等与否的影响，并且需要作为文化的"礼"发挥出化育的作用；"礼尚往来"短期内可作为求取短暂和平的策略，长远看则可作为维系两国长久关系的重要理念。

二、和而不同："礼尚往来"的共生交往之道

"和而不同"本是孔子对圣贤君子处世方式的概括，然而在文明交往观这里，却也得到了推广式的运用。邵培仁、姚锦云主张"和而不同、交而遂通"的理念，"既保持自身独立性、尊重他者合理性，又积极对话沟通、互相学习滋养，以多元、

---

① 李庆本：《鉴真东渡与中华文化的海外传播》，《山东社会科学》，2019 年第 1 期。
② 潘祥辉：《"秦晋之好"：女性作为媒介及其政治传播功能考》，《国际新闻界》，2018 年第 1 期。
③ 詹姆斯·凯瑞：《作为文化的传播》，丁未译，北京：中国人民大学出版社，2019 年，第 18 页。

共存、接纳、欣赏的价值态度同其他文化交往。"①相近地，谢清果提出"共生交往观"，认为"共生即生生，使每一个生命都有其生存的权力与价值，而且生命与生命之间既有竞争又有合作，竞合本是生命的本真状态。"②国家之间如果追求达到"共生"的关系状态，则"礼尚往来"不失为一个法门。一方面，它可以以礼做媒传递善意和尊重，促进长久关系的维系，而这正是长期合作的重要基础；另一方面，它又可以促进两国不断地互通有无，进而深化彼此的融合，越来越成为一个命运共同体。

古代中国不乏"礼尚往来"的外交智慧。在朱亚非所总结的明初外交思想中，就有"以德为邻，以诚待人，广交朋友"以及"重义轻利，厚往薄来"③，此二者分别对应着"礼尚往来"中的"尊重的往来"和"礼物的往来"。而在明初的东亚朝贡体系中，尽管各国的地位有高低之分，但基本处于彼此独立又相互合作的共生状态中。当今世界，尽管各国的综合国力仍处于不平等的状态，但在理念和法理层面上，各国的地位均是平等的。中国作为负责任的大国，有必要重新认识尊重、平等而追求长期导向的"礼尚往来"智慧，发掘这一贤者智识中的传播和交往理念，使中国能够在复杂多变的国际形势中广交朋友。

总结而言，"礼尚往来"是根植于中华传统礼乐圣贤文化的关系理论和传播理念，既可以适用于人际层面，亦可对文化交往有所启迪。其中，"礼"不仅指形式层面的礼节、礼物，也包括精神层面的尊重、诚意，表现出中国圣贤为人处事、处理关系的态度；"往来"并不是有往有来，在等级社会的情境下很可能有往无来或有来无往，这实际上是因受礼的秩序以及"礼"之下的"面子"等文化因素的制约。在反腐倡廉的政治导向下，"礼尚往来"中的奢靡、攀比等不正之风的大部分已得到剔除。这时，阐明"礼尚往来"的内涵颇具当下意义：着重强调其中的精神旨趣以及背后的秩序规范，有助于我们再发现传统文化中的优秀内容，反哺社会主义和谐社会的构建。推广到更大的层面，"礼尚往来"亦可以有所指导于文化的国际交往，在文化之间发展平等、友好而长久的关系。在逆全球化势头渐强之际，重提这一理念的优秀精神，或许可以为人类命运共同体的构建带来新视点。

（本章作者：付海浒 谢清果）

① 邵培仁、姚锦云：《和而不同，交而遂通：中华优秀传统文化的当代价值》，《新疆师范大学学报（哲学社会科学版）》，2015年第6期。

② 谢清果等：《共生交往观：文明传播的"中国方案"》，北京：九州出版社，2019年，第20页。

③ 朱亚非：《儒学传统思想与明初外交方略》，《兰州大学学报》，2006年第1期。

第六章　守正如贤:《周易》中的人际传播角色观

被儒家奉为"六经之首"、道家誉为"三玄之冠"的《周易》是华夏中原民族文化史上的一颗明珠,不论是美学、义理甚至是数理,都有《周易》的影子。可以说,《周易》从诞生之初就与传播有着千丝万缕的联系。从周易的起源来说,其作为一本卜筮之书,被认为是充当天人沟通的媒介。随着《易传》的出现,其卜筮色彩逐渐淡化,《周易》从传播媒介上升到传播规律,正如孔子所述"百姓日用而不知,君子之道鲜矣"。

华夏传播的研究,既不是回到中国传统文化和思维定式中埋头苦学、凭空杜撰,也不是在西方传播学理论下对研究内容的刻意寻找。本章在已有的研究资料与研究方向上,将《周易》看作华夏文化中的圣贤载体,以《周易》中与人际传播相关卜辞作为研究内容,寻求与西方人际传播理论"角色理论"之间相互的辩论、印证与碰撞。

第一节　周易何以承载圣贤文化

"圣贤"二字,一般认为由"圣"与"贤"组成。对于"贤"的论述,已有的文献主要是从墨家、儒家"尚贤"的角度论述,如李贤中先生2014年发表的《墨家"尚贤"思想探析》[①]。对于《周易》中"贤"概念的解读的文献则较少,更多将"贤"作为管理思想、治理能力研究的补充论点,如郑万耕先生的《〈周易〉与治理能力问题刍议》。孔德顺在《论〈周易〉中的"贤"概念及其在企业文化中的应用》一文中将贤归为四种角色,分别为"贤人、尚贤、养贤和用贤",对于"贤人"

---

① 李贤中:《墨家"尚贤"思想探析》,《周易研究》,2014年1期。

的定义，其解释为"有德业，并且能够感应天地之气的高贵之人"①，并且"贤人"的概念"经历了一个由经济概念到道德概念的转变过程"②。

对于"圣"这一概念的论述则较少，陈来先生在文章《竹简〈五行〉篇与子思思想研究》提出，"事实上，圣的观念在古代并不像在后代那么神圣，特别是在不同思想家那里圣的地位很不同"③，在《五行》篇中，"圣"主要是指闻君子道知其为君子道。韩慧英在《〈象传〉天人观视域下的"圣人"形象》④中从6个方面，即从"圣人"本身的能力、认知以及主观能动性下所采取的行为，构建了较为完整的圣人形象。

由此，我们可以提炼出，"圣贤"二字的定义可从认识与行为两方面出发：思想上认知、体会并且领悟"天道"，即天地万物运行的规律，将其"内化于心"；行为上则"外化于行"，运用"天道"来服务社会百姓，教化百姓通过领悟万物规律改变自身能力与思想，甚至取得阶级的跨越，而不是利用自身的认知优势认为地阻断社会百姓学习"知识"的可能性，进一步固化阶级。总之，圣贤之人应该作为"天道"与"百姓"之间的桥梁，而非壁垒。

结合班固在《汉书·艺文志》中写道："易道深矣，人更三圣，世历三古。"即《周易》是由伏羲、周文王和孔子共同完成可知，他们领悟"天道"，又通过撰写《周易》的方式将"天道"总结成"礼乐"，以礼乐的形式教化百姓。因此，可以将《周易》看作华夏圣贤文化的结晶与载体。

第二节　华夏人际传播与角色理论评述

圣贤、人际传播与华夏文明作为本章的三个重要支点，在前文中笔者已论述作为圣贤载体的《周易》之合理性。接下来，笔者将梳理人际传播与华夏文明的相关文献，进一步体现华夏、圣贤、人际"三位一体"的思想。

一、华夏人际传播的研究

何为人际传播？作为一个舶来词，其英文原文为"interpersonal communication"。

---

① 孔德章：《论〈周易〉中的"贤"概念及其在企业文化中的应用》，《中华文化与传播研究》2020年01期。

② 孔德章：《论〈周易〉中的"贤"概念及其在企业文化中的应用》。

③ 陈来：《竹简〈五行〉篇与子思思想研究》，《北京大学学报（哲学社会科学版）》，2007年第2期。

④ 韩慧英：《〈象传〉天人观视域下的"圣人"形象》，《北京大学学报》（哲学社会科学版）2019年第3期。

为了避免歧义，反映事物本质特征的概念只能有一个，否则容易出现混乱。在此我想使用王怡红在《论"人际传播"的定名与定义》一文中提出的概念："人际传播是发生在个体之间的，使用言语和非言语讯息进行意义的交流和理解，经过谈话与倾听的行动、互动、互融或共融的协商过程，所建构出来的反映不同文化价值观的，带有交往、沟通、对话行为特征的合作关系。"[1]

王怡红在《中国大陆人际传播研究与问题探讨（1978—2008）》一文中将中国人际传播的研究历程分成了三个阶段，分别为译介与引进阶段、借鉴与本土化探索阶段、扩散与跨学科研究阶段。翟学伟先生在《中国人际关系的特质——本土的概念及其模式》中提出了"中国人际关系的本土概念是：人缘、人情和人伦"[2]"三位一体"的思想，杨宜音在《"自己人"：一项有关中国人关系分类的个案研究》一文针对中国人"自己人／外人"这一身份区分方式指出"中国人关系的先赋性与交往性是未充分分化的，个人性与社会性是未充分分化的，情感性与工具性是未充分分化的"[3]，但需要指出的是，对于中国的传播研究者而言，不仅源于西方思想的学科，如社会学、社会心理学的视角及研究方法非常重要，中国独特的社会文化传统更是我们提出有效概念、合理解释行为甚至是构建社会现实的重要基础，这也是为何我选择《周易》作为研究主体的原因。

笔者认为，一方面传播学研究不可能与中国传统文化脱节、越轨，当"本土化"二字日渐被强调时，学者难免急功近利、急于寻求新的发现，与人文主义相对应的工具理性难以抵挡；但另一方面，目前对西方各类传播理论的反思和批判仍旧不足，甚至"5W"模式仍然是如今许多传播学者研究问题的切入点，独立自主的中国传播学理论尚未形成。如果我们不采取一种更具有批判、反思且辩证的视角，那么在未来的传播学研究中，以往的问题和困扰依旧会重复出现。

这种批判与反思则可以体现在对于西方理论的理解上，盲目地使用西方理论解释中国本土的人际传播现象早已被证实为一条死胡同，那么我们可否从本土的人际传播现象出发，通过与西方理论的各个部分进行比较，进得出属于华夏本土的传播理论雏形？在我看来这是可行的。在本章中，我所选取的西方理论为乔治·米德（George Mead）所提出的"角色理论"。

──────────

①　王怡红：《论"人际传播"的定名与定义问题》，《新闻与传播研究》，2015 年第 7 期。

②　翟学伟：《中国人际关系的特质——本土的概念及其模式》，《社会学研究》，1993 年第 4 期。

③　杨宜音：《"自己人"：一项有关中国人关系分类的个案研究》，《中国社会心理学评论》，2005 年第 1 期。

二、角色理论

角色理论起源于 20 世纪 30 年代，美国社会学的主要流派——芝加哥学派系统地使用这个概念作为研究社会结构的起点。该理论既包括人们对具有特定地位和身份的人的行为的一种期望，也包括人们自身的相应行为。

（一）"角色"概念的提出

"角色"一词源于戏剧表演，原指舞台上由演员扮演的不同人格特质的行为人，演员的角色效果要受到剧本和导演的限制。20 世纪 20 年代，"角色"一词被芝加哥学派的学者引入社会学领域，用以描述个体社会结构中的身份。意指人类的行为也并非取决于自由意志恣意而为，而是根据自我对社会规范的理解、对他人行为的判断而做出的。

（二）"角色"概念的解读

对于"角色"一词的概念，目前主要有两个学派：社会学派与心理学派。社会学派主张从客观的社会结构入手，如莱登在《社会结构》一书中将角色定义为"由特定社会结构来分化的社会地位"①，心理学派则主张从主观的个体入手，如纽科姆在《社会心理学》一书中认为"角色是个人作为一定地位占有者所做的行为"②。由于在本文中该理论主要与人际传播联系，故我更想采用主观的个体视角，将角色看作个人行为。

（三）"角色"理论的研究内容

1. 角色学习

学者将个体对于角色的主观认知过程称为"角色学习"，角色学习的对象是作为基本行为模式的角色规范。作为角色行为的起点，角色学习包括两个层面，一是角色观念的形成，二是角色技能的学习。其中，角色观念的形成主要是通过个体的角色认知形成的。"角色认知是个体按照其独特的社会文化类型对与自己所处地位有关的社会角色规范和角色评价信息进行不断加工和处理，在心理上确定相应的社会反应模式的过程。"③

一言以蔽之，角色学习是一个综合性的过程，不单单是呆板的角色规范的静态学习，还包括在与其他角色的碰撞之中不断修正的过程，而这一过程恰恰就是

---

① 金盛华著：《社会心理学（第 2 版）》，北京：高等教育出版社，2005 年，第 32 页。
② 乐国安主编：《社会心理学（第 3 版）》，北京：中国人民大学出版社，2017 年，第 106 页。
③ 秦启文、周永康：《角色学导论》，北京：中国社会科学出版社，2011 年，第 87 页。

人际传播。

2. 角色扮演

角色扮演用来表示个体在特定的地位和情境下所做出的行为。根据过程中个人对角色的不同表现形态，可以将之分类为"期望角色""领悟角色""实践角色"。

"期望角色"是角色的社会观念形态，又称为"理想角色"，指社会规范对某一特定角色所设定的标准行为模式。期望角色强调个体在角色扮演过程中"应当如何做"，但是，由于个体的认知不尽相同，对角色的学习存在不同，由此产生了个体的"领悟角色"。所以说，"期望角色"是"领悟角色"的规范基础。"领悟角色"属于角色的个体观念形态，是指个体对同一角色的行为模式的不同理解。

3. 角色冲突

由于社会生活的复杂程度随着社会化大生产时代而变得日益精细，个体在社会生活中扮演的角色也日益增多。在诸多社会角色中，个体常常会陷入角色之间的冲突。不仅如此，即便是扮演同一个角色，由于不同的社会期望，个体也会产生角色冲突。

第三节 "角色"与情境的锚定：《周易》64 卦的"角色"意识

在角色理论的评述中我们不难发现，其强调互动过程中的关系问题，要求个体认清传播场合各类传播情景。这种关系框架下的"角色"要求其按照特定的社会框架行动，遵守社会提出的目标与要求，在《周易》中，角色意识可谓贯彻全篇。

一、《周易》中的角色

《系辞上》曰："易有太极，是生两仪，两仪生四象，四象生八卦，八卦定吉凶，吉凶生大业。"八个"单卦"两两结合，便有了 8×8 共 64 个卦象，邵培仁与姚锦云在《天地交而万物通：〈周易〉对人类传播图景的描绘》中指出这 64 个卦象"从形式上说，64 卦就可看作'变易'世界的'简易'图式；从内容上说，64 卦代表了人类交往的 64 种现实情境"[①]。换句话说，若以个人的角度出发，这 64 卦可看作个人在人际交往中对应的 64 个角色。

---

① 邵培仁，姚锦云：《天地交而万物通：〈周易〉对人类传播图景的描绘》，《浙江社会科学》，2016 年第 8 期。

《周易》64 卦"地图"（8×8 矩阵）

如《周易·讼卦》中写道："讼，有孚窒。惕。中吉，终凶。利见大人，不利涉大川。""讼"指的是"打官司"，在当今语境下可以引申为"争辩是非"，《讼卦》为我们描绘了人作为"打官司"，进行争辩时的主体应该做到"不永所事，小有言"，则能"终吉"，即"争讼的事情，不能拖得太久，受到一些责难也不必过于计算，那么最后得到的还是平安、吉祥"。

又如《随卦》中写道："随，元亨利贞，无咎"，黄寿祺先生在《周易译注》一书中指出："随之义有三端，一是'君子之道，为众所随'；二是'己随于人'；三是'临时则所随'。"[①] 历来研究《周易》的大家们都把卦名的含义或者卦画作为注解卜辞的大语境，在我看来，"随"意为"跟随""照办"，所以这一卦主要在教导人如何成为一个合格的助理。在大部分书中，此卦被解释为"在跟随他人做事时，只要坚守正道，就会顺利、平安"，但"坚守正道"未免过于空泛，因此我认为刘孝存先生在《周易与人生谋略》一书中的解释更为恰当，作为助手时，"跟随他人做事，要随和、顺从，对于上级或者领导的意图要照着办，才能不遭遇灾祸"。[②]

①　黄寿祺，张善文译注：《周易译注上》，上海：上海古籍出版社，2007 年，第 105—106 页。
②　刘孝存：《〈周易〉与人生谋略》，北京：中国文联出版公司，1999 年，第 74 页。

二、《周易》中的角色扮演

对于 64 类角色，此处不再一一例举说明，这 64 角色主要可以分为三大类。

一为男女之交，《乾》《坤》卦作为周易中最重要的两卦，《乾·彖》："大哉乾元！万物资始，乃统天。"《坤·彖》："至哉坤元！万物资生，乃顺承天。"字面意思为天地之交。但根据《系辞上》曰："乾道道男，坤道为女"可知，生命男女之交与天地之交一样重要，《咸》《归妹》《姤》《家人》《睽》等都涉及男女之交。如《咸卦·初六》写道"咸其姆"，即男女相交相合的表现为行动一致，在如今的语境下可以理解为夫妻二人的"三观"需要一致，志趣需要一致；《归妹·九儿》则写道："眇能视，利幽人之贞"，意指对家中琐事与夫妻之间小而不和的事情不要斤斤计较，可以睁一只眼闭一只眼；再如《家人·上九》写道"有孚威如，终吉"，其告诫我们治理家事需要做到讲诚信、有威严，只有这样家庭才会吉祥平安，即使在自己的家中，也要做到言而有信，以诚相待。

需要指出，《周易》中的男女之交源于天地之交，因此其是一切人际，乃至各种传播模式的基础。

二为君臣或上下之交，在《泰》《否》《损》《益》四卦中这一类的"角色"最为形象。如《泰》主要阐释了在国泰民安之时，身为一个国家的领导者应该做到的行为，《泰·初九》写道："拔茅茹，以其汇，征吉。"仅按照字面意思理解直译，可理解为"拔起柔软的毛糙和茅草之类的东西，到远处去走一走是吉利的"。当然，直译无法看出真正含义，我们再将其向前推导可得，在现状安定时，不应该安于现状，而应把眼光放长远，以谋得持续发展。《损》卦提出了"损下益上"的做法，《损·彖》："损，损下益上，其道上行。"《益》卦则提出了"损上益下"的倡导，《益·彖》："益，损上益下，民说无疆；自上下下，其道大光。利有攸往，中正有庆；利涉大川，木道乃行。益动而巽，日进无疆；天施地生，其益无方。凡益之道，与时偕行。"意思是君王要体恤民情，轻徭薄税，如此方可使百姓欢欣鼓舞，一方面可以藏富于民，另一方面也可以广为传播君王的仁德之名。

值得一提的是，这种"损上益下"的"君王"角色观与"风草论"的观点十分接近，都强调的是"上行"，即作为较高阶层的君王、大臣自发地将自身德风通过不断的组织传播进而到达下级阶层，影响百姓的传播方式，其中"自上而下如流水、风向般的单向性传播特征十分明显，这与这种传播体制不谋而合"[1]。《否·九五》也写道"休否，大人吉。其亡其亡，系于苞桑"，苞，为草木旺盛。此爻辞为：

---

① 谢清果，陈昱成：《"风草论"：建构中国本土化传播理论的尝试》，《现代传播》（中国传媒大学学报）2015 年第 9 期。

（国家、宗族）失去了灭亡的命运，与茂盛的草木有关联。这里的草木指的就是士民，也可以说是广大的老百姓。在《周易》中，君臣、君民之间的上下政治交往几乎占据了交往情景的半壁江山。由此也可推断，《周易》一书的定位应该是皇室家族作为教导皇子的教材之一。

第三个类别，邵培仁将其概括为"天下同人之交"，它起始于"二人的心灵相通"①，所谓"心灵相通"，正是需要通过人际传播的方式，达到二者带有交往、沟通、对话行为特征的合作关系。这一类别主要体现在《同人》《比》《谦》《中孚》四卦中。依笔者看来，天下同人之交与"角色理论"的各个方面联系最为紧密，因此笔者决定选取"天下同人之交"作为华夏传播理论与西方传播理论的对话平台。

三、周易"贞""正"与"角色定位"

周伟业先生在《东方范式：华夏传播理论的内涵、特征与价值》一文中所述："在北美人的生活与思维习惯中，他们重视交流结果，强调直接交流，以传者为中心、语言编码区别不大"②，所以西方理论的研究中十分重视传播效果与传播技巧。但正如谢清果先生在《中西传播理论特质差异论纲》一文中提出"华夏传播理论在研究方向上，侧重于对传播过程的探索"③，不可否认，角色理论将客观现实世界人们的行为加以整理研究，完整地回答了如何把握角色、如何及时纠正角色偏差等等一系列问题。对于人在社会中为何需要寻找到角色这一问题，初看似乎没有回答的必要，但《周易》中回答了这一问题，其体现为"贞"思想。

（一）从"贞"到"正"

《周易》的各个卦象几乎都涉及"贞"字，根据高亨先生的总结，《周易》一书中以"利贞"结尾共 23 处，如《乾》《屯》都写道"元亨，利贞"，意指事情发展顺利但过程较为长久，"利……贞"则有 15 处，如《坤》中"元亨，利牝马之贞"，《否》中"否之匪人，不利君子贞"，汉代的《说文解字》说："贞，卜问也。从卜，贝以为贽。"高亨先生指出："贞即贞卜之贞者。……故《周易》贞可训为筮问，以常用之词释之，即占问也。其曰'贞吉'者，谓其占吉也；其曰'贞凶'

---

① 邵培仁、姚锦云：《天地交而万物通:〈周易〉对人类传播图景的描绘》，第 70—81 页。

② 周伟业：《东方范式：华夏传播理论的内涵、特征与价值——以汉语成语、谚语、俗语为中心的思考》，《南京政治学院学报》2010 年 26 期。

③ 谢清果、祁菲菲：《中西传播理论特质差异论纲》，《现代传播》（中国传媒大学学报）2016年第 11 期。

者，谓其占凶也。"①不论是"可贞"还是"利……贞"，都可被理解为利于占卜，可着手进行实践。

可以看出，"贞"所代表的"可占卜"，实则是一种认定上天绝对权威的思想，这种思想也体现为"现存的甲骨文多次记载帝（天）命雨、降灾、降福，却没有对人的行为作出指导，一切都取决于上帝，人的形象和作用被忽略了"②。

许慎的《说文解字》中则提供了"贞"为"正"的说法。而从"贞"到"正"的义释转变，则主要来源于《易传》中。在《易传》中，"贞"字就不再解释成"卜问"，即占卜凶吉的意思了，以"正"解释"贞"成为《易传》主流。师卦的《象传》指出："贞，正也。能以众正，可以王矣。"能否被推荐为王、能否称王，其关键在于能否做到"以众正"，"以众正"即自身的行为得到众人的认可，被众人认为是"正"。可见在《象传》看来，人的行为能否得"正"是实现自我存在的价值以及生存、发展的重要指标，并且将影响最终的凶吉、决定成败。

从"贞"到"正"的转变，实则是一种由"圣贤"转向"个人道德"、由主宰之天转为理性之人的思想转变，也正是基于此，以人际传播理论看待周易才是可行并且合理的。

（二）"正"与"角色"

《周易》每卦六爻，由阴阳爻组成。阴阳爻各有其位。一、三、五爻位为阳位，二、四、六爻位为阴位。阳爻居于阳位或阴爻居于阴位，就称之为得位；如果阳爻居于阴位或不居于阳位，则叫失位。得位称之为"正"，失位则称为"失正"。

世人对"正"主要有两种解释，一是根据五伦中君臣、父子、兄弟、夫妇、朋友五种人伦关系，表示人际交往中的位置、名分之正；第二个则是一种"认定目标不放弃，坚持不懈"的道德纯正，即论语中所写"其身正，不令而行"的德行之正。

这种"正"的思想，在周易的《既济》卦中可见一斑，《既济》："亨小，利贞。"《既济·彖》："既济，亨，小者亨也。"《正义》曰："济者，济渡之名，既者，皆尽之称，万事皆济，故以'既济'为名。……小者尚亨，何况于大？"既济"字面意思理解为"顺利渡河"，为何可以顺利渡河，正是因为其六爻皆当位（正、贞），且"刚柔皆应"，所以可以亨通。

通观全卦六个爻，从下到上，可以表示空间上的"由下到上"、位置上的"由

①　高亨：《周易古经今注》，北京：中华书局，1984年，第24页。
②　陈凤英：《之正与守正：汉、魏易学"贞"的诠释及天道内涵》，《安徽师范大学学报》（人文社会科学版），2019年第3期。

低到高""由里到外"，还可以表示时间上的"由后到先""由萌芽到成熟"等含义。在对事物进行解释时，可以依据爻位对事物的空间和时间状况及自身的结构状况进行模拟。在《周易》一书中，六爻对应六个角色：

初爻位于全卦的最低点，也是事物发展的初始，所以其多代表处于较低阶级的民众、事物起兴之时、孩童或初入社会的年轻人等一系列"新"的事物；

第二爻位于下卦之中，属于中位，能处事得体，即在发展的基础上适应了现状，并能有效地进行各种人际传播；

第三爻，在下卦的顶端，有往上卦高攀之嫌；

第四爻，是上卦的第一爻，紧逼五爻，属于近君大臣；

第五爻是君位，全卦的最高领导；

第六爻一般指已经不在位，但过去有较强能力的能臣，此时一般多在颐养天年，不问政事。

针对各个不同阶段的角色，《易经·系辞》对每一爻的特征有一个归纳："二多誉，四多惧，三多凶，五多功。"这其实也体现了"期望角色"的思想。

四、《谦》《中孚》与"期望角色"

期望角色（又称理想角色）的定义为"社会规范对某一特定角色所设定的标准行为模式"，在《周易》中，我们可对华夏传播语境下的社会规范作出具体行为模式的规范，即《同人》《比》《谦》《中孚》四卦。

《谦卦》曰："天道亏盈益谦，地道变盈流谦，鬼神害盈福谦，人道恶盈好谦。"作为《周易》之中唯一一个六爻全吉的卦象，"谦"之于华夏文化的重要性不言而喻。

陈碧提出了一个循环图，进一步明确了由"谦"到"虚"的循环过程。

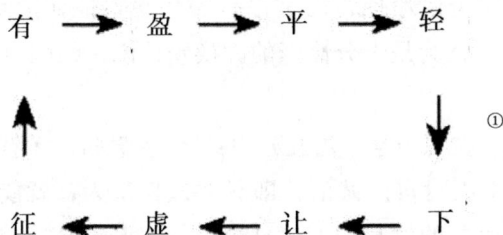

$$\text{有} \rightarrow \text{盈} \rightarrow \text{平} \rightarrow \text{轻}$$
$$\uparrow \qquad\qquad\qquad\qquad \downarrow①$$
$$\text{征} \leftarrow \text{虚} \leftarrow \text{让} \leftarrow \text{下}$$

结合《谦卦》中天地鬼人四个层面都与"盈"有关，他提出，"有"的发展趋

---

① 陈碧：《〈周易〉谦卦的哲学、伦理学内涵》，《道德与文明》2004 年第 1 期。

势很可能是"盈"①，而《序卦传》中提出，"有大者不可以盈，故受之以谦"，因此要使谦与有无、多少达到动态的平衡。多者用谦以为衰，少者用谦以为益。随物而与，施不失平也。君子应该以自身能力、物质的富裕为基础，取自身之"多"补他者之"少"，在权衡利弊中时刻怀有"平均"的思想，将把自己多余的"有"平均给"无"的人，轻己重人。

在做到谦虚的基础上，更重要的是保持谦虚。所谓"君子有终"，与君子相对的"小人"并不是不能行"谦"，而是其无法做到自始至终坚守谦虚，相反地，小人容易受到各种利益的诱惑，打破自己的底线，因而做不到安行固守。

同时，除了人与人之间的"谦"，《周易》中同样强调了作为"人"，在"天"面前应该做到的谦虚。不论是"大哉乾元，万物资始，乃统天"，还是"至哉坤元，万物资生，乃顺承天"中乾元、坤元所代表开创万物的阴阳二气，还是《乾卦·初九》我们耳熟能详的"潜龙，勿用"，都展现了古人在为人处世中对于"天"所怀有的尊敬，在"天"面前所展现的谦卑。

除了《谦》卦所体现的鸣谦、谦谦、劳谦等保持谦虚以满足华夏社会期待角色的行为，《中孚》中体现的"诚"也是华夏社会"期望角色"重要的人格要素之一。

在解释"中孚"之前，我认为有必要厘清卦名本身的含义，"中孚"二字应拆开理解，"中"指的是不偏不倚，强调公开、道德正直；"孚"才是强调诚信与信誉。既然不以"孚"为卦名，而以"中孚"为卦名，"正"字在《周易》全篇中的重要性不言而喻。

当然，《周易》并不完全要求君子以诚待人，初爻《中孚·初九》写道"虞吉，有它不燕"，"虞"字十分特殊，在《周易》整书中仅仅出现过两次，因而不能对其妄下定论。赵又春先生在《我读周易》中将此爻辞解释为"当你对某人还不了解时，并不立刻就完全信赖他，而是保持警惕观察他，待到了解后再决定态度，这才是正确的"②，我认为是十分恰当的。换句话说，《中孚》之卦在开篇便将所强调的"诚"内化于己。

这个思想也体现在《中孚·九五》中："有孚挛如，无咎。""有孚挛如"指的是对人诚信是为了别人对自己诚信，即只要诚信待人，就能获得他人诚信待己的结果。但"有孚挛如"的结果只是"无咎"，并非"吉"，也非"贞"——诚信、道德并不能保障功名利禄的获得，华夏传播社会下的"期待角色"实则是通过自

---

① 陈碧：《〈周易〉谦卦的哲学、伦理学内涵》，《道德与文明》2004 年第 1 期。
② 赵又春：《我读周易》，长沙：岳麓书社，2013 年，第 45 页。

身的品行赢得众人的帮助进而免于人祸同时减少天灾带来的损失。

邵培仁提出了《周易》在传播层面"化变易为不易，因不易而简易"的交叉组合图示①，而在与角色理论的对话中，我认为仍需要保留"不易"后的"变易"，否则只会造成个人面对多种角色时产生的"角色冲突"。

五、《周易》与"角色冲突"

相比于西方种种学派关注"统一"中的矛盾与对立，华夏传播理论则更加关注"矛盾"的变通与统一。相比于西方以各种因素对世界进行分类，华夏传统给社会则更加偏向使用"简明、清晰的，具有统摄意义的范畴来涵盖和包罗万物"②，不论是"乾坤有体""天地交泰"，还是"刚柔一体"，甚至是最为典型的"一阴一阳之谓道也"，只需两种意向便可将天地万物都包含其中，都展示了《周易》在意识到"冲突"中"矛盾"存在的前提下，进一步触碰"对立"因素相互作用与转化的深层境界。

在意识到角色冲突的基础上，《周易·系辞》中的"变则通，通则久"构成了《周易》的核心概念。这种"变"，其实是达到"角色和谐"，进行"角色扮演"的重要手段。只有不断进行"变"，才能逐渐达到各个角色和谐的境界；而即使达到了角色和谐，这种状态也不是一成不变的，这也是为何《周易》涉及了作为人需要面对的 64 种情景。以学习《周易》的皇子为例，作为一个社会人，其需要在《比》《谦》《中孚》中学习与人共事、交友的信条；作为将来领导国家的领导者，他需要在《升》《革》中学习进行重大变革时的行为准则、平和心跳，同时，他也需要在《颐》《观》中了解如何在国力强盛时治国理政、积蓄实力。如此种种，都说明了《周易》已经在充分理解角色冲突的基础上以"和谐"为立意的"大和"观，甚至将《周易》称之为中国古典辩证法的起源都不为过。

由于西方的各个学派更多时候都突出了"对立""矛盾"的重要意义与价值，而以《周易》为代表的华夏社会则更多以"统一""融合"作为追求，由此造成了东西方"悲剧"与"和美"的氛围对比。这种建立在"变通"之上的和谐观念具有自身的发展性，在充分认识到"矛盾"具有永恒性的前提下，达到最广范围和最高层面的"角色和谐"。

本章在已有的研究资料和研究方向上，结合《周易》象数、义理研究的成果，以西方角色理论作为参考对象，将《周易》中的情境观念与角色理论的"角色"

---

① 邵培仁，姚锦云：《天地交而万物通 :〈周易〉对人类传播图景的描绘》。
② 火焰：《毕达哥拉斯学派与〈周易〉》"和谐"观比较》，硕士论文，上海师范大学《浙江社会科学》2016 年第 8 期，2011 年，第 35 页。

概念进行比较，将《周易》中各类卦象与角色理论中提及的各类概念进行比较辨析，以期达到华夏传播与西方理论的辩论、印证与碰撞。

　　值得一提的是，角色理论作为社会心理学的理论，其并非首次被应用在传播学研究当中，但纵观涉及"角色理论"的各篇文章，似乎更偏向从大众传播领域入手，而非从"人"入手，从华夏本土入手，则可以摆脱"范式"和传播研究方法等等带有"教条"意味的偏见，重新回到与工具理性所对应的"人本主义"，尝试从一个情景的、互动的、关系的角度理解西方理论与华夏社会，实现对西方理论盲目运用的祛魅，否则我们永远也无法摆脱对世界大势纵论评述却对自身之事袖手旁观的状态。

（本章作者：黄堃榆 谢清果）

第七章　行成于内：孝文化影响下的中国人际传播

在过去的几千年里，儒家孝文化对中华民族产生了深远影响，成为我国人际交往方式的文化基石，形成了"亲亲""循礼"、"无我"的人际交往心态。近代以来，西方文化的冲击使得诸多学者重新审视孝文化体系下的代际公平问题，试图将晚辈从沉重的"义务性孝道"中解绑。尽管这一尝试的初衷是对的，但是在社会环境发生巨变的当下，子女义务的解绑使家庭中的人际传播出现了新问题。本章将首先从宏观的角度入手，在回顾孝文化发展的同时总结孝文化的特征。进而再从微观入手，以"约哈里之窗""拟剧论"等理论为桥梁，分析孝文化的各个特征对中国人在家庭、社会两方面人际交往行为的影响。

"孝"最早出现于金文，由省略的"老"字与"子"字成上下结构组合，其含义是晚辈对长辈在物质和精神上的帮扶或敬重。春秋时期，孔子将"孝"与"仁"结合，大大拓展了孝文化的内涵。自此，以尊重生命为基础，强调追寻生命价值的儒家孝文化登上了历史舞台。作为圣贤文化的典型代表，孝是百德之首。孔子有言"孝悌也者，其为仁之本欤""五刑之属三千，而罪莫大于不孝"，可见在古代圣贤心中"孝"有崇高的地位。

第一节　孝文化：理解中国人际传播的关键

探讨中国的人际传播，必须从中国人的性格入手，从中国人的文化背景入手，而孝文化作为深刻影响华夏民族的圣贤文化，非常有必要深入研究。

一、孝：正在被瓦解的传统美德

中华民族有俗语"百善孝为先"。作为历代圣贤提倡的美德，"孝"在中华民族的伦理道德教育中占据了重要地位。孔子作为圣贤之首更是明确指出"孝悌也者，其为仁之本欤？"，"孝悌之至，无所不通"。在孝文化的影响下，中华民族形成了重情的具有差序格局的人情社会；形成了"亲亲""爱人"的交往习惯，这些都为中国形成独特的人际传播方式奠定了基础。

孝不仅具有孝顺、敬老的内涵，更与儒家文化的"仁"有密切关联。学者翟学伟在《"孝"之道的社会学探索》中指出：孝与孔子"仁"的精神是高度一致的，其中，"仁"是"孝"的精神内涵，而"孝"是"仁"的现实表现。前者属于思想范畴，后者属于路径与行动范畴。唐根希也在论文《"己欲立而立人，己欲达而达人"：〈为政〉问孝四章疏解》中指出：践行孝道就是要守之以礼、动之以情、养之以敬、事之以仁。

作为中华传统美德，孝在过去的很长时间里都是家庭传播的文化土壤，是子女立身、成仁的心灵指南。然而，随着全球化的加剧，西方文化对传统孝文化产生了巨大冲击，孝文化也遭到了前所未有的挑战。其影响下的人际传播方式也受到诸多质疑。人情社会、义务性孝道等孝文化衍生问题更是成为公众的眼中钉。大众聚焦人情社会的种种弊端，大力抨击传统孝道，忽视了其蕴含的积极因素，也无视了产生这一社会结构的文化背景。

显然，中国正面临旧道德秩序坍塌的窘境。原初的孝文化无法适应高速发展的现代社会，亟待扬弃。为了给当代精神文明建设提供新蓝图，为社会矛盾解决提供新范本，我们要去其糟粕取其精华，让孝文化在现代的人际传播中继续发挥应有的作用。

二、孝：和谐社会的潜在推手

尽管孝文化受到一定的时代局限，在几千年的传承中保有一些落后的成分，但这是道德文化发展过程中不可避免的问题。我们要意识到孝文化存在的问题，但更要关注孝文化的思想核心。

孝的背后不仅是子女对父母的爱与责任，更包含了一代人对另一代人的敬重和关怀，是"老吾老以及人之老"的圣贤观念在人际传播中的具体体现。秉持孝的观念，我们才能更好地进行人际传播，促进家庭和谐。李中和在《传统孝道思想及其现代价值探讨》一文中指出："善事父母"是孝道的核心内涵，是物质赡养和精神赡养相统一的仁孝观。但孝道思想并不局限于尊敬自己的父母，还包括尊敬他人的父母及其他长者。这种由敬爱自己的父母，推广至尊老爱幼的道德观念，是传统孝道思想中最具有积极意义的成分，也是今天社会主义精神文明建设的重要内容。

除此之外，孝文化还有利于民族团结，构建和谐社会。刘光洁在《传统孝道伦理价值观的时代建构功能》一文中指出：我国自古就有移孝作忠、家国一体的社会观念。爱国家就是尊祖敬宗的孝道思想的延伸与扩展。这种"国即是家"的思想，正是中华民族拥有强大凝聚力的原因，同时也是举国上下齐心向前的动力源泉。深入了解孝文化，能够有效提高民族自信、文化自信，增强民族凝聚力，从而抵抗西方国家的文化入侵。

对于孝这一历史悠久的文化，我们不能任由媒体放大其弊端，抹黑其价值。而是要深入阐述孝文化，向社会普及孝的产生和发展历史。只有切实增加年轻人对孝文化的了解程度，才能让年轻人对孝有正确的认识，对父代的想法多一些理解，从而促进代际和谐，避免两代人的对立。

第二节 孝文化的发展、困境与家庭关系的反思

孝文化在传承千年的过程中，扮演过诸多角色。它是凝聚家族的文化土壤，也是剥削子代的无情制度；它是个体立命的品德根基，也是政权实施压迫的隐形手段。回顾孝文化的发展，从举世推崇的道德品质，到人人诟病的文化糟粕，孝文化的发展经历过鼎盛，也陷入过畸形；摆脱了偏激，却又似乎踏入了矫枉过正的陷阱。

一、儒家孝文化的成熟与异化

孝文化滥觞于原始社会末期的父系氏族社会，彼时孝的文化内核和表现形式都比较简单。

康学伟认为，孝观念形成的前提条件，一是基于血缘关系而产生的亲亲之情，二是个体婚制的确立。[①]舜作为《二十四孝》的第一人，其孝的具体表现为：忍受顽父嚣母，且坚持报答其养育之恩。此时的孝仍然停留在家庭内部，表现为在精神和物质上侍奉父母以报养育之恩，建祠堂、行祭祀以告祖辈之灵。

随着社会发展，春秋时期孔子将"孝"与"仁"连接，"孝"的内涵丰富度大大提高，孝文化体系也趋于成熟。[②]

首先，孝通过捆绑个体与家庭的方式，让每个人的生命变得更有重量，鼓励个体积极追寻生命价值。《孝经》开宗明义第一章有言："身体发肤，受之父母，不敢毁伤，孝之始也。"来自祖辈的身体承载着家族的荣光，珍爱生命不再仅仅是倡

---

① 康学伟：《论孝观念形成于父系氏族公社时代》，《松江学刊》1992年第2期。
② 翟学伟：《"孝"之道的社会学探索》，《社会科学文摘》2019年第10期。

导而是规定。在自爱的基础上，个体还要通过自我价值的实现完成光宗耀祖、留名身后的目标。即《孝经》中的"立身行道，扬名于后世，以显父母，孝之终也"。在家要以孝为尺"行成于内"，在外要以族为荣"立名后世"。此时的孝文化尽管也受一定的时代局限，但整体而言是较为积极的。受孝文化的影响，个人不是独立的个体，而是家族的代表，身担"立名后世"的重任，所以在人际交往中重信重义，决不能给家族抹黑。

其次，孝不再局限于家族内部，有了"人不独亲其亲，不独子其子"的高层含义。从善事父母传宗接代，过渡到了推己及人，讲究仁爱以求"天下大同"。孝道有了促进社会和谐的政治作用。

然而，随着封建制度越发严苛，行孝不再仅仅归属美德的范围，而是归属政治的范畴，孝文化在政治权力的裹挟下走向了异化。

首先，孝不再仅仅是作为美德被政权倡导，而是成为法条。执政者追求孝，对孝悌者给予奖励，对不孝子予以惩处。隋唐时期的法律更是将"不孝"列为"十恶"重罪之一。唐律规定了八种"不孝罪"如：诅咒父母、祖父母，处绞；祖父母、父母在，别籍异财，徒三年；违犯教令及供养有阙，徒二年；居父母丧，自身嫁娶，若作乐，释服从吉，徒三年。此时的孝已然异化，成了统治者维护封建秩序，构建阶层制度的手段。

其次，孝在权力与金钱的诱惑面前逐渐呈现出作秀的嫌疑。汉朝起，朝廷在人才选拔上采取"举孝廉"的制度，试图推广"以孝治天下"。孝成了社会由上至下的道德追求。西汉有十位帝王的谥号冠有"孝"，东汉也有十一位皇帝的谥号冠以"孝"。为了迎合上层统治者对孝的推崇，民间开始出现愚孝、伪孝的行为。元代郭守正编绘《二十四孝图》，卧冰求鲤、郭巨埋儿等荒谬的愚孝情节广为流传，以畸形的孝为榜样，堂而皇之地供人学习。由儒学衍生出的宋明理学极力宣扬"父子君臣，天下之定理"的观念，将忠孝衍化为"无违""君要臣死，臣不得不死"的极端。这一原则看似是对《论语》中孟懿子问孝，子曰："无违。"的应和，实则非也。孔子的孝是由仁生发，以礼践行的德行，并非一味地顺从。《孝经·谏诤章第十五》有言："当不义，则子不可以不争于父，臣不可以不争于君。故当不义则争之，从父之令，又焉得为孝乎？"可见，本初的孝绝非盲从，宋明时期理学家提出的"父叫子亡子不得不亡"是把孝道引向了绝对化、极端化和愚昧化，这也是今人对孝道多有诟病的原因。

幸好随着时代的发展，孝文化迎来了重新被审视的时代。五四运动时期，西方文化大量涌入中国，对传统文化带来冲击的同时，也为国人提供了客观审视自己的可能。在儒家传统孝中，父母给予孩子生命足以证明恩情的存在。然而康德却试图论证：父母未得到子女的同意就生下他们，所以必须承担将其抚养成人的义务。两种思想对撞让大家发现了：父母和子女之间的"天然恩情"完全是文化的设定，孝的合理性也因此遭到质疑。同时五四运动为了铲除国人的劣根性，打破中国人一味退缩、求中的思维方式，将批判的矛头直指孝文化的"家族观"。孝文化将人与家庭捆绑在一起，一荣俱荣一损俱损，使得个体不得不增强规避风险的意识，考虑个人行动的成本。[①] 自此，对孝文化的批判层出不穷，到今天也依旧是不绝于耳。

二、当代孝文化践行面临的窘境

首先，当代新兴孝文化，注重子代豁免，忽视了父代，带来了新的代际不平衡问题。

五四运动时期对孝文化的反思固然有其好处，它使得子女对亲长的义务从一定程度上被解构了，让人成为自由人，不再受礼教的限制。然而这种解构是单向的、不客观的。马尽举在论文《孝文化与代际公正问题》中指出：长期以来，学术界对孝文化的批判停留在宏大叙事层面，未能深入孝文化的载体——亲子关系内部。五四运动及其以后的革命在批判孝文化时集中力量批判家长制，形成亲子关系中子代的单边解放和新的代际不公。五四以来的中国，子代权力的增加，父代权威的动摇，这个过程从来就没有间断，而且直到今天还在继续。

批判者只意识到了子女对亲长的义务具有强迫性、却没有意识到亲长对子女也有文化中的既定义务。传统孝文化的作用下，道德教育是在家庭中完成的。家庭成员要对子代承担道德监督的义务，家族荣耀由全体成员共同承担，家庭就是中国文化中的道德单位。[②] 家长因其权威性，需要自觉担当道德教育任务，不仅有"养不教，父之过"的社会期待，更有"以子为荣"的个人期待。教育子女不仅是权力，更是义务。在这种观念的影响下，中国式父母应运而生。亲代倾其所有为子代提供成长过程中的物质、精神条件，子代却试图通过斩断孝的义务性来脱离家庭责任的束缚。亲代权威被迫斩断，子代因为拥有了自主意识，迫切期待与家庭割裂，这使得家庭中的代际关系再度失衡，亲代也由此成为社会发展过程中弱势的一方。

不仅如此，时代的快速发展也在把亲代推向更为弱势的一端。在信息来源较少的过去，长辈的经验和阅历就是最大的权威，其凭借年岁和阅历就可以获得家

---

① 马尽举：《关于孝文化批判的再思考》，《伦理学研究》2003 年第 6 期。

② 马尽举：《孝文化与代际公正问题》，《道德与文明》2003 年第 4 期。

庭里话语体系的主导权。然而今天，信息获取的渠道大大增加，子代由于更有接触新鲜事物的欲望可能走在亲代前面，成为更多知识的拥有者，这使得信息差带来的权威性消失了。不仅如此，自计划生育实施后，过去较为稳定的大家庭结构变成了倒金字塔模式，独生子女作为全家人的希望成了一家人的中心，家庭地位大大提高。一系列变化的结果是：父母的权威不再，家庭传播的方式发生巨变。

钱红敏在《人口老龄化视域下关于儒家孝道观认同度的实证研究》一文中呈现了实证研究的调查结果，她指出：绝对顺从、传宗接代等传统孝道习以为常的举措已经成为青少年最不赞成的孝行，同时被青年认为是不符合现代生活，或者是不易实行的行为。青年们仍然认可的传统孝道为——尊亲、悦亲及养亲。由此可见，孝文化并没有在年青一代身上消逝，但其内涵却有很大变化。传统的孝道已经无法得到年轻人的认可，老一辈也必须适应年轻人追求自由，追求独立的理念。在这场代际平衡战中，子代优先获得解脱，拥有了更大的话语权，甚至通过媒体发声的方式完成了新孝道的概念构建。然而，大部分家长依旧被困于"为子代铺路"的思想之毂。亲子关系正陷入新的不平衡。

回顾孝文化的发展史，会发现孝贯穿了华夏民族的发展史。封建时期，孝的政治意味不断加重，在统治者思维的加持下，孝文化出现了偏离初衷的情况。随着民主意识的觉醒，人们试图对这一偏颇进行纠正，继而解放子代。然而对孝文化的单方面解构似乎出现了过犹不及的问题。这样的变化，也对家庭内部的人际传播方式带了新影响。

第三节　传统孝文化的特征对华夏人际传播的塑造

由孝文化的历史可知，孝的传承并非完全袭旧，而是随着时代的变化而变化的。所以孝的特征也在不同阶段呈现出不同的面貌。传统的儒家孝文化中，孝具有自然性、义务性和无我性。这三点特性深深影响了中国人的人际交往。[①]

一、差序格局与人情社会——孝的自然性对中国人际传播结构的影响

自然性主要是指孝法天道且以血缘为载体，所以天经地义。这种基于血缘的孝让人产生亲疏有别的观念，形成了中国独有的人际传播结构——差序格局。

首先，孝道中蕴含了天地阴阳之道，是"天之经也，地之义也"。《孝经》中指出，孝是"用天之道，分地之利"。董仲舒引申《孝经》，以"地之义"论臣之

---

① 黄颂，黄琳：《关于中国传统孝文化内涵特征及其功能的思考》，《滨州学院学报》2009年第2期。

孝有言："忠臣之义子，孝子之行，取之于土。土者，五行最贵者也，其义不可以加矣。"董仲舒认为：阴阳五行是天地的基本规律，自然也蕴含了人伦之序。天下众人皆应以此为纲，父子君臣皆应以此为据，应和天地法则实现相生相须。后来，班固又主笔撰写《白虎通义》，将经学与谶纬糅合，进而强化君权与父权。班固有云："君臣法天，取象日月屈伸，归功天地。父子法地，取象五行转相生也。"自此，孝道因循自然，取法天道的观念基本形成。[1]孝的合理性由天的规律性延伸，正式确立。

与此同时"生身"作为儒家孝文化中最大的恩情，也为孝道施行的合理性提供了依据。孝顺亲长，是基于血缘关系的必然推论。这一观念使得血缘关系成为影响中国人际交往格局的核心原因。《孝经》中有言："不爱其亲，而爱他人者，谓之悖德。不敬其亲，而敬他人者，谓之悖礼。""爱亲者，不敢恶于人，敬亲者，不敢慢于人。"亲疏有别，亲亲为先，如果连有血缘关系的近亲都不能敬之爱之，又谈何爱人，爱天下呢？反之，如果一个人对亲长爱敬兼有，那他离贤人就近了一步。基于这样的观念，中国的人际交往以自我为中心，以血缘为脉络，形成了特有的"差序格局"。在费孝通先生在《乡土中国》中指出：中国社会的人际交往发生在亲属关系、地缘关系等社会关系中。人们习惯以自己为中心，像水波纹对外传播，愈推愈远但也愈推愈薄，且整个过程能放能收。这与孝道中讲求的"亲亲"是保持高度一致的。

"差序格局"这一传播结构带来的是中西方不同的人际关系。对比西方国家我们会发现，中国社会的人际关系是"情感型"的人际关系，西方则是"工具型"人际关系。[2]人情是决定中国人的人际交往能否顺畅的关键。人情准则的具体表现为：内外有别，家庭、村落、民族的内部成员之间要比与外部成员之间的关系更为密切。一个人并非越博爱越好，相反，只有内外有别，大家才觉得你讲义气，懂人情。然而，西方社会是倾向于功利主义的，人际交往往往带有明确目的，追求公事公办，讲求"公平正义"。

二、构建秩序还是压迫个体——追问孝的义务性对中国人际交往方式的影响

除自然性外，孝道还具有义务性。义务性是孝最为关键的价值，也是对中国人际传播中的家庭传播影响最深的因素。

---

① 王文东：《论中国传统孝道对德性、规范与制度的整合及其历史经验——以汉代公羊学孝道论及其影响下的孝行实践为中心的研究》，《湖北工程学院学报》，2015年第5期。

② 童修文：《从中英谚语看中西人际关系价值取向的差异》，《遵义师范学院学报》2010年第12期。

孝的义务性源自血缘。从《孝经》原文来看，孝乃"天之经也，地之义也"，血缘是孝义务性的起源。佐证这一观念类的是"羔羊跪乳""乌鸦反哺"等典故。生命的赋予是最大的恩情，即"身体发肤受之父母"。所以孝是发乎情的，是有感情的人与生俱来的品性。

这种基于血缘的义务性使古代的家庭关系自然而然地向父代倾斜，呈现出以"尊长""敬长"为核心的家庭人际传播方式。从夏礼开始，中国孝文化就强调子女对父母要尽孝。纵然是舜父、禹父这样有缺陷的父亲，也是要孝敬的。且这种孝不是简单的提供吃穿，而是使长辈悦。《礼记·内则》有言："孝子之养老也，乐其心，不违其志；乐其耳目，安其寝处，以其饮食忠养之。孝子之身终，终身也者，非终父母之身，终其身也；是故父母之所爱亦爱之，父母之所敬亦敬之……"由此可知，古人对孝是有较高要求的，绝不仅仅是提供物质。孔子甚至明确表示，单纯提供物质上的供养，算不上孝顺。其在《论语·为政篇》中有言："今之孝者，是谓能养。至于犬马，皆能有养；不敬，何以别乎？"在子夏问孝时，孔子也表示："色难。有事，弟子服其劳；有酒食，先生馔，曾是以为孝乎？"

正向来看，孝的义务性有效地构建了家庭秩序，形成了父慈子孝的中国式家庭，要求子女真心实意地爱长辈、敬长辈。与此同时，长辈在家庭内部掌握绝对话语权。子女在小事上需要"尊亲敬亲"，在大事上需要听取"父母之命"。彼时的家庭矛盾往往隐而不现，或是以子代的妥协告终。孔子就曾明确指出，认为父母有错时，子女要："事父母几谏。见志不从，又敬不违。劳而不怨。"

负面来看，孝的义务性从由衷的"爱老"演变成了强制性的、政治性的"顺老"。而"顺可移于长"，"忠可移于君"，"治可移于官"。孝的义务性衍生出孝的功用，统治者开始将孝视为治国利器。为了发挥孝的最大作用，儒家将孝与立德树人绑定，对天子、卿大夫、士、庶人均在孝道方面提出了具体要求。如天子之孝要"德教加于百姓，刑于四海"；诸侯之孝要"保其社稷，而和其民人"；士大夫之孝要"言满天下无口过，行满天下无怨恶"同时"守其宗庙"。孝父母，孝宗族，更要孝天下。以"家天下"的政治模式贯彻孝的理念，这一治理原则让孝得以有效束缚每一个个体，从天子到庶人都因"为人亲"，而必须行其孝。许多孝的行为不再是发乎情、止乎礼，而是有了作秀的嫌疑。

除了有关"何为孝"的硬性规定外，朝廷还试图通过举孝廉等方式激励大家践行孝，这使得个体要时刻谨记自己的家庭身份或社会身份，决不能散漫越界。同时，为了向世人说明自己切实履行了义务，个体以近乎表演的方式在交流的细节中展示自己的孝子忠臣身份，试图得到世人的尊重。如《二十四孝》中的周朝人老莱子，七十岁了依然穿着色彩斑斓的衣服，打扮成婴儿逗父母开心，给父母打水，装作失足跌倒，像婴儿那样啼哭逗父母开心。可以说《二十四孝》中许多孝子的传播行为都带有浓厚的夸张色彩，尽管他们是时代中的极少数人，但不可否认，《二十四孝》的广泛流传反映了当时社会"表演孝"的风气。形形色色的孝子轮番登台，造成了孝文化的污名化。戈夫曼提出的拟剧论认为：社会和人生是用于表演的舞台，社会成员即舞台上的表演者，演员最关注的就是如何在众多观众面前塑造能被人接受、喜爱甚至敬仰的形象。为了被观看者认可，人们会运用各种技巧和方法左右他人，试图通过表演的方式在他人心中建立良好的印象，这一过程称为"印象管理"。当孝成为社会评价一个人是否贤德的重要准则，人们自然而然想通过形象管理的方式给人留下孝贤的印象，戈夫曼的拟剧论很好地解释了古代愚忠案例的屡见不鲜。政府出于管制的目的鼓励"愚孝"只会适得其反，不仅会塑造诸如老莱子这样的荒诞人，更会造成汉代童谣中"举孝廉，父别居"的尴尬局面。

回顾孝文化的义务性，我们发现源于血缘的"亲亲"已然演变为统治者的思想禁锢。中国曾试图通过将孝悌忠贞绝对化，完成人的奴化。在软硬兼施的推广下，中国确实曾走过歪路，让原本致力于家庭和睦的孝变成了追名逐利的表演工具。过去这段有失偏颇的孝文化传播，已经为今天的价值观弘扬提供了反面典型，今人应该引以为戒。

三、交流的边界感——孝的无我性对中国人际传播距离的影响

除以上两点外，孝的"无我性"也是影响中国人际传播的重要因素，对国人的人际距离产生了重大影响。

人类学家霍尔将人际传播中的人际距离区分为 4 种：家庭距离、权力距离、人情距离、大众距离。家庭距离是指家庭成员间的人际距离；权力距离是指上下级之间的人际距离；人情距离是指日常生活中、亲友同事间的人际距离；大众距离是指社会上任意二人的人际距离。孝的"无我性"让国人在人际交往中形成了独特的交往习惯。

孝文化衍生的宗族文化使国人在家庭传播中，容易感受到高权距及高家庭距离。"君君臣臣父父子子"；"在家从父，在外从君"的孝文化指南，使古代中国的家庭距离和权力距离极大。这一点表现在家庭层面，就是人际传播中话语权的剥夺。"大人说话，小孩别插嘴"；"长者赐，不敢辞"等俗语，都在叮嘱子代扮演好家庭角色，将传播的主导权自觉让渡到父辈手中。

除年龄阅历带来的权威外，"身体发肤，受之父母"的生身之恩更是让亲子之间的亲情掺杂了等级和尊卑。受恩于父母，人从生下来就不仅属于自己，所有

伤害自己的行为同时也是有悖亲长、损害宗族的行为，是为"孝道"禁止的。《周易·序卦》云："有天地，然后有万物。有万物，然后有男女。有男女，然后有夫妇。有夫妇，然后有父子。有父子，然后有君臣。有君臣，然后有上下。有上下，然后礼仪有所错。"人在家庭、在社会中的角色是天定的。敬顺亲长是天道的体现之一，人们需要以家庭为一切行为活动的出发点，考量孝的半径，审视斟酌自己的思维和行动范围。"我"往往是作为群体的一员出现的，代表家族，其价值是被家庭所定义的，任何自利性的行为都将陷入"悖德"或"悖理"之中。孝将个体与家族捆绑在一起。

正向来看，这种捆绑于个人而言有利于培养高尚的道德情操；于社会而言有利于形成家国一体的集体主义观念。由于成败荣辱不仅仅是个体的，更是集体的。不论是权贵还是普通人都会因此在诱惑面前多一分自我约束，力求"忠顺不失，以事其上，然后能保其禄位，守其祭祀"。同时个体也会在荣耀面前多一份自我激励，原因是"修身慎行，恐辱先也"。在守正求仁的过程中，个体将背负家族荣辱，自觉将社会追求当作个人追求，自愿将个体生命投入国家发展。"行成于内，立名后世"是孝的延伸，更是爱的延伸，是家国一体的体现。孝之所以为历代圣贤推崇，就是因为其脱离了小家的局限，追求"仁爱""仁义"。从"敬天下之为人父者也……敬天下之为人兄者也……敬天下之为人君者也"到"夫孝，始于事亲，中于事君，终于立身"，先贤的追求从不仅仅是爱家，更是爱国爱民。"家国一体"这一由孝文化衍生出的家国情怀如今已然成为华夏民族凝聚力的源泉。

然而，这种捆绑也有其负面影响。个体与家族的一体化让"人"隐形，空留一个家族的代表，是对个体独特性的抹杀。

与宗族内部的高权距、高家庭距离相对应的，是以家族代表的身份对外社交时面临的低人情距离和低大众距离。中国人在与人交往时，往往将问候其家人作为礼节的一部分。"令尊最近可还好""家里最近怎么样"等问题，是中国人表示关切的方式。然而，在其他国家看来，这是一种大谈隐私的行为。归根到底，在中国，个人与家庭的界线是很模糊的，个体属于家庭，是家庭的重要成员甚至是代表人，询问家庭情况是礼貌、得体的体现。这与西方人的看重隐私，强调个体独立性有很大不同。

在中国的人际传播中，不仅个体与家庭成员的界限模糊，个体与其他任一社会成员的边界也相对模糊。前文提到，中国人在孝文化的影响下已自觉形成集体主义观念，习惯用"老吾老以及人之老，幼吾幼以及人之幼"的思维把周边人视作共同体成员。故而中国的人际传播也往往是温情的，个体与个体的界限并不十分清晰。在交谈方面，中国讲究人情味，不希望单刀直入抱有太强的目的性。而西方社会的人际关系则倾向于一种"工具型"的人际关系，以功能为取向，讲求公事公办，以"公平交易"为准则。然而中国人见面，习惯寒暄，甚至习惯问诸如"上哪儿去""吃了吗"等西方人视作隐私打探的问题。尽管这种委婉的交往方式可能会降低效率，但这是独属于中国人的交流习惯，蕴含着中国人有关人际关系的看法，即人情味比高效更重要。

　　总之，从发源到发展，从发展到成熟，孝文化作为中国的传统文化塑造了中国人的民族性格，也自然而然地影响着中国人的人际交往方式。近代以来，在西方文化的对比下，我们得以重新审视自己的民族文化，去其糟粕取其精华。这份审视使得近些年孝的内涵似乎又从过去的德性之首退回到基础的尊敬亲长。孝的自然性和义务性也在新思想的冲击下遭到了一定程度的否定。唯独剩下"无我性"基本被支持集体主义的国人保留下来，并在无形之中践行。然而，正如开篇所提，伴随孝文化体系崩塌而来是人口老龄化的社会以及信息爆炸的学习时代。在此情形下，单方面的孝文化结构，正在产生新的代际公正问题。如何弘扬孝文化，并使其正确指导今天的家庭和社会中的人际传播，依然是一个有待探索的难题。

（本章作者：任雪纯　谢清果）

第三讲　华夏大众传播研究

第八章　重构圣贤：媒介视角下孔子的圣贤形象如何在变迁中重塑

　　在泛娱乐化的现代社会中，精神文化缺乏核心，文化传播呈现出一种散漫的状态。在这种情况下，华夏文化传播也面临着困境，特别是从古至今"圣贤"在社会之中位置的变化也反映出"圣贤"在当代媒介环境下的缺失。但对于儒家文化来说，圣人是人格极致化的表现，是理想的核心。无论是孔子圣贤形象的塑造还是儒家"圣人"观念的发展都能够体现时代变化下儒家的道德与文化理念。因此在大众传媒快速发展的今天，以影视作品为例，结合大众传播媒介研究，对比影视传媒和古代传统媒介传播下孔子"圣贤"形象塑造的不同之处，探寻它们是如何重构孔子形象并突出孔子圣贤形象的当代价值具有一定的必要性。

　　本章分为三个部分，首先阐述古代传统媒介下孔子形象的传播方式以及在历史变迁中的当代传播困境，其次探究媒介环境学视角下当代媒介如何重构孔子的圣贤形象并与传统媒介进行对比，发现重构过程中的优势与不足，最后探索影视作品重构孔子圣贤形象面临的可能性与问题。

　　在过往学者的研究中，研究方向的重点之一在于文学学科与传播学学科的跨学科交互性，在传播学与传统文化的双重视角下探究孔子形象在古代与当代媒介中传播的特点、方法、未来发展走向以及两者之间的关系，譬如探究圣贤文化在内的先秦文化传播、中国古代圣人形象在电影中的呈现等等。同时，也有学者从孔子形象演变这一面向入手，探讨影响儒家崇圣观念以及现代孔子形象构建的外部与内部因素，虽以文化研究为侧重点，但其中仍隐含着传播思想。

　　关于圣贤形象塑造的大众传播研究，具体有以下三种方向的发展与突破：

　　一、大众传媒视角下的圣贤形象解读。在过往的研究中，出现了一些关于古代圣贤形象在当代媒介中的塑造。结合影视剧作品，例如分析《孔子》《战国》等电影中呈现了一个什么样的圣贤智者形象。同时，《孔子的媒介记忆传播及其当代价值研究》^①等关于孔子形象当代塑造的媒介研究也表明了孔子形象传播研究的多样性。

二、圣贤文化作为传统文化的一部分与传播学进行跨学科研究。例如《先秦文化传播研究》^②中探究先秦文化的传播模式和传播特点等，阐释了"传播学本土化"这一课题。在这一类对古代传统文化传播进行的研究中，圣贤文化传播作为研究内容的一部分呈现。

三、针对孔子成圣之路与孔子形象演变进行的分析。在已发表的文献中探究孔子形象"圣贤化"的形成过程以及从古至今孔子形象变化，虽然研究主要从文化层面进行，但其中也存在扩大或改写孔子形象的传播因素。

由此可见，圣贤形象的传播研究主要着眼于大众媒介视角下孔子形象的再塑造以及唤起大众关于圣贤文化记忆的媒介研究，但孔子形象塑造与传播学之间的跨学科交互仍具有研究空间。因此，围绕着媒介变迁探讨孔子形象塑造的变化仍存在研究的空白，具有一定的创新意义。

第一节　古代社会中"孔子形象"的传播与当代传播困境

何谓"孔子形象"？在分析"孔子形象"的传播之前，需要对文中"孔子形象"的内涵做出解释。文中所阐述的"孔子形象"主要针对孔子在大众心目中的"圣贤"印象，即孔子所代表的儒家思想以及这种至高道德境界在孔子身上的体现，这使得"孔子"其人在经历了"入圣""反孔"至重回"尊孔"这些变化的过程之后仍然以心怀天下、孜孜追求仁爱理想、品行高尚的形象出现在大众视野。因此，本文所探讨的"孔子形象"指的是在长久的历史演进过程中，孔子在大众文化记忆中留下的"圣贤"印象。

一、历史变迁中孔子形象的曲折演变

在《国学词典》对"圣贤"一词的解释中，"圣贤"本指儒教理想人格的最高境界，"一方面指孔子及其儒家代表人物……另一方面又指一种人生境界，即道德完美的境界……北宋周敦颐《通书》即有'士希贤，贤希圣，圣希天'的说法"^③。可见孔子形象在经过漫长的历史发展后，在普遍认知中已归属于"圣贤"一列，

① 王闯：《孔子的媒介记忆传播及其当代价值研究》，硕士学位论文，郑州大学，2019 年。
② 杨永军：《先秦文化传播研究》，博士学位论文，山东大学，2005 年。
③ 谢谦：《国学词典》，成都：四川辞书出版社，2018 年，第 145 页。

但考察儒家思想论著可以发现，儒学对于"圣人"的内涵逐渐丰富，孔子的形象也在这个过程中由凡入圣，成为圣人特征的集大成者。

在社会推进的历程中，大众对待孔子等圣贤的态度经历一个曲折的演变过程，由圣贤崇拜到"文革"时期的"反孔"，认为其是"落后文化""文化糟粕"，再到当代孔子形象重新回到大众视野，成为弘扬主流价值传统文化的一部分。这也从侧面反映出了孔子的圣贤形象作为一种文化符号，在适应时代变化中所面临的人为抬升与祛魅。

回到当今社会环境，虽然孔子形象以及他背后所代表的儒家精神价值体系再次被弘扬，成为受人崇敬的至善理想人格，但现代社会环境的价值观毕竟与以往不同，"对于如今崇尚人格平等的时代来说，'圣人'一称是荒诞的；而对于儒家传统文化来说，却自始至终把圣人放在最高位阶，当作理想的中心。这种尊崇圣人的态度，不仅出于类似宗教性质的热情，更是相融于儒家的学理，有其内在的合理性，理应给予地位并容纳进儒学现代化的进程中来考量"①。在这一有所矛盾的思想环境下，圣贤崇拜渐渐远离了主流的儒学话语表现形式，但与孔子圣贤形象相连的"仁义礼智信""知其不可为而为之"等思想理念则普遍流传。孔子的圣贤形象作为儒学发展史上不可忽略的一部分，在当今社会孔子以其言传身教起着引导、教育作用的背景下，对其的"圣贤崇拜"也不能被一味地否定，而是应发掘出能够与现代意识相融合的一面。

二、古代社会中孔子圣贤形象的传播媒介及传播方式

孔子圣贤形象的确立与多方面的因素有关，春秋时期是孔子成圣之路的重要时期。孔子谦逊，从不认为自己称得上"圣人"，《论语·述而》中记载，子曰："若圣与仁，则吾岂敢？抑为之不厌，诲人不倦，则可谓云尔已矣。"子贡对此事则说："学不厌，智也；教不倦，仁也。仁且智，夫子既圣矣。"（《孟子·公孙丑上》）由此可见孔子学生们对于他的景仰与追随，这也成为后世孔子圣贤形象流传的动因之一。

在春秋战国时期，孔子的成圣之路存在以下两种媒介对其形象进行传播，主要以口语传播和文字传播为主。

首先是人作为传播的媒介。"在文化传播中，人由于承继了前辈所创造的文化成果，从而加快了文化信息的凝聚，使人成为特殊的文化载体"②。学生们追随孔子

---

① 李可心：《"超凡入圣"与"即凡而圣"——儒家"圣人"观念的历史考察与现代反思》，《道德与文明》2016年第3期。

② 杨永军：《先秦文化传播研究》，博士学位论文，山东大学，2005年，第29页。

求学解惑，以其言语和文字对孔子的精神进行传播，他们所发表的言论表达了对孔子的崇拜之情，反映了孔子的形象和精神在弟子之间的流传，甚至传播扩大至社会范围。《论语·宪问》记载："子路宿于石门。晨门曰：'奚自？'子路曰：'自孔氏。'曰：'是知其不可而为之者与？'"可见孔子其人与他的言行信念一同得到了社会的赞誉。《史记·货殖列传》云："夫使孔子名布扬于天下者，子贡先后之也。此所谓得埶而益彰者乎？"可见子贡等孔子弟子对于孔子声名远扬所做出的贡献。

其次是书籍作为传播的媒介。先秦诸子在儒家学派的著作或是各学派著书立说中，抬升孔子的圣贤形象地位，或以其作为论证自身观点的依据增加权威性。康有为曾说，"庄子称孔子为神明圣王，四通六辟，其运无乎不在。孟子称孔子，圣而不可测之为神"①，由此可见先秦诸子对孔子"圣贤"形象的进一步传播。在先秦诸子经典中，也不乏为了表达赞同、阐述自身理念而发扬孔子言行、提高孔子形象的记载。在儒家学派传承的著作《孟子》中，对孔子的圣人地位进行极高的推崇。孟子曾有言曰："孔子，圣之时者也。孔子之谓集大成。""自有生民以来，未有孔子也。"②孟子对于孔子为代表的儒家学说的传承，不仅发扬了儒学思想，同时也巩固了孔子在大众心目中的圣贤地位。

在儒家学派以外，先秦诸子将孔子的言论作为著书立说的依据，"如果借重孔子的言论和事迹，为自己的观点或学说作印证，就颇具权威力量，容易使人信服。在这种形势之下，孔子便被异化为一个可以任意修饰或打扮的虚构形象"③。不管是《孟子》《荀子》《庄子》还是《韩非子》等著述，对于孔子的言行都含有一定的虚构增饰的成分，为自己的学派理论进行代言。"可以说，孔子被确认为圣人，无疑是孟子的功绩。当然从文献学上看，孔子圣人化的完成则应当以司马迁《史记·孔子世家》的一段话作为标志："孔子布衣，学者宗之。自天子王侯，中国言六艺者折中于夫子，可谓至圣矣！"④

对于书籍为媒介的文字传播来说，以其自身的传播优势而从古至今不间断地被使用。文字传播具备稳定性和可靠性，"文字作为文化传播的方式，其主要特点就是记录的可靠性"⑤，先秦时期文字刻在铜器、竹木简牍、缣帛等材料上，较少出现差错，并且经过了漫长的历史时间，文字还能得以保存，流传至今。同时，在

---

① 康有为：《论语注》，北京：中华书局，1984 年，第 295 页。

② 李可心：《"超凡入圣"与"即凡而圣"——儒家"圣人"观念的历史考察与现代反思》，《道德与文明》2016 年第 3 期。

③ 钟书林：《对话圣贤与经典——孔子成圣之路与先秦诸子经典的形成》，《文史哲》2016 年第 2 期。

④ 吴震：《中国思想史上的"圣人"概念》，杭州师范大学学报（社会科学版）2013 年第 4 期。

⑤ 杨永军：《先秦文化传播研究》，博士学位论文，山东大学，2005 年，第 42 页。

春秋战国时期，文字传播的媒介转变为简便易雕刻易获得的竹木简，随着媒介的改变，孔子圣贤形象包括诸子经典对其言行的记录和尊崇也得到了进一步的传播，"载有文字的典籍开始被人们广为携带和传诵，带有文字的文化于是开始散播开来"①。再加上家族传承，尤其是其七世祖正考父对孔子形象入圣的影响，孔子的圣贤形象在这个文化传播的过程中得到了社会更广泛的赞誉。

综上可知，古代孔子"圣贤"形象传播主要通过人与书籍这两种媒介，虽然口语传播和文字传播都充分发挥了各自的特点，人在传播中活跃地扩散了关于孔子形象的言行举止和社会赞誉，文字则突破了时间和空间的限制，使得孔子"圣贤"形象得到了长久的流传和更大范围的传播。但媒介的种类和特征也随着时代的更迭而出现新的变化。大众文化传播时代的到来、视觉表征媒介的出现表明了传统的语言和文字已经无法满足大众对于形象、生动的文化视觉呈现的需求，因此在媒介变化下如何塑造孔子"圣贤"形象以符合媒介特点同时起到文化传播的作用是一个需要关注的问题。

第二节　当代影视媒介对于孔子形象的选择、放大与重构

当代影视剧改编作品，无论是针对历史人物还是传统文学作品，呈现在荧幕上的最终形态都会对某一部分的内容有所侧重。影视媒介的视觉听觉特征一方面丰富了对于孔子形象的表现方式。但另一方面，在流传至今的孔子形象传播中，主要以孔子其人的道德境界和理想人格榜样为主，而缺乏一种现代媒介环境下强调的"情节"与"冲突"，因此在展现孔子精神价值的同时如何利用媒介的视听特点创造吸引观众的戏剧效果与视觉画面也是创作者们在剧本编写和拍摄过程中面对的难题之一。

近年来随着经济的发展、我国国家实力的增强，人们在物质生活逐渐丰富的同时也对群体的精神文化生活增加了更多的关注。重新回望、审视传统文化，在其中寻找精神信仰归属也成了大众文化甚至主流文化导向的一部分。"孔子热"的掀起，反映了人们对于孔子的崇敬之情从未消退，并尝试描绘孔子的"圣人"形象，放大其中能够给予教育、引导与反思的道德精神，例如"仁义礼智信"等儒学价值。在这样一股热潮下，不仅是关于孔子的经典书籍被重新出版印刷，包括《百家讲坛》在内的电视节目、电视剧、电影等出现了多种媒体呈现的孔子形象，"政治环境的相对宽松，大众的娱乐化需求，和平年代对儒学的新理解，艺术家对

---

①　杨永军：《先秦文化传播研究》，博士学位论文，山东大学，2005 年，第 43 页。

孔子的表现也呈现出了多元化的趋势"①。本文在多样化的影视作品中将选择电影《孔子》作为主要分析对象，从传播学的视野出发，结合媒介环境学理论，重点探究孔子的圣贤形象在影视媒介的视听表达特征中如何被塑造，与古代的传播媒介相比又具有什么不同之处。

一、媒介环境学理论与孔子形象传播

媒介环境学源于北美，现已与经验学派、批判学派并称为传播学的三种研究范式，媒介环境学萌芽于 20 世纪 50 年代左右。在媒介环境学逐渐走向成熟的发展历程中，存在着几种对于"媒介环境学"的定义。尼尔·波兹曼作为首位公开使用"Media Ecology"的学者，他认为媒介环境学是"研究作为符号环境的媒介、作为感知环境的媒介和作为社会环境的媒介，致力于探讨媒介与人的意识和思维的关系，以及媒介与社会和文化的关系"②。传播媒介具有偏向性，将传播的媒介作为一种环境看待，从林文刚等学者对媒介环境学思想历程的探究中，可以发现媒介环境学将媒介分为三个层面：作为符号环境、感知环境和社会环境的媒介。

本章将以符号环境为切入点，探讨孔子的"圣贤"形象文化借助不同媒介特征体现出怎样不同的符号编码。"媒介的物质属性结构和符号形式具有规定性的作用，对信息的编码、传输、解码、储存产生影响，对支撑这些传播过程的物质设备也产生影响。"③不同媒介的不同特征影响符号系统的建构，同时也影响我们对于信息的感受和理解，文化与媒介之间的互动，其实也是人与媒介之间的互动。对于文化与媒介之间的互动来说，文化的传承和发展离不开符号的建构，媒介环境对人们的文化记忆进行符号的编码和解码，这不仅仅是创作者主观的行为，也是媒介环境自身的变化自然伴随着文化符号意义的改变。

对于影视媒介中孔子圣贤形象的塑造将围绕着文化记忆、情境与媒介三者之间的相互关系进行分析。"文化记忆"是"情境"的来源之一，也是"情境"有意或无意产生的影响。在本章中，"文化记忆"指的是人们通过长时间以来的阅读、学习或观看所形成的以"孔子形象"为核心的文化记忆。在这些文化记忆中，存在着多种记忆类型，"围绕着孔子，是以儒生为媒介的身体化记忆，以《论语》等儒家经典为媒介的文本化记忆，以孔庙建筑为媒介的空间化记忆，以祭孔仪式为

---

① 常倩倩：《现当代戏剧影视作品中的孔子形象》，硕士学位论文，云南艺术学院，2013 年，第 22 页。

② 陈晓洁：《媒介环境学视阈下文学与媒介之关系研究》，博士学位论文，山东大学，2012 年，第 32 页。

③ 何道宽：《媒介环境学辨析》，《国际新闻界》2007 年第 1 期。

媒介的仪式化记忆"①。以上是传统媒介所构建的孔子形象文化记忆，也是文化记忆与情境互相作用的产物。

而在当代媒介，特别是影视媒介，例如电影《孔子》、电视剧《孔子》等，则以视听兼得的符号呈现了多个全新的体现孔子"圣贤"形象的情境。影视媒介的不同之处就在于视觉和听觉编码调动着人们的感官去联想，甚至改变原本关于孔子形象的文化记忆。正如罗兰·巴尔特的符号学理论所说，他认为"视觉经验的各个方面如明暗、深浅、动静、色彩、形状等都可以用对个人或社会有意义的方式进行编码"②。影视媒介将人们关于孔子"圣贤"形象的情境选取并予以直观的展现，呼应相关的文化记忆，但在这三者之中，人是互动的主体，通过观赏情境画面，回忆自我对于孔子"圣人"形象的理解，在回忆和修正中思考并有所感悟，是这个媒介与孔子圣人文化互动中有益的输出。

然而，在影视媒介作为主要传播媒介的环境下，信息的传播不再仅仅考虑内容，媒介自身的特征和表现形式也影响着内容的选择。视觉、听觉的各方面因素带来的是"如何吸引观众看向荧幕"的效果要求。因此在这种情况下，孔子的圣人文化也不再只面向传统的仁爱道德、礼乐精神，而是需要与媒介特征互相配合，达到符号编码的最大化利用，这就不免放大了媒介的偏向。文本内容的选择、拍摄角度和光线等视觉呈现反映了时代和主观选择下的孔子形象，有所突出，也有所欠缺。

二、电影《孔子》对于孔子形象的选择

影视媒介作为视觉表征媒介，电影与电视剧具有不同的时长规定。与电视剧相比，电影由于其放映环境、放映条件的特殊性，一般以三个小时及以下考虑剧本情节的编写。因此，考察电视剧和电影《孔子》，在选择同样的人物"孔子"作为表现题材时，相比之下孔子的圣贤形象在时长更短的电影《孔子》中受到媒体环境的影响更大，特别是在选择哪一部分的历史记载和文化记忆塑造孔子形象这一问题上。

电影《孔子》肩负着国家与社会对这项"传承传统文化、发扬中华传统文化"电影工程的关怀，因此在剧本编写、影片拍摄的过程中也经历了多次的研讨和修改，力求展现孔子形象中核心的人文价值。电影《孔子》选取了孔子的老年经历，

---

① 王闯：《孔子的媒介记忆传播及其当代价值研究》，硕士学位论文，郑州大学，2019 年，第 5 页。

② 陈晓洁：《媒介环境学视阈下文学与媒介之关系研究》，博士学位论文，山东大学，2012 年，第 148 页。

"主要描写孔子51岁出任鲁国中都宰一直到其73岁病逝这段人生历程，并挑选了最有戏剧性的夹谷会盟、隳三都、周游列国、陈蔡被围等重要经历进行改编"①。可见电影由于"时间有限"这一特点只能够截取孔子经历的片段，而电影拍摄强调动作的连贯性和对白，因此在老年经历中又必须选取具有代表性的事件。同时，电影为了制造视觉和听觉的冲击效果也选择了一些武打和战争的场面，例如靶场比剑、齐鲁大战等磅礴的动作戏或战争戏，通过配乐、色彩以及镜头的切换吸引观众的视觉关注。

在这些有所偏向的选择之下，影视媒介与人们以往的文化记忆进行了互动。老年时期孔子的形象恰好符合长久以来对于孔子的印象，无论是从画像还是传道授业解惑的故事中了解到的孔子，都偏向"年长者"的身份。而在呼唤文化记忆中关于孔子的仁爱理想、儒学倡导等思想时，则选择了冰河遇险颜回捡书、困于陈蔡等经历片段。

但对于历史记载孔子经历的选择，也创造了新的孔子形象的情境，与之相应的文化记忆得到丰富或是改写。在电影的前半部，孔子从政生涯的几次事件的选择，增加了媒介化记忆中对于孔子政治能力的认知，在圣人对儒学精神孜孜不倦的追求之外拔高了其政治上的谋略智慧。在电影的后半部，孔子周游列国的跋涉聚焦了孔子的"仁"与"礼"的精神，"'天下为仁'的核心思想和'温、良、俭、让、义'的身教言教行动都是在后半部影片中得到更细致具体的表现'礼之用、和为贵'的观念，亦在孔子游历跋涉途中亲力亲为地以身作则"②。这符合并巩固了人们文化记忆中对于孔子超乎常人的道德境界的认知。

三、电影《孔子》对于孔子形象的放大

在人物传记题材的电影中，为了突出人物身上的某个特征，常常会设计人物的行为，以夸张修饰的手法对其进行放大。倘若说电影《孔子》对于孔子生平经历的选择是电影情节上对于圣人形象的重构，那么电影对于孔子形象中某个特征的放大就是从人物言行动作的层面对于圣人形象的重构。

在电影《孔子》中，创作者抓住了传统媒介下人们对于孔子重"礼"的文化记忆，从而在荧幕上以孔子的几个动作放大了这个特质：电影临近结尾虽然当时孔子已处于晚年时期，但当他回到鲁国下车之后，以周朝礼节对着鲁国的城门下跪表达自己对故国的感情。正是这些动作，是导演对于孔子实践"礼"的情境创

---

① 常倩倩：《现当代戏剧影视作品中的孔子形象》，硕士学位论文，云南艺术学院，2013年，第22页。

② 倪震，贾磊磊，王一川，陈旭光：《电影〈孔子〉评论》，《当代电影》2010年第3期。

造，也呼应了《论语》中记载孔子对于"礼"的意义阐释。除了动作的设计之外，导演还利用电影媒介的镜头转换，从另一个视角表现了"礼"这一融合于孔子形象中的特质。"导演特意给孔子面部一个特写镜头，让观众从孔子的衰老中体会到双重意义：一是对于父母之邦的一片赤诚，二是对周朝古礼始终不渝的追寻，人物的心理情感完全体现在了外在的音容与动作上。"①

　　可见与传统媒介下的孔子形象相比，影视媒介将孔子的形象具象化，不再只是书籍上或言语中依靠文字进行想象，而是通过演员的动作和神情呈现出文化记忆中孔子在践行他的思想理念时可能会表现出的状态，这种修饰性的放大将记忆中的形象加工成了现实艺术作品中的一部分。

四、媒介环境学视角下电影《孔子》对于孔子形象的重构

　　综上所述，因为影视媒介与传统的传播媒介不同，能够将语言和书本上的文字转换为可感可见的视听画面，电影《孔子》中对于孔子经历、事件的选择和孔子体现"圣人"一面的思想特征的放大都是全新媒介，即影视媒介下对孔子形象的虚构，因此电影《孔子》对于孔子形象的重构将分为情节上的虚构与孔子整体形象的重构两个部分进行思考。

　　电影《孔子》作为一部文化类型的改编电影，同样无法避免在改编的过程中为了戏剧效果而增加虚构的情节。在电影上映后，有两处虚构的情节受到了人们的议论。一处是"子见南子"这一在论语中略微提及简短带过的事件，在电影中被虚构改编成一个带有些许感情色彩的情节段落，南子表达了对孔子的仰慕与尊敬之情，而孔子也颇为动容，甚至在离去之后仍有所回想。另一处是颜回之死的情节。历史中并没有明确记载颜回的死因及其去世的时间，而在电影中，孔子与弟子颜回冰河遇险，颜回为了捡书册而丢掉性命同样属于虚构的内容。电影的上映需要考虑到市场的票房导向以及情节能否制造跌宕起伏的戏剧冲突或戏剧张力从而吸引观众的兴趣。有学者认为这样的重构与史实相违背，可能使观众产生错误的文化认知，但也有学者认为颜回殉道、孔子悲痛交加的情节，"更贴近主人公的心理和性情，更符合师徒矢志儒学、仁满天下的道德理想"②。电影作为艺术创作，有利于表现孔子"圣贤精神"的虚构之处应该得到理解和接受。

　　无论是电影中对孔子经历的部分选择、放大孔子的某一思想特征还是为了媒介效果而虚构的情节设计，最终都指向了在电影《孔子》中对于孔子"圣贤形象"的全新重构。电影《孔子》与传统媒介下孔子形象的不同之处在于，它试图展现

---

① 黄艳霞，徐荣刚：《中国古代文学智者形象在电影中的重塑》，《电影文学》2015 年第 24 期。
② 倪震，贾磊磊，王一川，陈旭光：《电影〈孔子〉评论》，《当代电影》2010 年第 3 期。

孔子"超脱常人"而又"归于常人"的神性与人性的融合，影片中孔子和南子的对话便隐隐透露出了"平常人"的感情线索。同时又强化了孔子的政治身份："影片强化了孔子的军事家和政治家的身份，而对于孔子作为一位伟大的教育家和布道者的'知其不可为而为之'的悲剧精神内核的表现流于表面。"[①] 长时间以来大众对于孔子的了解以及孔子感化众人的文化价值，应是其"学"与"教"的贡献，正如钱穆先生所说，"学与教为先，而政治次之，著述乃其余事"[②]。但影片中不少的镜头渲染了孔子的军事和政治能力，未免有些偏离当代孔子圣贤形象的文化重心。当媒介塑造的情境与人们的文化记忆、历史传承有相悖之处时，便有可能受到观众的批评。

同时，将电影《孔子》与不同时期的两部电视剧《孔子》相对比，可以发现在对孔子形象的重构上，两个版本的电视剧《孔子》有着不同的侧重面，当然这也与当时不同的社会文化背景相关。1991 年 16 集史剧《孔子》在山东卫视播出，受到了业内人士和观众们的好评。电视剧《孔子》的叙事重点聚焦于孔子对"礼"的追求及实践，塑造了一个尊礼、重礼的圣人形象，无论是孔子的教育思想还是政治理念，1991 年剧版《孔子》都在其中重点突出了"推崇周礼"的特质。在剧中，孔子"政治家"与"教育家"的身份都有所表现，但例如剧中孔子对于问政的回答，都与恢复"周礼"有关，而对孔子"仁爱""民本"等理念可能并未充分表现。"电视剧《孔子》弱化了孔子在政治仕途上的不得志，以重'周礼'的孔子形象贯穿整个故事，作为我国思想和政治上都具有突出贡献的圣人，抓住其身上的一个特质放大进行塑造更加贴近文化宣传的政治导向。"[③]

2010 年，除了胡玫导演的电影《孔子》之外，35 集的电视剧《孔子》也拍摄完成并首播。电视剧《孔子》35 集的片长将孔子的一生展现得更加完整、细致，同时剧中加入了现代人物，从多个视角对孔子的形象进行塑造。与电影《孔子》相比，2010 年剧版《孔子》35 集数的时长能够通过更多的故事情节来勾勒孔子形象中的不同特质，而电影在一个更加有限的时间内，需要针对其中某几个特质进行具有较强戏剧冲突的阐释。2010 年剧版从细小之处展现孔子的生活及其思想理念，例如孔子收留子路等情节，这些细节虽然贴近观众，但在塑造"生活化"的孔子的同时，对文化内涵的挖掘有所欠缺。

---

① 常倩倩：《现当代戏剧影视作品中的孔子形象》，硕士学位论文，云南艺术学院，2013 年，第 23 页。

② 钱穆：《孔子传·序言》，北京：生活·读书·新知三联书店。2005 年，第 3 页。

③ 张婷：《我国影视剧中的孔子形象分析》，硕士学位论文，西北师范大学，2016. 年，第 19—20 页。

可见影视作品由于类型不同，媒介特征的利用和限制也有所不同，孔子形象的体现与整个创作团队主观选择呈现怎样的文化价值相关。

影视媒介与传统媒介都具有传播的偏向性，但与影视媒介下孔子形象传播不同的是，过往以人和书籍作为媒介的传播方式虽然含有修饰和虚构的成分，但人们面对历史发展中的相关书籍，可能已经形成孔子形象与儒家学说之间的紧密联系，文化记忆中更多的是思想层面的孔子。而通过影视作品中具象化的人物表现以及光线、色彩、镜头景别等对于视觉听觉的刺激，孔子不再只是思想上的"孔子"，而有机会作为一个生活、为政、实践中的"孔子"出现在大众视野，但在想象转化为真实画面的过程中，必然会面临主观创作中的种种困难，其中较为重要的问题就是怎样创造一种新情境，在重构孔子圣贤形象的同时也能够引起大众的共鸣。

第三节　影视媒介塑造圣人形象仍在探索之中

探究媒介变化下孔子圣贤形象的变迁可以发现，影视媒介虽然能够发挥其媒介特点创造出一个生动的孔子形象，但在创造的过程中也需要考虑文化认同与艺术效果之间的调和问题。电影《孔子》试图在孔子的圣贤形象之中加入他"平常人"的一面，将神性与人性相结合，但在融合的过程中一些虚构的情节和对于人物部分特征的放大也可能有悖于观众们意识中认同的文化记忆，当艺术效果与历史真实无法保持平衡时，对于孔子形象的重构将会使得娱乐性质大于文化教化作用。

孔子作为一位超凡入圣的人物，该如何在影视媒介中得到恰当的表现主要面临着以下两个问题：一是如何让人物的言行举止更加贴近普罗大众。二是如何平衡艺术性与真实性。例如"子见南子"的情节设计将南子刻画成一个美丽且具有智慧的女子，在这种暧昧的感情色彩中将孔子的经历拉向世俗，虽然受到人们对于其只为戏剧效果而违背史实的诟病，但也有学者认为这是一次圣贤精神和世俗性的创新融合，认为南子这一女性角色对孔子及其思想的尊敬侧面衬托了孔子道德境界的伟大，"成功实现了对集体记忆框架的修改和创新……更加有利于对中华群体关于儒家思想的集体记忆的现代性重构"[①]，但从观众们两极分化的评价中可以看出，这种重构是否成功，与受众对艺术创造的包容性有着紧密的联系。因此影视媒介塑造孔子圣贤形象时，需要把握观众文化记忆的共性与偏差，将世俗性恰

---

① 桓晓虹：《对集体记忆的召唤与重构——记忆理论视角下对电影〈孔子〉的文化解读》，《电影文学》2012 年第 3 期。

当地与圣贤特征相结合。

电影《孔子》重构了孔子的形象，但重构并非虚构，电影创作仍是为了唤起集体对于孔子的文化记忆，从而弘扬现代社会下孔子及其所代表的文化价值。如今的传播环境中影视媒介正当其道，影视媒介"生产各种表征，用以鼓励我们去思考、感知和认同过去"[①]。通过编码，与文化记忆进行互动，塑造一个既有教育引导意义但同时也能够被观众所接受、引起观众关注、兴趣的圣贤形象仍处在探索的道路上。

（本章作者：陈树勤 谢清果）

---

① 约翰·斯道雷：《记忆与欲望的耦合——英国文化研究中的文化与权利》，徐德林译，桂林：广西师范大学出版社，2007 年。

第九章　三畏四知：闽南地区关帝信仰的
传播仪式观考察

关帝信仰是我国闽南地区民间信仰的一个重要分支，自唐代陈元光对闽南地区进行开发以来，关帝信仰就随着士大夫阶层传入闽南地区，根据闽南地区的文化社会特点进行改变并获得了广泛的传播。作为民间信仰，闽南地区的关帝信仰具有随意性、程序简单化、社会性等特点，并与儒释道三家有紧密的联系。而关帝信仰的社会作用主要体现在调和社会矛盾、维持社会稳定秩序上。在今天，关帝信仰不仅仅是一种民间信仰，更是一种闽南地区人民与海外华侨、台湾同胞共同的精神家园，因此闽南地区关帝信仰的祭典仪式呈现的共时性传播与历时性传播，产生着重要的文化认同意义。

有关民间信仰以及关帝信仰在闽南地区的研究归纳起来大致分为三类：第一类是民间信仰在某地的发展与传播特点。关帝信仰在闽南地区属于民间信仰的一种，在这类文献中，重点研究了民间信仰的媒介化传播及其意义、传播仪式观以及仪式化的特点，还有信息不对等导致的人神崇拜，如胡丹的《传播仪式观下闽台民间信仰节俗的当代嬗变》①与郭讲用的《传播仪式观中传统节日文化的传播》②；第二类是关帝信仰对闽南社会的作用，作者研究了关帝信仰与社会需求调节之间的关系（即具有调和社会矛盾的功能）以及闽南地方化下的关帝信仰社会元素，包括海外华侨与台湾同胞的关帝信仰模式，如吴幼稚、吴玫的《论民间关帝信仰与社会需求之随机调节》③与吴鸿丽的《关帝信仰的闽南社会元素》④；第三类是关帝

---

① 胡丹：《体播仪式欢闽台民间信征节的方式》，《厦门理工学院学报》2016 年第 6 期。
② 胡丹：《体播仪式欢闽台民间信征节的方式》，《新闻与传播研究》2010 年第 12 期。
③ 胡丹：《体播仪式欢闽台民间信征节的方式》，《福建论坛·人文社会科学版》2013 年第 2 期。
④ 胡丹：《体播仪式欢闽台民间信征节的方式》，《中国社会经济史研究》2014 年第 2 期。

信仰与其他元素的关系，在这类中作者研究了关帝信仰与儒释道、大夫之间的关系，如郑镛的《论关公信仰与儒释道的关系》[1]。

关帝信仰本是在封建社会中央权力的架构—集中—加强的过程中最高统治者为了巩固统治、控制思想而对关羽这一历史名将不断封神化的结果。给意识形态附以适当的物质载体，使它能形象、生动、有效地再现统治者提倡的伦理规范等，就成了自然而然的措施。而对历史或现实生活中的一些人物予以树碑、立传、表彰，甚至神化、加封、祭祀就是其中经常采用的一种。[2]关帝信仰原是作为思想工具，后受到宋代理学的影响，由原先的"武神"形象不断扩展，最后加封为"武圣人"，与之一同著名的是"文圣人"孔子

民间信仰与是人们在历史中形成的文化诉求形式，在民众生活中不可或缺。[3]不同于孔孟纯粹的儒道，宋代以来，关帝信仰的传播渠道更多地受到大众传播媒介影响（如小报）；传播内容也随着平民阶层的需要变得简单化、脸谱化；逐渐演变为了一种通俗化的民间信仰，更有"县县有文庙，村村有武庙"这一说法，是对中国历史晚期社会各界普遍祭拜孔子和关帝现象的真实反映。甚至在宋元明清社会中，武圣关帝在普通民众之间的普及程度，超过了孔子。可以说，大众对"圣贤"的通俗理解就是建立在民间对关帝信仰这一基础之上的，神圣性和通俗性互相促进，相互交流，形成了并不矛盾的一个整体。大众通过这一文化能够浅显易懂地了解圣贤文化，圣贤文化在传播过程中也能了解大众的需求进而改善自己的文化内涵和文化意义。

大众传播是一种信息传播方式，是特定社会集团利用报纸、杂志、书籍等大众媒介向大多数社会中的成员传递信息、知识的过程。随着大众媒介的发展，大众传播将成为双向过程。在中国古代封建社会，大众传播受限于传播媒介（报纸、书籍）一般为单向的，而且普遍在士大夫这一阶层内进行单阶层的交流，没有办法向下跨界层传播，没有受过教育的平民无法也没有意愿进行跨阶层的传播。在华夏大众传播的界定中，本章中提到的民间关帝信仰更符合广义上的大众传播，跳出了机器媒介的限制，把大众传播的历史向前推进，即有大众传播手段就有大众传播。本章探讨的大众传播基于两种手段方式：一为传统的媒介，如小报、书籍；二为礼乐，即关帝信仰相关的仪式以及衍生出来的仪式观。礼乐作为传承儒家文化的表征符号，一方面能够以其特有的形式激发受众的情感；另一方面，礼乐

---

[1]　《龙岩学院学报》2008年第2期

[2]　张晓粉：《关帝信仰形成原因探究》，《宗教学研究》2006年第4期。

[3]　陈琼：《圣俗融合的实践与民间信仰空间扩展——一个闽南渔村的宗教人类学考察》，《青海民族研究》2019年第3期。

蕴含的仁义等是中国人主要的基本道德情感，奠定人们相互认同的基础。[①] 相较于西方大众传播研究的内容，华夏大众传播更侧重于礼乐文明，根植古代以来中华人民的文化习惯，由传者（受儒家价值观浸染的统治阶层或是有拥有传播能力的士大夫阶层）通过礼乐这一渠道，传播给受众（在本文中为传统社会下闽南地区平民百姓）。礼乐制度从祭祀的仪礼逐渐走向具有人文主义的丰富内涵。祭祀礼仪经周公的重新整合形成了具有规范社会行为、稳固社会秩序的作用。[②]

第一节　关帝信仰：中原文化传入闽南地区的见证

从宋徽宗开始，关羽的形象就一直被统治者神圣化、忠义化，变成了中国人与外国人眼中忠义两具、才武双全的象征。特别是明清的数位皇帝，对关羽不断地推崇，使关羽变成了中国人眼中远超一般贤明君主的关圣帝君，最终变成了民间的一种信仰。

（一）福建开发传来关帝信仰

民间对关羽的信仰，实际上是封建社会下圣贤文化在民间通俗的发展与传播，统治者需要用一个信仰来巩固统治，控制人们的思想，但是皇帝本身作为一种高度集中的权力，带给普通百姓只有压迫感，没有信仰的神圣感，作为另一类"圣人君子"，关羽的形象一次次地被拔高。

唐高宗咸亨年间开漳圣王陈元光奉命带兵开发闽南地区，在漳州设府，府下设县，陈元光原为光州固始（今河南固始）人，而在河南作为一个中原地区，在封建社会下是文明的代表，相较于当时被称作"蛮荒"的闽南地区，中原地区收到以忠义观为代表的关帝信仰浸染更深，也因此，陈元光在来到漳州时，带来了家乡所奉祀的关羽神像，原本是用作从中原地区来闽南地区开荒扩土士兵们的心灵慰藉。以东山县为例，唐总章三年（公元 668 年），陈政、陈元光父子奉命率领五十几种姓氏的将士至闽南地区开荒拓土，为安抚将士和凝聚军心，从祖籍原河南带来了关公的香火，作为闽南海防重镇的铜山，将士们对关帝也都很尊敬。这种习俗，也代代沿袭下来。

宋祥符年间，赵恒皇帝召颁天下对关帝进行祭祀。当时，东山（今福建漳州东山县）设置四铺，派兵驻扎，用关帝来武祀。明太祖还下令疆内所有郡县，建

---

① 谢清果 林凯：《礼乐协同：华夏文明传播的范式及其功能展演》，《新闻与传播评论》2018 年第 6 期。

② 李汶陕：《儒家人文思想产生的内在理路》，《四川民族学院学报》2019 年第 2 期。

武庙以祭拜，设春秋二祭，东山关帝庙由此发展而来。据东山关帝庙内大殿《鼎建铜城关王庙记》上的碑文记载："明洪武二十年建铜山城，以防倭寇。刻像祀之，以护官兵。"在明清时期，关帝信仰逐渐成了闽南地区民众的重要信仰，靠海的渔民在出门打捞前都会到关帝庙进行祭拜，闽南地区的百姓在进行婚嫁大事也会进行奉祀。

而另一座在泉州（今福建泉州）设立的关帝庙基于泉州明清年间重要的通港作用，更侧重于商业方面的庇护。传统社会民间商船尚不牢固，海上大风大浪，于是就有将关帝作为祭祀神灵得到庇护的场景。《匡困酬献科》忠实再现了清代漳州月港贸易商家船户"拜码头"的原形——妈祖、土地、大道公（保生大帝、吴真人）、水仙王、舍人公、王公、二老爷、关帝、五帝、九使爷、羊府爷、龙王（龙爷）、阮夫人、佛长公、观音、杨老爷、六使爷、三官爷、海神爷、都功林使总管等等航海保护神灵。[①]有一说泉州的商业经营者强调要具有守信用、重承诺的美德，关帝形象成了这种美德的代表，被奉为商业的保护神，也就是我们所说的武财神。凡做生意的人，都要到庙里来求财祈福，并捐一些香火钱。

可以说，关帝信仰是一种儒家思想观念影响下对其倡导的忠君与孝道结合体的推广，其内容已经脱离了关羽这个人物在历史上的性格特征，朝着神人化的方向发展。本章中所研究的关帝信仰是作为民间的一种自发信仰，即大众认可的、能在平民阶层之间传播的信仰。信仰作为一种思想具有神圣性，关帝在统治者的加封下又变成圣贤的具象化。民众是信仰空间内部的主体，他们运用各种资源，将地方的一个信仰空间扩展成包括神圣与世俗、内部与外部的交流平台，使传统文化得到了很好的继承，并且彰显了地方文化的独特魅力。[②]在文化程度普遍不高的平民阶层传播时，关帝信仰又必须根据平民阶层的特点进行演化，最终所形成的关帝信仰成为神圣性和通俗性相融的文化。

（二）"把关人"：士大夫阶层对关帝信仰的推波助澜

卢因说："信息总是沿着含有门区的某些渠道流动，在那里，或是根据公正无私的规定，或是根据'守门人'的个人意见，对信息或商品是否被允许进入渠道或继续在渠道里流动做出决定。"[③]在中国封建社会时期，尤其是明清这类封建社会

---

① 连心豪：《清代漳州月港海外交通贸易一瞥—民间宗教信仰史迹文献视角》，《论闽南文化》1218 页。

② 陈琼：《圣俗融合的实践与民间信仰空间扩展——一个闽南渔村的宗教人类学考察》，《青海民族研究》2019 年第 3 期。

③ 库尔特·卢因：《群体生活的渠道》，1947 年。

后期，体制已经相当成熟，普通人通向士大夫阶层的渠道变得非常明显（科举制），两个阶层之间显示出差距和相应的特征。

士大夫阶层是封建社会中对官吏和士人的统称，他们有的是出身世族，有的是通过科举晋升到士大夫阶层，作为国家政治文化的参与者，他们在做好自己分内的事情的同时，还要参与国家政治、文化舆论环境的建设。中国古代封建社会的精神文化、物质文化的构建主题也是士大夫阶层。这类群体自幼受到儒家文化的浸染，在行为处事时基于一种儒家的价值观体系。

毫无疑问，在信仰的传播中，士大夫阶层起到一个把关人作用。阶层与阶层之间的文化沟壑让普通民众对士大夫阶层的权威性深信不疑，掌握着文字这个统治所不可缺少的信息工具的士大夫阶层就成为过滤、筛选信息的角色。用怀特的过滤信息公示来表达，士大夫阶层本身从中原地区输入的传统封建思想信仰，在长期的跋涉以及开荒扩土过程中自觉地将不适合在闽南地区传播的内容筛去，又或是说这些内容是被民众淘汰的，只是士大夫阶层作为这个筛选功能的执行者，士大夫阶层掌握着对信息生杀予夺的大权，在信息流通过程中对普通的老百姓发挥着重要影响。开漳圣王陈元光就是把关人的其中一支，他将关帝信仰带入闽南地区，再根据闽南地区人民的知识水平进行了分化和优化，最后演化出来带有独特闽南特色的关帝民间信仰。移民社会的一项特色，就是当人们进入一个新的居住地，面对陌生的环境和无法预测的未来，多半会求救于神灵，闽南人离开原有的故土，离开了原来的根，很需要同舟共济、患难与共的精神，以适应新生存环境。[①] 而在移民社会中，宗族关系又显得特别重要，有威望的长者根据各家的需要，以《关帝觉世真经》作为蓝本，仿照小说中英雄将士结义的模式，订约为盟，各个宗族的老百姓需按照上级阶层的需要，让关帝信仰被最基本的每家每户所接受。

第二节　关帝信仰的传播及其在闽南地区的特点

一、作为民间信仰的关帝信仰的特点

偶像是信仰活动中的重要标志。偶像作为民间信仰活动的符号表达，尽管其产生具有随意性，但大多是应需而生。[②]

在闽南地区建造关帝塑像，本意是想关帝作为神灵能够庇护沿海的人民抵御倭寇，随着关帝在大众心中形象的拔高，关帝象征祥瑞的范围在普通大众的认知

---

① 吴鸿丽：《关帝信仰的闽南社会元素》，《中国社会经济史研究》2014年第2期。
② 曹智频 盛艳：《浅谈民间信仰的传播特点》，《中国宗教》2018年第11期。

观念中进行了扩大，大至婚嫁丧娶，小至生活琐事，都会习惯性地"拜一拜"。这也体现出民间信仰随意、门槛低的特征。在闽南地区修建的关帝庙，一般而言在祭拜关帝的同时，也会对其他神灵进行祭拜，根据不同县的实际情况，如浦头大庙附祀伽蓝、大禹、送子娘娘；新桥正德宫附祀元天上帝、伽蓝、水仙尊王、铁元帅；打锡巷文衡殿附祀保生大帝、泗州佛、福德正神、伽蓝、玉皇上帝、中坛元帅、虎将爷、三界公；天宝后郊关帝庙附祀广济祖师、观音、妈祖、太子爷、土地公；龙文赤岭关帝庙附祀伽蓝、土地、天官大帝、地官大帝；[①] 可以看出，闽南地区的人民是基于实际生活的需要而来祭拜这些神灵，如土地公、送子娘娘这类，反映出小农社会的需求，而闽南地区的人民也并不在乎关帝庙的纯正性，在各地庙宇里，伽蓝、土地公、观音等这些来自不同宗教的神灵被并排供奉。

需要满足大多数普通群体需求的信仰，必须是通俗的，即使关羽这个形象本身被统治阶级神圣化了。如果要在普通民众中进行传播，就必须将烦琐的祭祀程序简单化。关帝信仰源自大众对英雄的崇拜，没有形成系统化的教义和教典，只有收到传统圣贤文化影响的精神，实质上构不成宗教的框架，也因此体现出松散的特点，各地的关帝庙都是由地方官根据管理需要修筑而成，并没有一个统一的建筑格式。中国民间信仰中只有神灵的概念而无宗教概念……他们一方面没有专业的知识去区分哪一尊神是属于哪一种宗教的，而且对他们而言，这种区分也没有意义。[②]

在传统社会里，民间信仰以口头传唱或仪式传承的方式，不断传播和扩散，生生不息。[③] 关帝信仰还具有规范社会秩序，改善社会环境的作用。地方的士大夫阶层，看到自己所管辖的范围出现不良的社会生态，借助关帝的名义来进行规劝和训诫。如《关圣帝君受禅玉帝经略》和《玉帝尊经》、清末《又新启蒙》里的"降戒鸦片歌""降规劝士农工商诗""降强凌弱诗""降勉孝诗""降勿犯寡妇诗"和"乡睦族歌"等等，[④] 直接反映出关帝信仰的社会性，不与民众割裂开来，与民众的实际需求相结合、维护社会的稳定，加强士大夫阶层作为统治者的声望与权威。

---

① 张晓松：《试论漳州的关帝信仰》，《漳州师范学院学报》（哲学社会科学版）2009 年第 1 期。
② 吉登斯：《社会的构成》，李康、李猛译，北京：生活·读书·新知三联书店，1998 年。
③ 连水兴：《民间信仰的"媒介化"传播及其意义——以海峡两岸妈祖文化的传播为例》，《东南传播》2011 年第 8 期。
④ 吴幼雄 吴玫：《论民间关帝信仰与社会需求之随机调节》，《福建论坛·人文社会科学版》2013 年第 2 期。

二、关帝信仰与儒释道的融合

中国民间对于关帝的崇拜是典型的神人崇拜，在于中国传统士大夫视关羽为英雄，在民间不断强化英雄崇拜观念的结果，体现出明清以来国家对地方意识的影响与覆盖。

关帝信仰作为民间信仰的强大分支之一，受到儒、释、道三家的青睐。宋代的程、周、朱理学正式融合儒、道、释思想，三家合一定型，关帝信仰与三教相互影响，相互交流，逐渐形成了以儒家思想为主导的儒、释、道三家结合体。

关帝信仰典籍《明圣经》云："帝曾言日在天上，心在人中。心者万事之根本，儒家五常、道释三宝，皆从心上生来。仁莫大于忠孝，义莫大于廉节，二者五常之首。圣人参赞化育者，此而已；仙佛超神入化者，此而已。"该经典表明关帝信仰已经吸收儒家五常与道释三宝，与圣贤文化有着密切的联系。

关羽受到儒家推崇，很大程度上与罗贯中所著《三国演义》有关系。自然，历史上的关羽也同样受到儒家文化的很大影响，将刘备视为汉室后代，自己则作为旧臣匡扶汉室，虽然并没有小说中的戏剧性神话色彩，但是可以看出，以关羽为代表的士大夫阶层已经有儒家思想的烙印。而关羽殁后，由于其生前的事迹符合儒家价值观，历代文学创作者将关羽塑造成一个忠君义勇的英雄形象，成了一种儒家崇拜。

关羽由三国时期的名将殁后显圣而神化，始作俑者为佛教徒。最早推关帝入神界的传说是有关湖北当阳玉泉寺关帝显圣的传说。[①] 元末明初罗贯中《三国演义》中神化了这一传说，给关羽个人形象带上戏剧化的色彩。而在隋唐时期就已有关帝助法师修筑法门这一传说，更有将关羽当作佛教寺院的护法神伽蓝。对于这类民间传说，一方面佛教主动给关羽形象带上神化的色彩，另一方面关帝信仰也与佛家有了不小的交织，可以吸引更多佛教的信徒将关帝信仰作为信仰的一部分。

关帝信仰与道家最开始相处得并不融洽，历史上关羽跟随刘备讨伐过创立早期道教太平教张角、张梁兄弟。但由于宋以后，统治者对关帝信仰推崇备极，为了扩大道教的影响，才将关羽收入道教神谱，给予"关圣帝君"的称号。明清二季，道教徒还假托关帝之名编造多种劝善文，如《关帝觉世真经》《戒士子文》等，其中《关帝觉世真经》广为流播，谓"人生在世，贵应忠孝节义等事，方于人道无愧"。并列举应行的善事，应戒的恶事。[②]

总而言之，关帝信仰的教义在三教之中更加倾向儒家的普世价值观，释道

---

① 郑镛：《论关公信仰与儒释道的关系》，《龙岩学院学报》2008 年第 2 期。
② 郑镛：《论关公信仰与儒释道的关系》，《龙岩学院学报》2008 年第 2 期。

二教发展到后期也或多或少与儒家价值观有些许关系，关帝信仰更像是理学与三教融合而成再与关羽本身品质融合而成的产物，体现了古代人民对于圣贤英雄的敬仰。

而在闽南地区的民间信仰中，关帝同样作为一种神灵被奉祀于其他庙宇里，如亭（主祀观音）、顶田霞正顺庙（主祀广惠尊王谢安）、下田霞妈祖庙（主祀妈祖）、官园巷口初华坊（主祀三平祖师）、古塘清源真君庙（主祀二郎神）、石仓永兴堂（主祀保生大帝）、诏安梅岭龙漱庙（主祀王审知）① 在不同县地区，不管是民间自发建成，还是政府号召建成的，不管是儒释道三家中的哪一家，都能看到关帝被袝祀于其他庙中，这也从另一个层面证明了闽南人民是认可关帝神灵在他们其他信仰的教派之中的地位。

关帝信仰在其他三教之中的重要地位，为传统社会后期其他教派的信众自发信奉关帝有着重要的作用，联系使得关帝信仰扩大了受众基础，让士大夫阶层利用关帝信仰教化、劝导大众变得更加容易。

三、关帝信仰的社会作用

关帝信仰能成为普遍的民间信仰之一，仅靠其忠勇的价值观本身是不够的，信仰的传播也是关帝信仰在民间获得举足轻重地位的重要原因。一切文化都是在传播的过程中得以生成和发展的。②

宋代以来，市民阶层的娱乐需求催生着非官方报纸的迅速发展，报纸逐渐成为大众消息来源的一环。而完善的造纸术以及印刷术的发明，更是将信息传递的成本大幅度降低，毕昇发明的活字印刷术，破除了雕版印刷术的局限性，信息传递得更为便捷。以《关帝觉世真经》为代表的明末清初有关关帝信仰的经书，得益于发展完备造纸术与印刷术，成为关帝信仰中重要的一部分。

这类经书的传播方式并不局限于书面文字，闽南地区的人民还会以图画、戏剧、歌谣等等方式在人际传播。其一般通过关帝这个身份的口吻来劝导人们做善事，行善心，具有调和社会矛盾、娱乐和教化的社会作用。如《关帝觉世真经》中部分："帝君曰：人生在世，贵尽忠孝节义等事，方于人道无愧，可立身于天地之间。若不尽忠孝节义等事，身虽在世，其心已死，是谓偷生。凡人心即神，神即心，无愧心，无愧神，若是欺心，便是欺神，故君子三畏、四知，以慎其独。勿谓暗室可欺，屋漏可愧，一动一静，神明鉴察，十目十手，理所必至，况报应昭昭，不爽毫发。"已经与儒家价值观高度重合，提出"忠义""慎独"等儒家倡

---

① 张晓松：《试论漳州的关帝信仰》，《漳州师范学院学报》（哲学社会科学版）2009 年第 1 期。

② 周鸿铎：《文化传播学通论》，北京：中国纺织出版社，2005 年，第 18 页。

导的价值观，同时又劝导人们做事是要有天理的，有关帝神灵在监视，不然"报应"将至，带上了宗教特有的因果色彩，在倡导和恐吓两个方面劝导人们自律为人处世，养忠孝之观。

在闽南地区，有很大一部分的人靠港口进行贸易为生，因此时而有争端，此时有威望的乡贤就会请神来替他们做主。如云霄顶关帝庙左右两家大户姓氏不同，左边住的方姓，右边住的张姓，两家都是做港口的劳力活，时而有争端，此时就要让乡贤请关帝调解，通过拜神、掷茭等方式来替他们做决定。这体现出关帝作为一种威望的象征，在民间具有调和矛盾的作用。

对士大夫阶层而言，关帝信仰能够帮助他们教化和推行价值观，是管理平民的辅助工具。对平民大众自身而言，关帝信仰更像是社会中默认的潜规则，对关帝的信仰使他们在道德和行为上自律，对于消解社会矛盾具有重要作用。

闽南社会主体是一个移民社会，是从中原社会整宗整族迁移而来，因此，以儒家文化为核心的中原文化在闽南社会的建构，使闽南文化融入汉民族文化的体系之中，它始终跟着主流社会的节拍，按中华文化的模式而构建。[1]

第三节　关帝信仰与传播仪式观

传播仪式观由詹姆斯·W.凯瑞于 20 世纪 70 年代初步提出，将文化与传播研究相融合，提出在"仪式观"之中"传播"。他于芝加哥学派的研究基础上，提出了他自己对于传播的概念："一种现实得以生产、维系、修正和转变的符号过程。"[2]即传播是一种文化共享的过程，是在时间上来维持社会联系、空间上对信息的传递，是"将人们以团体或共同体的形式聚集在一起的神圣典礼"[3]。

民俗传播从时空两个维度展开，是历时性和共时性传播的过程。[4]作为一种民间信仰，关帝信仰同样经历历时性传播与共时性传播两种传播方式。受众经由集体参与而共享信仰、体验情感的历时性模式。存活于民众生活中的传统节日，正是借由宗教信仰仪式、神灵和祖先祭祀仪式以及民俗仪式等，将民族记忆连缀在一起，赋予时间以深刻的文化内涵。[5]在共时性模式中，传播仪式观更强调民众仪式的共同参与，将仪式作为一种符号，体现一种身份认同的记忆构建。

---

①　吴鸿丽：《关帝信仰的闽南社会元素》，《中国社会经济史研究》2014 年第 2 期。

②　詹姆斯·W.凯瑞：《作为文化的传播》，丁未译，北京：华夏出版社，2005 年，第 31 页。

③　詹姆斯·W.凯瑞：《作为文化的传播》，丁未译，北京：华夏出版社，2005 年，第 31 页。

④　仲富兰：《民俗传播学》，上海：上海文化出版社，2007 年

⑤　郭讲用：《仪式传播：信仰共享与文化转换——中韩端午节仪式传播比较》，《当代传播》2011 年第 4 期。

一、历时性传播：关帝信仰传播的创造、修改与转变共享文化

在历时性传播之中，仪式传播不仅仅是仪式地点发生的位移，而是打破了时空的限制，是一种动态、全方位的传播效果。人们通过各种媒介，如电视、广播等大众媒介，不是仪式的亲历者，却有着和亲历者相同的参与感，而这也是仪式传播的一部分，在参与仪式的过程中，以一种团体或者共同的身份把人们吸引到一起。历时性的仪式传播下，仪式不仅仅是向参与者分享信息，而是人们都身处在这个仪式之中，可能在其他条件的限制下，时间和空间发生在这个仪式之外，但是人们因为这个仪式共享信仰，加深对彼此的认同，而该仪式其实是社会生产和再生产的一个缩影。

在闽南地区民间信仰的演化过程中，关帝信仰的信俗活动从官祭之礼慢慢发展成民祭为主。在东山的关帝庙奉祀的关帝一般是作为军事活动的保护神，以官祭为主，据福康安到东山关帝庙撰写的《关圣帝君颂文》记载，清代中后期关帝庙还与军事活动有着密切联系；而泉州通淮关岳庙更加侧重于商业保护，民国三年北洋政府下令通淮关帝庙岳飞与关帝并祀，由此改名关岳庙，该关帝庙官祭与民祭相结合，更多的是自发的民祭。

由于民间信仰信俗繁杂，关帝信仰随着社会变迁，在历时性传播的过程中地域与空间都发生了转变，仪式的内容也随发展而进行优化，根据民众的需要逐渐往"庙堂—民间—更广阔的空间"的方向转化，根据社会的需要已经不仅仅在单一的地区传播，除了关帝庙巡游本身仪式具有不同地区的人们通过同样的祭典仪式进行交流互动以外，更多的是人们通过仪式的演变来创造、修改和转变，共享关帝文化。

1995 年，东山县关帝庙的关帝金身，首开福建宫庙金身巡游台湾的先例，并将祭典的全过程通由电视台、报纸等媒介传播，在台湾、海外的闽南华人华侨圈子里享有一定的知名度。在台湾同胞的记载中，讲述了关帝巡游的场面："元月十五日，束山朋帝于基隆首度巡海遇筱，驻踩于基隆普化警善堂。翌日大早，夏北百姓趁来选香简吉，一封菱杯掷地，竟然直立不倒……"① 而在此祭典后，原本预测发生在台湾的地震最后发生在了日本，让台湾民众对关帝信仰的权威性更加深信不疑。在此祭典的过程中，传播不仅仅发生在参加仪式的参与者，更发生在这个祭典与外部世界的交流互动之中——祭典的本身即是一种文化仪式传播，在传播的过程中，参与的两岸受众逐渐产生了对关帝信仰文化趋同的理解以及民族认

---

① 刘小龙：《跨越海峡的"统一之神"——福建东山关帝庙在海峡两岸民间信仰中的地位、影响和作用》，《中国山西·关公文化论坛论文汇编》，2009 年，第 33—44 页。

同。从对两岸关帝信仰的共同性的认同，到对仪式权威的认同，再到对两岸文化相融性、同宗性、文化传播进行认同，这要依靠的是大众传播媒介的手段，也要依靠仪式传播中唤起人们的认同感。

二、共时性传播：民族意识形态的符号建构

传播仪式观研究，不是把传播过程视为相互间的信息发送或获取，而将其视为参加一次神圣的弥撒仪式，在参加这个仪式的过程中，人们并不关注是否学到了什么新的东西，而是注重在规则化的仪式程序中使特定的价值观和世界观得到描述和强化。[1]

与历时性传播强调民间信仰文化的演变以及两岸人民历史渊源一家亲不同，关帝信仰在共时性传播过程中选择了空间视域，在共时性传播模式下，信仰的仪式是穿越空间距离的发送—接收模式。在对东山关帝金身巡游台湾事件的播报当中，报道者更倾向于报道事件本身，通过着重描写两岸的空间关系，来替代关帝信仰源远流长的历史文化，报道中强调关帝金身的巡游路线，这些路线更加注重于民众对乡土、地缘文化的认同。从民间信仰信俗，到领地文化认同，关帝金身巡游事件的共时性传播使事件本身的意义得到了升华。大众传播媒介通过对仪式空间的重置，对意义的筛选，对事件结构的重新安排，改变了仪式的"原生态"。[2]大众媒介的帮助使传统关帝信俗活动与媒介化传播相融，改变民间信仰的乡土性，通过对空间距离的缩短：可以是电视、广播、报纸等媒介实时传递讯息，也可以是亲历参加祭拜仪式，拉进不同地区参与民众之间的社会距离，对关帝信仰以及其代表着的中华传统文化产生认同感，保留共同的记忆，强化两岸之间共同的价值观。通过大众传播媒介对仪式的报道，让关帝信仰成为闽台两岸人民以及海外华侨之中的文化记忆符号。

三、当下关帝信仰的传播与海峡两岸文化认同

关帝信仰传至闽南地区，由最初的作用于战争中的护佑、明中后期防御倭寇时保护，到明末清初郑成功反清的保护神，再到清朝中后期群众化后作用于民间各种大事小事、婚嫁丧娶，最后到今天成为一种闽南地区同宗同族认亲的文化符号。其原本身上拥有的统治意志已经在社会变迁中削弱，今天的关帝信仰，更是

---

① 王晶：《传播仪式研究的支点与路径——基于我国传播仪式观研究现状的探讨》，《当代传播》2010 年第 3 期。

② 郭讲用：《仪式传播：信仰共享与文化转换——中韩端午节仪式传播比较》，《当代传播》2011 年第 4 期。

文化枢纽与共同记忆。

明清时期的闽南地区依托靠海优势，发展了繁荣的港口贸易，出海谋生者也越来越多，闽南华侨逐渐成为华侨群体中一个不小的分支。大多数闽南华侨下南洋是为了做生意，而当时船只简陋，海上险象环生，为了庇佑自己的性命安全与商途，华侨选择将关帝作为保护神，扩展了关帝信仰的界定范围。"关帝"的崇奉（阴历五月十三日）大致亦是普遍的，但在有些乡村，商人特别虔诚，因据一般人的信仰，"关帝"不但是"主持公平"并能"生财有道"。闽粤人往南洋的，因此往往保存奉祀"关帝"的习惯"。①直到今天，闽南地区的人民依然会将关帝视作"财神"。由于其知名度和华侨在海外的活动，关帝信仰也在海外扎根发展。

由于闽南民间"好巫尚鬼"信俗之盛、之多元化，而台湾的民间信俗绝大部分来源于闽南，故台湾民间信俗也呈现"俗信巫鬼"的状况与特点，"南人尚鬼，台湾尤甚"②。台湾的关帝信仰是通过移民的方式传来，在台湾本土文化的发展过程中，台湾的关帝信仰变得更加符合台湾的本土风貌，不少从闽南地区移民至台湾，在这些移民的心中，关帝信仰除了它本身的作用，更像是一种对故乡文化思念的寄托。

而侨胞与台湾同胞思念家乡、回馈家乡的重要方式之一就是修庙，据记载，这一天泉州关帝庙每年进香的数十万人中，有不少是台湾同胞和海外华侨华人。

也由其构筑了海峡两岸信众、海外华人华侨信众共同精神家园的特殊性，关帝信仰促进了闽南地区人民与台湾同胞、海外华人华侨对中华文化的认同感。

在今天，民俗传播在当今社会发生了重大变化，媒介尤其是大众传媒积极对民俗生活进行能动的创造与改造，成为再造民俗生活及文化的动力和工具。③关帝文化在海峡两岸之间架起同胞交流交往、共创和谐双赢的桥梁。福建闽南地区打响了海峡文化品牌上的先行实践，充分发挥闽南对台区位、进一步弘扬关帝文化，增进两岸人民的友谊，促进两岸的交流与合作，实现着两岸共同发展的美好愿望。④

族群的分蘖性迁徙、民间信仰圈的扩展、民间传说的流传、士大夫的褒扬等四个要素是传统社会中地域性文化辐射、传播、在地化的关键，四者共时性发生，相互振荡、互相影响，推动形成闽南文化的晕染效应，蔚成当下之洋洋大观。⑤

---

① 赵薇：《闽南侨乡关帝信仰初探》，《中国民族博览》2016年第4期。
② 丁绍仪：《东瀛识略》卷三《习尚》。
③ 胡丹：《传播仪式观下闽台民间信仰节俗的当代嬗变》，《厦门理工学院学报》2016年第6期。
④ 林晓文：《浅谈闽南民间关帝文化现状及其现实意义》，《内蒙古农业大学学报》（社会科学版）2010年第4期。
⑤ 郑镛：《从开漳圣王信仰看闽南文化的传播》，《闽南师范大学学报》2015年第3期。

关帝信仰自唐宋随着士大夫阶层传入闽南地区以来，跟随着闽南社会基础进行了自我发展，依托印刷术造纸术的支持，将其重要经典进行传承。传承过程中士大夫阶层作为把关人发挥着关键的作用，尽管士大夫本身带有立场，但其过滤出来的教义内涵仍然是具有重要的教化价值。而宋代的理学融合了儒释道三家，将关帝信仰的信众范围扩展得更广。

历史上闽南地区与台湾、南洋地区的关系就很紧密，在今天，关帝信仰更像是文化枢纽，唤醒了这几个地区人民的共同文化记忆，它带给老百姓的将不再仅仅是精神世界的支撑与寄托以及信仰的终极关怀，而将是实实在在、看得见摸得着的物质收益。

（本章作者：戴杨菲 谢清果）

第十章 贤者衣襟：端午节的
传播仪式与文化认同考察

节日是贤文化大众传播的重要媒介，对中华民族文化认同的塑造发挥着重要作用。本章选取端午节作为主要研究对象，结合其习俗在不同朝代的演变，以期通过传播的仪式观的角度来解读端午节，从新的视角探讨端午节对贤文化的传播，以及在这个过程中形成的文化认同，从而理解其在稳定社会秩序方面起到的作用。

引言

华夏大众传播观是一种广义的大众传播观[①]。礼乐传播是华夏大众传播的一种独特形态，拥有丰富的传播内涵，其载体种类繁多，包括史诗、礼仪、音乐、舞蹈等等。其中，节日是一种具有时间延续性和高度凝聚力的媒介形式。具体来看，端午节承载着丰富的贤文化内涵，尤以屈原为典型代表，虽然端午节并非为纪念屈原而创立，可屈原却赋予了端午节"爱贤""任贤""尚贤"等贤文化指向，为后世所不断传播，包含着深厚的文化意义，构建了中华民族的文化认同。通过研究，本章想要回答的问题有两个，一个是贤文化是如何通过节日的形式进行传播的？另一个是关照传播仪式观，端午节如何构建中华民族的文化认同？

第一节 研究对象厘定

节日文化在我国具有悠久的发展历史。节日从劳动人民的生产生活中演变而来，伴随着特定的节日仪式，在口耳相传与代代相传的过程中得以继承和发展，形成了独特的节日文化。下面将对节日文化相关的几个概念进行梳理。

---

① 黄星民：《"大众传播"广狭义辨》，《新闻与传播研究》1999 年第 1 期。

一、仪式与仪式观

从远古时期开始，仪式便已存在于人类社会，展现出了独特的社会意义和文化内涵。历史学、宗教学、人类学、社会学等学科都对仪式有着相关研究，主要分为两个脉络，不同学者对其有着不同的定义。在宗教学的领域中，古典学派的代表人物泰勒认为仪式就是神话的物态形式[①]；社会学领域里，英国功能主义学派的学者马林诺夫斯基把仪式看成一种功能性的表演，作为一种地方性的知识系统，仪式对地域或族群起到了维系作用[②]。凯瑞在将"仪式"引入传播学时，并未对"仪式"的概念进行解释和界定。1998 年，受到凯瑞传播仪式观的影响，美国传播学者罗兰·布勒的《仪式传播：从日常对话到媒介庆典》一书对仪式的内涵进行了深入解读。他认为仪式是涵盖社会生活各方各面的一种象征性秩序[③]，会通过符号化的形式参与和影响人类生活。

20 世纪 50 年代起，对"仪式"的科学研究从传统文化学和人类学的研究范畴逐渐转入到社会传播学的研究领域。80 年代，美国新闻信息传播专家学者詹姆斯·W.凯瑞在其主要著作《作为文化的传播》中正式明确提出新闻传播的信息传递观和传播仪式观。传递观主要强调信息的传播是得以在一定空间内被及时传递和广泛发布的一个过程，认为空间传播信息是单一的一种线性传播模式，把空间传播信息视为一种过程和传播技术，其传播目的主要是为了控制传播空间和影响人；传播仪式规则从一个循环的传播时间轴和维度关系出发，将不同参与者信息放到共同的场域内，强调共同人的感受和某种意义上的共享，体现了传播信息在一定时间上对人类社会的空间维系主导作用。传递观就是人人分享传递信息，仪式规则是人人共享礼仪信仰[④]。

凯瑞选择"仪式"一词作为人类传播上的隐喻，认为人类传播实质上目的是"以团体或共同身份把人们吸引到一起的神圣典礼"，目的其实是"建构并维系一个有秩序、有意义、能够用来支配和容纳人类行为的文化世界"[⑤]。从传统仪式观的理论角度主要关照文化传播，传播则表现为"各种有意义的符号形态被创造、理解和使用的社会过程"[⑥]，反映了不同时代社会经济语境下的各种文化价值内涵。目

① 彭兆荣：《人类学仪式理论的知识谱系》，《民俗研究》2003 年第 2 期。
② 田兆元：《文化人类学教程》，上海：华东师范大学出版社，2005 年，第 60 页。
③ 周鸿雁：《隐藏的维度——詹姆斯·W.凯瑞仪式传播思想研究》，北京：中国大百科全书出版社，2012 年，第 68—73 页。
④ 樊水科：《从"传播的仪式观"到"仪式传播"：詹姆斯·凯瑞如何被误读》，《国际新闻界》2011 年第 33 期。
⑤ 詹姆斯·凯瑞：《作为文化的传播》，丁未译，北京：华夏出版社，2005 年，第 28 页。
⑥ 于君怡：《意义"内爆"后的重塑——对詹姆斯·凯瑞"传播仪式观"的再思考》，《传媒观察》2016 年第 7 期。

前关于仪式观如何进行传播的一些相关问题研究文献较多，多被用于分析具体的文化传播现象。

二、礼乐及礼乐传播

"礼乐"一词中的"礼"，主要指的是各种场合下举行的各种礼仪；"乐"则是包括音乐、诗歌、舞蹈等在内的艺术形式。两者不可分割，互为补充，故合称为"礼乐"。"礼"涵盖的内容十分广阔，先秦远古时期以宗教观念和巫术礼仪为主；国家诞生后，为了维护统治秩序的稳定，周礼将原始礼仪扩展为吉礼、凶礼、嘉礼、宾礼、军礼五种礼仪制度①，系统地规范了社会生活的准则；春秋战国时期，礼崩乐坏的局面日益严重，孔子将以"仁""中庸"为核心的儒家道德理念融入礼仪中，进一步规范化。"乐"诞生之初带有明显的宗教色彩，以"乐"载道，与"礼"结合，共同发挥了社会教化、移风易俗的功能。

"礼乐传播"一般指的就是"中国儒家自觉地利用礼乐这一传播形式向全社会广泛地传播自己的思想观念的传播活动"②，在信息传播媒介不发达的中国传统文化社会中，为了有效保持整个社会的稳定，构建各个社会主体成员共同的传统文化思想价值观和信仰，需要通过定期礼乐传播等来保持社会信息稳定的大规模范围信息流通。在空间上达到扩散后，再借助一定顺序的层级传播，按照统治者、贵族阶层、平民阶层的顺序来维持社会的等级稳定。关于礼乐的研究较多，主要集中于周礼的发展、礼乐文明与中国文化制度的关系、礼乐的具体传播功能等等③。

三、贤文化

"贤"字最初含义为"多财"，后引申出有才能、有德行的含义。贤文化起源于中国传统文化中的圣贤思想，在历史发展过程中其内涵不断得到丰富。"贤人"诞生于辅助圣人和治理国家的社会需求之中④，才能是贤之所以为贤的重要标准；其次，贤人还要有德行，追求外在行为和内在修养的统一，自身人格与世间万物的和谐。先秦诸子的尚贤思想以儒家、墨家的"尚贤"为主要代表，儒家遵从尊贤有等的尚贤观⑤，孟子在孔子的基础上对"贤"的含义进行拓展，认为"尊贤使

---

① 杨向奎：《宗周社会与礼乐文明（下卷）》，北京：人民出版社，1997年，第229页。
② 黄星民：《礼乐传播初探》，《新闻与传播研究》2000年第1期。
③ 谢清果，林凯：《礼乐协同：华夏文明传播的范式及其功能展演》，《新闻与传播评论》2018年第71期。
④ 卢晓晴：《圣、贤与君子——中国传统文化中的理想人格》，《东莞理工学院学报》2006年第2期。
⑤ 孙鹏：《贤文化与组织传播研究》，《中华文化与传播研究》2019年第1期。

能"对"仁政"的施行具有重要作用。墨家则提倡兼爱观念下的尚贤，把"尚贤"提升到了"为政之本"的高度。汉代以后，"尚贤任能"逐渐成为治道主流，一方面，贤才要追求其自身品质，另一方面，统治者也要能够辨贤、识贤、任贤，礼待贤才①。关于贤文化的研究主要集中在对古人"尚贤"思想的阐述上，以及对当代治理的现实意义、中西方思想比较等等②。

四、端午节

端午节，又称端阳节、龙舟节、天中节、重午节、正阳节等，是中国四大传统节日之一，拥有着悠久的文化传承人和历史。端午节就是起源于中国上古时代的祭祖迎龙习俗，原是南方吴越少数民族早期创立的用于拜祭龙祖、祈福辟邪的传统节日，在后来历朝历代的文化传承和发展中吸收融合了多种传统民俗。传说屈原在五月五日端午跳汨罗江自尽，后来许多地方人们便将端午节作为一个纪念屈原的重要节日；同时，部分华南地区也陆续流传着关于纪念伍子胥、曹娥以及介子推等的不一样化说法。龙舟竞渡与吃粽子可说是端午节的两大重要传统习俗，自古就有传承，至今仍然没有发生太大改变。端午民俗文化在当今世界很大范围内已经具有较为广泛的社会影响力，许多发达国家和民族地区也曾经有举办庆祝端午节的各种大型活动。2006年5月，端午节被国务院标志列入2006年首批国家级非物质历史文化遗产保护名录。2009年9月，联合国教科文组织批准将端午节正式列入《人类非物质文化遗产代表作名录》，成为中国首个正式入选2009年世界非物质历史文化遗产的中国传统节日。

第二节　作为媒介的端午节

节日习俗是当代世界各地人民为主动适应经济生产和社会生活的迫切需要而共同努力创造的一种特殊民俗文化，世界各国和各少数民族都拥有着自己共同的传统节日。在中国古代，节日作为一种媒介，承载着特定时期社会政治、经济和文化内涵的信息，通过人们口口相传、古籍史料记载的方式得以传播。高度集中的中央集权制度从空间上保证了传统节日突破单一民族和地理位置的界限，融入其他文化和地域之中，绵延五千年未曾断绝的中华文明从时间上保证了传统节日

① 钟海连，蒋银：《贤文化组织传播与"尚贤"治理建构（上）——对"尚贤"理念的文献梳理》，《广西职业技术学院学报》2019年第12期。
② 赵东海，梁伟：《中国传统文化精髓述略》，《内蒙古大学学报》（哲学社会科学版）2011年第1期。

能够在历史变迁中保存下来并不断被注入新的文化内涵。

一、节日是贤文化大众传播的重要媒介

马歇尔·麦克卢汉在《理解媒介——论人的延伸》一书中提出"媒介即是讯息"的观点①，其理解的"媒介"并不仅仅是传播学意义上的利用媒质传播信息的工具，而是指更广义上的使得自身个体与其他个体之间可以发生相互联系的一种物质。从这个哲学观点角度出发，节日信息便是一种通过信息传播与各种仪式结合使得人类社会中各个体之间能够产生相互联系的一种媒介。媒介本身的首次出现便已经对现代人的整体思维表达方式发展产生了巨大影响，其作为一种转换器把感觉转换成语言符号，继而参与构建更多层次的其他媒介形式。在端午节营造的盛大仪式中，人们通过语言及一系列非语言符号进行活动的参与和意义的共享，在这个过程中，端午节便成了实现互动的媒介。

在依靠礼乐建构身份认同和社会秩序的中国古代，节日作为礼乐的一种表现形式，起到了很大的作用。传统节日的起源各不相同，但是也存在一些共性，经过前人学者的考察研究，发现中国传统节日主要起源于古老的民族图腾传统文化、农业习俗祭祀和对岁时生日节令的科学研究②，反映了中国古人朴素的生活时间观以及中国农耕社会的长期文化历史缩影。闻一多的《端午考》中详细描述了古代吴越以图画龙和凤为主的图腾，以表示他们"龙之子"的民族身份③，文献里面详细记述了他们一年一度的端午都会举行图画龙腾祭，往江里面扔一些食物，进行水上龙舟竞渡，可见端午节也是一个发端于中华民族的传统图腾祭祀文化的节日。在后来的历史文化演变中，纪念我国历史重要人物的习俗内容被不断添加了进来，最早把端午节的习俗与节日纪念屈原内容联系在一起的人物是南朝梁的小说家吴均，他在《续齐谐记》中写道："屈原以五月五日投汨罗水，而楚人哀之，至此日，以竹筒贮米，投水以祭之。"④后来人们便将端午节作为纪念屈原的节日，除此之外，也有纪念伍子胥、曹娥及介子推等历史人物的说法在各地流传。虽然说法不一，但是可以发现以上历史人物分别代表了贤者、忠臣、孝子、志士的人物形象，集中反映了贤文化的价值要求，与儒家所宣扬的三纲五常的社会道德伦理不谋而合。对以上历史人物的纪念反映了当时百姓在礼乐教化下所表现出来的文化认同，

① 赫伯特·马歇尔·麦克卢汉：《理解媒介——论人的延伸》，何道宽译，北京：商务印书馆，2000年，109—112页。
② 刘佳：《从传统节日起源看中西方文化差异》，《安徽文学》（下半月）2010年第3期。
③ 闻一多：《端午考》，《闻一多全集》，上海：上海三联书店，2020年，第242页。
④ 李剑锋：《唐前小说史料研究》，济南：山东教育出版社，2016年，147—150页。

随着后世的传承发展，深化了端午节文化习俗的价值表达，端午节成了贤文化大众传播的重要媒介。

二、端午节的节日传播模式

作为一种节日传播活动，端午节通过节日的举办将先民祭天敬祖的传统文化内涵在代际传播下去，使其众多民俗活动的外在形式和内在精神得以保留和传承，人们拥有了共通的意义空间，能够在节日传播的仪式中感受到文化的精神洗礼，下面具体分析其传播模式。

端午节一年一度，其传播较为紧密地集中在五月初五前后一段时间之内，并在不同的地域范围之内进行传播，地区间端午节的风俗规模和庆贺仪式的大小不一，南北呈现出了鲜明的不同特色。比起传递观对传播各个重要环节的讨论，传播的仪式观关注的是社会内部的人类之间是如何通过互动构建起同一民族、同一文化身份认同的过程。基于节日传播的特殊性以及仪式观的视角特点，借鉴动力学说的相关理论[①]，本章构建了一个对流模型来描述端午节的节日传播过程。对流模式图中上方代表官方，下方代表民间，节日的传播形成一个个对流环。其中最主要的有三股流动，分别是下降流、上升流和水平流动。

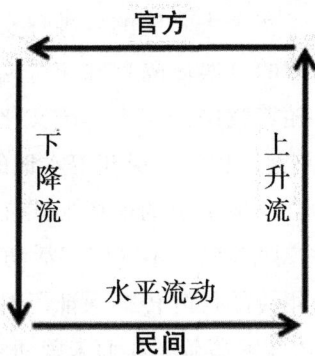

对流模式图

（一）下降流：自上而下的官方权威

下降流代表着自上而下的国家官方政治权威。早在魏晋南北朝时期，端午节基本已经定型，受到官方认证后，每年会下令进行祭祀庆典的开展，端午节以权威的形态进入了民间的庆典仪式中。从隋唐时期的可考资料中可以发现，朝廷和民众家庭都会分别举办宴会庆祝端午节，朝廷举办的端午节还融入了供奉、赏赐

---

① 朱涛：《地幔动力学研究进展——地幔对流》，《地球物理学进展》2003 年第 1 期。

等内容，仅保留在官方层面之中。下降流的动力来源于官方通过礼乐进行教化的秩序建立需求，端午节包含着忠君爱国的贤文化内核，为历朝历代统治者所需，从而以节日的形式实现社会教化，稳固统治秩序。

（二）上升流：由下至上的民意传达

上升流指的是由下至上的民意传达。端午节的民俗内容多发端于民间，无论是龙舟竞渡的习俗，还是附会纪念历史人物的内涵，都是先在民间酝酿，再通过舆论的方式往上传到官方进行合法化的，端午节纪念历史人物的习俗便是通过民间书生百姓的传播从而进入朝廷的。上升流的动力来源于百姓接受礼乐教化后的文化认同，在儒家思想的影响下，尚贤等思想意识逐渐内化成百姓心中的道德准则，进而外化为实际行动，通过端午节的仪式强化这种文化认同。

（三）水平流动：交错杂居的渗透影响

水平流动在中国民间主要表现形式为不同地区、民族之间交错与杂居的文化渗透和相互影响。隋唐又一次实现全国大一统后，祭祀屈原的端午节习俗就从以往的两湖地区逐渐扩展到一个全国性的传统节日祭祀习俗。民间水平流动的动力主要来源于古代各朝君王为了实现大一统的各种现实政治目的，中国由于国土面积幅员辽阔，民族众多，地理的自然区隔悬殊使得端午节的重要仪式活动呈现出了具有地区性的文化特点。随着我国儒家大一统文化进程的不断深入推进，地理上的区隔逐渐被完全斩断，荆楚、巴蜀、吴越等本地的传统文化逐渐融合[①]，华夏民族与少数民族之间不断融合，端午节的民俗形式在这个过程中也有了采借和继承式的发展[②]，采茶、佩香囊、跳钟馗等不同民俗活动都融入了端午节的习俗之中。一年一度的定期传播和口口相传的代际传播保证了对流空间上的稳定性和时间上的连续性，使得端午节的传播能够蔓延千年而未曾断绝。

第三节　传播仪式观下端午节的象征体系

古罗马时期哲学家奥古斯汀将他对符号学的定义解释为："符号是这样的东西，它使我们想到了在这个东西的感觉印象之外的某些东西。"[③] 符号所能够包含的一切

---

① 张量：《中国端午节节日仪式与文化自信的重塑——兼谈中韩端午节渊源及仪式》，《老字号品牌营销》2019 年第 6 期。

② 向柏松：《端午节传承发展方式分析》，《文化遗产》2015 年第 6 期。

③ 杜克芮·托多洛夫：《语言科学百科辞典》，霍普斯金：霍普斯金大学出版社，1979 年，第 99 页。

内容非常宽泛，人类所能被承认的一切具有历史意义性的内容也都可以被称为"符号"。纵观社会生活的变迁，符号是文化的载体，记载和传递着人类观念的诸多方面。符号学解答了仪式的传播现象，即所有传播形式都是由不同的符号元素组成的，例如语言和文字、肢体动作等非言语形式，而符号的意义就在于其所代表的东西展现的含义①。传播的过程中，符号的内涵与外在表现形式在人们心中诞生了新意义，仪式则将符号的内外两个方面联系起来，传播给受众，从而实现意义的分享。

人们在接触一种民俗信息后，会立刻通过听、触觉、视觉或其他感官所形成的具体的、可感的、外在的内容就是民间符号中的"能指"，也称为"指符"；人们对民俗赋予的理解和联想的内容就是民俗符号的"所指"②，两者共同组成了民俗符号的构成结构。端午节的仪式使人们感觉到了民族文化的信仰，在这一过程中，服饰、行动、行为和饮食等因素都以一种特殊的方式起着特定作用。从这一视角来看，端午节可以说是一个具有丰富意义的巨大符号体系，它充满了各种含义。下面便从符号象征论的角度对端午节的时间意义、空间意义、道具意义和行为意义做具体分析。

一、逢凶化吉——时间意义

五月初五为端午节的指符，所指是逢凶化吉的时运，它们共同组成端午节时间的符号。端午节是每年农历的五月初五，端，初也，引申有"正""直"之义，与古代避讳有关。"端"本义为"开始"，《史记·秦楚时月表》中有这样的记载："端月（二世）。"这里的"端月"就是指"正月"，也就是农历的一个月。后来，司马贞的《史记索隐》："二世二年正月也。秦讳'正'，故云端月也。"③宋人孔平仲《孔氏谈苑端月》里还说："仁宗朝，王丑上言，请以正月为端月，为与上名音近也。"④后来也沿用了这一说法，因为"正月"字与君王的名字相撞，所以"正月"也被称为端月，因此，五月第一个午日，便被称为端午。"端"为"正"，"五（午）"为中，"端午"也为"正中"，也是这一天午时的正，此时阳气最盛，白天最长。古人设天干地支，以观察天地的时间和人事命运为基础，按十二地支顺序排列，第五个月为"午月"，午月午时为"重午"。仲夏端午，飞龙天空中，以龙

① 姚瑶：《身份认同与社会秩序——从传播仪式观考察中国古代冠礼》，硕士学位论文，暨南大学，2014年，第34—36页。
② 蔡郎与：《让人眼花缭乱的符号象征——浅谈民俗文化的符号学解读》，《社会科学家》2006年第2期。
③ 蒋德平：《汉字中的历法之美》，上海：文汇出版社，2015年，第100—106页。
④ 李学勤，赵平安：《字源》，天津：天津古籍出版社，2013年，第920页。

星为主，寓大吉大利。然而，端午节的五月五日也被看作一种恶月邪习俗，恶月恶日需要辟邪祈福成了端午节的信仰基础。先秦时，人们把五月五日看作恶月的时节，正如《风俗通》中的逸文所说："俗说五月五日生子，男害父，女害母。"①这一天，要用药物或兰汤洗澡以辟邪。阴阳相遇，"五月初五"被看作太阳炙热而渐衰、万物丰硕而渐凋的时间节点，成了阴阳的分界点，于是，许多涉及身心调养、天地人和、驱邪保福的活动都在这段时间发生，丰富了端午的时间意涵。端午含义的由邪入正体现了古人对原始神话的敬畏，将其消极的一面转变为积极内涵也体现了古人对待时运逢凶化吉的处理方式，反映了朴素的时间观念。

二、风调雨顺——空间意义

水域是端午节的一个指符，所谓风调雨顺，就是祈祷的意思，共同组成了端午节空间的符号。对于多水域或有水域地区来说，龙舟竞渡是一种传统的民间活动，如湖南湘潭县志中的《湘潭县志》所述："沿江造龙舟竞渡，击鼓催桡，争先为能"②，包含着辟邪求福、供奉祖先、祈求风调雨顺等许多积极的含义。对于不能进行水上龙舟竞渡的中原内陆地区来说，前述意义仍然在空间中得到了传承，只不过从龙舟竞渡变成了跑旱船、画舫嬉游等等不同文化元素的形式，体现了风调雨顺、吉祥如意的含义。《南昌府志》中记载："五月五日为旱龙舟，令数下人异（共同拾东西）之，传葩代鼓，填溢通衢，士女施钱祈福，竞以爆竹辟除不祥。"③这说明了古代东南地区通过划旱龙舟的方式来驱邪求福。

三、道具意义

1. 君权神圣至上——龙

龙文化对中华民族的影响至深至远，中国的"龙"的形成，起源于原始社会古人对图腾的崇拜。龙是不存在于现实世界的，整体观察龙的形象，可以发现它汇集了各种图腾的特征，是古代人们想象出来并赋予意义的一个强大的存在。龙来自远古的神话传说，在原始社会，人们主要通过打猎来获得生活资料，面对野外复杂多变的恶劣环境，人们需要一个强大的意象给予他们力量④，"龙"的形象

① 卢文弨：《风俗通义校正逸文》，《抱经堂丛书》，北京：商务印书馆，1923年，第346—348页。
② 丁世良，赵放：《中国地方志民俗资料汇编 中南卷 上》，北京：北京图书馆出版社，1991年，第491页。
③ 许应鑅，王之藩：《南昌府志》，南昌：江西人民出版社，2018年，126—129页。
④ 刘杨：《论神话龙形象表征含义的变迁》，《河南师范大学学报》（哲学社会科学版）2009年第3期。

因此诞生，并成了重要的氏族图腾。文化人类学家特纳认为庆典活动经常与文化内部被共同承认的意料之内的事件相联系，主要是为了人类自身取得的成就而欢呼①，"龙"的形象代表了古代先民战胜自然、征服野外的成果，成了强大的生存能力的化身。在人们的想象中，龙可以腾云驾雾、呼风唤雨，这便与端午节中龙舟被赋予求雨意涵联系在了一起。唐宋之后，龙逐渐发展成皇权的象征，体现了君主所拥有的可与神比拟的至高无上的力量，"龙"意象的实力和权威更加强大了。在端午节恶月恶日的时间隐喻下，龙的出现给予了人们正面积极的力量。

2. 阴阳调和——粽子

法国结构主义文学批评家巴尔特认为，符号体系的使用，不仅包含了形式的排列，而且还包含了深刻的内涵意义，甚至在形式排列中也有它的意义②。端午节吃粽子的民间活动不是凭空而产生的，它是从端午的时间起源——夏至引申出来的。夏至是二十四个节气中的一个，时间非常接近端午节，因此在发展过程中，端午节也融合了夏至日的习俗。食粽子原是夏至日习俗，粽子最早被称为角黍，《风土记》中有这样的记载："盖取阴阳包裹未（分）之象也。龟，甲表肉里、阳内阴外之形，所以赞时也。"③这说明古代人认为，粽子内外的包装形象表现为阴阳的包裹，与夏至阳至、阴气之始的时间意义相对应，包含着和谐平安、辟邪求福、阴阳调和的含义，也反映了古人阴阳转化的事物观念。

四、招魂续魄，祭祀精魂——行为意义

龙舟竞渡是端午节的一个指符，所指为招魂续魄、祭祀精灵的一种祭祀思想，共同组成了端午节的一种行为符号。格尔茨认为，文化是人类编织起来的意义网络，也就是文化体系的意义是在人类与人类之间互动的过程中逐步形成的④。作为端午节的传统民间习俗之一，龙舟竞渡在行为和行为之间的对话中也传播着古代民间借仪式以招魂续魄、祭祀灵魂的文化含义。龙舟竞渡是端午节最具传统性的民间形式之一，除了借用"龙"的象征外，还与古代祭祀有关。这两种结合首先发生在楚地，那里的划龙舟活动首先出现在早期的先秦，是祭奠水神以求平安多福的一种重要载体形式；此外，天子出游还会使用专用的龙舟，象征着某种地位和权威性。总的来说，龙舟竞渡的主要宗旨是传达招魂续魄，送亡灵升天的意义。

---

① 维克多·特纳：《引言》，《庆典》，方永德等译，上海：上海文艺出版社，1993年，第29—31页。

② Barthes, *Elements of Semiology*, Paris: Seuil, 1964, pp.48-52.

③ 李昉：《太平御览·71》，石家庄：河北教育出版社，1994年，第59—62页。

④ 克利福德·格尔茨：《深描说：迈向文化的解释理论》，《文化的解释》，韩莉译，南京：译林出版社，1999年，第40—42页。

魏晋南北朝，纪念历史人物的新含义逐渐增加，这类死亡故事符合端午节恶月恶日的时间观念，楚人龙舟竞渡活动成为纪念非正常死亡者、祭奠水神的仪式，体现了古人简单的生死观念。

第四节　端午节传播的文化认同建构价值

文化认同是指"人类对文化倾向性的共识和认可，这种认同与承诺是人们对社会的认知和承诺，并逐渐形成了支配人们行为的思考准则和价值取向"[①]，传播仪式观认为参与仪式的人会在这一过程中形成群体的文化认同，文化认同主要体现在三个方面：符号认同、身份认同、意义认同[②]。有学者认为，节日传播借助于各种符号的表征，使人们对民族文化的各种想法从"神话"转变为"现实"的民族文化，从而重建"想象的共同体"[③]。端午节起源于先秦，于魏晋南北朝定型，到了唐宋时期则壮大稳定起来，每一个时期都传递着不同的文化侧重。先秦时期体现了敬天尊道的思想，到了魏晋南北朝时期转为天人合一的理念，到了唐宋时期，尚贤致远的贤文化指向则变得越来越明显，关于贤文化的认同被构建与强化。

节日的传说也是节日的重要组成部分之一，它在一定程度上传递出了当时人们对节日的理解，可以看到对节日意义的建构。节日传说的历史真实性无法全部验证，但却赋予了节日起源丰富的文化内涵和浪漫的神话色彩，下面通过几个相关历史人物的端午起源说来进行说明。

一、屈原：选贤任能的政教之道

《隋书·荆州地理天文志》中亦有记载："大抵荆州率敬鬼，尤重祠祀之事，昔屈原为制《九歌》，盖由此也。屈原以五月望日赴汨罗，土人追到洞庭不见，湖大船小，莫得济者。"[④] 这体现了隋唐时期端午节仪式的盛状以及对屈原的高度纪念。传说战国时期秦军攻破楚国京都，屈原不忍看到自己的祖国被侵略，于五月五日抱石投汨罗江自尽，其忠诚爱国、宁死不屈的高尚民族情操也受到平民百姓的一致赞颂，为中国后世历代帝王所推崇。司马迁在《史记》中对屈原极为赞赏："其文约、其辞微、其志洁、其行廉"[⑤]，其积极的"入仕"思想和爱国热情广受士大夫阶层的推崇，古代知识分子对屈原的崇拜深刻影响了社会风气的变迁。屈原本身

---

① 郑晓云：《文化认同与文化变迁》，北京：中国社会科学出版社，1992年，第4页。
② 刘芝庭，李金贵：《仪式观视角下的道州龙舟文化传播》，《传媒论坛》2020年第3期。
③ 邵培仁，范红霞：《传播仪式与中国文化认同的重塑》，《当代传播》2010年第3期。
④ 魏征：《隋书·地理志》，北京：中华书局，1997年，第35—38页。
⑤ 司马迁：《史记》，西安：太白文艺出版社，2006年，第251—254页。

是一位志向高洁的诗人，为中国诗歌浪漫主义的代表人物。在将纪念屈原的内容融入端午节民俗仪式的过程中，屈原逐渐成了一个贤者形象的可感符号，脱离本体上升到了象征意义，其跳江的行为转化成了爱国主义精神的象征，迎合了民族主义和国家的需求，为社会百姓所认同，在端午节浪漫色彩的基础上，增添了明显的政治色彩[①]。端午起源屈原说体现了劝谏君主要选贤任能的政教之道，一方面符合百姓对明君的内心期待，另一方面也与君主宣扬自身贤明统治的要求不谋而合。

二、伍子胥：君礼臣忠的君臣之道

《吴郡岁华纪丽》卷五中记载端午起源于伍子胥一说："忆昔越王习水战，麾兵竞渡托游谶，……又传勾践悯胥忠，鼓乐迎神浙水东。弄潮犀手年年集，不与湘潭吊屈同。"[②] 相传，伍子胥为报仇而投奔吴国，奸臣受越国贿赂，对子胥言加陷害，吴国君信，赐死子胥，命人于五月五日将其遗体投入江中。子胥本忠良，视死如归，君王因谗言而导致良臣陨灭，为世界所叹，也为明君哀。《贞观政要》提道："为政之要，惟在得人，用非其才，必难致治"[③]，君要当明君，臣要当贤臣，君的统治能够持久，臣的才能能够施展，对其纪念就体现了君礼臣忠的伦理道德。社会心理学家认为，个人层次的文化身份引导着其对民族文化的热爱，忠实地对本民族文化进行爱护和传承，最终把文化纳入价值观的深层心理结构之中[④]。通过端午节的具体民俗活动，人们在纪念伍子胥的过程中，会理解其人物形象传达出的忠臣价值，从而对本民族"君君臣臣"的文化力量和秩序进行深入感悟，重新认识自身华夏子女的民族身份，加强对民族文化的认同。

三、曹娥：父慈子孝的父子之道

《后汉书》卷八四《列女传》记载孝女曹娥之故："孝女曹娥者，会稽上虞人也。父盱，能弦歌，为巫祝。汉安二年五月五日，于县江溯涛婆娑迎神，溺死，不得尸骸。娥年十四，乃沿江号哭，昼夜不绝声，旬有七日，遂投江而死。"[⑤] 南朝梁人宗浩的《荆楚岁时记》把曹娥和端午节联系在一起："邯郸淳《曹娥碑》云

---

① 宋颖：《端午节研究：传统、国家与文化表述》，博士学位论文，中央民族大学，2007年，第47—49页。

② 袁景澜：《吴郡岁华纪丽》，南京：江苏古籍出版社，1998页，第102—104页。

③ 吴兢：《贞观政要》，北京：中华书局，2003年，第69—73页。

④ 杨宜音：《文化认同的独立性和动力性：以马来西亚华人文化认同的演进与创新为例》，2009年7月22日，http://www.sociology.cass.cn/shxw/shxlx/p020031028477162039464.pdf，2021年1月7日。

⑤ 刘向：《列女传》，哈尔滨：哈尔滨出版社，2009年，第47—52页。

'五月五日，时迎伍君。逆涛而上，为水所淹'。"①曹娥救外出捕鱼落足的父亲也跳进江中，过了几个夜晚，村民看到江中漂浮着曹娥及其父亲的遗体。曹娥死了，但她还是找回父亲的遗体，体现了父慈子孝的父子之道。在把纪念曹娥融入节日庆典的过程中，参与者将周围环境、活动和经验因素中的记忆和情感内化成自己的记忆和情感，形成了一种自身经验②，在被端午盛大文化所感染的情况下，加强了自己的文化归属感和文化认同。社会层次的文化认同以文化为凝聚力，对多元文化的人群进行综合、识别，对多元文化的人群进行标识，造就了文化群体的多样性和独特性。忠孝文化在古代民间广为推崇，作为中国传统社会的主流价值文化之一，其在家庭单位上维系了亲缘关系的稳定。家庭的和谐稳定是国家繁荣昌盛的前提，在封建社会以父为纲的社会伦理背景下，孝亲敬长的贤文化受到广泛传播与认可。

整体来看，以上历史人物分别代表了贤者、忠臣、孝子的人物形象，其故事被融入端午节的习俗中，使得端午节成了贤文化的象征符号，体现了礼乐教化在百姓心中的地位和作用。官方使得这些习俗合法化，也是在通过历史人物向百姓传达亲亲尊尊的社会伦理价值，百姓成为顺民，百官成为顺臣，国家的长治久安才能够实现。通过对历史人物故事的采集传承，也宣扬了一种刚正不阿、高风亮节的贤者风气，有利于移风易俗，进行社会教化。在通过端午节进行传播的过程中，百姓认可了自身华夏儿女的身份，深度理解端午节的各种符号所传达的意义，最终形成对贤文化的认同。

第五节　现实意义与讨论

讨论完了端午节的历史流变，来看目前的端午节传播。虽然如今纪念端午节时，赛龙舟、吃粽子等传统习俗仍有保留，并且每年各个地区都会针对端午节举办纪念活动，进行宣传教育。然而，其现实情况却存在着流于形式、商业化气息浓重、文化意义淡薄等现实问题③，一方面，端午节变成了"粽子节"，民众对端午节的认识仅停留在纪念屈原、吃粽子的显性层面，对于深层的节日内涵知之甚少；另一方面，由于时间和空间限制，许多地区的民众无法亲身参与到赛龙舟的节日习俗之中，只能通过电视等媒体的宣传观看赛龙舟的画面，然而，部分媒体对于端午节节日习俗的画面呈现缺乏可看性和吸引力，也导致了端午节的传播效果不

---

①　韩致中：《新荆楚岁时记》，上海：上海文艺出版社，2001 年，第 78—80 页。
②　刘敏：《以文化认同理论为依据的草原节庆发展研究》，《社会科学家》2012 年第 10 期。
③　郭讲用：《传播仪式观中传统节日文化的传播》，《新闻爱好者》2010 年第 24 期。

佳，呈现出了文化内涵不断缩水的现实状况。究其原因，主要是由于以往人们受到传播的传递观影响，形成了思维定式，过度强调对每个传播环节的把控以及信息的传递[1]，从而忽略了文化语境的内涵。直接导致大众传播对于端午节的宣传时长和宣传深度不够，许多媒体仅在端午节当日发布一些与节日相关的内容，且缺乏解读节日意义的深度和文字语言描述的生动性，直接导致传播效果降低。端午节的仪式感在人们心中的文化价值被不断淡化，传播效果部分失去了共享信仰的意义。

同样从传播的仪式观出发，能够给我们一些思考与启示。仪式很重要，但更重要的是仪式背后所承载的文化意义和仪式举办时所表现出来的文化内涵。重唤节日的仪式感，使得节日的各个环节能够以一个个仪式的形式进入人们脑海，在这个过程中感受节日所传达的文化意涵。我们应该适当摒弃传统的传递观指导下的媒体生产，以传播的仪式观为指导，比起大众传播环境下端午节的传播环节和本身信息，更加注重端午节作为节日的文化价值传达，在具体的纪念活动与宣传报道中突出文化意义，在盛大的仪式与庆典传播重新唤醒民众对端午节的文化记忆，延长端午节庆典意义的时间分享长度，诸如：提前一段时间便开始进行端午节的宣传，扩宽节日宣传的媒体渠道；生产出关于端午节新的时代意义，诸如：发现记录端午节在当今不同文化区域下的新表现，并将其渗入到人民群众的日常生活之中，提升民众对于端午节的节日仪式感，强化端午节对中华民族文化认同的塑造作用，让端午节在当代的传播和传承更加鲜活、有生命力。

（本章作者：屈晓彤 谢清果）

---

① 郭讲用：《仪式传播：信仰共享与文化转换——中韩端午节仪式传播比较》，《当代传播》2011 年第 4 期。

第四讲　华夏跨文化传播研究

第十一章　兼爱立命：墨子圣贤与
生民间的跨文化传播研究

　　历来学界跨文化传播研究聚焦于一种横向的冲突。本章选取圣贤与平民作为跨文化的两个文化群体，并以平民圣人墨子为例，展现圣贤出于生民，被生民塑造，再超越生民形成个体，最后反过来塑造生民的纵向动态跨文化传播过程，以期丰富当今跨文化传播研究视角。

　　每个悠久文明的先贤都是地理与时代合谋的产物，他们成了该族群最具代表性的人物，同时塑造了民族性格。华夏民族中的一个特定群体——圣贤，在命运与时代旋涡中求索挣扎，他们跨越了自身原有的文化，在探寻社会与个人出路的过程中塑造了自己，同时也塑造了中国精神传统，塑造了我们。探究圣贤的思想与文化传统的形成，就是了解我们的过程。

第一节　塑造性跨文化传播的视角

　　人类跨文化交流现象由来已久，但将跨文化传播作为专门学科来研究的历史却不长。从 20 世纪 80 年代初我国引入跨文化传播学，到 1999 年中国社会科学出版社出版的关世杰翻译的莫滕森的《跨文化传播学：东方视角》涉及中国文化至今，国内跨文化传播研究的视角一直较为集中。

　　首先，国内跨文化传播研究主要着眼于文化冲突与融合。车英、欧阳云岭在《冲突与融合：全球化语境下跨文化传播的主旋律》中提到，随着全球化和国际互联网的发展，跨文化传播呈现繁荣景象，但无论如何变，不同文化之间的冲突与融合始终是跨文化传播研究的两个主旋律。① 赵立敏在其文章《跨文化传播理解的实现路径：以中国儒释道文化沟通为例》中也说：跨文化传播理解强调不同文化的差异性和自主性，主张基于差异上的沟通与协商。② 由此可看出，国内跨文化传播研究，尤其在华夏跨文化传播研究领域强调文化之间的差异与冲突，并致力于通过化解冲突以达融合。虽说冲突与融合看似两个平级的主旋律，但实则冲突在先，融合在后，文化冲突是当今国内跨文化研究的一个最重要的预设。在笔者看来，这种过度强调冲突的原因在于，跨文化传播研究中对于"自我"与"他者"群体的界定过于分明。朱清河认为，人是文化的创造物，无论他身处何境都难以摆脱化育己身的文化规制。携带异质文化的人在跨文化传播活动中容易以文化中心主义、民族优越论之姿态彼此"矮化""妖魔化"对方。③ 当前的跨文化传播研究以内涵文化和传播双焦点的文化他者作为研究对象，由于"自我"与"他者"存在不可避免的差异，就会在文化层面上产生自我意识过强，导致了研究中一种过分强调群体差异的趋向，而忽视了文化本就具有的相似之处。那么，跨文化传播的研究是否可以建立在相似性或是同质性的基础上呢？换句话说，是否可以摒除"他者"，或者将"自我"与"他者"的界限模糊呢？

笔者认为，这需要打破当前的另一个视角局限——跨文化传播研究中横向视角的局限。从中国学术期刊遍寻到的有关跨文化与中国传统文化方面的论文不过区区 20 来篇，且选题多是《跨文化视野中的我国传统节日变迁》④《中国古代交聘、国家形象与跨文化传播》⑤《从利玛窦易僧袍为儒服看跨文化交流中的非语言传播》⑥等，其中，只有关于节日变迁的选题看似涉及纵向的分析，但细看文章，发现陈麦池是从跨文化的差异及传播角度，分析中外节日的多元共存。由此可以看出，国内华夏跨文化传播研究多为横向的分析，鲜有从纵向视角进行的研究。正是因为横向视角的局限，跨文化传播必然涉及"自我"和"他者"两个概念，也就难以回避对于冲突与差异的强调，"自我"和"他者"之间的界限也难以消除。

---

① 车英，欧阳云岭：《冲突与融合：全球化语境下跨文化传播的主旋律》，《武汉大学学报》2004 年第 4 期。

② 赵立敏：《跨文化传播理解的实现路径：以中国儒释道文化沟通为例》，《宁夏社会科学》2019 年第 5 期。

③ 朱清河：《跨文化传播视角下中国传统文化智慧的当代启示》，《陕西师范大学学报》（哲学社会科学版）2011 年第 2 期。

④ 陈麦池：《跨文化视野中的我国传统节日变迁》，《河南工业大学学报》（社会科学版）2009 年第 4 期。

⑤ 王琛：《中国古代交聘、国家形象与跨文化传播》，《国际新闻界》2008 年第 6 期。

⑥ 陈义海：《从利玛窦易僧袍为儒服看跨文化交流中的非语言传播》，《上海师范大学学报》（哲学社会科学版）2004 年第 1 期。

　　综上所述，当前国内华夏跨文化传播研究主要是对两个或多个体的横向对比研究。实际上，跨文化传播指来自不同文化背景的个体、群体或组织之间的交流活动。① 简短的定义其实为跨文化传播提供了极大的研究空间。亚利桑那州立大学传播学教授 Judith N. Martin 在整理了的四种有关跨文化传播的范式，包括批判人文主义（critical humanist）、批判结构主义（critical structuralist）、解构文本主义（interpretive）、与机能主义（functionalist），以及它们各自的方法论之后，提出了他自己的构思，即六种自我辩证认知：文化—个体辩证（Cultural-Individual Dialectic）、个人—社会语境辩证（Personal/Social-contextual Dialectic）、不同—相似辩证（Differences-Similarities Dialectic）、稳定—动态辩证（Static-Dynamic Dialectic）、现在—将来／历史—过去辩证（Present-Future/History-Past Dialectic）、特权—弱势辩证（Privilege-disadvantage Dialectic）。② 他用辩证的方法来研究文化和传播，使跨文化传播研究能以更丰富的视角看待世界，而不至于陷入任何范式。首先，辩证法提供了一种了解跨文化互动作为一个动态和不断变化的过程的可能性。批判理论的辩证法描述了现象是如何构成的，以及不同现象和社会现实领域之间的联系。③ 在世界的许多文化中存在着很多共存的社会现实，因此辩证法的引入可以将跨文化互动看成一个开放的知识过程，即一个动态过程。另外，辩证的观点也强调关系，在跨文化交际研究中，辩证法强调了各方面之间的关系，以及从整体上而不是孤立地看待这些方面的重要性。总而言之，辩证法引入的核心在于万事万物皆可变，万事万物皆可联，这无疑是为跨文化研究拓宽了道路。

　　在 Judith 教授提出的六种辩证视角里，不同—相似辩证（Differences-Similarities Dialectic）与现在—将来／历史—过去辩证（Present-Future/History-Past Dialectic）可以分别回应当前国内华夏传播研究的两个主要局限。而以此为根基，本章在基于文化相似性与差异性整体化的基础上，提出一种纵向且动态的跨文化研究新视角，即塑造性跨文化传播。

　　塑造性跨文化研究探究生民，即平民、市民与圣贤之间的跨文化传播。生民与圣贤之间是什么样的关系？塑造性的跨文化传播如何利用动态与纵向视角打破"自我"与"他者"的界限？本章将以古代圣贤墨子为例，呈现圣贤与生民作为两个文化群体之间的塑造性跨文化传播过程。

---

① 孔繁秀，冯云：《我国藏戏研究文献综述》，《西藏大学学报》（社会科学版）2014 年第 1 期。

② Judith N. Martin &Thomas K. Nakayama, "Thinking Dialectically About Culture and Communication," *Communication Theory*, 1999, 9 (1), pp.1-25.

③ Best, S.& Kellner, D., *Postmodern theory: Critical interrogations*, New York: Guilford, 1991.

第二节　为生民立命：市民性与超越性的博弈

塑造性跨文化传播的两个文化主体是圣贤和平民。两种文化的自身定性与联系是探究其跨文化互动的基础。本章借用黑塞的《荒原狼》中的概念来对此进行具体阐释。

一、"市民性"即生民性

"市民性"是人的常态，它只不过是一种平衡的努力，是在人的行为的无数极端与矛盾中追求平衡的折中办法。[①]

"市民性"代表的是平庸大众。他们的主要追求是保持住"自我"，他们既不会追求神圣，也不会追求神圣的对立面，他们都无法忍受绝对性。简言之，他们想在两个极端中间立足，这是一个温和而适宜的区域，没有强风和暴雨，这并非一种高尚的"中庸"智慧，其主要目的是求稳，但代价是无法体验那种以绝对与极端为准的生命力度与情感力度。有力度的生活只能以失去"我"为代价。市民最看重的东西便是"自我"（当然只是发育不全的"我"），为了保持"自我"，他们便无心关注他人。就是说他们以失去力度、封闭自我为代价而得以维持、获得安全感。

渴望人生新意，寻找人生价值的欲望被平庸、安乐所淹没。市民阶层的局限性阻碍培养和发展个体创造性，也帮助社会弊端的存在和发展。[②] 所以市民本质上是软弱生命动力的造物，他们胆小怕事，唯恐丧失哪怕一点点的自我，容易被统治。因此他们以多数取代权力，以法取代暴力，以投票程序取代责任。[③]

二、"超越性"即圣贤性

与"市民性"相对的是"超越性"，是代表圣贤的文化。本文中的圣贤或许不同于其他华夏文化传播研究的定义，笔者只是针对上文的"市民性"做一个相对应的界定。

"超越"意味着跨过，越出，这是一个动态的过程。"超越性"代表着一种既有之，且过之的性质。

超越，来源于孤独。人们基于自身的经验与理解去把握外部环境，当个体的

① ［德］赫尔曼·黑塞：《荒原狼》，赵登荣，倪诚恩译，上海：上海译文出版社，2008年，第60页。

② 陈敏：《〈荒原狼〉：传统市民性与现代性困顿中的自我救赎与升华》，《德语人文研究》2018年第2期。

③ ［德］赫尔曼·黑塞：《荒原狼》，第60页。

人生经历与思想觉悟都与该环境中的人群有所差异时，其思想上必然会产生疏离感进而逐步演化为孤独。①

孤独可以分为生活的孤独和生命的孤独。生活的孤独是对外部现实世界的直接反映，更接近于孤独感。而生命的孤独是孤独感的升华，是自由意志的产物，它与个体的生命意识共生，并非针对某一具体的对象而产生。生命的孤独即可以理解为哲学意义上的"孤独意识"。圣贤的诞生必然经历意识上的孤独，对于孤独意识有两个层面成因阐述：如果说主体对客体的精神需要与其实现可能性之间的冲突是产生孤独意识的第一层面的原因，那么第二层面的原因则是发源于主体的超越意识与其超越有限性之间的悲剧冲突。②

超越意识实则是超越市民最看重的"我"的意识，相对于市民而言，圣贤在思想上具有清醒且独立的判断力，能够敏锐地感受到他者与时代。时代流变之际，多种文化、多种社会意识的碰撞与交错，使人成为"最典型的人生旅客，是旅行的囚徒。他将去的地方是未知的，正如他一旦下了船，人们不知他来自何方。只有在两个都不属于他的世界之间的不毛之地，才有他的真理和他的故乡"③。个体生活在巨大时代的齿轮中，精神世界会产生巨大的震动与痛苦。当然不是每个人对此都感受强烈，但是具备超越意识的圣贤命里注定要把人类生活的所有问题都提升为个人的痛苦与地狱来体验。他们始终以敏锐的触觉观察和感知不同群体的精神世界，在某种程度的隔绝处境中对现象进行客观判断。

谈及"超越性"，是指圣贤跨过"我"，直面理想的文明性与人类本性（"市民性"）之间的冲突。在经历心灵的"炼狱"之后，在灵魂的自我审视中剥离恶与欲达到平衡（即真正的"中庸"）从而成为完全超越市民的个体。

三、为生民立命：生民向圣贤的转化

市民的特性决定了其在世上的角色不会被铭记而只保有一个抽象的概念。而圣贤在超越了"我"，也就是"市民性"之后，远远超出了市民可能达到的程度而发展成为个体，他们往往有自己法律、道德和常理，他们中每个阶层虽然都已超越市民阶层，有能力过绝对生活，可都与市民性藕断丝连，多少还隶属于它，臣服于它。这都源于华夏圣贤的一个共同理想、整个中华民族精神的重要象

---

① 周万西子：《论鲁迅〈孤独者〉与黑塞〈荒原狼〉中的孤独意识》，《宜春学院学报》2017 年第 11 期。

② 田晓明：《孤独：人类自我意识的暗点——孤独意识的哲学理解及其成因、功能分析》，《江海学刊》2005 年第 4 期。

③ [法]米歇尔·福柯：《疯癫与文明理性时代的疯癫史》，刘北成、杨远婴译，北京：生活·读书·新知三联书店，2012 年，第 13 页。

征——为生民立命。

张载的"为天地立心，为生民立命，为往圣继绝学，为万世开太平"四句话一直以来为世人所传颂，并激励了一代代志士仁人，成为中华民族内在的核心价值。冯友兰先生在他的著作中多次引述，将其总结为"横渠四句"。[①] 在中国的政治观念中，"为生民立命"和"为万世开太平"从来都是不可偏废的两个方面。[②] 孟子创建了儒学史上最早的"立命"说。他提出："存其心，养其性，所以事天也。夭寿不二，修身以俟之，所以立命也。"（《孟子·尽心上》）这体现了代表华夏文化主流的儒家对"安身立命"问题的特别关注。至宋代，大儒张载更把儒者的使命明确为："为天地立心，为生民立命，为往圣继绝学，为万世开太平。"（《张载集·张子语录》）

"生民"，最早见于《尚书》，是人民的意思，在笔者看来，也是与上文的市民相对应的概念（接下来笔者将以生民取代上文所提"市民"）。"为生民立命"的关键词是"命"和"立命"。"命"是一个多义词，有命令、吩咐、使命、赋予、命运等含义。"天命"论是孔子命论的基本形态。孔子强调"天命"，其"命"字为命令义，其"天命"是指"天"所发布的命令，也就是天交付给君子或圣贤的使命。[③] 据史籍记载，张载"喜论命"[④]。但他深知，"人言命字极难"[⑤]。既然极言论"命"之"难"，表明他所谓的"命"一定是比孔子所言"天命"更为复杂的"命"，也就是人的命运。人的命运是受多方面难以把握的力量或因素支配的，无论力量或因素多么复杂，无论人的命运如何多变，出现多么难以预知的结局，所有这些无非都属于人的命运。又有学者在解读"为生民立命"时认为，"立命"的意思就是要让人民过正常的生活。但是人民生活所涉及的方面极其广泛，人民的吃穿住行，都是生活的一部分，而"为生民立命"讲的只是与人民大众的道德价值取向中有关的命运问题，并非泛泛地讲人民生活。[⑥]

所以在此，笔者认为，"为生民立命"即是指为民众确立命运的道德价值方向，使其能够据以做出正确的选择，从而掌控自己的命运，赋予生活意义。[⑦]

---

① 续晓琼：《"横渠四句"源流考》，《宋史研究论丛》2018 年第 2 期。
② 吴飞：《"为生民立命"是否可能"理解自杀"札记之四》，《读书》2005 年第 11 期。
③ 林乐昌：《"为生民立命"——张载命运论的新解读》，《西北大学学报》（哲学社会科学版）2019 年第 3 期。
④ 邵伯温：《邵氏闻见录》，北京：中华书局，1983 年，第 221 页。
⑤ 张载：《张载集》，北京：中华书局，2012 年，第 198 页。
⑥ 林乐昌：《"为生民立命"——张载命运论的新解读》，《西北大学学报》（哲学社会科学版）2019 年第 3 期。
⑦ 林乐昌：《"为生民立命"——张载命运论的新解读》，《西北大学学报》（哲学社会科学版）2019 年第 3 期。

"市民性"与"超越性"是可以单向转化的，也就是说，"市民性"会在一定条件下转化为"超越性"。这种转化就是生民向圣贤转化的过程，这会构成生民与圣贤之间的第一层关系——圣贤出于生民。而圣贤在成为超越生民之后，又会"为生民立命"，这就构成了第二层关系。

生民与圣贤之间的关系，首先是跨文化的。圣贤本属于生民的一部分，经历孤独之后超越了生民所固守的"我"而形成了新的文化群体，这个文化群体始终没有脱离生民却又区别于生民。生民与圣贤之间的跨文化关系又是塑造性的，不仅只是生民对于圣贤的塑造为其超越奠定基础，更有圣贤"为生民立命"对生民的重塑，使得生民能够明确自我的道德价值方向，做出正确抉择，从而屹立于历史的舞台甚至推动历史的发展。

在此，我们可以将塑造性跨文化传播理解为圣贤出于生民，属于生民，被生民塑造，同时在超越生民之后，反过来重塑生民，为生民立命。

第三节　辩证认知墨子身份的塑造性跨文化传播

塑造性跨文化传播不可避免地出现在每一位圣贤身上。于生民而言，中华民族得以生存的精神基础来源于圣贤的文化输出；于圣贤而言，凡是入世，则必然与生民互动，其思想也或多或少地带有生民塑造的色彩。在众多圣贤之中，有一位十分特殊，他与生民有着最紧密的联系，他的思想最具有人民性，本章将选取平民圣人墨子对塑造性跨文化传播的过程进行详尽的阐释，并以 Judith 教授提供的辩证视角为框架对塑造性跨文化传播如何打破了"自我"与"他者"的界限，从而能够建立在相似性与差异性作为整体的基础上进行讨论。

对于墨子的塑造性跨文化传播过程，可以从四个辩证视角进行理解。

一、稳定—动态辩证（Static–Dynamic Dialectic）

稳定—动态辩证法强调了文化和文化实践不断变化的本质，这是跨文化传播活动的基础。功能主义传统中的传统跨文化研究和一些解释性研究强调了文化模式的稳定性，例如价值观在一段时间内保持相对一致。[①] 而批判性研究者强调了文化意义的不稳定性和快速性。把文化实践看作稳定与动态的统一，有助于我们在一个多元化的世界里找到方向，并发展出跨文化交际的新方法。

就墨子与生民的跨文化传播交际中，墨子的文化身份是不断变动的，而生民

---

① Hofstede, G., *Cultures and organizations*: *Software of the mind*, New York: McGraw-Hill, 1991.

的文化身份又是相对稳定的。墨子的文化身份是围绕着生民文化身份这个定点作为轴心而不断变化的。

首先，墨子是真正的平民。墨子名翟，鲁国人，生卒年代大约在孔子之后，他出身低微，曾经是一名技艺精湛的工匠，自称"北方之鄙人"（《吕氏春秋·爱类》）、"贱人"（《墨子·贵义》），人称"布衣之士"（《吕氏春秋·博志》），生平无任何官职，以平民终身。[①] 墨子出生于工匠，这有很多历史记载。《韩非子·外储说左上》记载"墨子为木鸢"（《韩非子·外储说左上》），即他能以高超的手艺制作能飞的木鹰。《鲁问》记载："翟之为车辖。"《墨子》记载，他会做各种各样守城的器械，他精通木工，熟悉百工，曾为宋国制造过防守武器。墨子是真正的生民，从他的长相也能考证。《墨子》里明确记载，墨子长得黑，他叫色黑。另外中国有一些词叫"黎民""黔首"，老百姓叫"黎民""黔首"，"黎"、"黔"就是黑的意思。墨家的子弟，没有一个白面书生。墨家的第二个代表人物叫禽滑厘，也长得非常黑，这说明墨家子弟是不脱离劳动的。

墨子出生于基层劳动人者，出于生民，这是他的社会基础，也是他一开始的文化身份。在这个阶段，墨子与生民的文化身份是重合的。

墨子并没有一直固守生民的身份，而是踏上了孤独的超越之路。墨子生逢乱世，旧的制度崩溃了，新的制度还没有形成，社会正在发生剧烈变化，伴随社会变迁而至的是战争、饥荒、暴政、欺诈等灾难和罪恶。[②] 在春秋战国这个动乱时期，当时统治者"暴夺民衣食之财""富贵者奢侈，孤寡者冻馁"（《墨子·辞过》），广大民众过着饥寒交迫、颠沛流离的生活。与所有圣贤一样，墨子敏锐地感受到了时代变革所带来的悲剧，并在精神上蒙受了巨大的痛苦以致必须寻求改变。为了找到改变现实的思想武器，墨子最初向儒学求教，据《淮南子·要略训》记载："墨子学儒者之业，受孔子之术，以为其礼烦忧而不说（悦），厚葬靡财而贫民，（久）服伤身而害事，故背周道而用复政。"（《淮南子·要略训》）此时，墨子文化身份出现了一些转变，他开始学习儒家思想，开始有了改变现状的想法且积极向外界寻求方法。虽还不能定性为某一新的文化群体，但与生民的身份也不再重合，开始远离轴心。

儒学是当时显学，但墨子却在学习之后走上了一条重新立说的孤独之路。墨子之背儒立墨，一方面是因为儒家的烦琐礼仪使他不满，另一方面则是由于他急于要改变"国之与国相攻，家之与家相篡，人与人之相贼"的动乱现实。[③] 墨子意

---

① 彭丹丹：《墨子国际法思想的现代价值》，《学理论》2014 年第 3 期。
② 马庆玲、赵卓莉：《论墨子的平民思想》，《哈尔滨学院学报》（社会科学）2002 年第 11 期。
③ 秦彦士：《平民圣人墨子》，《寻根》2004 年第 4 期。

识到儒学并不能改变他所热爱的生民的地位和现状，便创立了墨家学说。韩非子概括"世之显学，儒墨也""儒之所至，孔丘也。墨之所至，墨翟也"（《韩非子·显学》）。这是一个排序，在春秋末期到战国时期这几百年里，最重要的学派就是儒墨。在墨子脱离儒家，自成一派之后，他也就成了与生民相区别的真正的圣贤。至此，墨子的身份完全剥离。

墨子作为圣贤文化身份的相对动态性和生民身份的相对稳定性使得墨子可以围绕生民这个轴心，进行超越、剥离运动，这种稳定—动态统一是整个传播活动得以发生的基础。

二、文化—个体辩证（Cultural-Individual Dialectic）

学者和实践者都认识到跨文化交际既是文化（群体）的，也是个体的。在任何互动中，交流的某些方面是个体和特殊的（例如，独特的非言语表达或语言使用），又是在同一文化群体中与其他人共享的（例如家庭、性别、种族等）。辩证的观点提醒我们，人既是群体成员，又是个体。

就圣贤与生民而言，本身就是个体和群体的关系。圣贤往往因为其超越性而表现为个体，例如在历史上留下姓名的墨子，也始终属于生民这个群体，他的思想始终带着劳动者的色彩。成立墨家学派的墨子，作为平民圣人，与生民的关系最为紧密，他始终心系人民，墨子学说最大的特点在于其坚决彻底的人民性——他为人民立言，为人民发声，为人民说话。

墨子眼中劳动者地位极高。《墨子》里明确说人跟动物的区别就是人会劳动："今人固与禽兽、麋鹿、蜚鸟、贞虫异者也。今之禽兽、麋鹿、蜚鸟、贞虫，因其羽毛，以为衣裘；因其蹄蚤，以为绔屦；因其水草，以为饮食。故唯使雄不耕稼树艺，雌亦不纺积织纴，衣食之财，固已具矣。今人与此异者也，赖其力者生，不赖其力者不生。"（《墨子·非乐上》）在墨子看来，既然劳动最尊贵，劳动有本位，劳动应该是社会的基础。这表明在墨子思想中，劳动人民地位极高。

推崇劳动的墨子以人民价值观贯彻了墨家思想的始终。人民价值观就是指人民最有价值。墨子认为人民最有力量。儒家代表著作《论语》里说："生死有命，富贵在天。"（《论语》）墨子、墨家坚决反对，认为没有什么命，没有什么命定论，认为人定胜天，不靠天命靠人力。墨子还具有群众智慧观，他认为人民，也就是生民最有智慧。《墨子·尚同下》中写道："一目之视，不若二目之视。一耳之听，不若二耳之听。一手之操，不若二手之操。"（《墨子·尚同下》）他坚信，群众的智慧合在一起是最值得信任的。

总体而言，墨家的民本思想、人民价值观比儒家的更前进、更激进、更积极。

如果和儒家的民本思想比较，孟子有"民贵君轻"的论点。《孟子·尽心下》引孟子说："民为贵，社稷次之，君为轻。是故得乎丘民而为天子，得乎天子为诸侯，得乎诸侯为大夫。"（《孟子·尽心下》）朱熹注说："盖国以民为本，社稷亦为民而立，为君之尊，又系于二者之存亡，故其轻重如此。"但这个观点还是站在巩固封建宗法制统治的角度，为了巩固君主的统治，不让民众造反来推翻统治者。还有另一位儒家的代表——荀子说君主像船，人民像水，"水则载舟，水则覆舟"（《荀子·王制》）。这还是站在君主的立场，这是儒家的民本思想。而墨子判断真理的三个标准："上本之于古者圣王之事""下原察百姓耳目之实""废以为刑政，观其中国家百姓人民之利"。[①] 这说明他认为人民的话最有价值，也可以看出其更加积极的民本观。

由此可以看出，墨子出于生民，超越生民成了名留青史的个体，但始终在为生民谋利益，思想也带有平民色彩，一直属于生民这个文化群体。墨子既存在于生民群体又超越生民的个体身份是其得以进行塑造性跨文化传播的重要条件。

三、现在—将来／历史—过去辩证（Present-Future/History-Past Dialectic）

跨文化交际中存在着历史与未来的辩证关系。辩证的观点认为，我们需要平衡对过去和现在的理解。[②]

（一）墨子思想为生民立命的历史—现在辩证

圣贤塑造性跨文化传播的最后一步，也就是"为生民立命"，是延续性的，就是说，在过去和未来是有差异且历久弥新的。以墨子最为出名的"兼爱"思想为例，在先秦诸多思想流派中，墨家能够独树一帜，成为与儒家并称的"显学"，究其原因，主要在于墨家打出了一面新的旗帜——"兼爱"论。[③]《尸子·广泽》篇中把墨家思想的特点简括为"贵兼"——"墨子贵兼，孔子贵公"（《尸子·广泽》）。而近代思想家梁启超认为："墨子贵兼者，墨子主兼爱，常以兼易别。故墨子自称曰：兼士。其非墨家者，则称之曰：别士。"[④] 从公元前 5 世纪一直到战国

① 莫付欢：《墨子的先在认知图式及其"非乐"论美学思想研究》，硕士学位论文，广西师范大学，2008 年，第 33 页。

② Collier，M.J.，"Intercultural friendships as interpersonal alliances." In J. N. Martin，T. K. Nakayama，& L. A. Flores(Eds.)，Readings in cultural contexts(pp.370-379). Mountain View，CA: Mayfield，1998，PP370-379.

③ 黄勃：《论墨子的"兼爱"》，《湖北大学学报》（哲学社会科学版）1995 年第 4 期。

④ 梁启超：《尸子·广泽篇、吕氏春秋·不二篇合释》，《清代学术概论》，北京：东方出版社，1996 年，第 151 页。

末期公元前 3 世纪，在墨家整个发展过程中至今留下来的著作有 53 篇，所有篇章都在论证兼爱，一直论证到底。墨家思想体系正是以"兼爱"为基础建构出"非攻""尚贤""尚同""节用""非命"等伦理思想。可见，"兼爱"无疑蕴含着深刻思想内涵和意义。

在墨子的那个时代，儒家是主流、洪流，墨家是逆流、潜流。墨家是不受重视的，而且受批判的、受打击的、受独裁的、受专政的、受镇压的，凭借一点反抗的顽强生命力活着。其"兼爱"思想也主要是对儒家的仁爱思想做了一种反抗。何谓儒家之爱中的"仁"呢？孔子云："己所不欲，勿施于人"，"己欲立而立人，己欲达而达人"（《论语》）。孟子亦云："老吾老以及人之老，幼吾幼以及人之幼。"① 儒家思想提倡的"仁爱"倾向于从主体性"自我"出发"推爱"及他人，此可视为一种强调封建宗法等级制度的有差等的"别爱"。而墨子则认为儒家强调"别"恰是造成现世多生祸害的原因："分名乎天下恶人而贼人者，兼与？别与？即必曰别也。然即之交别者，果生天下之大害者与？是故别非也。"② 墨子倡导"兼爱"，即遵循在个人、家庭以及国家之间无差等、一视同仁的爱。所有的人，不分民族，不分阶级，不分等级、亲疏、住处、你我、主仆、时代，你能想到人所有的差别都不考虑——只要是人，都要普遍、深刻、彻底、穷尽地爱，不要漏掉一个。墨家兼爱旨在反对儒家把人类之爱囚禁于以"个体为中心"的片面、偏私及狭隘的"别爱"。③ 假如现在用一句话来把兼爱的意思展开解释，就是所有的人应该爱所有的人。主体是所有的人，对象是所有的人。用的词是"应该"，"应该"是属于理想、愿望，就像真善美一样是一种理想。从道义、理论上来讲，所有人爱所有人，这是墨家的理想。总之，兼爱思想的基本内涵可以归之为"爱无差等"：首先是爱的整体性，人类整体整个都爱，一个不漏；其次是兼爱的周边性，不论这个国家有多少人，也不妨碍兼爱，不论这个人在哪，也不妨碍兼爱。爱你也爱我，谁都爱，这就是墨家兼爱的彻底性。从墨子开始一直到后期墨家二百五十年里，想了很多论据、论证，有十几个角度来论证兼爱，这是一种彻底的平等思想。

墨子出身微贱，他是劳动人民塑造的圣人，对下层人民的疾苦和要求有更深切的了解和体会。他以现实社会的矛盾弊病及民生疾苦为出发点，提出了以兼爱平等"为核心的思想体系是为了以这一新的道德原则为指导，消弭战乱，化解各种社会矛盾，实现社会和谐，安定社会民生。在这种彻底的平等思想指导下，墨子本人以墨家"兼爱平等"思想为行义的大旗，带领弟子们以艰苦卓绝的行动为

---

① 杨伯峻：《孟子译注》，北京：中华书局，2010 年，第 15 页。

② 孙诒让：《墨子间诂》，北京：中华书局，1986 年，第 105 页。

③ 张起：《贯通文化视角下的墨家兼爱思想》，《北京行政学院学报》2011 年第 5 期。

天下"兴利除害"。在鲁，他对穆公说及受到百姓拥护的道理；至楚，对惠王宣讲行天下之大义；于齐，驳斥田利攻战之非，尤其是行十日十夜至郢止楚攻宋的壮举，更是为后世展示了一位大智大勇的救世者形象。这些传奇般的事迹与舍生取义的壮举使墨子当时就赢得了"圣人"的美誉。[①]但总体而言，墨家一直处于地下状态，这种地下状态是隐蔽的思想，是潜流，潜在的思想。它不是官方的指导思想，墨子的兼爱思想对于古代生民，渗透在农民起义这些代表人物里，比如农民起义的领袖，也渗透在小说及民间文学、口头文学里的，比如说"替天行道"等。[②]

　　于现代生民，"兼爱平等"的墨家思想历久弥新，有了特殊的现世意义。用现代的话话来分析，兼爱思想是最彻底的人文主义、人道主义。人文主义是对应"神文"来讲，人道主义就是把人当人，这叫人道。"兼爱平等"就是倡导人人都有人权，尊重人权，认为人有自尊心，有民主自由，有个人的自由权利。兼爱思想的"超阶级性"、反等级制度的特点——这一封建时代陷墨家思想于被排斥和压抑境地的"缺陷"，在当今世界多极发展、多元文化、国际社会阶级差别趋于淡化的背景中，将重新焕发出耀人的光彩——也被当今世界和平与发展主题及构建和谐世界的理念所蕴含。简而言之，当今全球生产力发展提高以及工业化程度的纵深发展，造就了数以亿计的生产劳动者来充当墨家思想的"阶级基础"（或国际社会的"大众"基础），这为兼爱思想更深入地植根人心提供了今非昔比的丰厚土壤。[③]因此，兼爱思想实际上是在现实中找到了赖以生发的客观性的物质基础，全球化社会大生产的客观现实需要，似乎在一定程度上使得"兼爱平等"的交往观成了世界赖以发展、民族赖以生存的必要思想。

　　墨子几千年前的思想在历史的长河中饱经检验，为一代又一代的中国人指明了方向，其思想对于生民的塑造需要既用历史的眼光审视又用现代话语阐述。

（二）塑造性跨文化传播活动的过去——将来辩证

　　纵向看待文化现象的视角自然也可以存在于塑造性跨文化传播活动的全过程。塑造性的跨文化传播是有先后顺序的，且始终伴随着圣贤的成长过程，以一种纵向、动态的形式展现出来。墨子的塑造性跨文化传播经历了从生于生民、超越生民成圣、以墨家"兼爱平等"思想为指导为生民立命，再到其思想随着历史的推移塑造一代又一代的中国人四个阶段。四个阶段连续有次序，同时又互相影响，

　　① 秦彦士：《平民圣人墨子》，《寻根》2004年第4期。
　　② 蔡洪滨：《为什么在中国创新这么难》，《现代国企研究》2012年第3期。
　　③ 张起：《贯通文化视角下的墨家兼爱思想》，《北京行政学院学报》2011年第5期。

具有因果关系。墨子身为劳动者经历的苦难是其希望跨越本阶层向儒家学习的原因；而其之后提出彻底的平等观念，目的却在于反对儒家不彻底的"别爱"思想，抵抗统治者的特权，造福广大人民，这是一种向生民的回归；最后其思想随着历史的长河留存下来并历久弥新，指导着一代又一代的中国人。四个阶段一环扣一环，前后紧密相连。

这种纵向的跨文化视角不仅阐明了塑造性跨文化传播活动的最后一步，也能让我们更加明晰塑造性跨文化传播的全过程。

四、不同—相似辩证（Differences–Similarities Dialectic）

在传统的跨文化交际研究中，有一种过分强调群体差异的倾向，这就造成了错误的二分法和僵化的期望。辩证法认识到差异与相似是并存且平级的，相似性和差异性可以从整体上来进行看待。

上述三种辩证法视角较为详尽地展现出了墨子塑造性跨文化传播的全过程。基于这三种辩证视角，塑造性跨文化传播本质是从相似性出发，到一种相似性的剥离，再到一种相似性的回归。稳定—动态辩证视角下看，墨子一开始是生民，后来超越成为圣贤，其角色的动态性为整个塑造性传播活动得以发生奠定了基础；文化—个体视角下，墨子既是生民又是圣贤，他跨文化传播的起点并非差异性，直到他超越生民之后才展露出差异，最后通过塑造要达到的也是一种回归和融合；在过去—将来辩证视角下，由于塑造性跨文化传播是纵向且前后紧密相连的，所以必须以整体性的视角看待，在这条浑然一体的时间轴上，圣贤本人贯穿始终，变化的是时间，是时代，所以对于圣贤而言，他始终是"自我"与"他者"的统一，始终是一个整体的个体。至此，不同—相似辩证的视角最终回应了"自我"与"他者"界限突破的问题，也成功将跨文化传播活动建立在了相似与差异共同的基础之上。

"生死有命，富贵在天。"天地混沌，但是生命可以有方向。在面对人类自身时，我们也应该积极主动地干预。生民封闭于"自我"，无法洞察时代命运变化的规律，难以依靠自己活下去，如果没有合适的干预，人类只会陷入混乱。所谓"立命"，即是为生民确立命运的道德价值方向，使他们能够据此做出正确的抉择，从而活得下去。

立命者，谓生民各禀天性，授命于天，然或后天习染，日渐泯灭。唯圣人洞明性理，合之无间，能够教化黎民，俾各归于本性之正，身安命立。

中华民族一代又一代的生民依赖于圣贤为人类建造的美好精神家园，从而安身立命。今天中国人的衣食住行、人格气质、思维方式与社会建构，都是古代圣贤历久弥新思想指导下的传统的延续。墨子的"兼爱平等"思想至今在全球化的世界格局下的跨文化交流中扮演着指导思想的角色。"一带一路""人类命运共同体"，无一不借助墨子几千年前的思想力量。阅读古代先哲能够帮助我们更好地了解自己的来路，以及如何面向未来。

笔者提出塑造性跨文化传播，展现的是圣贤出于生民，超越生民，最后反过来塑造生民的文化传播活动，在不将"自我"和"他者"从横向的角度进行区分的情况下，在纵向时间轴上使得两者合二为一，从整体性的角度看待差异与相似的统一。本章通过墨子的例子，并借助几种辩证视角对其进行理解与阐释，希望能引起学界对于更多跨文化传播研究视角的关注。其次，也希望将"塑造性跨文化传播"作为分析古代圣贤塑造中华传统精神的一种框架。最后，通过对于中华民族古代先贤生命历程的追根溯源，我们也能够通过整体性的历史视角挖掘出更多深埋圣贤生命角落中的因果，汲取更多精神力量。

（本章作者：张嘉璐 谢清果）

第十二章 同异取舍：江户时代朱子显学的入乡随俗

本章以空间直角坐标系的视角将圣贤、跨文化传播、贤文化三个概念的交叉研究方向进行了梳理与简要分析，通过探索朱子学成为江户时代治国哲学的宏观与微观原因，从霍夫斯泰德的"洋葱图"出发提出了跨文化传播可能模式的探索——"涟漪圈"：同异取舍的动态跨文化途径。"涟漪圈"的核心为"类同文化底色"，在"异质发展需求"这一作用力下，向外由"礼乐仪式""贤能之士""生活符号"依次荡开，在"类同文化底色"的张力作用下再依照"生活符号""贤能之士""礼乐仪式"依次回溯。"涟漪圈"为静态呈现文化不同层次的"洋葱圈"增加了"异质发展需求"这一动力，从而更好地说明了跨文化传播中不同层次的文化改变是何以可能、何以作用、何以形成的。

第一节 圣贤与跨文化传播研究的学理思考

圣贤的跨文化传播有着多重的面向与探索空间：以圣贤作为主体视角进行对贤文化的吸收传播或跨文化传播活动的思考、以贤文化作为主体视角进行关乎圣贤培育或是跨文化传播内容的探究、以跨文化传播这一过程作为主体思考圣贤与贤文化在其中发挥的作用……在笔者看来，这种思路的肯綮之处便是"圣贤""贤文化"与"跨文化传播"这三个概念。本章选题的初始研究思路便是以这三个主体概念为元素构建"空间直角坐标系"进行圣贤、贤文化、跨文化传播的思路梳理。

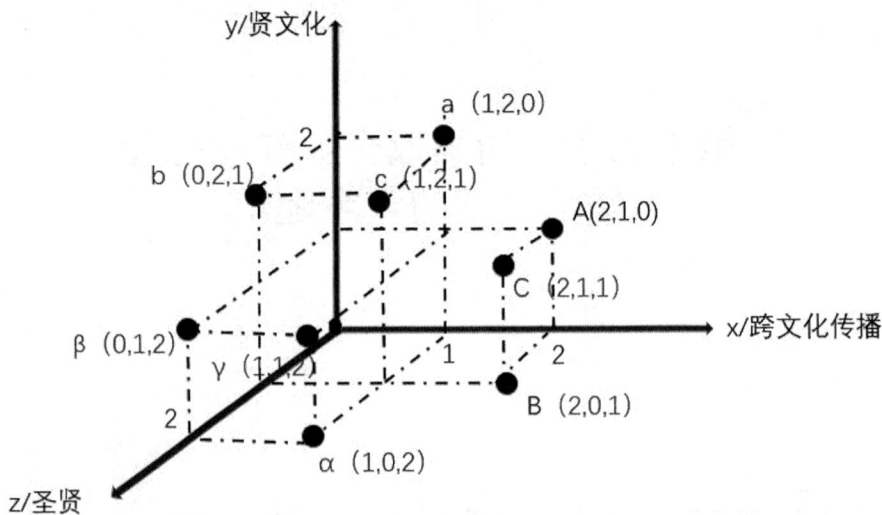

圣贤、贤文化、跨文化传播思路图

　　本图以"跨文化传播"为 x 轴，以"贤文化"为 y 轴，以"圣贤"为 z 轴进行建构，坐标系中的交汇点表示进行梳理的思路，每一条轴既可能是思路梳理的出发之处，也可能是思路梳理的结合之处。轴的刻度"1、2"表示这该轴在某一思路梳理中相关程度，数值越大则相关程度越高，如：以 y 轴贤文化为出发点则该交会点的 y 轴坐标值为"2"。笔者将以不同轴的刻度点作为出发之处，结合另外一条或两条轴进行交汇与思考，梳理分析如下：

　　一、以 x 轴跨文化传播为出发点

　　点 A（2，1，0）从跨文化传播的视角出发，结合贤文化，如跨文化传播中贤文化的指导作用。可由此思路出发探索朝贡贸易中"美美与共，天下大同"的精神指导。

　　点 B（2，0，1）从跨文化传播的视角出发，结合圣贤，如跨文化传播中的圣贤探究。可据此思路探索玄奘西天取经等跨文化交流事例。

　　点 C（2，1，1）从跨文化传播的视角出发，结合贤文化与圣贤，如跨文化传播中圣贤对贤文化的弘扬。可据此思路思考鉴真东渡之于东学西渐、利玛窦来华之于西学东渐。

　　二、以 y 轴贤文化为出发点

　　点 a（1，2，0）从贤文化的视角出发，结合跨文化传播，如贤文化的跨文化传播。在此视角下，可以探究儒家文化通过丝绸之路、朝贡贸易等途径孕育东亚

"儒教"文化圈的形成。

点 b（0，2，1）从贤文化的视角出发，结合圣贤，如贤文化对圣贤的培育。在此视角下，颜氏家训等家书传承对后代的训导是一个可以结合现时代进行思考的育人命题。

点 c（1，2，1）从贤文化的视角出发，结合圣贤与跨文化传播，如贤文化通过跨文化传播对圣贤的培育。在此视角下，可以研究中国朱子学之与江户时代德川幕府时期林罗山的熏陶。

三、以 z 轴圣贤为出发点

点 α（1，0，2）从圣贤的视角出发，结合跨文化传播，如圣贤如何进行跨文化传播活动。据此角度，我们或许能从孔子如何在周游列国之时处理好不同地方的风俗并开展讲学之中获得启发。

点 β（0，1，2）从圣贤的视角出发，结合贤文化，如圣贤如何利用或者传承贤文化。据此角度，我们可以纵向探索儒家、道家等文化的历史发展；可以从横向角度探索春秋战国时期百家争鸣的文化交锋。

点 γ（1，1，2）从圣贤的视角出发，结合跨文化传播与贤文化，如圣贤如何应对跨文化传播中的贤文化流逝与消减。据此角度，我们可以从具体主体的角度思考贤文化的跨文化传播，如受到佛老思想冲击后，韩愈创立道统学说，开展古文运动，意图以复兴儒学来抵御佛道两家对儒家地位的挑战。

以上这些只是通过三个概念勾连而成的结合点，从这些点出发，回到更为广阔的现实领域寻找结合点，我们能够勾连出更为具体的"线"与"面"：将这些点与具体的器物、制度、风俗联系，我们能够探索诸如交聘制度与"统一性文化空间"的关系[1]；也能以非言语的角度切入，来思考利玛窦来华的跨文化交流手段[2]；或是将这些点聚焦为更为具体的儒家文化、道家文化、佛教文化等进行联系，我们能进行诸如从中国儒释道文化沟通角度的跨文化思考[3]。总的来说，在以上的思路梳理之后我们不难发现有着不胜枚举的"贤文化"与"跨文化传播"的研究面向。

在对以上思路进行梳理之后，笔者回归现实的时代语境，思考当今"构建人类命运共同体"语境之下跨文化传播的研究状态，笔者发现提及"国际文化话语

---

① 王琛：《中国古代交聘、国家形象与跨文化传播》，《国际新闻界》2008 年第 6 期。
② 陈义海：《从利玛窦易僧袍为儒服看跨文化交流中的非语言传播》，《上海师范大学学报》（哲学社会与科学版）2004 年第 1 期。
③ 赵立敏：《跨文化传播理解的实现路径：以中国儒释道文化沟通为例》，《宁夏社会科学》2019 年第 5 期。

权"之时，人们普遍认可的事实是，话语力关系着国家的国际地位和发展，在跨文化的事务合作中，话语的权力或影响力发挥着重要的作用①。同时由此提出应该通过"采用一些国际公关的技巧，更加注重以文化中的共性弥合差异，打破西方媒体设置的议程，从而提升中国话语力"②等方式来解决问题。这些建议确有其合理性，但是面对跨文化传播之时，在进行竞争性话语建构之外，我们还有其他应当探究的方向吗？

此时，笔者将目光转向了"朱子学"。

第二节　知明行笃：圣贤推动下朱子学的传入及发展

在时间的维度上，朱子学曾经一度在东亚的历史上、在中国、韩国与日本的主流思想中占统治地位；在空间向度上，朱子学时至今日仍深刻地扎根于八闽、东南亚等国内外各地华人的生活方式上。在其东亚的传播之中，成为日本的治国哲学无疑是颇为引人注目的跨文化传播实践，圣贤文化在日本这个颇有渊源的邻国的传播具有深刻的研究意义。③因此，笔者以"朱子学"为研究点，探索了朱子学在江户时代何以成为国家治国哲学这一成功的跨文化传播案例，以期探究出新的跨文化传播的实现路径。

一、圣贤之学

作为中国封建专制社会后期别具风格和特点的哲学思维形态与贤文化跨文化传播的成功典范，朱子学有它产生的学术渊源、形成发展的演绎过程和包容创新的跨文化传播特质。它在唐中期以后的韩愈和李翱思想中初露苗头，在北宋时期经周敦颐与"二程"得以进一步发展，到南宋时期的朱熹集大成。朱子学的演绎历程亦是贤文化的时代性扩充与发展，体现了朱子学作为贤文化的有机组成部分之一所具有的因时而变、取长补短、历久弥新之特质，这也是其能够进行跨文化传播的基础。

贤文化的发展脉络有着继承性的特质。韩愈提出了一个儒家"道统"说，认为"道"是一个精神实体，道的具体内容就是"仁""义"，为理学家后来讲"道统"开了先声。李翱进一步发挥了孟子的"性善"说，大谈"性命义理""性善情

---

①　See Steffek, Jens.San Domenicodi Fiesole, *The power of rational discourse and legitimacy of international governance*. Italy: European UniversityInstitute, 2000.

②　赵启正：《跨文化传播中的话语力问题》，《甘肃社会科学》2020年第5期。

③　朱人求：《朱子文化的基本精神》，《朱子学刊》2016年第1期。

恶"，由此开启了理学家探讨"天命／气质之性"的先河。周敦颐继承李翱思想，发挥《中庸》里"诚"的观念，把封建的道德概念夸大为宇宙万物与人类社会的本源。此外，通过《太极图说》进行世界本体的论证，建立了以孔子、孟子正统思想为主的本体论哲学体系。

贤文化的发展创新有着批判和吸收的禀性，是螺旋式上升的过程。面对佛道的冲击，二程以儒、释、道三教归一为路径，以儒学为核心，释合佛、道所津津乐道的宇宙构成、万物化生问题及其思辨哲学，从而形成了以理为本体的、初具体系的本体论哲学。二程在中国哲学史上首次把"理"提升为宇宙的本原，这样就把自然观、认识论、人性论和道德修养等各方面问题都纳入"理"的体系，于是提出了一系列为理学家们争论不休的问题，如"理气""格物致知""天命之性"与"气质之性"等，这也为朱熹集理学之大成奠定了基础。朱熹在直接继承二程理本论的哲学思想，同时合理地吸纳了张载的"气化"学说、批判地吸收了邵雍数学中的"一分为二"思想、和谐地采纳了佛学的思维成果，并将其融会贯通，最终建立了一个内容丰富、条理清晰、逻辑缜密的哲学体系——朱子学。

二、贤者之为

中国朱子学最初在镰仓幕府初期传入日本，但它在 400 年来一直受到佛教的束缚，直到德川时期才摆脱佛教的束缚，成就了独立的道路。在这一发展过程中，藤原惺窝与林罗山这两位日本圣贤发挥了关键的作用。总的来说，无论是朱子学的初传还是成为治国显学，圣贤都在朱子学的成功跨文化传播中发挥了不可小觑的作用。

圣贤所具有的从善如流、知明行笃的品质使朱子圣贤的培育成为一种可能。藤原惺窝出生于名门贵族，幼年便入寺禅僧，在 30 岁左右转变为佛教信仰，投身于朱子学。他的转变与两位朱子圣贤有着密不可分的关系：一是造诣较深的李退溪学派的朱子学者许篈之，他所作《柴立子说》中说道："儒佛不同道"[①] 文中强调了的"儒佛不同道"的思想在很大程度上对习惯于"禅儒一致"风气的惺窝产生了冲击。二是同样造诣较深的朱子学者姜沆，他在姜沆协助下完成了《四书五经倭训》，这是日本第一部用朱熹观点对《四书五经》进行解释的著作。[②] 弃佛归儒的惺窝的所作所为是日本朱子学发展史上浓墨重彩的一笔，他使朱子学最终摆脱了禅学的束缚，故而被称为日本朱子学的开创人。

圣贤所具有的专心治学、经世致用的品质使朱子圣贤之学的发扬得以可能。

---

① 阿部吉雄：《日本朱子学和朝鲜》，东京：东京大学出版会工，1971 年，第 47 页。
② 王家马卜：《日中儒学比较》，东京：六兴出版社，1988 年，第 145 页。

林罗山是藤原惺窝的高足，也是"脱佛从儒"的学者之一，18 岁时读《朱子集注》被其打动；22 岁时拜藤原惺窝为师，从此以渊博的学识成为藤原惺窝门下的名儒之一。如果说藤原惺窝让朱子学脱离了禅学的束缚，走上了独立发展之路的话，那么林罗山对朱子学的贡献就是建立了德川时代朱子学的治国哲学地位。在幕府统治者庇护下，他打击朱子学之外的"异学"，使朱子学成为德川文化的中心，同时一生致力于保护朱子学官方的独尊性。除了将儒学从明经家和僧人手中解放出来外，林罗山还通过其造诣弘扬与发展朱子学，在学术思想方面，他从合理论的角度发展出朱熹的"理性"思想，提倡"理气合一"。

三、跨文化之成

在自身取得了长足发展之后，朱子学的官方地位也有了很大的提高，在以藤原惺窝与林罗山为首的朱子学传播者的推动下，朱子学成为治国显学。从圣贤的推动到制度的改变，从制度的改变到思想的认同，从思想的认同到实践的统一，这一场以时代显学为结果的跨文化传播之成有着诸多丰富的传导要素，其具体路径将在后文具体分析。就朱子学的跨文化传播成果来看，其成就之况从教育这一视角就可得见一二。

在此在第五代将军纲吉统治时期，他亲自向大名等讲授"四书"与《周易》《孝经》等著作，且坚持八年之久；幕府建立了直属幕府的昌平坂学问所，同时由于受到官方的重视和支持，学问所从最初的林家私人书塾变成了更具官学性质的讲习所。此外，在教育方面，"仅江户 1722 年前后就有寺子屋师匠约 800 名"[①]，"在各藩担任教授的 1912 人中，朱子学派的有 1388 人"[②]。受教育机构辐射面广的影响，朱子学在各个阶层都得到了广泛的传播。

总而言之，朱子学为幕府的统治提供了一整套维护封建统治的思想观点和理论学说，在这一时期，"无论怎样说，必须承认以朱子学为代表取得了封建正统哲学的地位"。[③]

---

① 杨立影：《试论日本江户时期儒学在民间的普及》，《河北工业大学学报（社会科学版）》，2010 年第 2 期。

② 叶渭渠：《日本文明》，北京：中国社会科学出版社，2004 年，第 129 页。

③ 家永三郎：《日本文化史》，刘绩生译，北京：商务印书馆，1992 年，第 196 页。

第三节　入乡随俗：朱子学的 文化折扣与文化增值探析

在文化的对外传播过程中，由于本土文化与外来文化的弥合或矛盾，本土文化与外来文化相互竞争的情况在所难免，也因而导致文化折扣或文化增值两种结果：文化折扣指的是文化对外传播的效果降低，而文化增值则指文化对外传播的价值提高。据张周洲《文化折扣与文化增值：对外文化传播中博弈分析》一文，就其影响因素而言，有文化距离、文化背景、语言、历史传统、国外市场大小以及能否与本土文化产生共鸣、是否符合本土的文化和价值理念。

在朱子学于日本传播过程中，由于它与日本的"禅儒一致"等文化融合或冲突，二者不可避免地会出现相互博弈的情况，从而导致文化折扣或文化增值两种截然不同的结果。其中文化折扣指的是降低了朱子文化在日本的传播效果，而文化增值则提高了朱子文化对日传播的价值。

基于博弈理论分析了不同策略下文化对外传播的效果的结果表明：第一，不同文化之间的博弈有着均衡的结果，文化之间的融合有利于实现本土文化与外来文化之间的双赢。第二，文化在对外传播中有必要采取一定的策略降低文化折扣，以提升文化增值，提高文化对外传播的效果。具体到朱子学在日本的传播来看，囿于两国的文化差异，朱子学在日传播初期受到的阻力较大，有着长达 400 年之久的沉寂；但由于中日两国存有一定的文化渊源，加之日本朱子学者顺应统治需要的学习、改造、推广，朱子学在日本传播实现文化增值，成为治国显学，颇有"墙里开花墙外香"之意味，其具体路径详见以下论述。

就朱子学勃兴的时代背景而言，德川幕府建立之初，皇室作为精神的象征的影响力并未减弱；幕府没有对大名的绝对控制权力，而地方大名有相当一部分的自主权。由皇室、将军、大名、武士形成的社会政治结构，"德川家康完成统一大业后，……着手重建战后的政治秩序和社会规范"[①]。在这一过程中，他所面临问题有：如何解释新政权建立的合法性、如何理顺统治阶级的内部关系、如何建构一个统一的社会价值体系等。而统治者面临的这三大问题，便是朱子学显扬并改造自身、增加在日本知名度与认可性，进而实现文化增值的流变路径。

一、确立政权的合法性

德川幕府必须对自己统治的合理性进行论证和说明。若依照日本旧的武士道

---

① 周杰：《德川幕府与朱子学》，《解放军外国语学院学报》2008 年第 2 期。

德，德川家康杀害刚去世的丰臣秀吉的家室成了日本最高统治者的行为是对"忠"和"义"的背叛。这使得朱子学有从阐释政权合法的角度出发的机会为统治者所推崇，进而克服和日本武士文化之间的矛盾并完成从文化折扣到文化增值的价值流变。

对此，朱子学的天理观为统治制度的立法依据提供了理论支持与合理说明。《本佐录》的作者认为，德川家康是"天"所选择的"可治天下的有器量的人"①，并非如表象一般凭借暴力登上统治地位。朱子学的天理观把德川家康夺取天下说成天命所规在很大程度上适合日本统治阶级巩固统治的需要，因此备受德川幕府的推崇。

二、建构稳定的政治秩序

此外，德川幕府有着树立政治权威以确保政治有序的需求，需要普遍适用并得到保障的规章制度来维护统治、构建稳定的政治秩序。而这一需求，同样是朱子学阐释自身人伦观与"理本体论"并使其为统治者所用，进而为日本民众所认可的一大机会。

对此，朱子学的人伦观可以成为维护封建等级制度与统治秩序的思想基础与依据。"为了维持作为幕藩体制特征的严密的士农工商的身份制和武士团内部的阶层结构，儒教特别是朱子学派是最为适合的。"②朱子之学的"理本体论"与"天人一理"理论"把自然界和人类社会合而为一，利用自然界的秩序，即天地的空间、上下的关系，来说明人类社会的价值上的上下关系"。③这相当符合幕府统治者在政治制度上既继承武家与公家政权并存的基本结构，又意图超越公家权威，在此基础上武家统治天下的思想。

三、整合社会的价值体系

德川家康认识到"为了确保既得的政权，深深感到，欲转换战国杀伐之心，就需要振兴道德教化"④。更为严重的是，此时国内的天主教广泛传播、宣扬的"平等"思想与幕府等级森严的封建统治秩序存在难以调和的矛盾与冲突。在此"内忧外患"之际，具有深远的维护阶级统治秩序"经验"的朱子学真正得以大展身手，以其完备的封建人伦道德观取得统治者青睐，实现向日本下层的沉淀、潜移

---

① 王健：《"神体儒用"的辨析：儒学在日本历史上的文化命运》，郑州：大象出版社，2002年，第135页。
② 永田广志：《日本哲学思想史》，陈应年译，北京：商务印书馆，1978年。
③ 日本近代思想研究会：《近代日本思想史》，马采译，北京：商务印书馆，1983年。
④ 丸山正男：《日本政治思想史研究》，王中江译，北京：生活·读书·新知三联书店，2000年。

默化地增大自身与日本主流意识形态耦合度实现文化增值。

对此，朱子学的忠孝观被认为是可以进行日本阶级关系调整的伦理规范与道德原则。日本的朱子学倡导"以忠为本"的武士道德："只要这种等级制度存在，无论是两个政府还是封建制度就都不会导致任何伦理道德上的冲突。"① 因此，德川幕府以朱子学的封建人伦道德观为内核，多次修订武家诸法度来巩固和加强统治阶级内部的封建伦理关系。

第四节　同异取舍：从"涟漪图"看朱子学的跨文化传播启示

朱子学在江户时期成为显学无疑是一次成功的跨文化传播案例，思古追今，我们能从这场圣贤文化成功且优秀的跨文化传播案例中得到哪些启示？在探究了朱子学成为日本的治国哲学，通过"入乡随俗"成功实现文化增值之后，笔者着眼于其背后更为深微的变化肌理，探索这一"入乡随俗"的过程何以实现，结合已有的传播学理论尝试给出"同异取舍"这一微观的、纵向的答案。

一、"洋葱图"带来的文化差异之思

霍夫斯泰德认为，在众多描述文化表现形式的术语中，符号、英雄、仪式和价值观的概念合在一起可以构成"洋葱图"，从而简洁地阐明文化的总体概念。具体来看，霍夫斯泰德认为：外层的符号（symbols）指的是承载着为某种文化群体所理解的特定含义，如词语、动作、图像或者物品。新的符号很容易产生，而旧的则在消失；某一文化群体的符号经常会被其他群体复制。英雄（heroes）是具有被某一文化高度赞扬的品格，因此被视为行为典范的人物形象。仪式（rituals）是一些集体活动，虽然从技术层面看，这些行为对达到预期结果而言是多余的，但在一种文化当中却被视为具有重要的社会意义。价值观是文化的核心，表现为更喜欢事物的某些特定状态而非其他状态。在途中，符号、英雄、仪式都被归结为实践活动（practices）这个术语。虽然这些文化表现能够被观察和感知到，但是它们的文化含义则是无形的（但又确凿无疑地存在），并只能由文化内的成员通过实践活动给予诠释。②

---

① 森岛通夫：《日本为什么成功》，胡国成译，成都：四川人民出版社，1986年。
② 霍夫斯泰德（Hofstede, G.）：《文化与组织：心理软件的力量（第二版）》，李原、孙健敏译，北京：中国人民大学出版社，2010年。

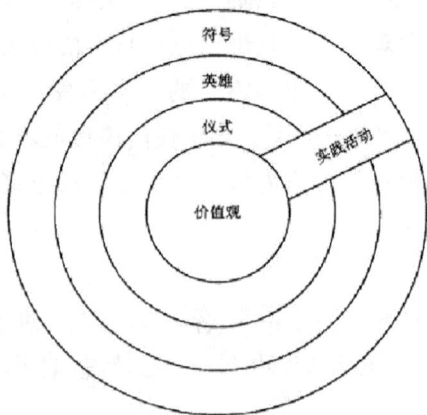

"洋葱圈"：不同深度层次的文化表现

二、"涟漪圈"的理论建构

但显然，Hofstede，G. 和 Hoftede，G.J. 所述的"洋葱图"只能从文化表现的深度层次阐释静态的文化差异，若问及这些文化表现在不同文化进行融合与冲突过程中的相互关系如何？"洋葱图"便难以阐释。由此，笔者提出了"涟漪圈"，结合华夏传播的特质对"洋葱图"所体现的文化表现进行了进一步的阐释，"涟漪圈"的核心为"类同文化底色"，在"异质发展需求"这一作用力下，向外由"礼乐仪式""贤能之士""生活符号"依次荡开，在"类同文化底色"的张力作用下再依照"生活符号""贤能之士""礼乐仪式"依次回溯。

具体而言，"类同文化底色"指的是不同的国家或地区有着可以共享的文化意义空间，如西方的拉丁文化圈、东亚的汉字文化圈、伊斯兰的阿拉伯文化圈、东欧的斯拉夫文化圈等。"异质发展需求"指的是不同的国家或地区有着不同的发展需求，并以本地的发展需求为动力对外来文化加以改造使其契合本地的发展。"礼乐仪式""贤能之士""生活符号"则是由里及表的改造维度："礼乐仪式"指的是氤氲于某种生活方式的信仰及与其相关的参拜、祭祀、仪礼等或瞩目或微小的生活仪式或细节；"贤能之士"指的是能够在社会教化上有引领作用、在国家治理上有积极的榜样作用的人才；"生活符号"则是指大众生活中无处不在、无时不有的具有象征性的器具、标志等物质符号以及言语、手势等精神符号。

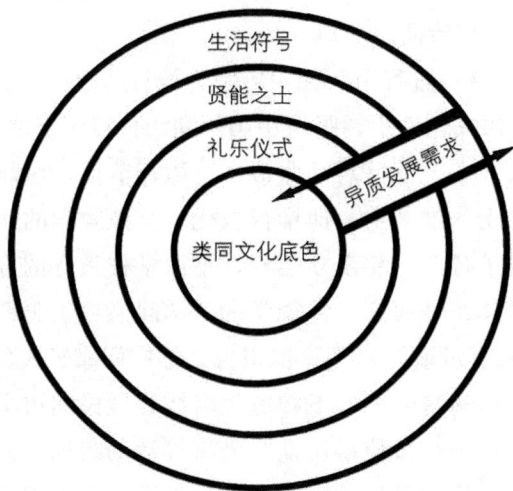

"涟漪圈"：同异取舍的动态跨文化途径

　　"同异取舍"模式从霍夫斯泰德的"洋葱模型"出发，结合朱子学在日本的文化折扣与文化增值之路，意指在中日有着类同的文化底色的背景下，朱子学顺应江户时期日本异质的发展需求，在藤原惺窝与林罗山等圣贤的取舍、改造与推动下，通过礼乐仪式的改变、贤能之士的培育、衣食住行等生活符号改变实现了一次由内而外的跨文化改造，而这一跨文化改造又从生活符号的具体而微、贤能之士的润物无声、礼乐仪式的潜移默化反过来加固、丰满了中日类同的文化底色，进一步促进了文化增值，为朱子学的发扬提供了更为优秀的传播土壤。

　　这一路径具体是如何得以可能的呢？下文将以第 8 代将军德川吉宗的统治为例，结合朱子学在日本传播并成为治国显学的史实进行展开论述。第 8 代将军德川吉宗在教化政策上，邀请各个学派学者轮流进行公开讲解，值得注意的是，也允许士农工商所有人自由听讲，讲授内容有"四书"、《近思录》、《孝经》等典籍。与此同时，民间也自发组织办学讲授，在社会上形成了提高个人教育水平与文化素养、提升锻炼自我的良好风尚，如江户的会辅堂、摄津的合翠堂、大阪的怀德堂。其中，会辅堂由暗斋派的浪人儒者菅野兼山创办，免费面向庶民讲解儒典。怀德堂的学舍墙壁上就写着"学问当尽于忠孝，勤于职业"。有不少学者舍弃过去一味应聘大名成为仕官的做法而甘愿做民间教授，如松永尺五的讲习堂、中江藤树的藤树书院以及伊藤仁斋的古意堂等。[①] 此外，德川吉宗推行享保改革，限制修葺寺庙、简化佛事活动；提出减少将军陵庙的费用并不再新建陵庙的措施；发

---

　　① 　石田一良：《日本思想史概论》，东京：吉川弘文馆出版社，昭和三十八年，第 188—189 页。

布"初物"禁令，对一些高端奢侈品、高价品或新型商品的制造进行限制；禁止色情书刊及戏剧的制作与传播。

"涟漪"扩散，在这一过程中，德川吉宗为推行新政、解决历史遗留的贫弱问题，从中日的类同文化底色着手，吸取中国历朝历代得天下之后休养生息的经验，推行教化；在礼乐仪式上，他反对铺张浪费、厉行节俭，对修葺宗庙等仪式活动加以制约；在贤能之士的推动上，他推行教化、奖掖教学的作为吸引了知识分子民间讲学，推动形成了各藩竞相设立藩校，平民学校教育的寺子屋、乡校和私塾遍地开花的局面。具体符号而言，怀德堂的"学问当尽于忠孝，勤于职业"的文字就是一个鲜明体现。"涟漪"回溯，德川吉宗推广儒家经典的做法增加了与之相关生活符号，吸引了山崎暗斋、木下顺庵等名儒甘做民间讲学者。而这些贤能之士的对儒家学说的推广进一步使得民众与佛事等活动疏远，此类活动的减少进一步降低了非朱子思想、儒家思想的曝光率，从而进一步巩固社会对儒家朱子文化的认同。

"同异取舍"模式展示的是一个更为动态的跨文化传播与文化交融图景，"涟漪圈"展示了跨文化传播过程中各类深浅不一的文化表现的作用过程。"朱子学"在中日两国类同的文化底色之下获得了进入日本文化的可准入凭据，借由自身内涵的可解读性、可指导性与实践品质成为江户时期治国贤能的御国之道。概括来说，在跨文化传播的语境下，有类同文化底色的两个文化系统发生关系，文化种子随之传播扎根发展，一方文化系统根据自己的价值诉求、文化积淀、社会取向、政治状况等对其进一步孕育、改造、吸收，在贤能之士的推动下开辟更为广阔的文化社会发展空间。

（本章作者：李亚迪 谢清果）

第五讲　华夏身体传播研究

第十三章　在场—离场—空场：梅洛·庞蒂知觉场下的先秦儒家圣贤身体传播观

身体传播正在成为国内传播学研究的新热点。传统身体传播研究主要的视角集中在身体的媒介性，近两年来，"具身性"观念开始为学界所重视，技术发展衍生出"沉浸传播"一词，身体在场被重新提起。本章旨在基于传统的"在场"概念，以梅洛·庞蒂的知觉场为理论基础，引入"离场""空场"概念，将身体研究的视角拓展到动态时空的二维角度，搭建"在场—离场—空场"的分析框架，并结合先秦儒家身体观进行分析，纾解现下身体传播研究领域理论不足的困境。

自传播学科建立以来，大众传播就占据了主流视野，由于大众传播的特性，传播与媒介息息相关。传播学研究的发展历程，伴随着媒介技术的爆炸式突破，从传统的报纸、广播、电视到如今的互联网，传播似乎已经与媒介难以割裂，融媒体的出现更是加深了这一点。孙玮认为，去身体化的趋势早已出现在大众传播中[①]。在传统传播研究中，着眼于身体的人极为稀少。在这样一个身体在传播研究中越来越被忽视的时代，一些学者发起了让身体回归传播的呼唤，试图借此来扩大和丰富传播学的研究视野。

第一节　身体传播：当下中国传播学的研究新热点

刘海龙在谈到传播中的身体问题时说，身体议题未来将会影响到传播研究的价值与地位，对于传播研究既是机遇也是挑战[②]。在国外，约翰·彼得斯在其著作

① 孙玮：《交流者的身体：传播与在场——意识主体、身体—主体、智能主体的演变》，《国际新闻界》2018年第2期。

② 刘海龙：《传播中的身体问题与传播研究的未来》，《国际新闻界》2018年第2期。

《对空言说：传播的观念史》提出了一个重要问题：人类交流中人体能在多大程度
上可以保持缺席？从中透露出一个重要思想，尽管在当今社会，技术的发展已经
能够充分模拟人体，但身体在场的重要性依然不可忽视①。

　　早年的身体传播研究重"传播"而轻"身体"，重点放在广告、电影、电视、
体育转播中的身体现象，视角倾向是从"传播"看"身体"，相关典型研究如刘媛
媛、张伟关于 2010 年南非世界杯的视像传播研究②，庄术梅针对广告中的身体传播
研究③，陈月华对于电视传播中的有关身体意象的研究④，其他类似研究不再赘述。
总的来说，这一时期的身体传播研究论文数量稀少，且研究依然是着眼于媒介，
身体只是媒介的辅助"工具"。

　　近年来，学界开始转向传播中的身体研究，部分学者专注于身体原有的传播
效能，如赵建国认为"人是最天然、最高级的、最综合的传播媒体"⑤，提出了"身
体接触性传播"这一术语，其研究成果被集结出版成《身体传播》一书，是目前
国内唯一一本身体传播领域的专著，具有开创性的意义。VR、AR 技术与身体的
结合、"沉浸传播"概念的兴起，也为学者们提供了研究方向，如曹钺等人试图将
"身体在场"作为理解人与媒介关系的关键，在此基础上研究身体与机器的双向驯
化⑥；周逵的研究着眼于时下新兴的虚拟现实游戏，研究沉浸传播下的身体体验⑦；
谭雪芳则试图通过分析"身体—技术"的关系模式，寻求"传播与人类的根本性
关联"⑧；身体传播的研究视角还被罗锋、王艺添应用在考察疫情之下的线上教学⑨，
用以分析"技术介入课堂前后教与学主体互动关系"，类似研究颇多，大多出现在
2016 年之后，数量和质量相较于之前都有了明显提升。

　　对于目前国内身体传播领域的研究成果及现状，陈涵宇曾有过系统的梳理和
总结，他将国内的身体传播研究按照纵向的时间分为两个阶段：2004—2016 年和

---

①　约翰·杜翰姆·彼得斯：《对空言说》，上海：上海译文出版社，第 386 页。
②　刘媛媛，张伟：《视像时代的身体狂欢——以 2010 年南非世界杯视像传播为例》，《体育文化
导刊》2010 年第 12 期。
③　庄术梅：《广告中的"身体"传播》，《新闻与写作》2007 年第 06 期。
④　陈月华：《论电视传播中的身体意象》，《现代传播（中国传媒大学学报）》2006 年第 3 期。
⑤　赵建国：《传播学视野下的人的身体》，《现代传播（中国传媒大学学报）》2013 年第 12 期。
⑥　曹钺，骆正林，王飓濛：《"身体在场"：沉浸传播时代的技术与感官之思》，《新闻界》2018
年第 7 期。
⑦　周逵：《沉浸式传播中的身体经验：以虚拟现实游戏的玩家研究为例》，《国际新闻界》2018
年第 5 期。
⑧　谭雪芳：《图形化身、数字孪生与具身性在场：身体—技术关系模式下的传播新视野》，《现
代传播（中国传媒大学学报）》2019 年第 8 期。
⑨　罗锋，王艺添：《应急性线上教学互动主体的嬗变——基于身体传播视角的考察》，《东南传
播》2020 年第 9 期。

2017 到 2019 年，分析结果表明学界前期主要研究网络传播中的身体问题，后期则转向沉浸时代的技术与身体研究[①]。

从上述总结中不难发现，现有的传播学领域对于身体研究的成果主要分为两类：一是指向身体本身，研究身体的媒体属性，二是基于"具身性"的观念，纳入了西方哲学体系中"身体""在场"概念，结合 AR、VR 等新型技术，开拓"沉浸传播"领域进行多样化的研究。

在具身性观念下，以往学者们讨论和强调最多的就是"身体在场"及其在各领域的应用。笔者注意到，"在场"体现了身体在空间上的"确实性"和时间上的"现时性"，即身体存在于某一特定时间的特定空间。"在场"的视角是单点的、静态的，而忽略了身体在时空上的跨度变化。从时间维度上来说，人身体一生经历三个阶段："身体的存在"（即"在场"）、"身体的毁灭"和"身体的虚无"，为区别三者，笔者特地引入"离场"和"空场"的概念用以抽象概括"身体的毁灭"和"身体的虚无"。同时借用梅洛·庞蒂在《知觉现象学》所阐述的"身体时空观"（即"知觉场"），立足于中国传统圣贤——先秦儒家身体观的形成和发展，从而构建出知觉场中"在场—离场—空场"的身体传播分析路径，将传播中的身体研究视角从单点静止的"在场"拓展到流动变化的"在场—离场—空场"。

第二节　梅洛·庞蒂的"知觉场"时空观下的身体传播

"时间"和"空间"这两个重要命题一直被物理学家和哲学家反复探讨，同时在文学上也被倾情吟诵，不少的思想家和文学家都表达过对时空的朴素思考。物理学层面和哲学层面上的思考则更加体系化和逻辑严明。物理层面，从牛顿、伽利略为代表提出的"绝对时空观"发展到爱因斯坦的"相对时空观"，哲学层面对于时空的思考流派相对庞杂，亚里士多德、伊壁鸠鲁、黑格尔、康德、海德格尔、梅洛·庞蒂、马克思等大哲都提出过自己对于时间和空间的思考，本文并不打算进行哲学思辨，因此对以上时空观的具体概念和彼此之间的关联暂且搁置不议，仅摘取梅洛·庞蒂以身体为主体所构建的"知觉场"时空观，作为"在场""离场""空场"等概念引入的基础背景。

西方哲学早期一直强调"身"—"心"（"身体"—"意识"）这一对立概念，并将"意识"作为人认知世界、与世界联系的重要桥梁，"身心二元论"长期主导着西方哲学的发展，直到梅洛庞蒂才打破了这一陈规，他极端强调身体的重要

---

① 陈涵宇：《感官与技术：传播研究中身体问题的文献综述》，《新媒体研究》2019 年第 22 期。

性，认为身体是知觉活动的本源，是人类感知世界、联系世界的主体。张之沧认为，身体的结构要素、功能和人的一切感觉、知觉、体验、联想力、现象场、对回忆的投射，以及客观思维等认知要素都紧密相关[①]。知觉涵盖视觉、听觉、触觉、嗅觉和味觉，尽管这五种感觉不一定在任何时候都会存在于对事物的感知中，但对事物的任何感知都是这几种感觉的综合[②]。这种感觉的综合被梅洛庞蒂称为知觉，或者知觉综合。知觉活动具有整体性、情境性、关系性。"感知始终在参照身体，身体才是我们所有经验的前提条件以及意义的中心，知觉的理论也是身体的理论。"[③]胡庆利指出，身体作为在世界中的存在处于一个知觉场中[④]。

"知觉场"提供了一种新的审视身体与世界的关系的理论视角。下面，笔者将具体从身体的时间性和空间性两个方面阐述梅洛庞蒂基于"知觉场"所构建的时空观念。

先说身体的时间性。在梅洛庞蒂之前，主要有两种时间观念，一种认为时间独立于身体之外，一种认为时间存在于意识之中。梅洛庞蒂则认为，"时间产生于我和物体的关系"[⑤]，"应该把时间理解为主体，把主体理解为时间"[⑥]，张尧均将其解释为，时间产生于主体和事物的关系中，既不在事物或客观世界中，也不在意识形态之中，而是主体的一种生存维度[⑦]。

"在这一'知觉场'的结构之中，占有优先地位的是'现在'，就是把'现在'看成一个具有广延的时间长度，在这种情况下，'现在'就不再是一个单纯的点了，它是一个整体性的'场域'。"[⑧]身体的运动将呈现出一种关联性的、整体性的处境的绽开，而并非是在理智指引下的有秩序的活动[⑨]。

再说身体的空间性。梅洛庞蒂的空间观依然是从身体出发的。身体的处境空间性或者说存在的境遇问题是身体最基本的属性[⑩]。其基本含义是，身体是居住在具有空间结构的情境中，与空间相互归属，而不是处在空间中[⑪]。梅洛庞蒂认为人

① 张之沧：《论身体认知的逻辑》，《自然辩证法研究》，2010 年第 1 期。
② 马元龙：《主体就是时间：梅洛 - 庞蒂论身体与时间之关系》，《中国人民大学学报》2020 年第 5 期。
③ 欧阳灿灿：《当代欧美身体研究批评》，北京：中国社会科学出版社，2015 年，第 85 页。
④ 胡庆利：《梅洛—庞蒂时间观探析》，《河南大学》2007 年。
⑤ 梅洛·庞蒂：《知觉现象学》，姜志辉译，北京：商务印书馆，2001 年，第 515 页。
⑥ 梅洛·庞蒂：《知觉现象学》，姜志辉译，北京：商务印书馆，2001 年，第 528 页。
⑦ 张尧均：《在内在性与超验性之间——梅洛—庞蒂的肉身时间观》，厦门大学学报（哲学社会科学版）2004 第 1 期。
⑧ 顾增超：《梅洛·庞蒂的时间性研究》，硕士学位论文，华东师范大学，2016 年，第 13 页。
⑨ 欧阳灿灿：《当代欧美身体研究批评》，北京：中国社会科学出版社，2015 年，第 92 页。
⑩ 欧阳灿灿：《当代欧美身体研究批评》，北京：中国社会科学出版社，2015 年，第 89 页。
⑪ 冯素梅：《梅洛—庞蒂的具身化空间理论》，硕士学位论文，南京大学，2017 年，第 37 页。

们是在知觉中用身体来与世界打交道①。梅氏空间观以自我的身体为中心，将身体作为原始坐标点。并且，可以通过移动身体对外界进行知觉，开辟出习惯空间，作为身体空间的延伸和拓展。

梅洛庞蒂的时空观是身体为主体，以知觉为手段，时间和空间并非独立于身体之外，而是附着于身体与身体融为一体。也就是说，"身体的生存处境不是静态空间环境，而是一种行为环境，我的身体能够与环境建立起习惯性的在世生存方式，又能根据改变了的情境加以灵活调整或对此情境进行身临其境的理解。因此我们说身体寓于时间与空间之中，这是我们存在的基本状态"②。在梅氏时空观中，身体行为本身兼具时间性和空间性，知觉场随着我们的身体行为展开。

知觉场时空观极端突出了身体的重要性，强调了身体与世界关联的时空整体性，这对我们重新审视身体传播研究意义重大。上文我们提到，目前的身体传播研究有两个方向，一是指向身体的媒体属性，二是在具身性观念下研究"身体在场"。前者往往突出了身体，但也局限于身体，忽略了身体与世界的关联，后者初步体现了身体的时间性和空间性，但仅局限于静态的时空。因此，笔者从知觉场时空观出发，在已有的"在场"概念下，引入两个新的概念："离场"和"空场"，完善现有具身观分析框架中缺失的动态分析部分，以供后来的研究者参考。

第三节　先秦儒家身体传播观中"在场—离场—空场"

现代社会将媒介视为传播过程中不可缺少的介质，但早在中国的先秦时代，先进发达的媒介还没有出现，甚至印刷术也要几百年后才问世，但那却是一个思想大发展的时代，英杰辈出，百家争鸣。在那个交通极不发达的、交流极为困难的时代，那些伟大的思想结晶得以流传的唯一方式就是言传身教，身体传播的作用举足轻重。其中，孔子开办私塾、周游列国以传播自己的儒家学说，更是为后世士人开创了典范。

一、克己复礼：先秦儒家身体传播的"在场"理想

（一）知觉场下的"在场"

"在场"本是一个复杂、晦涩的哲学概念。通俗地说，在场就是现在正在这里存在的东西，或者说某物现在正在这里存在。这种当前存在是最坚实的，是我们

---

① 欧阳灿灿：《当代欧美身体研究批评》，北京：中国社会科学出版社，2015年，第89页。
② 欧阳灿灿：《当代欧美身体研究批评》，北京：中国社会科学出版社，2015年，第93页。

可以直接感受和拥有的东西，是最真实的存在形式①。苏涛将"在场"看作社会运动的行为主体在一个特定地域内的活动，这意味着运动发生的时空是固定的，运动的时间和空间紧密相连②。

传播学中，"在场"与身体的关联性延伸出传统的"身体在场"概念。赵建国在研究身体在场与不在场具备何种传播意义时提到，在场是身体的一种存在状态，也是身体与身体、身体与周围"场"的一种关系，身体在场意味着身体能够对周围事物产生影响，甚至直接操纵③。这种传统的对于在场的认知，本质上依然是将"身体"与"场"区别开来，因为这里的"场"仅指"场景"。场景理论下，身体与世界是割裂的，但在梅洛庞蒂的知觉场时空观下，人的身体感知具有整体性，世界也因为身体感知的整体性而呈现为一种整体，身体与世界交织在一起，紧密相连。此时，"在场"中"场"的概念不再是外部的"场景"，而是身体知觉向外拓展与被感知的世界形成的知觉场。身体和世界的关系，便如同树木深深扎根于土壤，树木的根须便是人的知觉器官。

（二）礼与"在场"

在先秦儒家的身心实践中，身体在场与"礼"息息相关。孔子提出"兴于《诗》，立于礼，成于乐"（《论语·雍也》），孟子强调"非仁无为也，非礼无行也"（《孟子·离娄下》），荀子认为人性本恶，"今人之性恶，必将待师法然后正，得礼义然后治"（《荀子·性恶》）。

先秦儒家自始至终以"仁"作为最高目标追求，"仁"是儒学的核心概念，孔子在与子贡的对话中就对"仁"下了具体的定义："夫仁者，己欲立而立人，己欲达而达人。"（《论语·雍也》）"仁"是孔子一生追求的理想境界，颜渊曾问及如何达到"仁"：

颜渊问仁。子曰："克己复礼为仁。一日克己复礼，天下归仁焉。为人由己，而由人乎哉。"

颜渊曰："请问其目。"子曰："非礼勿视，非礼勿言，非礼勿听，非礼勿动。（《论语·颜渊》）"

"克己复礼"是儒家身体在场的理想，其中，"克己"是传播手段，"复礼"是传播目的。孔子认为"仁"的实现是全靠自己来完成的，不能靠别人，靠自己的

---

① 彭锋：《重回在场——兼论哲学作为一种生活方式》，《学术月刊》2006年第12期。
② 苏涛：《缺席的在场：网络社会运动的时空逻辑》，《当代传播》2013年第1期。
③ 赵建国：《身体在场与不在场的传播意义》，《现代传播》（中国传媒大学学报）2015年第8期。

方式就是使自己言语行动都合乎礼的规范。

"克己"意指规范自己的行为，本质上是管理和限制知觉。孔子对"仁"的追求依托于"礼"，"礼"的完成则是靠身体来实现的，"勿视、勿言、勿听、勿动"分别是对身体各知觉器官的规范。在儒家思想体系中，与"克己"有着相似意涵的一个词叫作"修身"。礼和身体之间的关系，并非是简单的礼规定了身体，而是身体嵌入了礼中，礼亦嵌入了身体①。"礼，所以正身也"（《荀子·修身》），儒家强调"以身训礼"，"身礼合一"，礼既通过身体的感受和形态来表现，身体也在礼的规训下完成修养。此时身体不再是单纯的肉体，而是作为一种社会价值规范具体展现的场域，这就是杨儒宾所提出的儒家"礼义身体观"。"礼义身体观"与梅洛庞蒂的身体—主体观念相一致，所谓"社会价值规范具体展现的场域"实质上就是身体知觉形成的"知觉场"。礼由身体表达形成"意义空间"（习惯空间），意义由知觉场传递，从而完成礼的传播。正如杨儒宾所述："承载文化价值体系的身体以后只要一展现，它即会因身体于世界早已有一种相应调整的构造，而自然而然地带出一种意义的空间。换言之，身体的展现到那里，空间的意义也就到了那里，一种人文化、意义化的世界于焉形成。"②

身体知觉场作为社会价值规范的传播场域，在《论语·乡党》中有充分的体现：

孔子于乡党，恂恂如也，似不能言者；其在宗庙朝廷，便便言，唯谨尔。朝，与下大夫言，侃侃如也；与上大夫言，誾誾如也。君在，踧踖如也，与与如也。

以上展现出孔子在面对不同人物时所表现的不同身体形态和面部表情，这些身体形态背后都对应着严格的礼仪制度和行为规范。当孔子晚年自我评价"七十而从心所欲，不逾矩"时，正是他达到了"身礼合一"的至高境界，"克己复礼"的身体在场理想得以实现。

二、蹈仁而死：先秦儒家身体传播的离场目标

（一）"离场"与身体传播

"离场"概念是以身体为视角对死亡过程的另一个表述。医学家或许能从各个层面揭示死亡的过程，但从知觉场的角度下，死亡的本质是离场，离场的本质是知觉场的剥离和消失。梅洛庞蒂认为："身体在存在活动中与世界相遇，世界也需

---

① 叶浩生，黎晓丹：《礼与身体：中国礼文化的具身认知观及其启示》，《华中师范大学学报》（人文社会科学版）2016年第3期。

② 杨儒宾：《儒家身体观》，上海：上海古籍出版社，2019年，第21页

通过身体的活动才能被识别。"①离场体现了身体与世界断绝联系的过程，具体表现为知觉的消失，当身体彻底无法通过感觉器官感知世界的时候，死亡的过程也就完成了。伊壁鸠鲁在《致美诺寇的信》中表达了对死亡的态度："要习惯于相信死亡与我们无关。所有的善与恶都为感觉所知晓，而感觉的丧失就是死亡。"②在某些特殊情况下，感觉可以暂时丧失，如昏迷，这是一种"暂时离场"。

当传播学者们呼唤身体的重新在场时，却无意识地忽略了离场的传播意义。从生命历程来看，一切的在场最终的归宿都是离场。传播行为的传者是人，受者也是人，两者都通过身体知觉感知对方的存在，拥有各自的知觉场，两个知觉场相互交织。当其中一个主体的知觉消失时，意味着一个知觉场从世界被剥离。因为这个知觉场同时知觉与被知觉，它的剥离牵连着所有与它相关的场，牵连程度与该主体知觉世界的深度和广度相关。知觉主体知觉世界越深，知觉范围越大，离场的传播力度就越大，跨度就越长。"人固有一死，或重于泰山，或轻于鸿毛"，"重于泰山"和"轻于鸿毛"本质上就是知觉主体因不同的知觉程度而导致最终离场的传播效果不同。

（二）"蹈仁而死"的"离场"目标

儒家重生轻死。《论语·述而》中记载，子路问孔子死是怎么回事，孔子回答"未知生，焉知死"（《论语·先进》）。子夏也曾说过"死生有命，富贵在天"（《论语·颜渊》）。儒家整体来说对待死亡的态度是慎重的，对内珍视生命是因为身体是"克己复礼"的载体，对外同时也是儒士追求"格物致知诚意正心修身齐家治国平天下"的起点。"仁"是儒家身体在场的理想，身体的离场是"克己"的中止，"蹈仁而死"将是儒士身体传播的最终目标。

孔子特别注重人死后的礼节，《论语·先进》记载，当他喜欢的弟子颜渊去世后，孔子十分悲痛。

颜渊死。子曰："噫！天丧予！天丧予！"

但是门下弟子请求孔子卖掉他的车子为颜渊置办外馆时，却被孔子拒绝了，理由是孔子曾经随行于大夫行列之后，不能步行。

颜渊死。颜路请子之车以为之椁。子曰："才不才，亦各言其子也。鲤也死，有棺而无椁。吾不徒行以为之椁。以吾从大夫之后，不可徒行也。"

之所以孔子显得那么"不近人情"，是因为在他心中，礼和仁都比生死更为重

---

① 覃岚：《身体与世界的知觉粘连：从在场到虚拟在场》，《编辑之友》2020 年第 11 期。
② 杨鹏：《伊壁鸠鲁对死亡的哲学考察》，《中北大学学报》（社会科学版）2016 年第 6 期。

要，礼同化于身体，仁则超越身体存在。对于这个观念，更为直白的表达在《论语·卫灵公》中，孔子说道："志士仁人，无杀身以害仁，有杀身以成仁。"《礼记·儒行》中也有类似的表述："儒有可亲而不可劫也，可近而不可迫也，可杀而不可辱也"，"身可危，而志不可夺也"。

孟子继承了孔子"蹈仁而死"（《论语·卫灵公》）的观念，将其延伸为"舍生取义"，论述得更为完整。《孟子·告子上》有：

> 生亦我所欲也，义亦我所欲也。二者不可得兼，舍生而取义者也。

荀子同样有表达类似的看法，《荀子·荣辱》中谈及"君子之勇"时说道：

> 义之所在，不倾于权，不顾其利，举国而与之不为改视，重死持义而不桡，是士君子之勇也。

无论是孟子的"舍生取义"还是荀子的"重死持义"，都是对孔子"杀身成仁"的继承。儒家重生但不避死，为了坚守的仁义，儒士应当直面死亡。为了仁义道德而死，在儒家看来，是死得其所，如曾子所言："士不可以不弘毅，任重而道远，仁以为己任，不亦重乎，死而后已，不亦远乎。"（《论语·秦伯》）

儒家身体在场的理想是"克己复礼"，身体离场的目标则是"蹈仁而死"。孔子极为推崇伯夷、叔齐二人，称之为"古之贤人"，并说他们"求仁而得仁，又何怨？"（《论语·述而》）荀子说："人之所欲，生甚矣；人之所恶，死甚矣；然人有从生成死者，非不欲生而欲死也，不可以生而可以死也。"（《荀子·正名》）所谓"不可以生而可以死者"，正是为了完成对仁义的实现。"杀身"成为儒士"蹈仁"的最后一道程序，完成了对自我追求的实现。

前面说过，身体离场是知觉的剥离和消失，身体以知觉场作为社会规范的传播场域，当主体选择以"杀身"的方式主动离场，以践行其对"仁"的追求，主体的知觉场以暴烈的方式被剥离，形成巨大的涟漪效应，向人们传播其"成仁"的决心和勇气，从而实现空场中的"不朽之名"。

三、不朽之名：先秦儒家身体传播的"空场"追求

"空场"是对"离场"的继承。身体知觉彻底消失后，知觉场也就完成了与世界的剥离，尽管身体实体还会短暂存续，但身体与世界的联系已经完全断绝。离场完成后，主体的知觉场已经不存在，这就是"空场"。如果知觉主体知觉世界的深度足够深，广度足够广，那么该主体的离场势必会造成一个扩散的"涟漪效应"。"涟漪效应"的出现是必然的，区别在于深度和跨度，涟漪的纵向深度表现为在空间上的传播广度，涟漪的横向广度表现为时间上的传播跨度。

"君子疾没于世而名不称也"（《论语·卫灵公》），"后生可畏，焉知来者不如

今也？四十、五十而无闻焉，斯不足以畏也已"（《论语·子罕》）。可见儒家虽不畏死，但尤为看重死后的名声。在死后能被称颂，是儒士一生"蹈仁"后的追求所在。孔子曾说过："君子去仁，恶乎成名？"意思是人如果没有了对仁德的追求，拿什么来成就自己的名声呢？所以儒家对于仁和名的追求是相一致的，这里的名是"不朽之名"，具体体现为"三不朽"。"三不朽"是由叔孙豹最早提出的，《左传·襄公二十四年》记载：

> 二十四年春，穆叔如晋。范宣子逆之，问焉，曰："古人有言曰'死而不朽'，何谓也？"……豹闻之，大上有立德，其次有立功，其次有立言，虽久不废，此之谓不朽。若夫保姓受氏，以守宗祊，世不绝祀，无国无之，禄之大者，不可谓不朽。

这一段是在说，树立道德（立德）、建立功勋（立功）、著书立说（立言）是儒家想要达到不朽境界所需要达到的成就。立德、立功、立言是儒家的人生宗旨，并成为后世儒生个人追求的理想目标。

儒家重名但轻利。《论语·季氏》中记载："齐景公有马千驷，死之日，民无德而称焉。伯夷叔齐饿于首阳之下，民到于今称之。"从中可看出，儒家并不看重生前的富贵，而重视死后名声的流传。儒家对名的追求与对仁的追求是一致的，孔子说："君子去仁，恶乎成名"，孟子也曾说过"仁则荣，不仁则辱"。"重名"思想深刻地影响着后世的生死观，既孕育了无数慷慨赴义的英雄壮举，如文天祥、谭嗣同等人的英勇事迹，也催生了"饿死事小，失节事大""文死谏，武死战""君要臣死，臣不得不死"等带有封建主义色彩的价值观。

空场是离场的延续，一个空场的产生，会使其他的主体形成"虚无感"，为弥补这种虚无感，人们总是采取各种手段，如为祖先立牌位、为圣贤立塑像。身体因此突破了时空限制，通过"涟漪效应"实现了开始跨时空的传播。无论是祖先牌位还是塑像，后世的人们总是在寻求身体的"重新在场"，身体抽象为一个传播符号，继续传播着儒士们秉持的"仁""礼""忠""义"等儒家理念。

总之，"在场—离场—空场"理论从时空的二维角度剖析了先秦儒家的身体传播观念，在信息传播极度不发达的先秦时代，儒家圣贤通过规范身体知觉达到"克己复礼"的在场理想，以"杀身成仁"完成"蹈仁而死"的离场目标，将"不朽之名"作为身体空场后的人生追求。在梅洛庞蒂知觉场的时空观下，从生前到死亡到死后，先秦儒家以身体为主体构建出一条清晰完整的传播路径，将儒家对"礼"的传承，对"仁义"的追求，都通过这么一条路径传达给后世儒生。后世众多儒士以身为媒，身体力行传播仁义，践行圣贤思想，为后世做典范，以致儒家圣贤文化流传不衰。

（本章作者：杨黝 谢清果）

第十四章　以礼制情：
华夏圣贤中庸型身体交往观

本文通过对现在身体传播研究形势分析，分析如今身体传播存在的问题并且猜测整理原因，从弥补这些问题的角度出发，以身体在场与身体缺席的相关理论为支撑，以柏拉图在情感角度对追求快感的欲念与追求灵魂交流的理性的分析和庄子隐晦的爱情观为指导，建构一种中庸型的身体交往观，并将这种身体交往观嵌入到"发乎情，止乎礼"之中，重新发挥中国传统文化在现代的作用，使其产生新的影响，引导人们在情感视域下的身体交往中讲求情感和欲念的平衡，把握好交往的尺度。

身体问题相关研究最初属于哲学的范畴，苏格拉底、奥古斯丁、梅洛·庞蒂等人打开了探讨有关身体的大门；麦克卢汉提出"媒介是身体的延伸"，基德勒等人则将身体这一要素引入到传播研究中；最终，约翰·彼得斯用《对空言说：传播的观念史》对身体传播研究进行了浓缩、凝练和反思。这些外国理论的发展影响了国内身体问题研究的进程。陈涵宇指出："从媒体中的身体形象问题到对身体与技术的辩证思考，国内对于身体传播的研究有了长足的发展，不仅从经典理论中探究了新媒介时代的身体定位，也在具体问题的观察中认识到了身体在各种媒介传播过程中所扮演的重要角色。"①

尽管"在中国知网的搜索界面以'身体传播'为关键词进行搜索，共得到 71 条结果。从发表趋势来看，身体传播的研究起步于 1996 年，在 2004 年之后研究量开始有所增加，此后呈现出总体上升的趋势，但在 2016 年身体传播的研究陷入了低谷，之后又在 2017 年重新回暖，并在 2018 年发文量达到了峰值"②，但是在有关身体问题的研究中仍存在一些不足。首先，身体传播目前依旧没有得到相应

---

① 陈涵宇：《感官与技术：传播研究中身体问题的文献综述》，《新媒体研究》2019 年第 22 期。
② 陈涵宇：《感官与技术：传播研究中身体问题的文献综述》，《新媒体研究》2019 年第 22 期。

的重视。讨论身体传播的学者依旧相对较少，从关于身体传播的文献发表数量这方面看来，这一问题的研究热度远不及"新媒体""大数据"等话题，"身体传播"是传播研究中一块尚未得到足够开垦的肥沃土壤。其次，从上述就能看出，国内的传播理论体系是在西方理论指导下存在的，因此关于身体传播的理论研究贫瘠，并未形成我国独特的身体传播理论体系；同时，目前学界对于身体传播的研究方法较为单一，大部分研究均采用理论化的思辨方法，从经典文学出发思考"身体传播"相关问题，却少有量化或者混合方法的研究，理论与实际案例的结合更能为身体传播的研究做出贡献。

而笔者认为身体传播讨论者的罕见大致可以归因于以下三点：第一，目前大多数的研究人员不谋而合地认为：传播基本不与身体产生联系，是精神与灵魂的交往及互动。第二，无论是学者还是普通大众，对于身体的存在都有一种理所应当的意识存在："我们假设传播的前提是身体在场，所以面对面传播被当成传播的理想类型。"[1] 第三，人类进入大众传播时代，网络以及新媒体技术的发展中，参与者在一定程度上存在身体缺席状况，因此身体传播的作用以及重要性在大众传播时代逐渐弱化，甚至信息的传输能够在多大程度上脱离肉体成了衡量一项媒介技术优劣的重要指标之一。

"人类步入大众传播的时代后，交流中的幽灵性达到了前所未有的程度"[2]，交流的技术的发展推动身体在传递信息过程中的作用淡化。"'去身体化'的趋势早已出现在大众传播中，这正是主流传播学一个未经检视的基本预设。传播学的去身体化预设，可以从'传播''媒介'两个关键词的含义中窥得一斑。依照凯瑞的说法，传递观一直是美国大众传播学的主流观念。所谓传递观，着眼点是信息的跨越空间的远距离扩散，传播者的身体及其依托的物质空间场景，是必须克服的障碍。"[3] 但是交流中身体的在场与否对效果的影响这一话题也一直处在激烈的讨论之中。因此在目前的传播研究中，身体问题一直若隐若现，同时如何让身体与媒介的在场达到平衡也一直受到关注。例如："怎样把身体重新放回到传播中，扩大和丰富传播研究的视野？当传播主体不再局限于传统的单一的身体后，传播及传播研究又该往哪里走？"

在传播中，随着身体逐渐被提及，探讨身体在传播中作用与效果的文章涌现，其中的代表大概是纯粹地使用身体传播作为自己研究主题的赵建国先生，他在《身

---

①　刘海龙：《传播中的身体问题与传播研究的未来》，《国际新闻界》2018 年第 2 期。

②　刘海龙：《传播中的身体问题与传播研究的未来》，《国际新闻界》2018 年第 2 期。

③　孙玮：《交流者的身体：传播与在场——意识主体、身体—主体、智能主体的演变》，《国际新闻界》2018 年第 12 期。

体传播》一书中，从身体传播概论、身体传播构成论、身体传播关系论三大部分构筑了身体传播研究的理论框架，主要内容为：身体传播的主要方式和主要形态、身体与传播媒体。但是几乎没有人讨论在爱情这一传播过程中身体在场与缺席所塑造的不同身体交往观。赵建国先生的《身体传播》一书从身体交往、交流这一角度阐释性爱，但是也仅局限在异性恋中，并且尚未运用我国已经存在的或者创造出独特的理论去形容性爱这一身体交往中身体在场的程度，然后运用这种理论去指导更深入的研究。

　　本章论述的爱情视角下的身体交往观中，以被后世扭曲的柏拉图式"精神恋爱"和张爱玲"阴道爱情"这两种极端情况为代表。柏拉图式精神恋爱，"人们把它看作是精神恋爱的代名词，用来表示那种超越时间、空间，不以占有对方肉体关系为目的的，只存在于灵魂间的爱情，是人们都勇于和乐于承认的一种恋爱关系"①。在《色·戒》中，张爱玲通过对肉体关系和情感的描写，指出"到女人心里的路通过阴道"，正是强调在爱情中身体在场的重要性。但是以上两种情感视域下的身体交往观念都过于极端；其实在我国，先贤对情感就有一些隐晦提及，例如庄子妻死，而他却鼓盆而歌，这一事件也潜在说明了他对爱情的态度。中西爱情观对比这一话题并不少见，但多是从哲学的角度透析中西哲学的差异，目前没有人从以上两种观念中的身体在场来讨论爱情观。

第一节　身体传播的两个维度：身体在场与缺席

　　随着身体问题在传播研究中的出现次数增多，相关理论逐渐涌现。其中以身体在场和缺席两个对立方面为代表，以下就是从这两个角度的理论出发分析身体传播研究。

一、身体在场与信任机制

　　"苏格拉底强调对话中身体一定要在场，否则没法确定交流是否有效。他以爱欲作类比，通过文字等中介的交流，甚至演讲（当时的类似大众传播的交流方式），被他认为是滥交，是种子的浪费。"②传递信息的过程中，身体的在场可以向对方表明：我将这段时间让渡给你。这是一种给予对方"占有"这段时间感觉的手段，增强谈话中对方对自己的信任，确保信息传递的有效性。这样的观念并不少见，

① 贾薇：《重释柏拉图式爱情》，《文教资料》2007年第21期。
② 刘海龙：《传播中的身体问题与传播研究的未来》，《国际新闻界》2018年第2期。

例如："信任是人类之间传递信息的伦理。"①"作为一种社会关系、一个社会复杂性的简化机制，信任是互动展开的基础，问题也总是盘桓于每一次互动。"②

可见，信任确实是传播过程中较为重要的存在因素。尼克拉斯·卢曼认为："所有信任的基础都是作为一种社会身份的个体自我的表现，这种社会身份通过互动建立起来并与其环境相符合。"③个体的自我呈现是通过身体来表现的。"在个体呈现自我时，人际关系中的信赖因素和自我认同是嵌入到身份重构的身体之中的"④，因此身体在场是信任关系产生的生理基础，这是其产生不可缺少的一环。

彼得斯指出："如果我们认为交流是真实思想的结合，那就是低估了身体的神圣。虽然这个时代技术已经可以充分地模拟人体，但身体是否真正在场仍然具有重要意义。……对'在场'的追求本身未必会使你更便利地进入到对方的心灵，然而它的确可以使你更便利地接触对方的身体。"⑤由此，他相信，交流不可能意味着"心连心"，只能是"手拉手"。"亲临而在场恐怕是我们能做到的最接近跨越人与人之间鸿沟的保证。"⑥这表达了彼得斯对于交流者作为身体—主体必要性的坚持，以及对意识主体缺陷的批判。

如果将人际关系缩小到情感方面的"恋爱关系"甚至"婚姻关系"，身体在场对信任的影响就更加明显。目前网络上，"网恋被骗财骗色""杀猪盘""异地恋分手"等新闻屡见不鲜。网恋作为一种虚拟恋爱，身体完全不在场，异地恋是一种极小程度的身体在场，这两种恋爱形式往往最终都会因为信任问题而产生危机。其实我们把确定恋爱关系称呼为"在一起"以及夫妻分居三年以上可以协议离婚就是在一定程度上体现感情关系的确定是需要两个人日常相处来维持的，这也在一定程度上佐证了彼得斯"手拉手"的想法。

上述可见，身体在场是信任的生理基础，信任是确保信息传递有效性的基础，由此可以推导：身体在场是传播过程中不可缺少的要素，因此身体传播的重要性可见一斑。

---

① 马修·弗雷泽，苏米特拉·杜塔：《社交网络改变世界》，谈冠华、郭小花译，北京：中国人民大学出版社，2013 年，第 315 页。

② 尼克拉斯·卢曼：《信任：一个社会复杂性的简化机制》，瞿铁鹏、李强译，上海：上海世纪出版集团，2005 年，第 51 页。

③ 尼克拉斯·卢曼：《信任：一个社会复杂性的简化机制》，瞿铁鹏、李强译，上海：上海世纪出版集团，2005 年，第 81 页。

④ 刘萌雪：《社交媒体使用中的身体传播探究》，《传播与版权》2020 年第 4 期。

⑤ 约翰·杜翰姆·彼得斯：《对空言说：传播的观念史》，邓建国译，上海：上海译文出版社。第 386 页。

⑥ 约翰·杜翰姆·彼得斯：《对空言说：传播的观念史》，邓建国译，上海：上海译文出版社。第 388 页。

二、唯灵论与"灵魂交流现象"

"就哲学上的含义而言，唯灵论主张精神是世界的本原，它是不依附于物质而独立存在的特殊的无形实体。它包括各种不同唯心主义哲学派别和观点。"①

如果将唯灵论在传播学领域做出解释，或许可以称之为"灵魂交流现象"，这一现象早期为英国作家阿瑟·柯南道尔、美国新闻工作者赫莱斯·格里利等人所推崇。"灵魂交流现象"与奥古斯汀的想法不谋而合，在唯灵论传统中，奥古斯汀认为身体是障碍，最理想的交流是将身体排除在外的天使之间的交流，因为天使般的交流没有误解。

上述理论将身体排除在信息传播范围之外，无视身体作为灵魂容器与中介的作用，认为身体的缺席才能保证传播的有效性。

第二节　身体交往的极端表现

基于以上两种身体传播的理论，以下本章将对爱情视角下的身体交往观进行论述，其中以被后世扭曲的柏拉图式"精神恋爱""节制之爱"、张爱玲"阴道爱情"和庄子关于妻子去世鼓盆而歌的观念这三种极端情况为代表。中西爱情观对比这一话题并不少见，但多是从哲学的角度透析中西哲学的差异，目前尚缺乏从以上三种观念中的身体在场与缺席来讨论爱情视角下的身体交往观。

一、柏拉图的身体交往观

谈及爱情视角下的身体交往观，必然会提到柏拉图。柏拉图式精神恋爱是现代人经常谈论的话题，本小节将从柏拉图"精神恋爱""节制之爱"两个方面讨论柏拉图提出的身体交往观。

（一）精神恋爱

纵观柏拉图的多篇著作，并未明确涉及他本人的爱情观且并未出现"柏拉图式爱情"的字眼。但是在他的对话录，尤其是以爱为主题的《会饮篇》和《斐德罗篇》中，以柏拉图、苏格拉底之名发表了对爱情的见解：

"有没有一种快感比性欲快感更过度，更强烈呢？"

"没有，也没有比它更疯狂的。"

"那么，真正的爱就要把疯狂的或是近于淫荡的东西赶得远远的，是不是？"

---

① 朱贻庭主编：《伦理学大辞典》，上海：上海辞书出版社，2002 年，第 639 页。

"当然。"

"所以我想在我们要建立的城邦里应该定一条法律，情人对于爱人所表示的亲爱，如接吻拥抱之类，只能像父亲对于儿子所表示的那样，而且先要说服对方，目的要是高尚纯洁的；他们的关系不能超过这个程度，否则他们就要受人指责为粗鄙。"①

"真正的爱就要把疯狂的或是近于淫荡的东西赶得远远的"这一句或许就是柏拉图式爱情被后世曲解的原因所在。起初柏拉图式爱情被误认为"精神恋爱"，被一种用来描述少男超越身体欲望的爱情的少男之爱，摒除身体欲望这一自然现象，将身体完全排除在情感传播之外，完全被当作"精神交流"来使用；万莉在进行《儿子与情人》的人物形象分析时，甚至将主人公保罗与其母亲之间的情感称之为"精神恋爱"，"在分析保罗与母亲、保罗与克拉拉和保罗与米丽安的关系中，精神恋爱比重最大，最富有影响力，因而最值得重视"②。

（二）节制之爱

人对身体应该有所节制，这是柏拉图用来克服"身体"先天的"弱点"。"节制赋予人一种品格。有节制的人，举手投足都会考虑到行为带来的后果，所以时时以身作则承担责任。"③

柏拉图在《斐德若篇》中，就运用了苏格拉底取马人和马的比喻去剖析这个身体先天的"弱点"：

我们须想到我们每个人都有两种指导的原则或行为的动机，我们随时都受它们控制，一个是天生的求快感的欲念，另一个是习得的求至善的希冀。这两种倾向有时互相调和，有时互相冲突，有时甲占优势，有时乙占优势。若是求至善的希冀借理性的援助，引导我们趋向至善，也就叫做"节制"，若是求快感的欲念违背理性，引导我们贪求快感，那就叫做"纵欲"。④

尽管柏拉图对于爱情持批判态度，但他所说的两种倾向的互相调和无疑可以运用在建构中庸型身体交往观上，灵魂的爱欲是爱情的基础，强烈的身体欲望的

① 柏拉图：《理想国》，郭斌和等译，北京：人民文学出版社，1997年，第64—65页。
② 万莉：《劳伦斯精神自我的成长与"柏拉图式恋爱"的关系——〈儿子与情人〉的人物形象分析》，《河南大学学报（社会科学版）》1998年第5期。
③ 龙潜：《"理想"与"身体理想"：读柏拉图、福珂、维科和苏格拉底》，《贵州民族学院学报（哲学社会科学版）》2012年第5期。
④ 柏拉图：《斐德若篇》，朱光潜译，北京：人民文学出版社，1997年，第106—107页。

满足会被这种主要的爱的狂热所削弱，但是其也在一定程度上辅助灵魂爱欲的增长，因此身体交往该在何种程度上存在才能达到平衡？

很多电影在柏拉图式身体交往观的基础之上（尤其是《会饮篇》和《斐德罗篇》）成为经典，比如《魂断威尼斯》《莫里斯》等等，这些电影讲述的内容的确是在同性基础上成立的爱情。于是现代人将其界限模糊，最终形成"精神恋爱才是真爱""同性恋才是真爱"这样偏执观点的风潮，成为身体交往观中的一大讨论热点，并为普罗大众所追随。

二、张爱玲的"阴道爱情"论

《色·戒》中，主角王桂芝不相信易先生的伎俩，但奇怪的是，就在她自信不会擦枪走火的时候，她的感情开始失控。根据小说的描写，意外与转折出现在他们选定了钻戒等待店主人开收据的时候：

> 只有现在，紧张得拉长到永恒的这一刹那间，这室内小阳台上一灯荧然，映衬着楼下门窗上一片白色的天光。有这印度人在旁边，只有更觉得是他们俩在灯下单独相对，又密切又拘束，还从来没有过。……
>
> 这个人是真爱我的，她突然想，心下轰然一声，若有所失。①

这个时候，"两人并坐着，都往后靠了靠。这一刹那间仿佛只有他们俩在一起"②。"在这里，特殊的亲密、小声的私语，加上'悲哀'的神情和小屋里'那沉醋的空气温暖的重压'和那'安逸的小鹰巢'的迷惑，使王佳芝像喝了迷魂汤一样，鬼使神差地放走了易先生。"③

可见身体的完全在场对传播的影响之深，两人在亲密的相处之中通过身体传递爱的信息。但是如果说情感的传递完全依靠身体的接触，只有通过性交才能感受到爱是一种对情感传递的极端思想，因此需要寻找一种介于身体在场与身体缺席中间范围的身体交往形式，正如彼得斯提出的"身体可以在何种程度上缺席"，笔者将探讨在情感关系中身体需要保持何种程度的在场以及身体接触应该保持何种程度。

---

① 张爱玲，《怨女》，北京：十月文艺出版社，2009年，第257页。

② 张爱玲，《怨女》，北京：十月文艺出版社，2009年，第256页。

③ 哈迎飞，叶文韵：《论〈色戒〉与张爱玲晚年的隐痛书写》，《广州大学学报（社会科学版）》2017年第7期。

三、庄子妻死，鼓盆而歌

庄子妻死，惠子吊之，庄子则方箕踞鼓盆而歌。(《庄子·至乐》)①

在常人看来，人去世是一件悲伤的事情，特别是对于至亲至爱的人来说。然而，庄子面对妻子已死不哭反而敲锣打鼓，为常人所不解。前人都是从生死观的角度来剖析庄子的心路历程，然而从情感观念这个角度出发，人死不能复生，而对于这份消失的感情，庄子"以盆鼓之"，他"鼓盆而歌"就是对这份感情、对已故之人最好的祭奠。

谢锦文认为："庄子的爱情观是其哲学思想的延伸和体现，是建立在'道'的基础上的。"②"庄子所追求的是对世俗的超越，所以他认为世俗的爱是一种羁绊，爱应该遵循'无为而无不为'的原则，即将彼此的幸福作为爱的最高目的，但求双方能得道，获得至高的自由，不要求以彼此束缚或是一起经受苦难来证明爱及其存在。"③在庄子看来，无情才是有情，这与儒家观念中的"发乎情，止乎礼"是相悖的。

第三节 "发乎情，止乎礼"的含义建构

"发乎情，止乎礼"是儒家的经典命题，儒家强调情中有礼义、礼义中有情，主张礼缘人情。它"在传统中最盛行的地方当然还是在诗文领域，故而我们从一般的思想领域中重估其价值后，又需要从诗文领域给以专项重估，前提是厘清古人的有关论说。……所以中国文论史上一直盛行着情理（礼）合一、情志合一、情性合一、道情合一的兼尽型论说"。④例如《论语·为政》中说："诗三百，一言以蔽之，曰：思无邪。"⑤这"思无邪"，其实就是归于正，就是诗的情思归于理性化的方向显现着理性的价值。同样，刘勰在《文心雕龙·情采》中主张"为情而造文""情者文之经"。《文心雕龙·史传》又说"任情失正，文其殆哉"，故《文心雕龙·情采》又云"述志为本"，《文心雕龙·宗经》言"情深而不诡"，《文心雕龙·明诗》言"诗者，持也，持人情性；三百之蔽，义归无邪，持之为训，有符焉

① 庄子原著，韩维志译评：《庄子》，长春：吉林文史出版社，2009年，第127页。
② 谢锦文：《浅析庄子的爱情哲学》，《剑南文学（经典教苑）》2011年第7期。
③ 范娜，蒋九愚：《从柏拉图和庄子的爱情观透析中西哲学的差异》，《重庆科技学院学报（社会科学版）》2013年第10期。
④ 刘文勇：《儒家"发情止礼"论重估》，《西南民族大学学报（人文社会科学版）》2011年第9期。
⑤ 《论语》，〈十三经注疏本〉，北京：中华书局，1980年，第21页。

尔"。①

一、在传统文化中的表现与作用

从先秦到明清，"发乎情，止乎礼"几乎成了一个共识。以上这些论说可谓中国传统中的主流。

（一）天理和人欲

在华夏身体交往观这一领域，"发乎情，止乎礼"这一论说在宋明理学那里就发展成了"理欲之辨"，代表观点是"存天理，灭人欲"。20 世纪 30 年代冯友兰先生就说过："饮食男女之欲，宋儒并不以为恶，特饮食男女之欲之不'正'者，换言之，即欲之失者，宋儒始以为恶耳。朱子谓欲为水流之至于滥者；其不滥者，不名曰欲也。故宋儒所以为恶之欲，名为人欲，名为私欲；正明其为欲之邪者耳。如'欲遂其生，至于戕贼他人而不顾'之欲，东原所谓私者，正宋儒所谓欲也。东原所立邪正之分，细察之与宋儒理欲之分，仍无显著的区别。盖所谓正邪最后仍须以理，或东原所谓之必然，为分别之标准也。"②在冯友兰先生看来，"恶"和"私"才是宋明理学家所说的非正常欲望。但是"理欲之辨"往往会因为人们望文生义而被摒弃，简洁导致了儒家"发乎情，止乎礼"这一论说被反对。

近现代以来关于儒家反对人的感性的意见误导了过去以及现在的中国人。

这种"反叛当然也是有历史榜样可追溯的，如中晚明思想史上的泰州派与文学史上的公安派。他们主张'童心'与'独抒性灵'"③。这就导致了明代中晚期到清代初期人民生活以及文学创作上的滥情与色情。同时，反礼义的论断出现并且盛行，例如李贽主张疯癫和放纵，他所谓的童心最后就难逃沦为"成佛征圣，惟在明心，本心若明，虽一日受千金不为贪，一夜御十女不为淫也"的结果。或许从表面看来，放纵开头还有一些闪光点，都后面就完全是放浪了。

以上可见，在宋明理学家眼中，真正需要"灭"的是那些对自身或者是他人有害的欲望，人欲因"情"而产生，因此也就需要"天理"也就是"礼"来达到节制的效果，不然就会演变成"童心"那样的疯癫与放纵。

---

① 刘勰著，范文澜注：《文心雕龙》，北京：人民文学出版社，1958 年，第 134 页。
② 冯友兰：《中国哲学史（下）》，上海：华东师范大学出版社，2000 年，第 320—321 页。
③ 刘文勇：《儒家"发情止礼"论重估》，《西南民族大学学报（人文社会科学版）》2011 年第 9 期。

（二）以礼制情 礼以养情

在儒家情礼主义道德哲学形态中，性情论一直是重要而复杂的问题。"孟子从人性善的角度出发在对自然情欲做出肯定的判断时又主张'寡欲'，其目的是为了扩充天赋之善性；荀子则以'情欲'为核心，提出'从性顺情'的性情论思想。"[①]荀子与孟子思想最大的不同之处在于：孟子主张以礼（即向善之情）制情（自然情欲）；而荀子主张以人的理性思维来制约自然情欲，也就是说欲望需要在理智的范围内进行。"二者性情论思想的思维方式虽截然相反，但在本质上却'情'归一处，即二者都延续和发展了儒家以'情'为主、情理统一的情理主义道德哲学形态。"[②]

"礼"作为客观存在的道德伦理规范和更加严格的法律法规时更具理性的特征，但是这些都是建立在"情"的基础之上的，以"情"为根本。例如婚姻关系受到婚姻法的保护，但是一方隐瞒自身艾滋病前提下结成的婚姻关系，国家可以直接判定不合法并将其取消。可见"礼"（即理）是需要人之常情作为前提的。那么礼的最终目的就是引导人的自然情欲，使它成为符合国家法律法规以及道德伦理秩序的"向善之情"，从而引导人养成过合情合理的情感生活的习惯，并且在这种情感生活中，讲究身体欲望与理的平衡，最终形成中庸的身体交往观。

二、基于华夏身体交往观进行含义建构

正如当代学者陈来所说："很明显，从孔子的'克己'，孟子的'取义'到宋明理学的天理人欲之辨，与康德的基本立场是一致的。宋明儒者所说的'存天理、去人欲'，在直接的意义上，'天理'指社会的普遍道德法则，而'人欲'并不是泛指一切感性欲望，是指与道德法则相冲突的感性欲望，用康德的话来说，天理即理性法则，人欲即感性法则。理学所要去除的'人欲'并非像现代文学家过敏地理解的那样特指性欲，更不是指人的一切自然生理欲望。因此把理学叫作禁欲主义是完全不恰当的。站在理学的立场上，夫妇之间的性关系不仅是人伦的正当表现，甚至具有天地合德的本体含义；而为满足自己的私欲引诱已婚的异性并破坏他人的家庭便是人欲，这个界限是不言而喻的。"[③]

情与礼之间永远存在张力，但是这一张力需要与时俱进，呈现出符合时代要求的新状态，并且在不同的国家要根据地方的道德意志进行调整。现如今，只在华夏身体交往指导下，"发乎情，止乎礼"中的情自然不必赘述，而礼法是适应时

① 郭卫华：《论荀子"礼以养情"的性情观》，《广西社会科学》2013年第3期。
② 郭卫华：《论荀子"礼以养情"的性情观》，《广西社会科学》2013年第3期。
③ 陈来：《宋明理学》，沈阳：辽宁教育出版社，1991年，第2—3页。

代道德伦理规范的，因此，"发乎情，止乎礼"指：在现代道德伦理规范的约束下，进行情感交流和身体交往，达到情感与礼义的平衡。

儒家性情论中荀子提出的"从性顺情"符合本文提出的中庸型身体交往观：在道德伦理的约束下进行情感交流和身体交往。可见，自古就有圣贤倾向于选择中庸型身体交往观，再结合现代法则就能形成适应现代的身体交往观念。

综上所述，本章对身体传播的发展以及现今的问题进行了分析，在此基础之上通过案例的叙述，引入在华夏身体交往观视域下"发乎情，止乎礼"的意义建构。本章将"发乎情，止乎礼"运用到现代，对传统文化进行一定程度上的复兴与发扬，使其更能被现代人接受。但是因为没有进行量化研究，还是在理论基础上修改古典文化的含义，因此在如何寻找情与礼的平衡这一方面并未深究，良好的传播效果还需要进一步探索。

（本章作者：戴永蓉 谢清果）

第六讲　华夏家庭传播研究

第十五章　谷神不死：道家对儒家"夫为妻纲"的批判与重构

在中国传统文化思想中"儒道互补"是一个古老的话题，而在强调家庭教育伦理的观念上，可以用古代道家的"尚阴"伦理观念对儒家的"夫为妻纲"观念进行填充补足。儒家思想所持的以"父权主义"为主要核心的现代家庭社会伦理体系观念对其影响深远，按照不同时空文化结合的分类方式，我们可以将其影响力的范围大致分为"封建制时代的家庭"与"当今时代的社会"两类。本文结合传播的互动性和双向性以及福柯的权力话语理论，对"封建制时代家庭中的夫妻""当今时代社会中的男女"的交流互动关系进行分析得出，在传统家庭中，夫妻关系的交流更多的是"单向传播"，在现代社会，女性受到话语体系的监视，更多处于"被看视角"。而道家所讲求的"重视女性""阴阳并重"可以用来弥补"儒家之不足"，可以为当今父权主义唤醒女性独立意识以及缓和近代女性解放运动爆发后所产生的男女性别对立提供些许思考，且这样借鉴弥补的方式体现了中华圣贤文化多元且互补。

儒学思想是我国传统思想文化理论体系的一个核心组成部分，自儒学创立之初起便深刻影响我国历史两千多年。传统中国儒家文化家庭教育伦理观尤其有着丰富文化内涵，所讲求的包括父慈子孝、夫义妇顺、兄友弟悌等，但毕竟古代儒家思想是用来维护封建社会等级专制统治的一种思想文化工具，具有很大时代性和局限性，我们应清晰地认识其本身所含有的精华与糟粕。在处理家庭伦理观理论方面，儒家思想是以父权主义为理论核心，其中，在处理夫妻关系上，发展了以男尊女卑为理论基础的夫为妻纲，已经完全远离了古代儒学思想始创时所广为推崇的兄仁夫义妇顺、相敬如宾的一种理想家庭状态，并且从整个家庭中的影响延伸到整个社会，且一直影响至今。

儒家所持的以"父权主义"为核心的家庭伦理观念影响深远，对其所影响的范围进行划分可分为家庭与社会，按照其所持续的时间来划分可分为"封建制时代"与"当今时代"。本章将从"封建制时代的家庭"与"当今时代的社会"两个方面入手，并结合传播的互动性和双向性以及福柯的权力话语理论，对"封建制时代家庭中的夫妻""当今时代社会中的男女"的交流互动关系进行分析。

在封建制时代家庭之中夫妻之间的交流更多是单向性较强的传播，女性失去人格，成为丈夫的附属品。女子需要学习一套严格的女子行为规则，即"三从四德"，此外，女性家庭地位低下，女子在家庭中的权利是被丈夫、公婆、儿子所赋予的，丈夫拥有"三妻四妾"是正常的事情，女子单方面被看作一个生育机器，丈夫可以根据"七出"来休弃妻子，而女性没有结束婚姻的权利。

映射到当今社会上，表现出的是"父权主义"，男性是掌握着主流的话语权力体系，是社会的主导者，而女性处于"被看视角"，若其远离"主流话语体系"，那么就会遭遇生活场域中的否认、歧视和恶意，促使部分通过过激方式进入主流话语体系以获得来自观看者的赞许，但是曾经或当下的否认和恶意，对她们来说是深远且充满恶意的，自卑和敏感的情绪可能会一直伴随着她们的成长。

对于夫为妻纲的家庭传播关系及其在当今社会所产生的诸多问题，道家所广为推崇的男女和谐、重视女性等观点都可以为其提供具有解决性的思路。道家所尤为强调的两性和谐，倡导男女双方无论在家庭中，还是在社会上，都应当有着双向平等的传播关系。

在封建制时代家庭中夫妻、当今时代社会上男女的交流互动关系所产生的问题方面，可以通过"道家之长处"来弥补"儒家之不足"，可以为当今父权主义唤醒女性独立意识以及缓和近代女性解放运动爆发后所产生的男女性别对立提供些许思考。

第一节　儒家家庭伦理研究与圣贤观念的体现

涉及家庭成员关系的儒学主要是伦理儒学，近当代学者对儒家家庭伦理观的研究可分为两个方向，儒家家庭伦理研究与其体现的圣贤观念的探究。

一、在儒家家庭伦理研究方面

钱穆认为孝悌是孔子仁道的根本，是家庭伦理道德的基础。[①] 王林与张方玉认为孟子、荀子继承、发展了前期孔子建立的家庭伦理纲常秩序，并在前人思想

---

① 钱穆：《论语新解》，北京：生活·读书·新知三联书店，2002 年，第 6 页。

基础之上，使得传统儒家的家庭伦理呈现出一致的对外延展性。^①国内学者对传统儒家家庭伦理观的研究主要分为批评、肯定的态度。持批评态度的学者如赵馥洁，其认为，传统儒家家庭伦理观的家国观中所包含的重视祖宗、因循守旧、等级森严、专制独裁等观念，主要是为了维护君权、父权、夫权，对古代中国人的人性造成了严重的阻碍和压制。^②持肯定态度的学者，梁韦弦认为儒家特重父子关系，提倡父子有亲，对于家庭和社会的和谐与稳定，对于培养人们爱祖国爱人民的情感都有着直接或间接的积极意义。^③

二、在儒家家庭伦理所体现的圣贤观念方面

张津梁认为，中国传统时代儒家的封建家庭伦理哲学内容完全可以把它看作一种社会关系，儒家的"家国同构"就是整合了封建中国的家庭社会规范，使得以亲亲、尊尊为主要思想文化内核的儒家家庭社会伦理思想，从传统家庭内部扩大发展到整个现代社会。^④温海明则指出了传统儒家契约家庭伦理观中的集体家庭荣辱意识，这对社会的发展具有重要的指导作用。^⑤陈少明认为维护儒家家庭道德伦理思想的意义不仅仅局限于家庭范畴，其对国家政治、社会生活的巨大影响力也是理所应当的，从政治本质来说是为了维护中国传统的家庭道德伦理根基。^⑥

综上，当前对于儒学所倡导的家庭成员关系的研究，相对缺乏对传播领域的关注。本文站在前人的基础上，将传播学与中国传统文化相结合，从中国传统家庭传播切入，立足男女关系，针对"封建制时代家庭中的夫妻""当下时代社会中的男女"的交流互动所产生的问题进行反思，并试图通过"道家之长"来弥补"儒家之不足"。

第二节　封建制时代家庭中夫妻关系
——男尊女卑，夫为妻纲

在父权至上的古代中国，社会上的经济、法律等一切权利都属于家长并由其

---

①　王林、张方玉：《孟子荀子家庭伦理思想之比较》，《理论月刊》2008 年第 6 期。

②　赵馥洁：《儒的家国观及其历史演变》，《华夏文化》1996 年第 1 期。

③　梁韦弦：《儒家提倡的家庭伦理规范（上）》，《松辽学刊》（社会科学版）1995 第 2 期。

④　张津梁：《儒家家庭伦理影响下的"家国一体化"社会结构》，《哈尔滨市委党校学报》，2016年，第 45—49 页。

⑤　温海明：《从"亲亲互隐"看儒家的家国关系》，《中国儒学》，2017 年，第 63—76 页。

⑥　陈少明：《亲人、熟人与生人——社会变迁图景中的儒家伦理》，《开放时代》2016 第 5 期。

掌控。^①在汉武帝时期的罢黜百家，独尊儒术后，儒家的伦理纲常逐渐占据统治地位，家庭关系的建立与发展也牢牢被儒家思想所掌握。

一、理想的初衷——夫义妇顺，如鼓琴瑟

儒家思想认为良好夫妇关系在文明家庭社会伦理中始终发挥着举足轻重的主导作用，是文明国家社会繁荣进步的重要标识。关于贤妻夫妇之伦理，在儒家思想有着"君子之道，造端于夫妇；及其至也，察乎天地"的哲学论述，其观点认为关于夫妻关系之伦是一个贯穿于现代家庭社会伦理观的重要纽带。儒家思想认为和睦的家庭夫妻关系是一个家庭幸福之源，是直接影响国家社会安定的重要组成因素。夫妇关系不和不仅仅是对家庭有着伤害，对社会有着巨大的冲击，故古代儒家极力强调男女在婚姻中需要遵循"夫义妇顺"的基本道德。

孔子夫妻喜爱《诗经》，在他本人看来，"夫妻好合，如鼓琴瑟^②"也正是夫妻关系的最佳发展状态。孔子提出"夫不义则妇不顺，^③"如果一个丈夫对他的妻子不仁义，妻子对她的丈夫也不会温顺，夫妻关系将可能面临一种破裂性的危机。建构和谐的家庭夫妻关系自然离不开夫妻双方的共同努力，夫妻各自应该扮演好自己的重要角色，做到"夫义""妇顺"，举案齐眉。"正家之道，始于夫妇，唯夫义而妇顺，乃起家而裕厚。^④"现代儒家思想认为在婚姻中的夫妻之间本来就无任何血缘或者情感相互羁绊的关系存在，夫妇恋人之间需要始终做到相互忠诚，同甘共苦，这样才能有效维系牢固的家庭婚姻关系。

总的来说，"夫义妇顺"讲求的夫妻之间的"双向传播"，是一种积极的人际互动关系，传统儒家教导为人妻者须顺服丈夫，做到忠贞温柔，做到对丈夫的维护，保持对丈夫"义"，而为人夫者当做到温厚体贴，讲究"礼"，给予妻子应有的尊敬。这就体现了在婚姻生活中要维护安稳的夫妻关系，夫妻之间要有着明确的分工，且相互恩爱，坦诚相待。

二、后继的现实——夫为妻纲，"单向传播"

据《礼记哀公问》记载，在被问及治人之时，"孔子回答：'夫妇别，父子亲，

---

① 张燕、冯钰婷：《父权制在美国文化与儒学文化中的折射——以奥康纳小说为例》，《中国石油大学胜利学院学报》，2019 年第 2 期。
② 刘松来编著：《诗经》，青岛：青岛出版社，2011，第 108 页。
③ （南北朝）颜之推，《颜氏家训》，长春：时代文艺出版社，2001，第 23 页。
④ （元）许名奎：《劝忍百箴》，西安：陕西旅游出版社，2006，第 50 页。

君臣严'"①。孔子认为"唯女子与小人难养也，近之则不逊，远之则怨"②。孔子将女子与小人放在一起，一方面指出女子性格的多变性，另一方面为"男尊女卑"以及日后的"夫为妻纲"奠定了基础。

传统儒家家庭纲常伦理观中"夫为妻纲"的内容，表现了不平等的家庭夫妻关系。"三纲"完全是建立在古代男尊女卑的封建伦理基础之上，这种伦理观念为之后的不平等的夫妻关系的发展做了一个开端。由此可见，儒家在婚姻中规定了女子在婚姻中、在行为纪律举止方面的诸多严格要求，即"三从四德"。女子需要学习包括女德、妇言、妇容、妇德的基本道德。在婚姻中，女性的基本人格特质是由她的丈夫所直接赋予，女子需要绝对服从丈夫。此外，儒家思想认为要做一名优秀的丈夫妻子首先要做到忠诚对待丈夫、生儿育女、孝顺公婆等。女性在家庭中的地位低下，女子在日常家庭生活中的权利往往是被她的丈夫、公婆、儿子所直接赋予的。丈夫可以拥有"三妻四妾"的这是正常的一件事情，身为妻子不仅不能妒忌还要坦然接受。女子单方面被看作一个生育机器，若是妻子在家庭中没有生育子女，丈夫可以随意休弃并不会受到社会的指责。

由此可以看出传统儒家家庭观本质上是维护男性的绝对权威，生育子女的性别更多的偏向男性，导致形成了一条畸形的生育理念，生养男丁的女性在家庭中会拥有一定的话语权，长此以往必然形成了"重男轻女"的封建社会风气。在这种彻底的男权思想影响之下，传统中国女性的独立人格受到了强烈的践踏，在这种恶劣的社会舆论环境中，传统中国女性在婚姻中处于一个不利的地位。传统儒家家庭伦理观中的婚育观念中压抑男女正常情感、破坏女性独立人格的做法，直接后果造成了古代中国两千年家庭婚育观念的落后，传统中国弥漫着窒息浓郁的男尊女卑、重男轻女的社会风气。

由此可以看出，"夫为妻纲"下的夫妻关系更多的是一种"单向传播"。在这样的传播关系之中，传播者（夫）与受传者（妻）只是单方面的"给予"和"接受"关系。一般来说，人类的传播活动都是具有双向性和互动性的，但"夫为妻纲"下的夫妻关系几乎毫无双向性和互动性可言。男权之下的女性没有独立的人格，传统女性被禁锢在家庭后院之中。传统中国的女性没有反抗不幸婚姻的权利，也无法去结束一段不喜欢的婚姻生活。③

---

① 鲁同群注评：《礼记》，南京：凤凰出版社，2011，第71页。
② 孔子：《论语》，长春：吉林文史出版社，2009，第188页。
③ 高应洁：《传统儒家家庭伦理观及其当代反思》，哈尔滨工业大学硕士学位论文，2020，第34—35页。

第三节　当今时代社会中的男女
——父权社会，"被看"视角

中国儒学传统文化思想中的"父权制"影响深远，且随着中央集权的不断加强逐渐得到凸显，虽然在目前现代中国社会中已略有改善，但中国女性依旧无法完全摆脱在陈旧价值观念影响下所形成的社会弱势地位。①

一、当下的传统——父权主义，被看视角

虽然中国现代女性的命运发生了翻天覆地的变化，女性的社会参与度和认可度逐渐提高，但是现在的社会运作也在遵从着父权主义。父权主义，是指男性在生活场域和社会活动中的支配性特权②。在父权主义看来，男性是社会的主导者，掌握着话语体系和社会的多项权利，女性属于从属，必须选择归顺和服从。从审美角度来看，男性主义话语对女性的审美是带着占有欲的审视，不管是对于女性的外貌还是身材，都有一定的标准。大众传媒结合男权主义通过对标准"美"的输出，以软暴力塑造了社会关于美貌的准则，与此同时对女性的自我审美和判断进行解构和入侵，使其朝着自己设定好的方向去发展。在这种准则之下女性潜移默化地受到影响并审视自己的身体，甚至将身体客体化③，主体与自己的身体处于不断的互动和抗衡之中，为了改变身体的某种特征被动地去行动，这样的"重塑自我"和"自我认知"仍是被控制的客体。

其突出表现在于——目前对于"白幼瘦"形象的过度狂热追捧，减肥话语几乎置顶于社交媒体的所有传播空间。正因为社会运作是遵从着父权制，所以就衍生出了站在女性角度"被看"视角的概念，

约翰伯格在《看的方法》一书中如此定义"被看的女人"："男人看女人，女人看着她们自己被看，这不仅决定了男人和女人之间的关系，同时也决定了女人和她们自己的关系。"也就是说，女性是站在男性的观点出发，来思考他们的诉求。换言之，女性自身的鉴定者是男性，"她"就成了"一道风景"。在现在的影视剧创作之中，依然以"被看"视角来刻画着"女性"。而且在网络媒体中所呈现的"被看"的女性形象，通常都是对女性形象的贬损和歪曲，女性在社会变迁中的积极作用却在网络媒体中遭到了"象征性歼灭"。长此以往，在长期的传播效果影响

---

① 张燕、冯钰婷：《父权制在美国文化与儒学文化中的折射——以奥康纳小说为例》，《中国石油大学胜利学院学报》2019 年第 2 期。

② 吴欣：《性别分工及其对女性的影响》，《北极光》，2020 年第 1 期。

③ 赵春灿：《费主义视域下的女性身体景观——以电影〈整容日记〉为视角》，《视听》2019 年第 10 期。

下，大部分女性的自我认知会出现偏差，甚至引发价值观念尚未成熟的青少年的模仿，在其性别意识形成过程中过早地引入对立冲突观念。[①]

综上，父权制所造成的女性悲剧阻碍了当代女性自我意识的成长与发展，其主要表现形式是——当今女性依然在身体及其他方面来迎合着观看者的各种关切声和目光，自觉地把自身置于被关注、被保护的位置。

二、福柯的话语权——话语监视，个体规训

当代女性的审美观念是自我建构与社会建构双重互动的结果，是社会结构变迁过程中的焦虑或不安带来的对话语权力体系的顺从或者抗争，是主动与被动的辩证统一。在福柯的权力话语理论中，话语通过外界环境与标准对个体意识进行鞭策，使个体进行反思，在社会建构的标准化的美面前，对自我的形象产生怀疑与不满。整容、过度节食减肥等等其实是女性求美者对这一情况的反抗和宣泄，是在社会建构下自我意识按照一定规则进行演变。[②]

在福柯的观点中，话语是很重要的监视者。在生活场域中，大众的目光对个体的身体进行监视，且大众的审美变成了话语体系，从而对个体的身体进行审视和规训。在现代社会中，人们无时无刻都处在话语体系的监视之中，这种话语不仅来自有权的人，也来自普通人，更来自自己。

因为与主流的话语权力体系不符合使她们遭受过多来自外界的否定和恶意。女性的青少年时期，身体和外貌均处于发展变化阶段，同时情绪和情感也比较敏感和脆弱。这一时期受到外界话语影响，对她们来说是深远且充满恶意的，自卑和敏感的情绪可能会一直伴随着她们的成长。由于在生活场域中遭受了过多的歧视和恶意，所以大部分女性会为了变美做出一些极端行为，使其符合话语体系关于美的标准。通过整容、过度节食减肥等方式得到美丽的身体，来回应关于"美"的话语体系，回应生活场域中的话语审视。

第四节　负阴抱阳：道家女性观的长处及其对儒家的重构

在诸子百家之中，地位最高、影响最大的两位古代思想家，分别是儒家孔子

---

①　付媛:《挣扎、"被看"与成长：浅析热播剧〈三十而已〉中的女性形象传播》,《视听》2020年第 11 期。

②　张鑫磊:《话语权力体系下女性整容动机研究》,中国社会科学院研究生院硕士学位论文,2020 年, 第 23—24 页。

和道家老子；其中渗透最深、流传最久的两大学派，无疑是儒家思想学派和道家思想学派。儒道两家相比，儒者显而道者隐。儒家文化名声显赫，在两千多年中一直居于中国社会主义思想政治文化的正宗和重要主导地位，是中国政治、教育和社会道德等诸多领域的重要指导思想；中国道家风格崇尚自然无为，与现代社会中的现实生活保持着一定的距离，具浪漫主义派的思想风格，它形成一股强大的文化潜流，扩散涉及中国社会政治、文化、经济、生活各个环节层面，凡是有儒家的地方，自会有人将道家与其进行对比。可以这么说，中国的传统儒家思想也就是儒为道为阴，儒处外道处内，道外有儒，儒外有道，自为而相因。

儒与道之间互补是恒久不衰的社会动向，在强调家庭教育伦理上的观念方面，可以用古代道家的"尚阴"伦理观念对应用儒家的"夫为妻纲"观念进行填充补足。

一、谷神不死，牝生万物

与传统儒家思想的"男尊女卑"不同，道者尚阴。在《道德经》中，阴阳的两性循环变化原则也就是利用了一个性别化的隐喻，阴则女，阳则男。道家提出了"坚强处下，柔弱处上""柔弱胜刚强"的女性主张，也把以"自然"和"无为"的形象以女性为载体进行具体描述，这些主张发展成了尚阴的女性观。《道德经》中很多地方都出现了"母"是万物根源的观点。"谷神不死，是谓玄牝。玄牝之门，是谓天地根。绵绵若存，用之不勤。①玄妙母体的生育之产门，这就是天地的根本。由此可以看出，老子的哲学思想中最高范畴"道"正是通过"牝"来体现的，可以体现出"牝"在老子思想中是一个极其重要的角色。

二、阴阳并重，男女平等

不论在家庭还是在社会中，男女双方只有在地位平等之后，才能够实现积极的、双向的传播方式，也就是说"男女平等"是实现双向传播的基础，而道家一直认为阴阳并重，男女平等，道家思想为男女双向传播提供了理论基础。

在太极图中，双鱼对称，有着"阴盛则阳消，阳盛则阴消"的规律和逻辑，体现了阴阳完全相等，同样重要，由此可见，道家的性别观是一种强调两性和谐的性别观。在两性之间的差异问题上，道家强调"阴阳并重"，说明道家对男女两性的各自的性别价值都充分予以肯定。在两性地位问题上，道家认为男女同"道"，亦即男女在社会上的地位应该是平等的。在两性关系问题上，道教追求"阴阳和

---

① 顾琳：《论道家思想和生态女性主义的共性》，《牡丹江大学学报》2017 年第 7 期。

合"，亦即在男女平等的基础上，两性应当讲求和谐共生，构成有机统一体。北宋张伯端在《悟真篇》中称："道自虚无生一气，便从一气生阴阳。"在道教看来，天地万物都是由"道"而生，那么女人和男人二者具有同等的地位，没有本质区别。

"道"成为天地万物各自的自然本性，万物依据各自的自然本性而不断发展个别独特的自然存在，在人与周围环境的共同培养下方才得以自然生长成熟。这个也就是当时老子所说的"道生之，德畜之，物形之，势成之"。从"道"滋养万物的过程来看，既然昆虫、杂草之中都存在着"道"，那么一切事物便没有高低贵贱之分，男女亦不例外。"道"作为超越万物的最高存在，对待天地万物是不偏不倚、一视同仁的。老子曰："天地不仁，以万物为刍狗。"《太平经》亦云："天道无亲，唯善是与。"既然大"道"无私，那么它以众人平等为其内在本性和要求，对待世间男女决不会厚此薄彼。

由上可见，道家、道教对于男女平等的论证始终以"道"为根据。正是因为男女同"道"，两者在根本上具有同一的原理和同一的价值根据，因而他们的社会地位是等同的，没有高低贵贱之分别。①

儒家的"夫为妻纲"实质上就是以父权主义为标志的社会史，是一个不平等交流的传播史，小到家庭中的夫妻，大到社会中的男女，都体现出了两性之间的不平等，而道家思想中"谷神不死""牝生万物"的尚阴观念有助于恢复当今社会处于"被看"视角的女性的应有的独立意识。

另外，近现代女性独立意识崛起，发起了以"两性平等"为内容的解放运动，但这反而使性别关系逐渐走向对立。推翻父权制只是女性解放中的一部分，但女性解放本末倒置，进行了一系列的激进解放运动以及一些激进的女权思想宣传，使两性关系矛盾冲突升级。两性之间的不平等实质上是人类社会不平等的一个缩影，不管是解决家庭中的夫妻关系问题，还是社会中的男女关系问题，都要回到男女所归属的整体——"人类"层次上面，而这一整体层次便是道家口里所说的"道"，阴与阳都应当围绕"道"，以"道"为核心、为目标，这才能够根本消除在家庭之中夫妻关系不平等、在社会之中性别之间的对立矛盾，让性别之间从相互否定到相互认同，从相互蔑视到相互欣赏，从相互对立到相互支撑。这样，两性之间拥有共同的生命理想。这就是人类解放视野下女性解放的最终目标——两性和谐。②

儒学是我国封建社会意识形态领域的主导思想。其所秉持的儒家家庭伦理观

---

① 刘玮玮：《论道教和道家的性别观》，《湖南工业大学学报（社会科学版）》2008 年第 4 期。

② 李庭：《从"两性平等"到"两性和谐"——人类解放视野下的女性主义研究》，吉林大学博士学位论文，2020 年，第 139—140 页。

有着丰富内涵，但也含有糟粕部分。儒家所持的以"父权主义"为核心的家庭伦理观念影响深远，让传统家庭中夫妻关系的交流更多的是"单向传播"，在现代社会女性受到话语体系的监视，更多处于"被看视角"。道家所讲求的"重视女性""阴阳并重"可以用来弥补"儒家之不足"，可以为当今父权主义下唤醒女性独立意识以及缓和近代女性解放运动爆发后所产生的男女性别对立提供些许思考。

（本章作者：彭茜　谢清果）

第十六章　家风渐渍：
华夏圣贤家风传播与效果研究

　　家庭是最基本的社会单元，具有诸多重要的社会功能。本土家庭文化独树一帜，内涵颇丰。家庭传播是我们在社会交往中共同创造意义、协商身份和关系的重要方式，是寻求家庭"合法化"的必经过程。构建出本土家庭传播的自主性，是当代中国传播学研究的历史担当。圣贤家风是中华民族家庭传承的独特载体，是本土家庭特殊的家庭传播形式，其肇端久远、内容丰富，既蕴含深刻的圣贤理念，又具有独特的传播特色。圣贤家风在传播过程中建构意义、认同和关系，界定主体的身份认同与家庭关系，形塑着中华民族对社会历史的认知与情感。研究其传播过程和实践效果，对完善华夏家庭传播的理论构建和现实意义都具有重要借鉴。

　　习近平总书记多次在讲话中强调，不论时代发生多大变化，都要重视家庭建设，注重家教、注重家风，发扬光大中华民族传统家庭美德，使千千万万个家庭成为国家发展、民族进步、社会和谐的重要基点。本土家庭传播研究起步较晚，理论较为空白，实践应用领域拓展不足。然而本土家庭传播既具有家庭传播的共性，又具有难以复制的独特性，具有十分独特的研究视角和极其丰富的现实意义。圣贤家风作为本土家庭传播的重要媒介，是社会主义核心价值观培育的民族性、母体性、根源性的文化基因和中国元素。研究本土家风的媒介内容和媒介本质、厘清家风传播的过程和效果、寻求家风文化的当代价值，对其进行创造性转化、时代性发展，对于传承中华优秀传统美德、培育良好社会风气、建设和谐社会等均有助益。

第一节　亲亲人伦：本土家庭传播的本体论

本土家庭传播如何扎根本土文化，建构出中国家庭传播特性，强化主体性认同，从而同西方的家庭传播观念相区分，是本土家庭传播研究不得不面对的初始问题。要厘清这一问题，首先就要明晰本土家庭的特性所在。

一、何以为家：儒学浸染下的本土家庭

家庭作为社会最基本的一个构成单元，是正心修身的第一社会课堂，是中华文化精神传承的核心链条，具有社会、经济、政治、文化等各种多方面的重要功能。因而古今中外对家庭的探索从未停止，逐渐发展区分出三种不同文化意义上的家：即作为人类栖居之所的家、作为人类安身立命之所的家、亲亲—人伦关系的家。在西方，以存在为家的海德格尔将家和亲亲—人伦消解在了存在之中[①]；列维纳斯虽不讨论存在于家的意义，成功把家安顿在了自我与他人的关联中，但受到其背后犹太文化的影响，始终只是表现对现世人伦的有限肯定。而儒家却是将亲亲—人伦关系视为终极根源意义上的家。"儒家以'亲亲—人伦'为根，能近取譬，推己及人及物，亲亲而仁民，仁民而爱物，由亲人而他人而天地万物，最终达到万物一体、民胞物与的高超境界。且无论扩展到多远，始终不放弃以亲亲人伦为终极的意义源头。"[②]儒家本"家"而起、与"家"共生，其对伦理、政治乃至经济的建构，始终是从"家"出发，形塑着家国一体的秩序体系。这一家国系统逐渐构成了两千多年来中华文明的制度和伦理底色，更成了具有坚韧性和独立性的"文化—心理结构"即民情的基础。不理解作为"文化—心理结构"的"家"的内涵和作用机制，就不可能理解中国文明的实质特点及其构成和变迁[③]。将"亲亲—人伦"关系视为"家"的根源所在，将"家"置于家国一体的动态系统中加以分析，便形成了本土家庭独特的家庭观念和家国文化，也衍生出本土家庭特有的家庭传播模式与媒介。

家庭传播得以被明确界定是因为它是人类社会用来直接创造社会意义的一种象征性传播过程。家庭传播不仅仅只是将家庭信息从一个人的手中传递给另一个人，更是我们在家庭社会交往中共同寻求创造家庭意义、协商转变身份和建立关系的一种方式；也就是，我们如何共同构建我们自己和自身家庭和谐关系的一种

---

① 张祥龙：《"家"的歧异——海德格尔"家"哲理的阐发和评析》，《同济大学学报》（社会科学版）2016 年第 1 期。

② 朱刚：《家的现象学——从海德格尔、列维纳斯到儒家》，《深圳社会科学》2019 年第 6 期。

③ 肖瑛：《"家"作为方法：中国社会理论的一种尝试》，《中国社会科学》2020 年第 11 期。

方式。从构建家庭话语传播的这个视角来看，"传播不仅仅只是构建家庭的一个具体方面，而更是作为构建家庭的一个核心过程，即家庭是如何在话语中共同构建、协商和合法化"①。

二、内圣外王：本土家庭传播的实现路径

本土化的家庭文化传播在重视作为传统意义上的意义创造过程的同时，表现出了不同于其他家庭文化传播的独特之处，即将人和家与国相连，以建立亲亲—人伦关系为基本、为根源，通过探索格物、致知、诚意、正心、修身、齐家、治国、平天下的实现路径，达到一个内圣外王的崇高境地。所以它即是《孟子》所言的："天下之本在国，国之本在家，家之本在身"，是梁启超先生所说"吾中国社会之组织，以家族为单位，不以个人为单位，所谓家齐而后国治也"②的写照。不同于西方国家盛行的个人主义思潮，中国人民的集体意识、家国意识表现出独树一帜的强劲。个人与家庭、家庭与国家的紧密相联，为我国本土化的家庭传播研究发展贡献出了独特的研究发展视角和巨大的社会现实意义。

随着各个学科的不断交叉融合，任何学科都很难通过独占某种研究对象来划定学科边界。家庭作为重要的研究对象，亦早有社会学、心理学等众多姐妹学科进行研究，并提出了许多可供借鉴的研究成果。传播学本身的学术版图也不断扩大，大众传播、人际传播等等分支学科纷纷兴起。在此大背景下，确立家庭传播的"合法性"尤其是本土家庭传播的"合法性"就需要其有不可取代的研究视角和实践意义，而家风研究恰可为之提供一些借鉴。

第二节　润物无形：潜移默化下的媒介塑形

家风是家庭文化的中心，是本土家庭文化传播的一种特殊形式，是社会风气的一个重要组成部分，是中华独特文明的一个象征。中国的圣贤家风，是中国优秀的传统文化之一，其形式之独特，历代著述之多，在世界文化历史上也是罕见的。圣贤家风肇端，内容丰富，形式多样，家风家训文化蔚为大观。"其思想理念主要来自'四书五经'、《十三经》、《道德经》、《庄子》和中国化了的佛学经典。包含了中华优秀传统文化的思想理念、传统美德、人文精神等几乎所有圣贤思想观念和价值资源。"③其作为一种家庭传播媒介，更是具有极为独特的传播能力。

---

① 朱秀凌：《家庭传播研究的逻辑起点、历史演进和发展路径》，《国际新闻界》2018年第9期。
② 梁启超：《中国近三百年学术史》，北京：中国社会科学出版社，2008年，第43页。
③ 邵龙宝：《宋代家训节俭廉政美德与当下节俭廉政风气研究》，《兰州学刊》，2020年第11期。

《魏书》尝言"渐渍家风"，讲的就是家风润物细无声的传播方式。

（一）潜移默化：家风传播的媒介影响

这与一些西方的媒介研究理论不谋而合。麦克卢汉主张"媒介即讯息，传播过程中最本质的事情不是内容的表述，而是媒介自身"[①]。圣贤家风作为本土家庭特有的传播媒介，其自身就是在人们之间引入一种新的尺度，譬如我们要学圣贤，做圣贤。可是如何学才能学得了圣贤，如何做才能称之为圣贤呢，这就都需要在本土家庭一次次的文化传播中重新描摹刻画出圣贤的轮廓，人们才能够知晓圣贤的尺度，才有效仿的方向和学习的动力。又如教人如何遵行忠君之道、爱国之事、要人诚心做一个孝子；如何便能被算作忠，如何才能被称为孝；忠孝不能两全时，二者之间该如何达到平衡；在此地教人赡养父母老人便是孝，那么在彼处呢；不同地方的小家大族自会有自己一套适应当地社会风俗和传统礼法的家风，而这一套家风便是在规划亲亲—人伦的一种伦理道德尺度。再比如劝学之事、血脉传承，文章大家的后裔自然与书法大师的族人感悟不同，名士之子与将门之后自然也各家有各家的特性。殊途同归便是要向学，但怎么学、学什么，这都要设身处地去考量一个家族的底蕴和选择，这又何尝不是一种尺度。当"家"进入伦理和社会整体语境时，实体性的家便成了社会秩序的"隐喻"和"化身"，家风所含的尺度就成了建构社会制度和伦理的基石。圣贤家风以不同的内容呈现方式，潜移默化地改变着人们感知自己生活环境的思维模式和人们理解事物意义的架构，最终影响着人们的行为方式，从而深刻地影响和改变着整个社会。如《训俭示康》《朱子家训》等中多有提倡克勤克俭的词句，勤劳节俭已渐渐成为衡量一个人是否拥有美德的重要标准，成为整个中华民族的传统美德；勤政廉洁也成为历代衡量政治经济治理、评判管理者的重要尺度；劳动致富、积极储蓄的经济特点也循序渐进地发展着，影响着整个中国的经济生活。媒介在用一种隐蔽但有力的方式定义着我们的现实世界。主流性质的传播媒介塑造着大多数人的思维方式和行为方式，进而影响着社会的方方面面。

（二）符号聚合：群体想象中的家风传播

适用于小群体文化传播问题研究的符号聚合传播理论，也为传统家风这一独特的家庭文化传播媒介的具体运作及其方式发展提供了某种可能性。鲍曼的符号

---

① 陈龙：《大众传播学导论》，苏州：苏州大学出版社，2006年，第304页。

聚合理论认为群体想象在共同创造符号聚合①。在家庭传播这一小群体传播情境中，该想象可能指向该群体过去发生的事件，如家族鼎盛的过往、优秀的家族人才等；对未来可能发生事件的推测，如家族代代传承福泽子孙的期盼；以及关乎群体外部事件，如对时局推测等等的所有内容。构成表达的想象成为分享共同经验和建立情感共鸣的方法：前人勤俭持家，后辈学之便戒骄戒奢；祖先孜孜求学方成大器，子孙自然明了勤学不辍的意义……符号聚合是群体成员形成社群感、亲密感、凝聚力、团结性和一致性的对话过程。通过对共同想象的分享，乌合之众也可以成为有凝聚力的主体②，更遑论那些血浓于水的家人。而这也使得圣贤家风的传播在历来重视血缘亲厚、家族团结的中国社会尤为得天独厚。通过共同培育对家族的想象，在圣贤家风传播中进行符号聚合，个体逐渐建立起"家"这一群体意识，"我""我们"等单数表达逐步让位于"我们家""我们家的""全家的"等复数代词。而每当群体成员分享这一系列的共同想象时，他们之间的联系也随之变得更亲密。所以家风一遍遍传承践行，这个家庭就一点点愈发联系紧密。

有道是，风成于上，俗行于下。华夏特色传播理论"风草论"结合中国传统社会的文化传播背景，阐发"风吹草偃"这一中国特色观念的华夏传播理论意蕴，展现出一种上行下效的特色传播理念和向广大民众宣传普及社会风气的传播过程③。更好地贴合家国一体情境下的传播流程，也可以较为清晰地展现出家风潜移默化的风化过程。在下文对于廉政建设和书香社会建设的当代价值探究中，亦是大有可为。

第三节　知行合一：家风传播的效果与现实意义

传播效果是指传播者发出的信息经媒介传至受众而引起受众思想观念、行为方式等的变化。传播效果研究历来针对大众传播领域，其两个基本研究方面中，一是对于个人效果产生的微观过程分析，二是对社会群体效果产生的宏观过程分析。④而家是连接人与家庭的重要链条，无论在微观层面还是宏观层面都有其独特

①　刘蒙之、孙婷婷：《西方人际传播理论导论》，西安：世界图书出版公司西安分公司，2015年，第203—207页。

②　[美]埃姆·格里芬（Em Griffin）：《初识传播学》，展江译，北京：北京联合出版公司，2016年，第30-31页。

③　谢清果、陈昱成：《"风草论"：建构中国本土化传播理论的尝试》，《现代传播》（中国传媒大学学报），2015年第9期。

④　刘蒙之、孙婷婷：《西方人际传播理论导论》，西安：世界图书出版公司西安分公司，2015年，第203—207页。

的家庭传播效果。本土家庭既是一个个个体所构成的家庭小群体，又是影响社会与国家政治构成和经济变动的重要主体。我们对其的研究不是孤立地简单地考察家的结构和运行，而是将其同国家、伦理、社会团结纽带等相连接。本土家庭家风传播既在引入和规定个人、家庭生活的尺度，又在试图形塑国家、社会的整体运行机制。可以说，本土家风传播天然地具有解决中国实际问题的现实意义。

这里笔者选取以下三个方面，对这种影响效果和现实意义略做探究：

一、孝老爱亲：尊尊亲亲的和谐实践

俗话说："百善孝为先"，在家风文化中"孝悌"思想随处可见。《太公家教》曾提到"事君尽忠，事父尽孝""孝子不隐情于君"①"立身行道，始于事亲。孝无始终，不离其身""孝是百行之本，故云其大者乎"②等许多关于孝的论述。宋代叶梦得在《石林家训》中指出："夫孝者，天之经也，地之义也，故孝必贵于忠。"③"人以德为本，德以孝为本"等等，汲取传统家风中关于孝道的传播文化资源，抓住"重孝"这一我国本土家庭传播文化的心理特点，在家庭中充分培育树立起孝老爱亲的社会道德意识，对于充分发挥我国家庭的社会生产服务功能和社会养老服务功能、解决我国人口老龄化社会问题具有重大现实意义。正如习近平主席在深度推进贫困地区产业脱贫精准攻坚工作座谈会上的重要讲话中所指出的那样："要发扬中华民族孝亲敬老的传统美德，引导人们自觉承担家庭责任、树立良好家风，强化家庭成员赡养、扶养老年人的责任意识，促进家庭老少和顺。一个健康向上的民族，就应该鼓励劳动、鼓励就业、鼓励靠自己的努力养活家庭，服务社会，贡献国家。"④也正如邓小平同志所说："欧洲发达国家的经验证明，没有家庭不行，家庭是个好东西。我们还要维持家庭。"

中国的家庭传播以"和"为终极追求，注重和合观。而家风中对于敦亲睦族之事也多有指导。如《曾国藩家训》提道："凡亲族邻里来家，无不恭敬款接，有急必周济之，有讼必排解之，有喜必庆贺之，有疾必问，有丧必吊。"⑤培育良好家风，可以达成家庭的和，即父慈子孝、夫义妇顺、兄友弟恭，进一步注重睦邻友好邻里关系的协调发展，是关于家庭和社会的和谐理论新实践，符合推动家庭

①　朱明勋：《中国家训史论稿》，成都：巴蜀书社，2008年，第135页。
②　郭齐家、李茂旭：《中华传世家训经典》（第4卷），北京：人民日报出版社，2009年，第1387页。
③　《丛书集成续编》，上海：上海书店出版社，1994年影印本，子部，儒学类，一卷。
④　段光鹏：《家风建设：新时代党风廉政建设的重要内容——基于马克思主义家庭观与领导干部家风现状的双向考察》，《新东方》2018年第3期。
⑤　《曾国藩全集·家书》（第1版），长沙：岳麓书社，1985年，第88页。

和谐幸福、健全家庭发展的政策要求，对和谐社会的建设起到了重要作用。但其中应指出的是，家风文化是一种传承了多年的传统文化，其中也存在性别不平等、愚孝愚忠等封建遗留，我们要擦亮眼睛，扬弃地继承和应用地发展。

二、克勤克俭：戒奢戒骄的廉政建设

古代圣贤非常提倡节俭廉政，这在我国圣贤家风文化中也多有体现。司马光在《训俭示康》中提到御孙曰："俭，德之共也；侈，恶之大也。"①李邦献在《省心杂言》也曾说："为政之要，曰公与勤。成家之道，曰俭与清。"②

"居官清廉乃分内之事，为官第一要廉"，习近平同志在中央政法工作会议上强调，"公生明，廉生威"③。历代名士都抓住防止贪腐败坏的根本就是节俭和廉政，并以此来训诫自己的子孙养成节俭的生活方式和廉政的职业品格。这是他们以自己的亲身经历，加之对前辈和同僚的为官之道的观察，结合自己对中华传统经典，尤其是儒家经典"四书五经"精华的理解和实践，从血管里冒出来的人生经验和为官之道。

《孟子》言："天下之本在国，国之本在家，家之本在身。""吏不廉平，则治道衰。"④治道即治国理政，其根本所在就是要全面从严治党。全面从严治党，要从全面从严治官、治吏入手；全面治官、治吏则要以提升每个领导干部的自身修养为本，即《大学》所言"自天子以至于庶人壹是以修身为本"。⑤作为一个家庭的成员，每个人之间都是互相影响的。而领导干部个人素质更是与家风密切相关，且不仅与自己家庭有密切的关系，更与党风有着密切的关系。我们要赋予古代家训以时代精神，将其节俭、廉政的内容经创造性转化和创新性发展，使之成为当下节俭廉政教育宝贵的历史经验和重要的价值源泉。这样才能更好地抓住关键少数，正其心、诚其意、格其物、致其知，实现以"修身"为本，进而才能实现即"齐家""治国""平天下"。通过本土家庭传播独特的实现路径，达到内圣外王的终极境界。可见家风中的克勤克俭文化的传播，对于廉政建设和国家发展都具有重要意义。在经济社会快速发展的中国社会，铺张浪费、骄奢颓靡的不良风气逐渐滋长。在领导干部家庭中传播好克勤克俭、勤俭持家、节俭廉政文化，上行下

① （宋）司马光：《训俭示康》，《传家集》，长春：吉林出版集团，2005年，第475页。
② （清）李邦献：《省心杂言》，《全宋笔记》第六编第三册，郑州：大象出版社，2014年，第51页。
③ 黄小云：《领导干部家风建设的四个维度——基于传统名臣家训的家庭伦理视角》，《湖南行政学院学报》2020年第6期。
④ 孟轲：《孟子全书》，北京：中国长安出版社，2009年，第106页。
⑤ 《礼记》，李慧玲、吕友仁 译，郑州：中州古籍出版社，2010年，第372页。

效，无疑会对带动整个社会的节俭风气大有裨益，对资源节约型社会建设提供帮助。

（三）立志向学：志在圣贤的书香社会

古代中国社会"士为四民之首"的观念深入人心，崇尚读书的社会风气浓厚。古代圣贤自身就是饱读诗书之士，所以更是十分注重对子女的读书成人之道的培育。圣贤家风文化中关于读书的内容很多，有诸多劝学向学的警句名言，蕴涵着十分丰富的读书智慧。如明代吴麟徵便曾在《家诫要言》中说："多读书则气清，气清则神正，神正则吉祥出焉。"①《曾国藩家书》中说："凡人多望子孙为大官，余不愿为大官，但愿为读书明理之君子。"②《朱子治家格言》中指出："读书志在圣贤，不能功利化，要立志学圣贤，做圣贤。"③现阶段我国经济发展迅速，人民生活水平显著提高，但是不可否认的是我们的精神文明、政治文明、道德文明是要滞后于物质文明发展步伐的。中国特色社会主义进入新时代，我国社会的主要矛盾成为人民日益增长的美好生活需要和不平衡不充分的发展之间的矛盾。所以现在国家提倡建设书香社会，积极促进精神文明建设。家风文化中关于子弟读书的内容就给我们提供了重要借鉴。借助家风在家庭中培育传播读书明理观念，可以为书香社会的建设营造文化氛围。

本土家庭的立身特性就在于以亲亲—人伦为终极的意义源头，而这一点，对于身处于现代性乃至后现代性语境下的我们，尤需警醒与深思。因为，亲亲—人伦意义上的本土家庭，如今正在面临着日益萎缩乃至解体的危险；本土家庭的文化传播意义，正日益遭到忽视。现实需求赋予了传统的本土家庭传播新的时代意义。我们要抓住家庭传播的重要抓手，利用好传播规律，发挥出传播效果。立足于家庭传播"润万物于无形"，在家风渐渍中推动社会主义核心价值观的知行合一。

（本章作者：张瀚元 谢清果）

① （明）吴麟徵，（清）朱柏庐等：《治家修养格言十种：治家格言·增广贤文·家诫要言·心相编·小儿语·续小儿语·女儿经·女小儿语·弟子职·弟子规》，朱利注，上海：上海古籍出版社，1991年，第199页。
② 《曾国藩全集·家书》（第1版），长沙：岳麓书社，1985年，第133页。
③ 朱柏庐：《朱子家训·颜氏家训·孔子家语》，西安：三秦出版社，2012年，第24页。

第七讲　华夏舆论与说服传播研究

第十七章　无我无他：作为传播贤者的纵横家

在中国的春秋战国年段，"纵横家"是一个比较独特的谋士群体。他们大多才高志远，长于说服传播之道，在各种政事漩涡中反复横跳。笔者尝试引入西方的传播理论，立足于纵横家们的说服经典，将其与纵横家们的说服传播思想相比较，借鉴西方传播理论奠基人之一霍夫兰的传播学思考，从传播者、传播内容、受众、传播效果四个维度切入探讨古代中国独特的贤者传播框架，以期为提高当代公共关系主体之间的说服效果提供些许借鉴和参考。

所谓圣贤，对于儒教来说，是作为一种理想人格的最高追求。圣贤又要分开而言，圣指的是最高道德和智慧，贤则指的是德才兼备的有才学的人，从这个意义上来说，贤是要比圣低一级的。贤是接地气的、通俗化意义上的、从普通民众中诞生出来的，战国时期的纵横家即是如此。

纵横家是战国时期的游说派系之一，给诸子百家画上了浓墨重彩的一笔。作为一个遗世独立的群体，他们拥有杰出的辩论技术，并作为政治家为统治者们出谋献策。务实是他们始终坚持的原则和底线，各种言论和谋略的提出，都以取得成功为最终目标。纵横家分为"合纵派"和"连横派"，其创始人是在中国整个传播史上十分具有传奇色彩的鬼谷子，之所以鬼谷子能被誉以"纵横家鼻祖"之名，非常大的缘故是出于其足下有两名叱咤战国时期的杰出纵横家苏秦和张仪。[①] 纵横家们通过著书立说，或者四方游说君主，以一个传播者的姿态，希望自己的思想被统治者所采纳，从而实现抱负。不同于西方说服传播理论中所描述的实验对象，他们的说服对象常常是地位比自己高好几个台阶的君主，传者和受者在传播开始之前就站在一个不对等的层级。[②]

纵横家只能依靠自己深厚的阅历和文化素质，以及高超的说服技巧，让自己

---

① 陆源：《精装古典 诸子百家》，哈尔滨：黑龙江美术出版社，2019年，第278页
② 王佳：《诸子百家 文化的脉络》，合肥：黄山书社，2016年，第108页

看起来足够"贤能"，才有可能吸取到君主的目光。对传播内容的多次更迭，对传播效果的极高希冀，成为纵横家们集中思考的议题。古代中国各阶层之间具有重重阻隔，流动性并不强，但是对于春秋战国时期来说，"士"一阶层向统治阶层靠近的渠道和难度小得多，这里的"士"当然也包括纵横家。春秋战国是一个大动荡、大分裂的时期，各类政治势力互相割据。因此，纵横家们的存在就具有了

战略价值，他们常常依靠寥寥数言"翻手为云，覆手为雨"，政治家是乐于看见这种情形的，不动干戈而屈人之兵，实为上策。就这样，一套在纵横家和统治者之间的说服传播体系隐隐约约地开始被构建起来，这是独立于西方的纵横家传播话术。

第一节　纵横家研究的传播学视角

当前学界对纵横家的学术研究主要集中在对经典的文本文学艺术探究、对纵横家话语话术的修辞分析以及对各代表人物的思想形象研究，多涉及文学、艺术和教育领域，甚少尝试从传播学视角切入。山东师范大学梁伟伟的《〈鬼谷子〉研究》一文就是通过考证诸史文献，以文本分析为主要研究手段，探究该经典的弊端与价值[1]。除此之外，他认为鬼谷子的许多思想都应该辩证看待，不能一概而论。复旦大学的陈力勇则从语言艺术研究的角度入手，他在《〈战国策〉人物语言艺术研究》一文中，抛开辩论艺术的传统视角，转而研究其叙事文学意义，并探讨了《战国策》对后世文学的影响。[2] 在对纵横家的个人生平思想研究方面，刘雯芳在其著作中对战国纵横家们的生平做了梳理。[3] 引入传播学向度的学术研究较少，西北大学的毕琳硕士尝试将传播学中国化这一众多传播学者关心的问题融入对纵横家的研究之中去，毕琳在其"解析《鬼谷子》的传播理论及应用"一文中提出[4]，"除了孙旭培和吴予敏这些前辈有著作问世之外，再无其他有影响力的著作"，她以《鬼谷子》为"纵横捭阖"之源，在西方传播学理论的基础之上，对纵横家鬼谷子的思想加以探究，并较为系统地论述了鬼谷子的传播理论。四川社科院的于倩在其《传播学中国化研究的新探索——从先秦诸子看中国古代的传播思想》一文中也对纵横家的传播学理论做了些许讨论，她着力于传播学视角，引入拉斯韦

---

① 梁伟伟：《〈鬼谷子〉研究》，硕士学位论文，山东师范大学，2011 年。
② 陈力勇：《〈战国策〉人物语言艺术研究》，硕士学位论文，复旦大学，2010 年。
③ 刘雯芳：《三十年来战国纵横家研究综述》，《山西大学学报》（哲学社会科学版），2004 年第 1 期。
④ 毕琳：《解析〈鬼谷子〉的传播理论及应用》，硕士学位论文，西北大学，2011 年。

尔的"五 W"模式，尝试找到中西方传播学理论的新契合点。①山东大学文学院的白少熊则着力于探究纵横家的存在年代及其身份范围，将纵横家的存在时间段延伸在汉代进行讨论。②另外，在纵横家的外交话术方面，中国政法大学政治与公共管理学院的杨阳则在其《春秋战国时期的外交战略与外交技巧》一文中多有涉及。③

以上基本构成了当代学界对纵横家的相关学术研究方向和领域，而对于华夏说服传播研究来说，"华夏传播中的说服研究主要围绕说服制度以及说服策略两个方面展开"④。在谢清果、米湘月的《说服的艺术：华夏"察言观色"论的意蕴、技巧与伦理》这篇论文之中提到，现在的华夏传播学术研究有两个不足的地方：一是碎片化，二是碎片化导致的研究深度欠缺。笔者在查证诸史文献的过程中，遇到了同样的问题，即各家对纵横家的学术探究过于零散、不成体系，这说明即使有少部分学者已经尝试将传播学中国化的道路铺开，也仍然不抵大环境的碎片研究。缺乏统一的中国传播学框架是以往研究者的通病，如果没有这个统一的框架，尽管对于具体的情景、背后的话语甚至触及了部分中国传播学的门槛，也只是零零散散，不足以使人得以一窥传播学中国化的全貌。

第二节 叱咤风云：作为传播者的"纵横家"

身为西方传播学理论的奠基人之一，霍夫兰进行了一系列有关传播与态度问题的研究实验，这些实验结果最终被整理成《传播与说服》于 1953 年出版。该书从"传播者的特性""信息的内容和结构""受众""受众反应模式"四个向度着手研究，并在彼得森、瑟斯顿等学者的学术研究的基础上创新性地将心理学控制试验的方式运用到对传播达成效果的研究，同时他注意到影响说服效果的因素是多元的，其中又以传者和传播内容两个因素最为关键。⑤霍夫兰的理论结果建立在实验的基础之上，他领导了"耶鲁传播与态度变迁计划"进行了数十次实验，并且有 30 多位社会科学家参与，应当具有相当的科学参考价值，但是，显然对于古代中国的说服传播来说，这一套不太适用。一方面，霍夫兰的实验对象本身就与古

---

① 于倩：《传播学中国化研究的新探索——从先秦诸子看中国古代的传播思想》，硕士学位论文，四川社会科学院，2010 年。

② 白少雄：《〈汉志·诸子略〉著录汉代纵横家考论》，《河北科技师范学院学报》2019 年第 1 期。

③ 杨阳：《春秋战国时期的外交战略与外交技巧》，《人民论坛》，2019 年，第 20 期。

④ 谢清果、米湘月：《说服的艺术：华夏"察言观色"论的意蕴、技巧与伦理》，《现代传播》（中国传媒大学学报），2019 年第 10 期。

⑤ ［美］霍夫兰：《传播与说服》，北京：中国传媒出版社，2019 年。

代中国的传者与受者关系不一样，前者在传播交流的层级上是基本平等的，后者则不然，阶层的巨大差距和难以逾越使得沟通交流变得不对称，甚至沟通交流本身都成为不可能。另一方面，中国古代特殊的政治和经济环境，铸造了独特的中国传播群体，在截然不同的政治和经济氛围影响下，特殊的文化被灌输到群体之中。西方式的极端的个人主义式政治在古代中国完全施展不开手脚，最高统治者的尚贤传承是少见的，集体主义的家国情怀更加明显，这是西方相对淡薄的血缘意识所无法明晰的。在以上两方面因素的影响下，西方传播学理论中国化的进程举步维艰。

一、"纵横家"的诞生和特征

分裂割据的政治势力，诸侯争霸，群雄并起，纷乱的政治环境为"纵横家"的诞生提供了养分。政治势力相互角斗，除了使用武力之外的最好策略就是"折冲樽俎"，所谓"攻城为下，攻心为上"，谋略成为足以左右政治格局的稀缺资源，而"纵横家"们就游走在政治格局之中。

"纵横"本来的意思就是指方位，南北方向曰纵，东西方向为横。战国时期，"合纵"成为一项具有战略意义的政治主张，指的是将除秦国以外的中原六国联合起来对抗强秦；而"连横"则指的是以秦为核心，联合六国中的某些国家，连成一线各个击破。因此，"纵横"便被赋予了政治意义，而提出卓越政治主张的人也就被称为"纵横家"。①

纵横家们大多出身贫寒，处于社会的底层地位。但是，他们大多具有崇高的抱负，而且往往学富五车，知大局，善机变，懂辩辞，能谋略。他们提出的政治主张并不是很顺利地就被采纳，这期间常常被批驳反对。纵横家强调外交的重要性，认为外事对于国家来说有对外可争霸、对内可安邦的作用，政治利益是他们的至高追求。他们留下来的著作虽少，活跃的时间也不长，但是其在历史上仍然享有不可超越的地位。

二、"无我无他"的思想源流

身为贤者的纵横家，拥有独立于西方的传播特质和传播行为方式，这来源于东西方的传播环境的差异，而这归根究底是文化的差异。因为这些差异，纵横家身上流淌着一种"无我无他"的文化血脉。

---

① 王佳：《诸子百家：文化的脉络》，合肥：黄山书社，2016年，第108页。

（一）何谓"无我无他"

"无我无他"意指，如果"不无我"，则"无他"。不把"我"的个人利益放低，不把对"我"的执着追求放低，就没办法把"他"（也就是除"我"以外的其他人）放在重要位置，也就没办法实现"他"者利益。

这里的"我"指的就是纵横家们，而"他"就代表着统治者。"无我无他"，纵横家们必须清醒地认识到自身利益的存在是建立在统治者的利益实现基础之上的，必须无限地放低身位，为统治者服务。这是基于纵横家身处的卑微地位来说的，游走于众多政治势力之间，看似豪迈潇洒，实则如履薄冰，"伴君如伴虎"。由于纵横家们本身的出身，他们基本不具有除个人魅力以外的任何资源，物质资源带来的巨大优势他们是没有的。但纵横家又是不缺少野心的，野心也始终是其不断遭受拒绝又更换说服对象继续游说的动力，这种野心与他们所处的地位形成了极大的反差。这也就意味着，如果要实现胸中的抱负，他们就不得不让渡出部分利益来，而且必须诚心诚意地把让渡个人利益作为个人守则。这是半强制性下的被迫之举，却也是为其阶层上升之途做铺垫所必须走的一步，别无选择，这是唯一的机会。而对于统治者来说，政治利益通常是其最大追求，从而这个最大追求成了纵横家们的最大追求。

（二）"无我无他"的说服传播外化

"无我无他"作为纵横家的基本个人守则，在其对外传播说服的过程中潜移默化地外化，这种外化是可见的，具有明显的可分析、可溯源特征。

典型纵横家以苏秦、张仪为代表。以统治者利益实现为目标，针对统治者内在和外在条件进行利害分析，走资源强分析路线，[1] 以层层见理为长，表现出巧词有别的非线性故事化结构，具有浓烈的理性特征，这种针对利益实现和利害分析的手段被称作"量权"。[2]《鬼谷子·揣篇第七》云："辨地形之险易，孰利孰害；谋虑孰长孰短；揣君臣之亲疏，孰贤孰不肖；与宾客之智慧，孰少孰多；观天时之祸福，孰吉孰凶；诸侯之交，孰用孰不用；百姓之心，去就变化，孰安孰危，孰好孰憎，反侧孰辩。能知此者，是谓量权。"[3] 苏秦、张仪两人的说服功底不可谓不深厚，两人的历史说服成功的经历也不胜枚举，但在对被说服传播的利益进行遵从这件事上却惊人地一致。内化于心，外化于行，对于一个传播者来说，正是需要时刻注意到的事情。"无我无他"是一种境界，也是一种环境压迫下的以退为进，

---

① 郑蔚萍：《一代纵横家——苏秦形象分析》，《贵州学院学报》（社会科学版）2019 年第 14 期。
② 马兰州：《苏秦、张仪说服传播文本的说服者中心化结构分析》，《社科纵横》2011 年第 7 期。
③ 许富宏：《鬼谷子集校集注》，北京：中华书局，2018 年，第 102 页。

纵横家们深知这个道理，也明白作为一名传播者，应当如何为对象考虑周全才是双赢之道。

纵横家的前后历时延伸可从春秋至汉，从这种意味上来说，同时作为纵横家的还有鬼谷子、荀子等。尤其是鬼谷子，鬼谷子其人人如其名，虽在后世的传说中不断被神秘化，但是不可否认的是其辩论之术之高超，作为苏秦和张仪的老师，他不愧被称为"纵横家之父"。与鬼谷子关系紧密的还有其著作《鬼谷子》，这可说是东方的修辞学经典，其中字字珠玑，"而阴谋诡秘有《金匮》《韬略》之所不可该者，而鬼谷尽得而泄之，其亦一代之雄乎！"[1]

第三节　不烂之舌：传播模式下的东方贤者

一、作为贤者的传播

纵横家以贤而才，因才而举。作为贤者的纵横家，把贤作为个人的资本来运用。

传播者也即信源，信源具有两种特征，其中一种是权威性，而另一种是可依赖性。权威性指的是传播的主体在多大程度上被认为是确定及正确主张的源头，可依赖性则是指受众在多大程度上相信传播主体会努力传播他认为最确定及正确的主张。也即是说，在霍夫兰的研究理论框架下，如果传播者具有较高的权威性和可依赖性，那么这个传播者就具有较高的影响力。现在我们来看身为传播者的纵横家们，他们是否具备权威性和可依赖性。很显然，在纵横家的整个生平之中，有大半个阶段是处于积蓄阶段，在这个阶段，纵横家基本不具有名誉和成就，只有当某一个关键点诞生时，纵横家的命运才开始转变。在前一个阶段，这个占据纵横家大多数时间的阶段，由于仅有的贤能资源不足以支撑起其野心的实现，其权威性和可依赖性大打折扣。但是尽管其权威性和可依赖性较低，在等待的那个关键点到来之时，他们仍然能够声名鹊起，这与霍夫兰的研究框架在某种程度上不相适应。这其中是什么因素导致的改变，我们可以归因到纵横家们个人的极其上进的特质上去。纵横家们提出的主张在被接受之前，往往屡遭挫折，而纵横家们采取的策略不是放弃主张，而是换一个说服对象尝试，上一个对象所认为的劣势可能就会成为下一个所认为的优势，不断调整，最终总会被某个统治者所接受。

除了纵横家们积极上进的个人特质，他们也同样具有以下影响"不适应"的

---

[1]　顾颉刚：《高似孙子略》，朴社，1928 年。

因素：一，认为结果正义大于过程正义；二，认为政治与道德应有界限。前一点与重视法律的西方的程序正义相悖，这也是影响理论不适的可能之一。[①]

二、用"说"和"写"来传播

"说"和"写"分别对应了纵横家两种不同的传播形式，一种是著书立说，另一种则是辩辞相对。著书立说相对来说，是一种更为长久的选择，"写"的东西作为文本，是一种时间偏向性媒介。

对于传播内容来说，霍夫兰认为传播内容需要具备"确凿的证据"和"积极或者消极诉求"，"确凿的证据"是指"可以使人们相信传播主体提出的结论是正确的或真实的"，"积极诉求"是指"认可这些结论将得到因程度的回报"，"消极诉求"则恰好相反。这一点与古代中国的纵横家们的传播思想颇为相近。韩非子在其著作《说难》中提到"彼有私急也，必以公义示而强之"，[②]指的是在说服时所说的内容要根据现实情况进行调整，要投其所好，这里也就是运用了所谓的"积极诉求"。

纵横家的"说"之道，正是建立在对传播内容的精妙把控上，"说"不比"写"，"说"意味着在短时间内准确无误地理解到被说服者的内心诉求，并及时地予以告知。纵横家能够具有这般"说"的能力，与其深厚的文化渊源是有关的。[③]纵横家多出任外交之臣，[④]如《左传·襄公二十六年》载，秦伯之弟鍼如晋修成，"叔向命召行人子员。行人子朱曰：'朱也当御'"，使得深谙文书经典成为其必要之学问。

三、相对稳定的传播效果

传播效果意味着说服是否成功，对于传播者还是受者来说，都意义重大。

霍夫兰在《传播与说服》中提出了一个概念，叫作"传播的持久性"，指的是"当一个人接触到传播时，也许当时会接受对方的观点，当时过一段时间，又会返回到他原有的态度；一个人也许一开始会拒绝接受传播者的观点，但过了一段时间后，他又可能逐渐认同对方的观点。其中，前一结论比较普遍"。[⑤]"传播的持久性"被拿出来讨论，说明了传播的效果其实是不稳定的。当然，霍夫兰在这里提出的是一个可能性的问题，并概率性地认为前一种结论较为普遍。

① 于明刚：《法家与纵横家领导思想共性研究》，《文化学刊》，2019 年，第 1 期。
② 谭新颖：《韩非子》，桂林：漓江出版社，2018 年，第 71 页。
③ 赵远夫：《论纵横家的历史地位与〈鬼谷子〉的思想价值》，《中州学刊》2008 年第 1 期。
④ 郑杰文：《战国策文新论》，济南：山东人民出版社，1998 年。
⑤ [美] 霍夫兰：《传播与说服》，北京：中国传媒出版社，2019 年。

对于纵横家来说，在面对作为统治者的受者时，所提出的观点并非只面对两种结果，并不是只有接受和拒绝。还有一种更为普遍的结果，那就是取其可行去其糟粕，统治者可能会采取一种折中的方式，他希望最终能够在"适应—调整—再适应—再调整"这个进程中获得最佳结果，这正是中国的传统思想——中庸。"中庸"的基本含义及精神是：执两端而允中，[①] 不偏不倚。[②] 不仅受者会有这种折中的思维方式，对于传播者来说，在中庸的文化影响之下，传播者们在表达传播内容时更多的是考虑所表达的内容不会给自己带来人身危险，也即让渡利益不意味着完全放弃利益，这也使得主张在某种程度上显得温和起来。由于这种传者和受者两方之间的中庸之举，传播的效果最终也会停留在某一个折中点上，具有一定的稳定性。这与霍夫兰的实验结果有差异，这种差异正是由于古代中国的特殊背景之下形成的，这是属于东方的传播模式。

四、以统治者为核心的受众，以堪君之术为重点的内容

纵横家因政治而生，也因政治而消逝，他们是一个时代特定的产物。他们的传播对象以君王为主要目标，统治者就是他们的核心受众。

作为统治者的君王，背负着个体和天下两种属性，这也意味着天下的生死可能也就在君主的朝夕之断中。统治者常常是世袭，其从诞生之初就得到宫廷式的培养，这是普罗大众所享受不到的。但世袭带来的宫廷式培养并不意味着统治者的个人才能和德行能够保持在较高水准。我们称此为统治者的继承不一定性，也即是说，不同时期不同地域的统治者身上所具有的品质参差不齐，这参差不齐背后就是国运和国力的参差不齐。后两者的参差不齐给纵横家以机遇，前者统治者的参差不齐给纵横家以"人为刀俎我为鱼肉"的被迫境遇。

这样强势的受众，让作为传播者的纵横家们无所适从。所谓的辩术才能之高，也无法去预测统治者的喜怒哀乐，贤才无法施展。因此，纵横家们的辩论内容不能只停留在辩论之术上，他们还拓展丰满了勘君之术，即"揣摩君王心理之术"。这让纵横家在"说"与"写"之间，找寻到了一个新的维度，以使自己的抱负得以实现，并且能在乱世安命。《说难》是韩非子的著作，全篇都以统治者为核心受众，将君王的心理乃至于各种具体的情况罗列出来，企图给作为贤者的纵横家一个行业守则或者说是手册。例如其中"凡说之难：非吾知之有以说之之难也，又

① 杨中芳：《中国人的世界观：中庸实践思维初探》，载杨中芳：《如何理解中国人》，台北：远流书店，2001年。
② 杨中芳、赵志裕：《中庸实践思维初探》，第四届华人心理与行为科际学术研讨会论文，1997年。

非吾辩之能明吾意之难也，又非吾敢横失而能尽之难也"一句，说明游说的苦难不在于口才、才智，而在于如何把握君主的心理。纵横家是有雄才伟略的群体，但是雄才伟略必须处于某种君主注视下的妥协的状态之中，这是内容上的妥协，却是某种意义上的前进。

（本章作者：白崇政 谢清果）

第十八章　礼乐教化：
华夏舆论学视角下的圣贤观

中国古代的圣贤们很早就注意到舆论对治世的重要性，将礼乐文化中舆论的部分不断完善，并最终形成一套服务于政治的舆论机制。礼乐文化在舆论监督、舆论引导、舆论宣传等方面起到了举足轻重的作用，具有鲜明的中国特色。

第一节　华夏舆论传播研究的兴起

舆论传播是近年来社会科学尤其是新闻学与传播学研究的重点，特别是互联网普及后催生出许多舆论事件，极大促成了舆论研究热潮，但现有的大部分研究都是针对当前具体舆论事件进行简单的分析和总结，或者直接引用国外的理论来阐释一个舆论事件。当下，我国舆论学研究还依赖着国外的传播理论，如何建构中国自己的舆论理论体系，将舆论传播本土化，并最终与世界接轨是中国传播学学者需要探索的问题。

可喜的是，中国出现了一批传播学者，已经埋头于华夏舆论学的研究中，试图在对中国圣贤文化的脉络梳理中，找到中国独树一帜的舆论传播体系，学习融汇外国学术精华的基础上创新中国舆论传播理论。

中国自古以来就有建立天下大同的理论，新时代下世界不断互通互往，在交流的过程中出现了新的摩擦，这对新时代下人类命运共同体的建立提出了挑战。对中国而言，要实现这样的目标，离不开礼乐文化做逻辑支撑。礼乐文化是华夏文化的重要组成部分，是中华文明几千年来屹立、延续和发展的精神食粮，是区别于西方舆论体系的中国特色文化。

研究华夏舆论传播的意义在于，在解释古代社会舆论活动现象的同时，厘清中国的舆论研究脉络，也能指导当代中国社会的舆论实践，实现理论创新。本文旨在能找到圣贤文化与华夏舆论传播的内在联系，为华夏舆论机制融入现代社会治理提供参考。

第二节　圣贤文化与礼乐的舆论功能起源

一、华夏舆论传播研究

在中国古代社会中，传播不发达、交往范围狭窄，民众的意见表达受到统治阶级的管控，舆论的变动一般很小，在这种环境下所形成的舆论效果是有限的，但不能否认舆论在古代社会中客观存在的事实。

（一）何为"舆论"

1762 年，卢梭在《社会契约论》中首次将拉丁文的"公众"与"意见"组合成"公众舆论"一词，指代人们对社会或公共事务的意见。20 世纪初，美国开始在舆论研究领域占据重要位置。1922 年，李普曼在其著作《公众舆论》中，将舆论定义为"人们头脑中有关自身、他人及其需求、意图与关系的图像"。[①]

（二）华夏舆论传播观

林语堂的《中国新闻舆论史》，作为国内第一部针对中国的舆论史研究，对中国古代报纸、古代歌谣、汉朝的公众批判和"党锢"事件、魏晋时期的舆论限制、宋朝的学潮、明朝的宦官、新闻审查和明朝末年东林党等重要的历史阶段和舆论传播现象做了梳理。[②]但对于古代舆论的总体结构特征，并没有做出明晰的解释，对古代中国舆论的模式、形成、发生及其内在精神也着墨不多。

当前学界对古代舆论的研究大致可以分为四类：一是中国历代舆论政策与制度、法律研究。如朝议言论制度、民间采风制度、书报审查制度、举孝廉选官制度等，[③]相关文献有《中国古代典籍对传统社会舆论的型塑探究》《汉代官方舆论收集机制》等。二是中国研究历史上的重大社会事件中的舆论现象，这些重大的舆论事件往往会对历史进程产生重要影响。改革如商鞅变法、王安石变法，革命如

---

① 丁方舟，韦路：《国外舆论研究的变迁与现状》，《中国社会科学报》2017 年 3 月 16 日（第 3 版）。

② 周子洋：《汉代"礼乐教化"舆论应对机制研究》，硕士学位论文，兰州大学传播学系，2018 年，第 6 页。

③ 周子洋：《汉代"礼乐教化"舆论应对机制研究》，硕士学位论文，兰州大学传播学系，2018 年，第 7 页。

陈胜吴广起义、太平天国运动等，其他重大社会事件如汉代党锢事件、明朝东林运动等。这类研究文献有《王安石变法中的宣传斗争研究》《晚明舆论传播与东林运动》《武德、贞观时期社会舆论与吏治关系研究》等。三是中国古代舆论思想史。对中国历代各派别著名的政治家、思想家、文人的政治思想中有关舆论的部分进行整理与研究，总结中国社会不同门派和不同王朝的舆论管理思想及其发展规律。这类文献有《先秦古典舆论思想的二元对立分析》等。[1] 四是古代传播媒介与舆论传播的内在联系。舆论传播研究中有一部分关注的是较为微观的"采诗观风"的舆论传播渠道，潘祥辉认为歌谣是最为古老的传播媒介，也是初民社会最为原始的舆论表达方式和载体。[2] 对这种舆论传播机制进行仔细分析探索的文献有《歌以咏政，作为舆论机制的先秦歌谣及其政治传播功能》《歌谣俗语与两汉魏晋南北朝社会》等。

研究华夏舆论绕不开研究《诗经》，中国古代舆论的传播主体——乡间百姓和士人大夫，将言论发声传递给舆论的接收方——上层建筑周朝天子，周天子根据舆论做出一定反应——儒家影响下的民主主义舆论观形成。[3] 通过对"采诗观风"等现象的研究可以发现，古代统治者重视民意，并且将民意作为施政的参考。基于《诗经》研究华夏舆论传播可以佐证舆论传播理论模型的准确性与价值，并且完善有关华夏舆论传播的研究，还可以为舆论传播研究提供新视野。

二、圣贤观下礼乐的教化内涵

"圣贤"一词，作为"圣人"与"贤人"的合称，是我国道德楷模和超凡才智的重要象征。在中国历史上，曾产生过许多杰出的圣贤哲人，其作为、其思想、其成就，均对后世产生了重大影响，在以儒学为主体价值的中国古代哲学中，亦被广泛认同。[4] 《易传》有言："圣人亨以享上帝，而大亨以养圣贤。"[5]《史记》有言："《诗》三百篇，大底圣贤发愤之所为作也。"《颜氏家训》则有"夫圣贤之书，教人诚孝、慎言、检迹、立身、扬名，亦已备矣"[6]。王阳明言："知而不行，只是未

———————

① 周子洋：《汉代"礼乐教化"舆论应对机制研究》，硕士学位论文，兰州大学传播学系，2018年，第8页。

② 潘祥辉：《"歌以咏政"：作为舆论机制的先秦歌谣及其政治传播功能》，《新闻与传播研究》，2017年第6期。

③ 谢清果等：《中华文化海外传播的新境界：中西传播思想的分野与对话》，北京：中国戏剧出版社，2020年，第327页。

④ 奚刘琴：《孔子圣贤观的治道思想发微》，《中华文化与传播研究》，2019年第1期。

⑤ 王弼：《周易注》，楼宇烈校释，北京：中华书局，2011年，第270页。

⑥ 颜之推：《颜氏家训》，严可均编：《全上古三代秦汉三国六朝文》，北京：中华书局，1958年，第8180页。

知，圣贤教人知行，正是要复那本体。"①

礼是先秦儒家依据人是自然属性和社会属性的统一体这一基本特征，将自然规律（天道）和社会法则（人道）归于合理规范化的价值标准和理论框架。为使人明礼，先秦儒家将抽象的"礼"转化成现实的、可操作的具体实践层面，从而使得以"礼"为内容的"教"最终得以实现。②夏商周时期，圣贤们制定了在祭祀、祝告、庆贺、占卜等重要场合下的完善的礼乐制度，并推广使之为道德伦理上的制度，倡导礼乐的教化及其治世功能。

到了春秋时期，各诸侯间征战不已，社会道德沦丧，礼崩乐坏，周天子没落，礼法无法贯彻，乐教无法实施，孔子对此深恶痛绝，多次批判——孔子谓季氏："八佾舞于庭。是可忍也，孰不可忍也？"③

孔子曰："天下有道，则礼乐征伐自天子出；天下无道，则礼乐征伐自诸侯出。自诸侯出，盖十世希不失矣；自大夫出，五世希不失矣；陪臣执国命，三世希不失矣。"④孔子认为治道须以"教化"为重，教化四海、上下和睦、政治清明，是治道的终极目标。孔子作为中华民族道德和文化核心代表人物，其圣贤观展现出的治道思想对后世影响巨大，具有深厚的研究价值。

三、礼乐教化内涵的舆论功能

林语堂先生认为，近代印刷报纸出现之前，所有国家都存在"口头舆论"的表达，而最为重要的载体就是诗乐合一的"诗歌"。歌谣是最为古老的传播媒介，也是初民社会最为原始的舆论表达方式和载体。⑤古代歌谣是我国历史文化的重要组成部分，尤其是古代的民间歌谣，更具有形式活泼、内涵丰富和感染力深厚的特点，从独特的视角较为全面地反映出我国古代民众的生存状况和情感意愿。

中国古代统治者特别重视民间歌谣的社会作用。一方面，中国古代的帝王都以"天子"自居，将君权神授作为其统治权威的基础，同时又不能不把"天人感应"作为其实现神权与王权合一的政治基础。所以无论是从树立统治权威的需要还是从维护政权良性运作的目的出发，他们都十分重视所谓的祥瑞、灾异在民间的反映，于是从神兽、祥云、灵芝瑞草的出现到地震、雷电、水旱之灾的发生，无不被视为上天对他们统治的赞许或警示，这其中自然也包含了一向被视为五行失度、荧惑

① 王守仁：《王文成公全书》，北京：中华书局，2015年，第2页。

② 王晶：《先秦儒家礼教思想研究》，博士学位论文，东北师范大学，2017年，第15页。

③ 《论语·述而》，杨逢彬：《论语新注新译》，第126页。

④ 《论语·季氏》，杨逢彬：《论语新注新译》，第298页。

⑤ 潘祥辉：《"歌以咏政"：作为舆论机制的先秦歌谣及其政治传播功能》，《新闻与传播研究》，2017年第6期。

勃乱产物的民谣和童谣。① 另一方面和中国古代的"天人感应"学说和民本思想等政治文化传统有关系。"民为贵，社稷次之，君为轻"（《孟子·尽心下》）、"得乎丘民而为天子"（《孟子·尽心下》）的民本思想为代表的儒家政治文化传统中，民众、民心和民情具有独特且重要的地位，一旦歌谣等其他作为舆论的载体在社会传播开来，便意味着民间舆论开始发挥作用，就必然会引起统治者的关注和重视。

礼乐教化便是用"礼"来调整社会关系、磨合社会矛盾；教化就是统治者通过学校和其他手段广泛宣扬符合自己的意志与礼仪的一整套价值观，并且逐步被全体社会成员所接受，人们按照统治阶级的要求规范和修养自己，最终成为合乎统治者需要的顺民，从而保证了政治秩序的稳定。相对于以诛杀的方式控制舆论，调整社会关系、磨合社会矛盾才是儒家"礼乐教化"传播思想的重要内容，历代皇帝对礼乐的重视本质上是对社会舆论的重视。②

第三节　礼乐教化下形成的舆论应对机制

民意是政治权力合法性的重要来源，自先秦时统治者就深知民心向背关乎能否获得政治权力，将民意作为维护政权稳定的工具与手段。民意理论认为在公共政策制定中了解不同群体的心声才能平衡各种社会群体间的关系，如果不重视民众的民意表达，就很可能造成民政与政权之间的矛盾，加剧社会的紧张。

礼乐既能维系等级秩序、监察民情，还是统治者用来构建舆论秩序的重要手段，通过礼乐宣扬合乎统治者意志的价值观，对人们的思想进行引导和控制。

一、舆论监督：掌握社会情绪，约束权力阶级

"采诗观风"源于先秦，包含采诗和献诗两种机制，采诗即天子主动派遣专员到民间采集诗歌，经整理修饰后呈给天子；献诗即诸侯列士等自行采诗献给天子以达到观风察政或者委婉规劝的目的。"采风"制度的形成说明中国古代统治者十分重视民间舆论，百姓通过歌谣来表达对政治、政策、政治人物的看法、态度，歌谣是人们表达内心想法和政治态度的载体，因此天生就具有政治监督的功能。

二、舆论宣传：掌握民间心理，赢得政治博弈

在政治博弈中，为了获得舆论的主动权，在权斗中胜出，通过制造谣谚来造势。这类谣言往往带着预言暗示，具有强烈的煽动性，通常出现在王朝末年，社

---

① 李传军：《试论中国古代歌谣的性质及其与社会风俗的关系》，《文化研究》，2005 年第 1 期
② 周子洋：《汉代"礼乐教化"舆论应对机制研究》，硕士学位论文，兰州大学，2018 年。

会动荡之时，它的出现是有重大社会变革或改朝换代的前兆。秦朝陈胜、吴广起义，戍卒吃鱼时发现鱼肚中有白帛，上面写着"陈胜王"，半夜听见草丛中传来"大楚兴，陈胜王"的声音，这样神奇的事情很快不胫而走，人们都相信天意是让陈胜、吴广起义并取得胜利。被陈胜、吴广塞进鱼肚中的帛书、半夜草丛篝火堆传出的声音，便是起义首领揭竿而起前有预谋的谶语，它利用当时人们对统治阶级压抑已久的怨恨，将自己的起义合理化，并取得人们的支持。

三、舆论引导：调控民间情绪，建立舆论秩序

礼乐制度是为君王统治正名的工具。儒家建立了士人阶级的圣君标准，君主以典籍中圣人之道来要求自己，至少是让士人看到是这么要求自己的。其次，就是借助思想权威来为君王"正名"，君王获得认可的行为便可以载入史册。"正名"是古代政治家们为统治阶级的统治给予名正言顺、理应如此的思想认证，使得士人阶级从思想上接受君王的统治，进而安于被统治。通过礼乐制度的规定来约束人民的行为，方便统治。统治者还会利用民间的舆论形式，引导社会意识，"采诗"制度将民间诗歌采集之后进行润色编曲，整理之后的歌谣必定带着鲜明的礼教色彩，通过平民教育和选秀制度进行教治和引导，这种舆论引导方式十分隐蔽，在潜移默化的过程中不断塑造社会道德和舆论秩序。[1]

另外，天子通过祭天、封禅等形式来确立自己作为统治者的正统地位，歌颂自己的功德。社会各个阶层通过参与仪式，完成意义的分享、情感的共鸣和身份的确认。自公元前219年，秦始皇曾多次巡游，登山封禅，刻石颂德。这些石刻用华丽的辞藻赞颂秦始皇的文治武功和大秦帝国世代统治的梦想。登琅琊山石刻中："普天之下，抟心揖志。器械一量，同书同文。日月所照，舟舆所载。皆终其命，莫不得意。……人迹所至，无不臣者。功盖五帝，泽及牛马。莫不受德，各安其宇。"又如上会稽的石刻中："人乐同则，嘉保太平。……常治无极，舆舟不倾。"（《史记·秦始皇本纪》）秦始皇如此热衷于登山刻石，正是为了展现秦帝国的"合法性"，他在治理国家、造福百姓的功德。在古代中国，这些是上至庙堂官方下至民间百姓都普遍看重的，而这些上谕以及相关书籍的出版和遍布宇内的石刻，目的都是要扭转统治者在政治舆论语境下的不利地位，并试图左右舆论进而占领舆论的制高点。

（本章作者：杨安如　谢清果）

---

① 何梦莹：《舆论学视角下先秦"采诗观风"制度研究》，硕士学位论文，广西大学，2019年。

第八讲　华夏修辞传播研究

第十九章 春秋行人：文言变革中的圣贤文化传播

修辞和文言都有运用方法和技巧，对言语进行润色和美化的意思。先秦修辞在西周末期至春秋末期完成自"旧体文言"到"新体文言"的转变，无论是修辞手段还是语言风格都发生重要变化。在文言变革中，出现了春秋行人这一特殊群体。他们见证并亲历了文言变革，并在文言变革的影响下潜移默化地实现了圣贤文化传播。

第一节 春秋行人：文言变革的亲历者

从远古时期修辞思想的萌芽到战国时期纵横家们的能言善辩，先秦修辞的发展经历了漫长的时期。在这个过程中，修辞的发展速度并未一成不变，文言变革便是先秦修辞实现飞越式发展的阶段；有这样一群人，他们亲自参与到文言变革中，成了先秦修辞发展的亲历者和推动者，他们就是"春秋行人"。在更加深入的讨论之前，笔者将首先对有关"文言变革"和"春秋行人"的文献进行简单梳理。

一、文言变革

周远斌在《先秦"文言"的文化成因及其阶段性发展》一文中界定了先秦时代"文言"一词的含义，他指出先秦文言中的"文言"需区别于文言文中的"文言"，此处"文"应作动词使用，整体为文饰言辞之意。本文中所谈到的"文言"皆为此意。①

傅道彬于2007年在《春秋时代的"文言"变革与文学繁荣》一文中首次提出"文言变革"一词。他指出，"春秋时代完成了先秦时期旧体文言到新体文言的历史转变"；《尚书》诰誓、甲骨卜辞、商周早期青铜铭文等都属于旧体文言，而

---

① 周远斌：《先秦"文言"的文化成因及其阶段性发展》，《文史哲》2007年第4期。

'新文言'和新体文言文学却是春秋时代成熟和完成的"。①

在傅道彬之后，少有学者对此理论展开进一步的研究，但笔者在查阅了相关文献后，认为"文言变革"这个修辞现象有继续探讨的价值。

从历史发展来看，先秦大抵可分为夏、商、西周、春秋、战国等历史阶段。郑子瑜在《中国修辞学通史——先秦两汉魏晋南北朝卷》一书中认为，早在甲骨金文中便出现了关于论述修辞的记载，②由此可见，中国修辞思想在西周之前已经开始萌芽。而潘晓彦又在《"言"而知"文"与初期诗学语言观念》一文中指出，西周的语言风格质朴简单，是因为当时的语言发展不成熟，"以最少的语词、最直接的方式表达最明确的意思"。他还指出，春秋时代的文言意识开始逐渐清晰，并将礼乐思想融入了新体文言之中，尤其是当时的人们已会借用修辞来表达自己的志愿，"代表着文言理论体系的质的飞跃，实现了由旧体至新体的跨越"。③

综上可知，春秋时代的文言变革完成了古体文言向新体文言的转变，是中国历史上的重要事件；多种修辞的出现和广泛应用，推动了中国修辞的发展；礼乐思想和新体文言的融合，使圣贤文化更广泛的传播成为可能。

二、春秋行人

"行人"是古代外交使节的通称，本是宗周迎候诸侯宾客之官，自西周起设立该官职。到春秋时期，由于周王室的权力旁落和社会环境的改变，行人开始承担起沟通各诸侯国的职能。④

笔者在中国知网上通过将"春秋行人"作为篇关摘进行检索，共检索出相关文献 190 篇，最早的文献可追溯到 1979 年，自此几乎每年都有相关文献的产出，但数量基本在 2 篇左右浮动，从 2004 年起，相关文献数量有所提高。

在对相关文献梳理后，笔者发现，学界大多以《左传》《战国策》《鬼谷子》等作为"春秋行人"的研究范本，将研究主题集中在行人辞令、外交辞令、委婉语等修辞活动方面，鲜少将春秋行人与文言变革相联系。如董芬芬的《春秋辞令的文体研究》侧重于研究春秋时代辞令的各种文体，只在其研究过程中对春秋行人的修养和才能进行了介绍；宋丽琴的《〈左传〉行人辞令中委婉语研究》则聚焦于研究行人辞令中委婉语的使用及成因。

---

① 傅道彬：《春秋时代的"文言"变革与文学繁荣》，《中国社会科学》2007 年第 6 期。
② 郑子瑜，宗廷虎，陈光磊，王俊衡：《中国修辞学通史·先秦两汉魏晋南北朝卷》，长春：吉林教育出版社，1998 年，第 24 页。
③ 潘晓彦：《"言"而知"文"与初期诗学语言观念》，《古籍整理研究学刊》2017 年第 6 期。
④ 陈彦辉：《春秋行人辞令简论》，《北方论丛》2004 年第 1 期。

学者们主要从中国文学、中国古代史、中国语言学视角对春秋行人进行研究，尚未有学者以传播学的视角展开相关研究。如赵逵夫在《叔孙豹的辞令、诗学活动与美学精神——兼论春秋时代行人在先秦文学发展中的作用》中以叔孙豹为研究对象，通过对其辞令、诗学活动与美学精神的研究，展现了春秋时代行人在先秦文学发展中的作用；梁晓颖在《春秋时代晋国行人辞令的独特性》中着重探讨了晋国行人辞令对周王室、大国、小国等不同客体表现出的不同特点。

笔者还发现，"春秋行人"的相关文献中，涉及圣贤文化的部分，多是探讨圣贤文化对春秋行人的影响，如陈彦辉在《试论春秋行人的知识结构》一文中，从春秋行人对《诗》、礼的掌握和运用展开研究，探讨了春秋行人知识体系、思想体系的形成过程。但少有学者指出春秋行人在文言变革这个特殊时期里对于圣贤文化传播的价值，因此，此研究领域具有广阔的研究前景。

综上，笔者认为，春秋行人作为文言变革的亲历者，他们所使用的行人辞令很有可能受到了文言变革的影响，并在外交活动中实现了圣贤文化传播，而圣贤文化传播可能也在文言变革前后有所变化。由此，笔者提出研究问题：文言变革究竟在何时起何时终？春秋行人在文言变革中具体扮演了怎样的角色？文言变革为圣贤文化的传播带来了什么影响？对春秋行人的研究又能为当代中国外交带来什么启发？

第二节　文言变革是先秦修辞发展的重要节点

在提出以上问题后，笔者首先对先秦修辞的概念进行了界定，以便于下文的进一步讨论；接着，笔者尝试着对先秦修辞的发展脉络进行了梳理，由远古歌谣神话起，至战国时期终，从夏、商、西周、春秋、战国共五个时期入手，以此来分析先秦修辞在不同时期的特点，从而证实了文言变革是先秦修辞发展的重要节点，并确定了文言变革发展的具体时期。

一、先秦修辞的发展

"修辞指的是运用语言的方法和技巧，或者是调整语言的活动或规律。"[①] "修辞的重心在于语言技巧，它尽可能地利用一切可以利用的语言手段去提高语言的表达效果。"[②] 修辞学是对修辞的研究，包括分析具体辞格，重视语言技巧的运用，

---

① 易蒲，李金苓：《汉语修辞学史纲》，长春：吉林教育出版社，1989 年，第 1 页。
② 刘本臣：《论〈尚书〉的修辞学价值》，《锦州师范学院学报》（哲学社会科学版）1995 年第 4 期。

关注文体风格、语言风格等。① 而先秦时代的"辞"，既表现为口语形式的言谈之"说辞"，又表现为文字形式的文学作品中的"言辞""辞说""言语"等。②

先秦时期，中国虽未出现西方古希腊《修辞学》那样专门论述修辞的书，但《尚书》《论语》《左传》《战国策》等先秦著作中包含着许多关于修辞的论述，③ 从其文章内容和层次结构中，也可以看出修辞的特点。

先秦修辞发展是一个复杂而漫长的过程。先秦修辞思想发轫于远古先民简朴的歌谣和神话传说，彼时文字还尚未产生，但修辞思想已经蕴含在口语之中。如先秦歌谣《伊耆氏蜡辞》说道："土反其宅，水归其壑。"虽然语言简朴，但已经呈现出对偶的早期形态，具有一定的韵律。又如记载了大量远古神话传说的先秦重要古籍《山海经》，全书共一万三千多字，存在四百多个比喻。但纵览全书，书中只有"如"和"若"两个比喻词。当时的比喻结构和现在也有所区别，《山海经》中的比喻结构和现在正好相反，为本体在后，喻体在前。④ 由此可见，先秦时期的修辞思想在远古时期已经开始萌芽，但尚处于雏形的状态。

文字产生以后，先秦修辞进入了一个新的发展阶段，修辞不再仅存于口语中，在书面文字中也开始有所呈现。甲骨文是中国迄今所知最古老的一种成熟文字，其发源于殷商时期。从甲骨文中就已经可以窥见修辞的运用，如《甲骨文合编》中载有：

贞：[呼] 田 [从] 西？
贞：呼田从北？
贞：呼田从东？
贞：呼田从南？ （《甲骨文合编》第 10903 号文字）

癸卯卜，今日雨？
其自西来雨？
其自东来雨？
其自北来雨？
其自南来雨？ （《甲骨文合编》第 12870 号文字）

例一中描述了先人打猎之前求卜的情景，例二是先人为求雨而进行的卜卦。

---

① 李华：《〈左传〉修辞研究》，西北师范大学，2008 年，第 7 页。
② 孙少华：《先秦两汉诸子"辞""理"之辩的理论范畴与文学实践》，《文史哲》2013 年第 3 期。
③ 胡百精：《先秦修辞思想与中国古代公共关系史》，《当代传播》2014 年第 2 期。
④ 蒋华：《〈山海经〉中的比喻类型特征见解》，《社会科学家》2010 年第 5 期。

从以上两个例子中可以看出，形式整齐的排比句式已在甲骨文中出现，反映出殷商巫师们在当时已经具有初步的修辞思想，主动将经过润色修饰的语言运用到占卜活动中。但殷商时期的文字载体以青铜、甲骨、龟甲、金石为主，耗费时力，限制了修辞发展的空间。① 因此，此阶段的先秦修辞应用并不广泛，且修辞形式质朴简单，总体而言仍处于修辞发展的初级阶段。

　　由殷商进入西周时期后，先秦修辞继续向前发展。《尚书》中《周书》的《牧誓》到《吕刑》十六篇文章记载了西周时期君王贵族的言语，因此可从《尚书》中窥见当时的修辞应用情况。《尚书·牧誓》中记载："王曰：'古人有言曰：牝鸡无晨；牝鸡之晨，惟家之索。'"可见，此时的君王已经能主动引用前人的话来增加自己语言的说服力。《尚书·吕刑》中穆王使用了反问句式质问各诸侯："在今尔安百姓，何择，非人？何敬，非刑？何度，非及？"综上可知，西周时期的修辞相比于殷商的修辞而言已经有了明显的进步，修辞形式变得更加丰富也更加完整。但是《尚书》记载的主要是贵族阶层的语言，因此其文风显得典雅庄重，凝重迟缓，书中也并未出现大量修辞。

　　因此，笔者认为此阶段的先秦修辞在殷商的基础上已经有了进一步的发展，出现了更多的修辞活动和修辞技巧，但语言仍然言简意赅甚至古奥艰涩。

　　春秋时期，周王室式微，诸侯崛起，社会政治经济发生剧烈变革。各国之间的紧张关系，使得社会对修辞的需求大幅增加。该时期涌现了大量口语修辞活动，如行人辞令、大夫应对、臣子谏诤等。《诗经》《春秋》《左传》《文言》等大量有关修辞的著作也在此时出现，其中《诗经》的语言简约生动、富有灵气，主要使用了赋、比、兴的表现手法；《春秋》中的"春秋笔法"则是"微言大义"，言简意赅；《左传》擅于描写人物的语言和行动，以此来表现人物性格。此外，该时期还产生了许多系统性的修辞思想：孔子开创了中国修辞学的先河，他首先提出"辞达而已矣"，主张点到为止；孔子还提出"修辞立其诚"的理念，强调修饰文辞要立足于表达内心之诚；除此之外，据《左传·襄公二十五年》中记载，孔子说"非文辞不为功"，意为建功立业离不开对言辞的修饰，以上均可看出儒家学派对于"修辞"的认真谨慎。而作为道家学派的创始人老子，则对"言辞"有着更加谨慎的态度，老子认为"口开舌举，必有祸患"，以"知者不言"的消极态度来躲避现实的祸患，虽然老子的修辞主张比较消极，但他不拒绝语言美，因为他需要依托其表达道家的思想，因此道家的修辞呈现出简约凝练的特点。

　　由此可见，春秋时期不仅创造了多种新的修辞方法，还产生了丰富的修辞思

---

① 傅道彬：《春秋时代的"文言"变革与文学繁荣》，《中国社会学》2007 年第 6 期。

想。相对于以往凝重简括的文辞，春秋时期的修辞拥有自由丰富的表达方式，呈现出口语修辞和书面修辞齐头并进的特征。

进入战国，先秦修辞到达其发展进程中的鼎盛时期。战国时期，诸侯之间的政治军事斗争越发激烈，礼乐制度在这时彻底崩坏。此时的修辞与春秋时期的修辞相比，显得更加富艳华美。战国策士们的说辞内容"涵盖天下古今、东西南北、山川形胜、利甲精兵、人情风物等，气势磅礴，词锋逼人"。①

如《秦策一·苏秦始将连横》载有：

苏秦游说秦惠王曰："大王之国，西有巴蜀、汉中之利，北有胡貉、代马之用，南有巫山、黔中之限，东有函之固。田肥美，民殷富，战车万乘，奋击百万，沃野千里，蓄积饶多，地势形便，此所谓天府，天下之雄国也。以大王之贤，士民之众，车骑之用，兵法之教，可以并诸侯，吞天下，称帝而治。愿大王少留意，臣请奏其效。"②

苏秦在游说秦惠王时，运用了大量的排比句，句式整齐，气势磅礴，内容丰富，极具说服力。从苏秦的话中可以看出，战国时的修辞在春秋的基础上继续发展，已经达到相当高的语言艺术水平。战国时期的修辞和春秋之前的修辞相比，被称作非常成熟的修辞也不为过。

二、文言变革带来先秦修辞新气象

通过对先秦修辞发展过程的梳理可知：先秦修辞从远古时期的歌谣和神话传说中萌芽，到殷商西周进入初级阶段，在春秋时期快速发展，最后在战国时期到达顶峰。所以，笔者认为，可将春秋时期视为先秦修辞发展进程中的重要节点，先秦修辞在此阶段实现了体系性成熟。此外，钱基博在《中国文学史》中说道："直言者谓之言，修辞者谓之文。"③由此可知，先秦"文言"不同于如今文言文中的"文言"，其意应和先秦"修辞"的概念相似，为对直白的语言形式（言）进行美化修饰（文）。因此，笔者借用傅道彬在《春秋时代的"文言"变革与文学繁荣》一文中的概念，将先秦修辞的历史性变革称为"文言变革"，将《尚书》诰誓、甲骨卜辞、商周早期青铜铭文等都称为"旧体文言"，将在春秋时期成熟的文言称为"新体文言"。与傅道彬以文学的角度出发定义"文言变革"不同，本文是从修辞的角度定义"文言变革"。笔者认为，以《尚书》为代表的"旧体文言"古奥简括，

---

① 穆静：《春秋行人与战国策士外交辞令比较研究》，硕士学位论文，河北大学，2006年，第10页。

② 刘向：《战国策》（全三册），上海：上海古籍出版社，1985年，第78页。

③ 钱基博：《中国文学史（上）》，上海：东方出版中心，2008年，第22页。

修辞方法的运用相对简单，语言风格典雅庄重，句式变化较少，其中蕴含的修辞思想也未成体系，此时的修辞观念应处于无意识或者半意识的状态；而春秋时期的"新体文言"与其相比，修辞手段丰富多变，句式自由而灵活，语言风格清新明快，整体呈现出修辞繁荣发展的局面。

"文言变革"虽包含"变革"二字，但在此期间，并未发生激烈的修辞革命事件，而是在社会变革的背景下潜移默化地完成了从"旧体文言"到"新体文言"的转变。在现有关于文言变革的文献中，学者们都未对其进行明确的时期限定，笔者在此通过对文献资料的梳理尝试确定其更加准确的存在时期。

在上文中，已经确定文言变革在春秋时期完成，而更具体的起始时间可以参考先秦著作《诗经》。《诗经》的语言变化能很好地反映出文言变革的事实。《诗经》中的《颂》分为《周颂》《鲁颂》《商颂》，其中《周颂》为西周初期的诗；《鲁颂》《商颂》为春秋初期鲁僖公、宋襄公的诗。《诗经》中的《风》除《豳风》《周南》《召南》《桧风》为西周诗外，大部分为春秋前期诗。[①] 而《大雅》大部分作于西周初期，小部分作于西周末期。《小雅》除少数篇目可能是东周作品外，其余都是西周晚期的作品。[②]《大雅》和《颂》两个部分具有旧体文言庄重舒缓的特点，而《小雅》和《风》则出现新体文言灵动清新的修辞特点。[③] 因此，可以确定文言变革起始于西周末期，历经整个春秋时期，在春秋末期基本完成。

文言变革给先秦修辞的发展带来了新气象。以《尚书》为代表的"旧体文言"转变为春秋时期的"新体文言"，自由灵动的语言风格取代了之前凝重艰涩的语言风格，修辞手段大大丰富，多种修辞思想渐成体系，运用修辞已成为一种自觉。文言变革的完成，深深影响了后世的修辞发展。

第三节 文言变革中的春秋行人及其修辞活动

笔者在上文中，通过对先秦修辞发展时期和特点的梳理，确定了文言变革的大概时期，并介绍了文言变革对于先秦修辞发展的重要影响。在下文中，笔者将聚焦于存在于文言变革时期的特殊群体——春秋行人，通过对他们的修辞活动的分析，来探究春秋行人在文言变革中具体扮演了怎样的修辞角色。

---

① 孙作云：《诗经与周代社会研究》，北京：中华书局，1966年，第343页。
② 袁行霈，聂石樵，李炳海：《中国文学史第1卷·秦汉》，北京：高等教育出版社，1999年，第61页。
③ 傅道彬：《春秋时代的"文言"变革与文学繁荣》，《中国社会科学》2007年第6期。

一、春秋行人与行人制度

在文言变革中，"春秋行人"带着特有的修辞艺术斡旋于各国之间，在春秋时代留下了浓墨重彩的一笔，对后世产生了深远影响。

古代的"行人"是一种官职，相当于现今的外交官。在《周礼·秋官·司寇》中就有其相关记载："行人"有大行人和小行人之别，大行人"掌大宾之礼及大客之仪，以亲诸侯"；小行人则"掌邦国宾客之礼籍，以待四方之使者"①。可见，"行人"本是宗周迎待诸侯之官，主要职能为帮助周天子联系各诸侯国以及维护周王室和诸侯国之间的关系。而进入春秋时期后，社会政治环境发生了变化。王权衰落，诸侯国各自形成独立政权，轮番争夺霸权。实力强劲的大国虎视眈眈想要吞并其他国家，中小诸侯国周旋于各国之间在危急的形势中以求生存，频繁的外交活动便在此时产生，"春秋行人"也因此登上历史舞台。这个特殊的群体主要活跃于诸侯国之间，与之前的"行人"不同的是，其主要职能转变为在混乱的局势中调节国家间的关系。尤其是弱小国家的"行人"，他们的外交辞令、品德才能、随机应变的能力等，决定了国家的生死存亡。战国到来后，诸侯相伐，小国相继灭亡，大国分割天下。战国时期"废仁义而贵征战，弃礼让而用欺诈"，春秋行人失去了其存在的历史条件，他们已无法通过劝说改变国家命运，因此逐渐退出了历史舞台。②

综上可知，"春秋行人"源于西周"行人"，活跃于春秋，退隐于战国，其发展历程基本契合文言变革的历史演变；再加上春秋行人奔走各国完成使命主要依靠的工具就是犀利优美的辞令。由此，笔者认为，春秋行人的存在能够很好地反映文言变革的历史事实，是文言变革修辞活动的重要代表。所以在下文中，笔者将以春秋行人为切入点来探究文言变革中的"新体文言"。

二、春秋行人的修辞活动

春秋行人主要通过辞令开展外交活动，从他们的辞令中可以看出文言变革时期修辞的发展状况。而研究春秋行人的辞令，就不能略过记载春秋史实的先秦著作《左传》。《左传》用大量的篇幅记载了春秋时期各诸侯国之间的外交活动。优美的外交辞令作为外交活动中的重要部分，在《左传》中多次出现。

从《左传》中可知，文言变革时期，春秋行人已会熟练运用比喻、对偶、排比等多种修辞格。除此之外，春秋行人还形成了尚言的风尚，强调对修辞的重视。"建言修辞"被刘勰在《文心雕龙》中用来概括春秋时期的尚言风尚。《左传·襄

---

① 黄宝实：《中国历代行人考》，台北：台湾中华书局，1969 年，第 2 页。
② 胡安莲：《论〈左传〉"行人"及其辞令特色》，《周口师范学院学报》2003 年第 4 期。

公二十五年》中"子产戎服献捷于晋"的故事，很好地体现了春秋行人的"建言修辞"。

子产带领郑国夜袭陈国而惹怒晋国，面对晋国声色俱厉的质问，子产以精心准备的辞令予以应答，他援引历史，以礼为据，使得"士庄子不能诘"，最终让郑国成功脱险。后孔子评论此事："晋为伯，郑入陈，非文辞不为功。慎辞哉。"①此处的"慎辞"并不是指说话拘谨，而是指言辞非即兴创作，乃精心准备而来。

《左传·襄公三十一年》详细地记载了春秋外交辞令的创作过程：

> 郑国将有诸侯之事，子产乃问四国之为于子羽，且使多为辞令；与裨谌乘以适野，使谋可否；而告冯简子，使断之；事成，乃授子大叔使行之，以应对宾客。是以鲜有败事。

由此可知，郑国的外交辞令，从撰写草稿到修改考量，再到润色定稿，都有专人负责。这样完整的工作流程，反映出春秋行人对"建言修辞"的重视，以及春秋行人修辞意识的自觉。

春秋行人的辞令还讲究"刚柔并济"，既委婉含蓄又柔中带刚，在谈话之间彰显出君子风度，面对强权又往往勇敢刚强。

如《左传》僖公三十三年，秦国驻守在郑国的杞子准备和秦穆公里应外合偷袭郑国，行军途中却不小心被郑国商人弦高发现，将消息传回郑国。郑国派皇武子前去驱逐，皇武子并没有直接揭露秦人"束载、厉兵、秣马"背后暗藏的阴谋，而是委婉的说："吾子淹久于敝邑，唯是脯资饩牵竭矣。为吾子之将行也，郑之有原圃，犹秦之有具囿也。吾子取其麋鹿以闲敝邑，若何？"秦人听后知道自己的诡计已被郑国知晓，立即逃出了郑国。皇武子将秦人说成要打包行李回国，巧妙地避开敏感话题，隐晦地警示秦国，使郑国免于战争侵扰，保卫了国家安全。

又如《左传》僖公四年，管仲为侵略楚国找借口，责备楚国不为王室进贡，并且将周昭王的死归咎于楚国。楚国行人屈完面对管仲的无理指责，沉着应答道："贡之不入，寡君之罪也，敢不共给？昭王之不复！"②屈完避开杀周昭王的重罪，将不进贡的轻罪承担下来，一句"君其问诸水滨"绵里藏针，使管仲无言以对，最终楚国成功脱险。

春秋行人多出身贵族，身为士人阶层的他们，受过良好的知识教育和道德教育，十分注意遣词造句，因此他们的辞令还有着"辞简意深"的特点。③

如宣工三年春，楚庄王到周王室的领土上示威，王孙满作为行人被派去面见

---

① 傅道彬：《春秋时代的"文言"变革与文学繁荣》，《中国社会科学》2007年第6期。
② 杨伯峻：《春秋左传注》，北京：中华书局，2009年，第291页。
③ 张军委：《〈左传〉行人及其辞令研究》，硕士学位论文，西北师范大学，2011年，第40页。

楚庄王，楚庄王借机询问王孙满九鼎的轻重。楚庄王表面上是在问鼎，其实是在表达对周王室的蔑视与威胁，因为鼎是权力的象征。面对楚庄王的无礼，王孙满从容不迫地回答道：

在德不在鼎。昔夏之方有德也，远方图物，贡金九牧，铸鼎象物，百物而为之备，使民知神、奸。故民入川泽、山林，不逢不若。螭魅罔两，莫能逢之，用能协于上下，以承天休。桀有昏德，鼎迁于商，载祀六百。商纣暴虐，鼎迁于周。德之休明，虽小，重也。其奸回昏乱，虽大，轻也。

王孙满以九鼎作答，短短百字即将九鼎的来源、变迁阐述清楚，虽然回答简短但意蕴深刻，用现实的例证有力地证明了能否拥有权力"在德不在鼎"，语言文雅庄重、富有逻辑。

春秋行人在不同的情境下选择不一样的语言风格，体现出他们对修辞的准确把握。春秋行人活跃的修辞活动，不仅展现出文言变革时期修辞繁荣发展的局面，还印证了"新体文言"的清新灵动。他们丰富多变的行人辞令，为后来修辞的发展奠定了坚实的基础，被后世的史学家和文学家当作效法的典范。

第四节　春秋行人活动与圣贤文化的传播

春秋行人作为文言变革的亲历者，他们所开展的修辞活动和文言变革紧密相关。"建言修辞"的尚言风尚、"刚柔并济"的行人辞令、"辞简意深"的修辞造诣，无不体现出文言变革时期修辞繁荣发展的特点。而身处春秋时期的春秋行人，受到社会环境的影响，在频繁进行修辞活动的同时，也潜移默化地成了诗礼文化的传者和受者。

一、春秋行人与"礼"

春秋行人想要达到良好的说服效果，除了具备优秀的修辞能力以外，还需要圣贤文化的辅助。西周初年，周公建立起了一套等级森严的礼乐制度。而这套制度在春秋时期受到了冲击，因此后世多称春秋是一个"礼乐崩坏"的时代。但笔者认为，春秋的"礼乐崩坏"应是相对于西周严格的礼乐制度而言的。虽然周王室建立的礼乐制度已经衰落，但赖以维护正统的礼仪在春秋时期尚未彻底崩毁。当时的人认为礼是治国安邦的重要手段，国家的利益和礼紧密相关。

春秋行人作为国家形象的代表者和国家利益的维护者，理解并应用礼文化显得至关重要。随着行人们对礼的研究加深，他们将作为思想内核的"礼"和作为外在形态的"仪"区分开，更新了传统的礼仪观念，创造出春秋独特的礼仪观。

《左传》昭公五年记载："公如晋，自郊劳至于赠贿，无失礼。晋侯谓女叔齐曰：'鲁侯不亦善于礼乎？'对曰：'鲁侯焉知礼？'公曰：'何为？自郊劳至于赠贿，礼无违者，何故不知？'对曰：'是仪也，不可谓礼。礼，所以守其国，行其政令，无失其民者也……'"女叔齐在此处认为"礼"是治国治民的根本，而"仪"只是"礼"的外在表现形式。对礼的深刻理解，使春秋行人增强了其言辞的权威性。

在对礼不断探究和运用的过程中，礼的思想逐渐内化到春秋行人自身的知识体系中，用来规范春秋行人的行为和言辞，实现了圣贤文化的人内传播。如成公二年，韩厥执絷马前，再拜稽首，奉觞加璧以进，曰："寡君使群臣为鲁、卫请，曰：'无令舆师陷入君地。'下臣不幸，属当戎行，无所逃隐。且惧奔辟，而忝两君，臣辱戎士，敢告不敏，摄官承乏。"韩厥敬酒的行为和委婉的言辞，无不是礼的体现。

二、春秋行人与"诗"

《诗经》收录了大量先秦诗歌，是中国诗学语言的早期集中表现。孔子在《论语》中说："不学诗，无以言。"他认为诗承载着政治功能，学诗的主要目的就是从政出使。春秋时期，《诗经》已经成为社会通用的雅言。春秋时期的行人，将礼转化为自身修养的一部分，将诗作为载体向外传播礼的思想。

公元前 557 年，齐侯伐鲁。鲁国派行人叔孙豹出使晋国，请晋国出兵帮助鲁国。但晋国借故推辞，叔孙豹连忙私下会见荀偃，并借机吟诵《小雅·祈父》："祈父，予王之爪牙。胡转予于恤？靡所止居。"这句诗本意是武士对祈父失职的指责。叔孙豹在此处引用这句诗，是想表达对荀偃不顾兄弟之国生死的责怪之情。原本愤怒尖锐的话语，由于引用了《诗经》而变得委婉含蓄，既表达了自己的诉求，又保全了对方的面子。所以，荀偃立刻向叔孙豹表达了歉意，并允诺会出兵保证鲁国的安全。[①]

由此可见，引用《诗经》不仅可以增加语言的文采和说服力，还在人际交往中传播了温和儒雅的君子之礼。

春秋行人在熟练引用《诗经》的同时，还开创出"断章取义"的用诗方法。此处的"断章取义"意为在文章中选取需要的部分，而不顾其在全篇文章中的意思，以摘取的部分来支持自己的观点。[②]如《左传》成公十八年载，鲁国本来是汶上之田的拥有者，但由于战争，汶上之田被齐国夺走。后来齐国和晋国对战，汶

---

① 王立：《吟诵〈诗经〉在春秋外交辞令中的作用》，《外交学院学报》2003 年第 3 期。
② 陈彦辉：《试论春秋行人的知识结构》，《吉林师范大学学报》（人文社会科学版）2003 年第 2 期。

上田又归于晋国，晋国将之赠予鲁国。现在晋人又重新将鲁国汶上之田赠给齐国，引发了鲁人的不满。鲁国行人季文子说："《诗》曰：'女也不爽，士贰其行。士也罔极，二三其德。'七年之中，一与一夺，二三孰甚焉！士之二三，犹丧妃耦，而况霸主？"季文子引用的诗句出自《诗经》中的《氓》，原文本来是被抛弃的女子在指责丈夫的三心二意，季文子在此处暗喻晋人为《氓》中的"士"，暗讽晋人趋附齐国的行为。引用《诗经》时"断章取义"，为春秋行人引证说理赋予了极大的灵活性，同时也增加了依托于《诗经》的礼的传播效果。

此外，春秋行人在外交活动中要接触不同国家和不同阶层的人，并意图通过言辞说服或震慑对方，因此揣摩交谈对象的心理对他们来说十分重要。根据交谈对象的地位、性格以及不同的交谈语境来调整自己说话的内容、语气等，春秋行人已经在不经意间认识到了关注传播受众的重要性。

综上可知，春秋行人在开展外交活动时，通过礼的内化和诗的应用，潜移默化地完成了圣贤文化的传播；其自觉修辞意识的觉醒，也改变了圣贤文化的传播方式，从而进一步增强了圣贤文化的传播效果。

总之，文言变革是中国先秦修辞发展的转折点，其起于西周末期，结束于春秋末期，尚显稚嫩的"旧体文言"在此阶段变为更加成熟的"新体文言"，为中国修辞的发展带来了新的气象。与文言变革几乎同时出现并消逝的春秋行人，成为文言变革的见证者和亲历者。在文言变革的影响下，他们不断进行着对语言的修饰美化，并通过引诗论理，身体力行地在日常外交中传播着礼的思想。由春秋行人的活动可以看出，文言变革中不仅存在着修辞的变化，还隐含了圣贤文化传播方式的改变。在文言变革时期，圣贤文化不再主要以自上而下的方式进行传播，而是传播者首先进行人内传播，再进行人际传播，以达到自然高效的传播效果。

春秋行人的成就对今天中国的外交活动也有着重要启发：当今国际形势复杂多变，中国在和其他国家交往时，要根据不同的语境修炼话术，善于运用修辞增加语言的文采和说服力；将圣贤文化融入言辞和行动中，以礼待人，不卑不亢，张弛有节；在保持大国风范的同时，坚守国家底线，在大是大非的紧要关头，以国家民族大义为重，沉着应对。

本章首次将春秋行人和文言变革联系在一起，以传播学的视角探究了春秋行人、文言变革以及圣贤文化之间的关系，但本文只是进行了初步的探讨。除了春秋行人，文言变革中还有哪些与圣贤文化传播相关的现象？春秋行人的活动中还体现了哪些圣贤文化传播方式的改变？这些问题还需要进一步探讨。但不可否认的是，文言变革和春秋行人目前存在于被忽略的角落，值得学者们继续探究。

（本章作者：史鹭佳 谢清果）

第二十章　无定有定：
孔子修辞思想的阴阳之势

华夏历史上虽然没有系统的修辞理论，但关于说服、论辩、语言谋略等著作灿如星河、汗牛充栋，其修辞思想遍及诸子百家。孔子作为中国历史上最著名的儒家圣贤，他的修辞思想具有阴阳变换的思想特征。将"势"作为思想脉络和修辞效果，通过有定也无定的修辞之势和塑人亦塑己的修辞架构，可以从一个新的角度来解读概括孔子的修辞思想，为中华修辞学提供一个新的思考角度，也为现代的修辞实践贡献新的思想指导。

在全球化不可避免、多元文化交叉、媒介变化发展的今天，对待世界难题，中国不断提出自己新的思想，探寻新的体制，给出自己的答卷。媒介不断发展，新的修辞现象、修辞方法和修辞思想都在涌现，新修辞学的发展传承了古希腊古典修辞学的说服艺术，将修辞带到了人们的日常交往中。但关于修辞学的研究，有的西方学者认为中国没有自己的建树。詹姆斯·墨菲认为修辞只是一种西方独有的现象，亚洲和非洲还未出现修辞学。[1] 依其所言，中国真的不存在修辞吗？

陈汝东认为，不同于西方古典修辞学在城邦社会语境下以演说、说服、论辩为目的的"三说""五艺""三素"固定模式下圈定的修辞学，中国虽然没有系统的修辞理论，但关于说服、论辩、语言谋略等著作灿如星河、汗牛充栋，其修辞思想遍及诸子百家。而孔子作为华夏圣贤中的代表人物，他和其他儒家弟子的交往中充斥着先秦的智慧及独特的修辞思想，亟待我们发现总结。[2] 尽管对于孔子

---

① Chen Rudong, "Rhetoric in East Asia: China and Japan", *The International Encyclopedia of Communication*, edited by Wolfgang Donsbach, Malden, MA: Blackwell Publishing Ltd. 2008, pp. 4228 – 4231.

② 陈汝东：《古典与未来：中国修辞学思想的全球意义》，《北京大学学报》（哲学社会科学版）2013 年第 5 期。

的语言谋略尤其是说服领域的研究不少，但从修辞学科的角度对孔子修辞思想的阐述和研究还是有待进一步探索。笔者希冀从"势"的角度出发，用"阴阳之势"的概念结构来概括总结孔子的修辞思想，在陈汝东教授对孔子修辞思想的研究之上进行另一种阐释，并从传播学科视角探究其现实意义，为如今修辞学增添华夏之笔墨。

第一节　阴阳之"势"与孔子修辞思想

在中华系统中，"势"的历史源远流长，用"势"的概念来解构现象、思想由来已久，但它并没有作为核心概念被提出。古人更愿意用阴阳五行等形而上学的概念诠释万物，一定程度上忽略了"势"广阔贯通的内涵特点。"势"潜藏的变化性和能量与阴阳其实是有共通之处的，阴阳之势源于阴阳又脱离阴阳。另一方面，孔子作为中国历史上最早提出"修辞"的人，又非常痴迷和崇尚《易》，他的修辞思想与同源于《易》的阴阳自然不是分割的，因此用阴阳之势来解读孔子的修辞思想并非空中楼阁。

一、中华之"势"的探究

中国对于"势"的描述古来已久。在《说文解字》中，它被描述为"盛力权也"，与力量、权力有着不可分割的联系。《孙子兵法》中提道："战势不过奇正，奇正之变，不可胜穷也。"（《孙子兵法·势篇》）《史记·货殖列传序》记载："富者得势益彰，失势则客无所之。""势"在中华思想中占据着重要地位，它在历史上留下了令人难忘的身姿，并且仍在军事、艺术、文学等不同领域发光发热：书法讲究"笔势"，绘画注重"容势"，文论讲求"定势"等。[1]"势"的意义错综繁杂，但总与"趋向""变化""力量"不可分割。目前学术界对于"势"的研究主要从文论从发，大多分析刘勰在《文心雕龙·定势》所述定势之"势"。刘勰用"定势"来描写文章的文体风格走向，"势"作用于文本而超出文本，具有修辞妙用，因此本文所述之"势"从定势之"势"出发进行探究。

黄侃作为最早研究《文心雕龙》的现代学者，对《文心雕龙》的"势"进行了本源考证。在《文心雕龙札记》中，他使用了文字训诂，把"势"训为"槷"——古代插地上用来测太阳阴影的标杆，再将"槷"通"艺"，于是把"势"引申为法度。[2]除此之外，还有学者将"势"的内涵阐述为气势、文体风格、姿态、

---

① 李溪：《诠"势"：意义结构与周易哲学》，《学术月刊》2014 年第 12 期。
② 黄侃：《文心雕龙札记》，北京：中国人民大学出版社，2004 年。

客观必然性等等内涵。陈延杰和罗根泽分别在《读文心雕龙》、《中国文学批评史》中将"势"与修辞联系了起来，由此，势和修辞的缘分开始展开。[①] 程敏在其论文中论述了从魏晋到清朝的诗歌篇章"势"的修辞范畴，将"势"与修辞结合在了一起。可见修辞之"势"早已被古人运用到诗词歌赋、文本篇章之中。[②] 除了对"势"意涵的研究，关于"势"特征表述也较多，例如詹瑛便认为"势"虽无定而有定，无定意同顺乎自然会有相应改变，有定即存在一定的规律。[③] 无定而有定等特征将"势"的本质精妙地表述了出来，为方便理解"势"与"阴阳"的关系打好了基础。

虽然许多学者将"势"引申到修辞范畴，但始终没有跳脱刘勰的文体框架，一直在围绕语言的表达效果，而没有将"势"的思想体系引用到更广阔的天地中。李红教授在谈到视觉修辞时，认为"势"引发了视觉修辞的内在力量，实现了视觉意象向视觉修辞的自然过渡，于是表达社会效能的修辞效果得以呈现。[④] 李红超脱了"势"的语言意义，用"势"来解构视觉修辞这种新修辞学概念，为"势"在现代修辞学科的适用提供了一种可能，"势"的内涵被扩大了。另一方面，李溪从哲学角度诠释了"势"的意义："势"对于两极的变化与《周易》中阴阳肇始的变化有异曲同工之处。李溪认为"势"的本源潜藏着阴阳之气和自然之力。阴阳的两极对待关系孕育了此消彼长的态势，这种高低态势的运动产生了势，同时这种对待关系的场中，势能的存在也形成了内在的力量，"势"就是这种力量产生的效果。[⑤] 鉴于此，笔者认为阴阳之势能准确地概括"势"的内涵和特点，于是提出"阴阳之势"的概念。"势"与阴阳相生相合，阴阳生生不息、新新不停的不断变化对应前人分析的无定之势，而有定之势照应阴阳对立统一的变化规律。这种无定也有定的"阴阳之势"不仅能够概括出"势"的特点，对于孔子修辞思想之"势"的描述也恰到好处。

二、孔子修辞思想研究回顾

孔子作为中国历史上最著名的儒家圣贤，也是中国修辞学的奠基者，他的修辞观点虽然不像亚里士多德那样形成完整的学说体系，但他的修辞理论和修辞思

①　桓晓虹：《〈文心雕龙·定势〉之"势"现代研究综述》，《中共杭州市委党校学报》2012 年第 3 期。
②　程敏：《试论修辞范畴"势"》，硕士学位论文，福建师范大学，2008 年。
③　詹锳：《〈文心雕龙〉的"定势"论》，詹锳编：《〈文心雕龙〉的风格学》，北京：人民文学出版社，1982 年。
④　李红：《视觉之势：论视觉修辞的活力之源》，《新闻大学》2018 年第 4 期。
⑤　李溪：《诠"势"：意义结构与周易哲学》，《学术月刊》2014 年第 12 期。

想不乏光彩，直至今日还被世人奉为圭臬。

如今关于孔子的修辞理论的研究甚众，基本上被概括成几种学说。一是"辞达说"，修辞要准确明白，能通达其意；二是"辞巧说"，言辞、文辞都可以尽善尽美地修饰润色、增添文采，但反对虚伪的花言巧语；三为"文质彬彬说"，用消极修辞表"质"，积极修辞意"文"，认为修辞应"文质兼备"；四为"修辞立其诚说"，修辞离不开真实诚信的道德准则；"慎言说""正名说"则认为修辞要合乎时宜，要根据环境场合而变化，顺势而为。[1]孔子不仅从语言和语境出发，对如何修辞做了具体的阐述，还从君子仁义的角度对修辞和修辞者提出了道德要求，修辞不止为了"化人"，还要"修身"。

论及孔子的修辞实践，孔子在传道授业、说服等交往实践中都运用了独特的修辞理念和方法。说服与修辞在中国古代的修辞实践之中可谓相伴相生、缺一不可，所以孔子的说服实践非常契合孔子的修辞思想。李亚宏认为孔子创立了"以德化人"的说服原则和方法，强调了说服时对说服对象的了解和说服时机的把控，同时注重说服的言语和非语言因素。[2]除了说服时使用的语言和非语言方面，另外有学者从言礼、言仁、言忠、言信四个方面来解释孔子外在的修辞体现，结合内在的道德要求来总结孔子的说服修辞。[3]孔子的说服活动本身是因势利导的话语建构过程，说服语境中潜藏着"势"的特征。[4]

孔子的修辞思想与"势"相照应契合，每每展现出阴阳两极的变化：无定与有定、语言和言语、顺势与造势、化人及修身等。因此笔者选择用阴阳之势来表现孔子修辞思想的两极变化，描绘作为华夏圣贤典范的孔子修辞思想的古今画卷。

三、修辞之势分阴阳

"势"与阴阳相互交融、共生共存的关系准确反映了"势"的无定和有定的特点。在阴阳学说中，阴和阳虽然是太极一分为二的两个部分，但两者之间并非是一种非此即彼、非好即坏、两极对立的关系，而是如同太极图中的彼此融通的阴阳鱼所示，互相包含，共消共长。"孤阳不长，独阴不生"，阴阳二者不可分割，二者呈现互补之态，不然形成不了一个完整的有机体。[5]缺少阴阳两者对立，无法产生"势"，例如没有上和下，物体就不会存在向下坠落的势能；没有阴阳统一，

① 贾楠：《孔子的修辞理论和修辞实践》，硕士学位论文，云南师范大学，2007年。
② 李亚宏：《以德化人——孔孟说服思想探微》，《临沧师范高等专科学校学报》2013年第3期。
③ 余梦琦：《华夏说服传播：孔子说服传播模式探寻》，《东南传播》2019年第2期。
④ 孙艳泽，于欢欢：《〈论语〉中孔子说服技巧探析》，《新闻研究导刊》2017年第5期。
⑤ 吴全兰：《阴阳学说的哲学意蕴》，《西南民族大学学报》（人文社会科学版）2012年第1期。

阴或阳一方破损、吞占，就没有稳定和谐的"势"；因此阴阳的存在是一种动态平衡。修辞之"势"同阴阳一般，要在无定和有定之间保持动态的平衡，修辞效果才能获得最大、最稳定的"势"。

无定和有定的动态平衡是修辞的规律性表达，其内容具体表现在语言和言语、一阳一阴两个方面。本章所谈语言和言语借鉴于索绪尔在语言学方面的表述，但不同于索绪尔等人所认为的产品和过程那样细分的表达，①本章修辞探究中的语言主要是修辞文本，而言语主要指修辞语境、修辞对象等修辞活动中除开文本的部分。语言作为修辞活动中的内容主体，它是被修辞者和修辞对象都能意识到的显性存在，是修辞活动中的阳面，而修辞语境、时机和对象等是修辞者修辞时需要考虑到的隐性存在，为阴面。修辞之势的有定无定可以通过语言和言语阴阳两面进行阐释。

（一）无定之"势"

无定之"势"表达的是修辞者在修辞实践时适应修辞对象和环境做出最优解，即在修辞中根据不同的场景、不同的修辞对象来调整自己的修辞策略、修辞语言和文本等来达到最好的修辞效果。《吕氏春秋·先识览·察微篇》记载了"子贡赎人"和"子路救溺"两件事，孔子批评子贡赎人不求回报会使别人不敢赎人，而子路救溺水之人接受馈赠反倒得到了孔子的表扬。一方面，两人的性情不同，孔子使用的语言内容不同；更重要的是，两者的言语也存在不同：一是子贡打破了国家制定的赎人规则会影响后人赎人的意愿，二是子路为做好事得回报提供了榜样。在修辞实践中，修辞语言和修辞言语（修辞环境）阴阳两面都要考虑到。

关于"文以足言"（《左传·襄公二十五年》），孔子认为，对言辞、文章进行修饰润色是非常必要的，所谓"言之无文，行而不远"（《左传·襄公二十五年》）。孔子讲究修辞，一方面遣词造句是无定的，他用词精炼美妙，寓意深刻，句式多变，四音节句、三音节句、长短句都信手拈来："不愤不启，不悱不发"（《论语·述而》）、"兴于诗，立于礼、成于乐"（《论语·泰伯》）、"岁寒，然后知松柏之后凋也"（《论语·子罕》）。孔子语言行文多变，但充满韵律，通俗易懂。另一方面，孔子经常使用修辞格来对语言进行润色，通过使用比喻、对偶、排比等等修辞格使语言精凝简练，富有哲理和文学旨趣。子在川上曰："逝者如斯夫！不舍昼夜。"（《论语·子罕》）这里将时间比作流水，生动形象阐明了时间的流逝。②

---

① 祝晓光：《论索绪尔语言思想中语言和言语的关系》，硕士学位论文，吉林大学，2015 年．
② 贾楠：《孔子的修辞理论和修辞实践》，硕士学位论文，云南师范大学，2007 年。

除了语言之外，孔子认为修辞要同时关照到修辞的对象、场合和时机等。"可与言而不与言，失人。不可与言而与之言，失言"（《论语·卫灵公》），和可以说话的人却不说话，这就错失了人才；不可与他谈的话却与他谈，就说错了话。修辞活动要根据修辞对象的身份、地位、关系等而变通，也就是无定。孔子还说，"言未及之而言，谓之躁；言及之而不言，谓之隐；未见颜色而言，谓之瞽"（《论语·季氏篇》），时机不到就越位抢话，过于浮躁，该说话时却不说，是隐瞒欺骗，没有察言观色、关照周遭氛围而贸然讲话，是没有眼见。"时然后言，人不厌其言"（《论语·宪问》），在正确的时机说话，别人自然不会厌恶你的发言。除了修辞对象，说话的场合、时机也非常重要，在正确的地点，正确的时间点，使用正确的修辞，才能达到好的修辞效果。

总而言之，无定的修辞是让修辞根据实际情况进行变通，以此来获得最大的"势"，进而得到最好的修辞效果。

（二）有定之"势"

虽然修辞活动是无定的，需要根据现实来进行变通，但始终需要遵循一定的规则，比如传情达意、讲究仁礼道德，也就是所谓"有定"。

修辞的目的应是让信息更好地传达，"辞达而已矣"（《论语·卫灵公》）应该是修辞的最低要求，不管修辞如何多变，最终都需要表情达意，不能因华丽的辞藻、过分的润饰丢失了表达的原旨。孔子在评判三百余篇的《诗经》时，只用了"思无邪"三个字便归纳了所有诗篇思想纯粹的共通点。他认为："巧言令色，鲜仁矣！"（《论语·学而》）花言巧语，装出平易近人的模样，没有仁。"巧言、令色、足恭，左丘明耻之，丘亦耻之。"（《论语·公冶长》）花言巧语，装出善良的模样，又特别恭顺谦卑的人，左丘明和孔子都认为是可耻的。可见，即便修饰润色非常重要，华美的文章能更加受到青睐，但过分的修辞、虚伪浮夸、巧言妄语是不仁的，难以得到认可。《论语·雍也》中提道："质胜文则野，文胜质则史。文质彬彬，然后君子。"（《论语·雍也》）质朴多于文华，就难免粗野，而文采多于朴实，又有些虚有其表。文求华美，生动形象，质取朴实，明顺通达，文质兼美、文质兼重才是修辞的"文质彬彬"。这与陈望道先生提出的积极修辞和消极修辞的关系殊途同归。

在言语方面，孔子讲究的是"礼、仁、忠、信"等道德修养，美好品质。孔子在《论语·颜渊》中说"非礼勿言"，不要说不符合礼法的话。在修辞时，要考虑的不仅仅是语言内容，还需要适应修辞环境。不管场合如何变化，始终都是有礼制约束的，无定修辞再如何变通，也需要符合礼制的需求。"中人以上，可以语上也，中人以下，不可以语上也。"（《论语·雍也》）。水平有中等以上的人，可以告诉他艰深的道理；水平中等以下的人，就不必了。不同的人讲不同的话，虽是无定之变，但依据的是他人的接受水平，此种变通总是根据外界条件进行。

《系辞》谈道："易有太极，是生两仪，两仪生四象，四象生八卦，八卦定吉凶，吉凶生大业。"（《易传·系辞上》）阴阳变化能生四象，但无论如何都是依托太极。引申到无定和有定，可以判定有定是无定存在的条件，无定是有定的发展，二者互为依存。

第二节 孔子修辞思想中的阴阳之势

要论述修辞思想的阴阳之势，为什么选择孔子？首先谈修辞，孔子提道："君子进德修业。忠信，所以进德也。修辞立其诚，所以居业也。"（《周易·乾·文言》）这不仅是中国古代文献中首次出现这样的描述，也是孔子在中国修辞学史上首次提出修辞学相关的术语。[1] 同时，这也是孔子晚年研究《周易》后所思所感，与阴阳同出于《周易》的思想，阴阳思想和孔子思想之间并非切割的、孤立的，而是有联系、有交融的。

孔子修辞思想的阴阳之势，塑人为"阳"，塑己为"阴"，阴阳共济，成修辞之势。塑人和塑己是孔子修辞活动的阴阳两面，塑人主要是传递信息、输出观点，是向外传播，是为阳；而塑己是接收信息、内化观点，向内传播，是为阴；传播和内化的效果是为势，两者共同发生，组成完整的修辞行为。

一、塑人：修辞之阳

在一次完整的修辞活动中，最明显的作用便是对修辞对象的影响，比如在说服活动中修辞者在传递信息、输出观点后，修辞对象观念的转变。这种塑人行为是修辞中最明显、最外化的，是修辞的阳面。在孔子的修辞思想中，孔子将"以德化人"作为塑人的核心，追求心悦诚服的修辞效果。塑人不仅仅要注重对他人的改变效果，更是要注重修辞的方法。而这种修辞思想与古希腊亚里士多德的古典修辞思想也不谋而合。

（一）以德化人的塑人思想

在孔子的修辞思想中，修辞不是单向的对外输出，而是要对他人、对自己负

---

[1] 贾楠：《孔子的修辞理论和修辞实践》，硕士学位论文，云南师范大学，2007年。

责的，讲究"以德化人"，达到修辞的最高境界——塑人。"德"是人类走向崇高、脱离低级野蛮、团结友爱、共同进步发展的重要途径，因此受到人们的认可，现今中国推行社会主义核心价值观、中华传统美德都是有力的证明。攻城为下，攻心为上。修辞应该是使对方心悦诚服地认同或被感化而非使用强硬暴力的手段。《论语》中谈道："道之以政，齐之以刑，民免而无耻；道之以德，齐之以礼，有耻且格。"（《论语·为政》）用严苛的政令法律来治理管理百姓，老百姓只求能不受到惩罚而不去犯罪，却没有廉耻之心；用德行和礼法去引导、同化他们，百姓不仅会有礼义廉耻，而且会心悦诚服。

要以德化人，必须言之有"德"，"德"既是修辞的内容，同时也包含说服者应具备的道德素养，也就是要慎言。"三思而后行"（《论语·公冶长》），慎言是对自己负责，也对他人负责。"乱之所生也，则言语以为阶"（《易传·系辞传上》），如果混乱的产生是一场蝴蝶效应，言语就是蝴蝶效应的那只蝴蝶，因此"君子于其言，无所苟而已矣"（《论语·子路》），君子对自己所说的每一句话都不能有一点马虎。强大的说服力来源于人们崇尚的美德，真诚的表达才是令人信服的修辞。说话如果花言巧语只为蛊惑他人，巧言乱德，结果只会让人口服心不服。

其次，修辞者要言行统一，做好榜样。"其身正，不令而行；其身不正，虽令不从。"（《论语·子路》）虽是孔子于政论的表述，贯之以修辞，同样具有指导功用。要以德化人，首先自己要以身作则，要具有高尚的道德品质和人格魅力。孔子说："言忠信，行笃敬，虽蛮貊之邦，行矣；言不忠信，行不笃敬，虽州里，行乎哉？"（《论语·卫灵公》）一个人只要言语忠实诚信，行为踏实严肃，即便到了野蛮之国，也能畅行无阻。反之满嘴谎言，不讲信用，行为轻浮不踏实，即使在自己家乡也难行寸步。"修己以敬，修己以安人，修己以安百姓"（《论语·宪问》），自我品德高尚，也能影响他人的态度。

这种"以德化人"的修辞思想与古希腊修辞家亚里士多德的思想相契合，都重视人格力量在修辞中的扮演的角色。

（二）对照亚里士多德的古典修辞思想

亚里士多德，古希腊著名修辞学家，他所著的《修辞学》——西方最早系统阐释修辞原理的著述，奠定了西方修辞学传统。亚里士多德认为修辞有三要素，其中最有效的要素便是人格诉求，即说服者的道德修养和人格魅力，所以演说者必须具备聪敏、机智、亲切、高尚等能够使听众觉得可信的品质。[①] 与孔子的"以

① ［古希腊］亚里士多德：《修辞学》，罗念生译，上海：上海人民出版社，2006年。

德化人"思想相近，在两千多年前，这两位大哲人在不同的时空，在各自的修辞实践中都领悟出了最有效的说服方式。

当修辞者进行修辞活动时，修辞对象一定会关注到修辞者本人和他的动机。"他是谁？他为什么这么说？他说的可信吗？"这些问题都会被修辞对象关注到。孔子讲究的"以德化人"，修辞对象会认为修辞者站在君子的角度，是以推行仁义道德为目的来进行的说服、教育等修辞活动，因此他是可信的，最终来达到良好的修辞效果。

二、塑己：修辞之阴

在一次完整的修辞活动中，除了明显的塑人之外，还存在塑己的行为。当修辞者向外传递信息、输出观点时，自身也在接收信息、内化观点，这种塑己行为更加隐晦，修辞者更难自我认知到，为修辞之阴。孔子通过这种以德化人的修辞来修身明德，塑造自身的品性。同时，修辞行为反过来作用于修辞者自身的表现，与福柯等人的新修辞学思想也存在共通之处。

（一）修身明德的塑己思想

孔子的修辞思想中修辞者在"以德化人"的过程中实际上也在"以德化己"，修辞过程中不仅有明面上的输出，还有隐性的反馈。你所运用的修辞最终也在"修辞自己"。

孔夫子讲究修身明德，平治天下，所谓"一日克己复礼，天下归仁焉"（《论语·颜渊》）。在日常生活中自己对自己提出要求，一切都照着礼法去做，这就是仁。并以自己的品德教导别人，让老百姓都能找到自己安居乐业之处。于是，天下就和谐安定、充满仁义道德了。

在修辞过程中充满仁义道德，用仁来进行修辞，指导约束别人，自己也会跟着遵循仁义，修身明德。孔子讲："巧言乱德。小不忍则乱大谋。"（《论语·卫灵公》）如果自己满口谎言、花言巧语，结果也只能是将自己塑造成一个充满野心的小人而不是道德高尚的彬彬君子。许多没有严格要求自己的人面对他人的挑衅不能忍受，全凭性子发泄，动不动就口出狂言、脏话满篇，骂得爽了才解气，长此以往，怎么能成为君子呢？修辞并非只是为说服提供的工具，它应该是一种人际交往，是自我修身明德的过程。

至于塑己与塑人的关系，塑己和塑人阴阳相逆，互相对立统一："以德化人"的修辞思想在塑人时，自己品德高尚是"因"，修辞他人是"果"，在修辞过程中是因为修辞者有人格力量说服才有效。而塑己不同于"以德化人"，并非是自身道德修养达到，才达到修辞效果，而是先自己想要遵守仁义道德，才采取了以德化人的修辞方式来进行修辞。塑己更像是自我主观的表达，塑人更偏向被动的需求。

（二）对照福柯的新修辞学思想

时间回溯，进入 20 世纪，以伯克（Burke）为代表的新修辞运动改变了修辞是依附演讲和写作而生的观点，修辞在一定程度上影响了人的行为和思想，最终影响人的知识和现实的产生。许多学者尝试将修辞更紧密地与社会生活联系在一起，或者使用语言分析来揭露社会生活中的种种政治现象，从而认识到话语参与到了对身份的建构、对现实的反映等。[①]

在此期间福柯提出了权力话语理论，他的思想观念认为"人通过话语赋予自己权力"，"如果没有话语的生产、积累、流通和发挥功能的话，这些权力关系自身就不能建立起来和得到巩固"。[②]换句话说，并非是你的身份决定你说什么，而是你说的内容决定你将成为什么。如果将福柯权利话语思想中的权利换成德行、仁义：人通过话语赋予自己德行。其结果与孔子塑己之道如出一辙。

孔子的修辞思想不仅与古希腊的古典修辞有相通之处，关照古今，也能从新修辞学的观念出发，为我们研究中国修辞学提供思路。

第三节 阴阳之势修辞思想的现实关照

孔子阴阳之势的修辞思想为我们提供了一种新角度看待修辞，并且它并非只存于书本文章，历史灰蒙中，恰恰相反，这种修辞思想对如今的修辞理念和修辞实践都具有强烈的现实意义。这种辩证的修辞理念能够使人关照到修辞实践中的方方面面，从事物的两面出发，更加全面地进行修辞。此外，塑人塑己的真善美的修辞实践，不仅是修身明德的修辞途径，也是修辞之于社会和谐的现实功用。

一、对立统一的辩证修辞理念

自阴阳对立统一辩证思想的出现，在我国传统文化中便占据着举足轻重的地位，作为解释天文、历法、哲学、军事、医学、武功等等各个领域的理论工具，足见阴阳哲学辩证法的普遍性。用阴阳之势来解构孔子的修辞思想，有普遍性，也存在特殊性。阴阳为修辞活动的一体两面，势作为修辞的传播效果来评估修辞活动，无定和有定提供了修辞的一般规律和变化方法。

---

① 田海龙：《新修辞学的落地与批评话语分析的兴起》，《当代修辞学》，2015 第 4 期。
② 米歇尔·福柯：《权力的眼睛——福柯访谈录》，严锋译，上海：上海人民出版社，1997 年。

孔子在修辞中总是运用语言和言语、塑人和塑己这种二元对立统一的辩证思想来进行修辞。借古鉴今，孔子这种对立统一的二元思想也是马克思主义哲学唯物辩证法的核心，同样在客观实践中用对立统一的规律揭示了事物发展的本质，合乎客观规律。[①] 人们常常谈到一个硬币有两面，但事实上在现实生活中，许多人都难以将两面都关照到，经常忽视事物的两面性，修辞也是如此。有的人看到了修辞的语言编排，却没有关注到修辞的时机和对象；有的人关照到了修辞者如何组织信息，展现自我，提高修辞效果，却忽视了修辞对修辞者自身思想的塑造。参考孔子的这种二元修辞理念，能够使修辞者在修辞时照顾全局，做到滴水不漏，真正意义上提高修辞使用的效果。

二、塑己塑人的修辞实践

孔子修辞思想中的阴阳之势有着塑人和塑己阴阳两面，阴阳结合又能形成无定和有定的修辞规律，为研究孔子的修辞思想提供了一条新的道路。对比西方的传统修辞观念，孔子以"仁""德"为修辞，包含了真、善、美的价值观念，而古希腊修辞学思想认为真善美中以真为重，善美次之。在如今看来，孔子的修辞思想更具有变通性，强调以人为本、以仁义道德为本，更加符合现代价值观需求。

在修辞实践中，我们不能只关注到修辞的外服效果，更要关注内用的功效。在广告、说服等修辞实践时除了要考虑到所使用的信息、手法产生的对他人的影响外，更要考虑到该修辞对修辞者自身所产生的影响。说服他人时一直使用诡辩的手法，歪曲事实、颠倒是非，这样的修辞也会造成将修辞者塑造成居心叵测、小人之心的人。反之，手段、言辞纯良的修辞，修辞者也会自我认同为善良亲切的人。

孔子这种阴阳修辞思想包含了朴素的辩证法思想，并非是单纯的、唯心的封建迷信，但用阴阳解释万物总归是有"形而上学"的味道，笔者初窥孔子的阴阳修辞之势，仍存在不完整、待补充的方面。即便这种修辞思想目前还不完善，不过为现今的修辞活动提供了新的理论和方法指导，即修辞活动不仅要考虑到修辞效果，还要明白对修辞者自身的塑造，结合无定的因势利导、顺势而为的修辞方法、有定的道德修辞底线，最终构成以德化人、修身明德的独特修辞思想，也为中国修辞学提供了新的广阔天地。

（本章作者：伍杨　谢清果）

---

① 赵静娴，张建云：《阴阳学说与对立统一规律》，《社会科学家》1989 年第 3 期。

第二十一章　比兴手法：圣贤文化传播下的《诗经》概念隐喻

《诗经》中的大量诗歌使用了"比""兴"的手法，在先秦文学自觉时代之前，"比""兴"是人们的有感而发、自发使用，是人们当时思维、思维模式的体现，与西方概念隐喻理论相吻合。本章选用概念隐喻理论，探究《诗经》中圣贤文化，特别是君子概念的构建，主要表现为"君子是玉石"和"君子是草木"，并探讨后世对于这些概念的传承与再现。

第一节　《诗经》：中国隐喻手法的集大成

《诗经》是我国最早的诗歌总集，被认为是中国诗歌开端。虽然早在远古时期就有民歌的创造与流传，例如《击壤歌》被认为是尧舜时代流传下来的诗歌，但经过集中编撰的《诗经》收录了大量先秦诗歌，是中国诗学语言的早期集中表现，是研究中国早期诗学语言的重要文本。后世也有大量关于《诗经》修辞学、诗学、文学的研究，例如汉代郑玄曾为《诗经》作笺注，唐代孔颖达曾作《诗经正义》，宋代朱熹曾作《诗集传》；而《诗经》又主要由孔子编撰、修订，后成为儒学经典"五经"之一，是中国古代儒家思想的重要学习读本。《毛诗·大序》就曾这样评价《诗经》的教育教化价值："经夫妇，成孝敬，厚人伦，美教化，移风俗"①，指出了《诗经》其中蕴含着儒家所崇尚的圣贤文化；因而《诗经》无论是其修辞价值还是其内蕴的圣贤文化价值在中国古代早有认知。

《毛诗·大序》中对《诗经》曾有这样的总结："诗有六义焉：一曰风，二曰赋，三曰比，四曰兴，五曰雅，六曰颂。"② 这就是在强调"赋""比""兴"在诗经中的

---

① 毛氏，郑氏：《毛诗》，济南：山东友谊出版社，1990年，第2页。
② 毛氏，郑氏：《毛诗》，济南：山东友谊出版社，1990年，第1页。

重要地位，这三点就是《诗经》中运用最多的修辞，而其中的"比""兴"相较于平铺直叙的"赋"就具有更显著的诗学特征，在后世的研究中，针对"比""兴"的研究很多，例如朱熹在其《诗集传》中就曾说："比者，以彼物比此物也"，"兴者，先言他物以引起所咏之词也"①；《文心雕龙》中也有专门针对比兴的释义："虬龙以喻君子，云蜺以譬谗邪，比兴之义也"②。而诗经中所运用的比兴，如在《淇奥》《小戎》中写道："有匪君子，如切如磋，如琢如磨"，"言念君子，温其如玉"③，营造了君子如玉的一种君子形象，并影响着后世对于君子的态度。例如孔子曾对子贡说"夫昔者君子比德于玉焉：温润而泽，仁也"④；白居易的《雪中即事答微之》中也有一句："润含玉德怀君子，寒助霜威忆大夫"⑤。诗经通过比兴塑造君子如玉的形象，这与西方莱科夫所提出的概念隐喻很相似。概念隐喻是通过隐喻而构建起一个概念，《诗经》也是通过比兴来构建起君子的概念，而比兴在修辞学概念下，和隐喻有很大的相似性，因而本文希望以传播学为视角，以概念隐喻为方法，探讨《诗经》中比兴的运用对于圣贤文化传播有何影响。

一、《诗经》中的隐喻使用

本章通过以"诗经"为篇关摘，以"隐喻"为主题在中国知网上进行检索，共检索到文献187篇，排除不以《诗经》为主要研究文本或不以隐喻为主要研究方向以及重复的文献，共计文献180篇。在这方面，最早的研究可以追溯到1991年郑军健的《略谈〈诗经〉比兴中的隐喻思维系统》⑥，是首次以隐喻的视角研究《诗经》中的"比""兴"手法。文献数量每年都有数篇发表，自2008年以来，逐渐增多，达到了每年10篇左右。

在2006年之前，关于《诗经》中的隐喻这方面的研究主题大多较为陈旧，集中在以古典修辞格为角度进行隐喻和"比""兴"关系这方面的研究，而2006年刁生虎的《隐喻与比兴——以〈诗经〉为中心的探寻》⑦则是以隐喻学作为研究视域，但没有引述具体的隐喻学理论进行分析，更多的还是在走传统修辞格的老路。2008年孔元元的《对〈诗经〉中意象的隐喻研究》⑧以及杨洪艳的《从古代民谣看

① 朱熹，王逸，洪兴祖：《诗集传》，长沙：岳麓书社，1989年，第5页。
② 刘勰：《文心雕龙》，开封：河南大学出版社，2008年，第34页。
③ 孔子：《诗经》，北京：中国文史出版社.1999年，第57页。
④ 郑玄《礼记》，北京：中华书局，1920年，第247页。
⑤ 白居易《白氏长庆集》，上海：上海古籍出版社，1994年，第327页。
⑥ 郑军健：《略谈〈诗经〉比兴中的隐喻思维系统》，《广西师范学院学报》1997年第4期。
⑦ 刁生虎：《隐喻与比兴——以〈诗经〉为中心的探寻》，《河南教育学院学报》（哲学社会科学版）2006年第2期。
⑧ 孔元元：《对〈诗经〉中意象的隐喻研究》，硕士学位论文，武汉理工大学，2009。

概念隐喻理论》①是首次运用具体的隐喻理论——概念隐喻来对《诗经》中的隐喻现象进行分析，随后这方面的研究逐年增多，至 2020 年 6 月已有 25 篇文献。但由于概念隐喻理论由西方认知语言学家乔治·莱科夫（George·Lakoff）、马克·约翰逊（Mark·Johnson）提出，他们在研究中使用的语料基本是英文，因而这 25 篇文献绝大多数以《诗经》的英译本作为研究文本进行研究，更多的是研究诗经原有的隐喻在翻译过程中是否得到了恰切的保留。上述的研究更多的是在以文学视角或语言学视角进行研究，但无论是文学抑或语言学都是在传播活动中进行的，而隐喻学虽然在当今已与认知语言学融合，但它本身也是基于修辞学这一传播学的分支发展而来，而基于传播学的《诗经》中的隐喻研究还很薄弱，这方面的研究具有广阔的研究空间。

二、《诗经》中的圣贤文化内涵

本章通过以"诗经"为篇关摘，以"圣贤"为主题在中国知网上进行检索，共检索到文献 90 篇，排除不以《诗经》为主要研究文本或研究方向中不包括圣贤文化、重复的文献以及古籍，共计文献 67 篇。这方面的最早的研究源起于 1984 年翟相君的《国风中的怨刺诗》②，虽然每年都有一定的文献问世，但这方面的研究还是十分欠缺，大部分主要集中在后人对《诗经》的注解与他们对圣贤文化的理解，即对后人的诗经学进行研究，如朱熹、黄震、叶适等人，例如 2017 年徐涓、彭钧的《朱熹论〈楚辞〉与〈诗经〉并举》③，2016 年刘圆圆的《叶适的思想学术与文学》④等。有关《诗经》中圣贤文化的相关研究，主要集中在对后世诗经学的研究，这虽然是基于《诗经》向后世不断流传的这一传播过程而进行的，但却忽视了这个传播过程本身的存在，即没有注意到为何《诗经》中关于圣贤文化的言说、概念与思想等可以得到流传，这一点对于后世传播圣贤文化是有借鉴价值的，但关于这方面的研究尚浅，其研究价值值得进一步挖掘。

根据以上所述的研究现状，本章在此提出研究问题：

A.《诗经》中是如何运用隐喻也就是比兴来建构君子、圣贤的概念？

B.《诗经》所构建的概念对于后世传播君子、圣贤的概念有着怎样的影响？

---

① 杨洪艳：《从古代民谣看概念隐喻理论》，《重庆科技学院学报》（社会科学版）2008 年第 12 期。

② 翟相君：《国风中的怨刺诗》，《青海师范大学学报》（哲学社会科学版）1984 年第 3 期。

③ 徐涓，彭钧：《朱熹论〈楚辞〉与〈诗经〉并举》，《朱子学刊》2016 年第 1 期。

④ 刘园园：《叶适的思想学术与文学》，博士学位论文，南京大学，2016 年。

第二节　概念隐喻的视角

本章主要运用概念隐喻理论来对《诗经》所使用的隐喻进行研究。

概念隐喻是由西方认知语言学家乔治·莱科夫（George·Lakoff）与马克·约翰逊（Mark·Johnson）在其书中《我们赖以生存的隐喻》首次提出。"概念隐喻与通常所说的隐喻不同，它是对一般隐喻表达式的概括和总结"①，将隐喻表达式概括和总结所提炼出来的是隐喻性概念，而隐喻表达式则是基于隐喻性概念所产生的日常语言中的隐喻表达。例如"时间是金钱"或"时间是有限的资源"就是一个隐喻性概念，而基于这个概念会有许多隐喻表达式："你在浪费我的时间""这样做可以帮你节省时间""我花了很长时间做这件事"等等。

概念隐喻不同于传统隐喻研究，传统隐喻来源于古希腊亚里士多德的隐喻理论"隐喻就是通过把属于别的事物的词给予另一个事物给予另一个事物而构成，或从'属'到'种'，或从'种'到'属'，或从'种'到'属'，或通过类比"②，"创造隐喻的天赋依赖于从不同的事物中发现相同"③，大多局限于隐喻在古典修辞学领域的应用。而在概念隐喻这一理论中，隐喻被认为是"通过一种事物去理解和体验另一种事物"，隐喻不再仅仅只是非日常的古典修辞学应用，"隐喻渗透到日常生活的每一处角落，不仅仅体现在语言上，而且体现在思维和行动中"④，也就是人们的整个传播活动当中。

对于《诗经》中的隐喻，也就是比兴的分析，固然可以从传统修辞学、文学的视角分析，因为隐喻本身便是修辞格的一种；但在先秦时期，文学还没有进入文学自觉时期：鲁迅认为"曹丕的时代是文学自觉地时代，或如近代所说是为艺术而艺术的一派"⑤；其后虽然也有人不断将文学自觉的时代将其不断前移，如张少康曾在其《论文学的独立和自觉非自魏晋始》中谈到"文学的独立和自觉不是从魏晋才开始，而是要更早得多"，"文学的独立和自觉是从战国后期《楚辞》的创作开始初露端倪，经过了一个较长的逐步发展过程，到西汉中期就已经很明确了"⑥；龚克昌也在其《汉赋——文学自觉时代的起点》中"把'文学的自觉时代'

---

① 李勇忠，李春华：《认知语境与概念隐喻》，《外语与外语教学》2001 年第 6 期。
② 亚里士多德：《诗学》，陈中梅译，北京：商务印书馆，1999 年，第 150 页。
③ 亚里士多德：《修辞学》，罗念生译，北京：生活·读书·新知三联书店，1991 年，第 78 页。
④ 莱考夫，约翰逊：《我们赖以生存的隐喻》，杭州：浙江大学出版社，2015 年，第 3 页。
⑤ 鲁迅：《而已集》，北京：人民文学出版社，1973 年，第 108 页。
⑥ 张少康：《论文学的独立和自觉非自魏晋始》，《北京大学学报》（哲学社会科学版），1996 年第 2 期。

提前到司马相如生活年代"①。

虽然学界尚还没有一个统一的论调，但将文学自觉最早也只是前移到战国时期，而《诗经》是孔子对西周初年到春秋中叶的诗歌的编订，这些诗歌产生并非源于对文学的自觉而往往是人们有感而发，《毛诗·大序》就曾这样评价："诗者，志之所之也。在心为志，发言为诗，情动于中而形于言；言之不足，故嗟叹之。嗟叹之不足，故咏歌之；咏歌之不足，不知手之舞之足之蹈之也。"②因而其中比兴等手法的使用，不是人们出于艺术或文学而使用，而是自发地无意识地使用了比兴去描述和理解比兴的对象，这就反映了当时人们潜在的思想观念和思维方式，而概念隐喻恰好就解释了这一现象，因此本章选用概念隐喻这一理论对《诗经》中的比兴进行研究。

第三节　《诗经》中的比兴是一种概念隐喻

莱科夫在《我们赖以生存的隐喻》这一书中将概念隐喻分为三类：源于人们对空间的身体感知的方位隐喻，这类隐喻常见的有"快乐为上，悲伤为下"，而基于这一隐喻性概念的隐喻表达式有"我今天兴致很高""他昨天的心情相对低落""她的话让我精神一振"等。"以使用物体和物质来理解我们的经验"的本体隐喻，这类隐喻一种是将概念给实体化，例如基于"信心是一种物体"这一本体隐喻会产这样的隐喻表达："我重拾了信心""你丧失了信心""这让他很有信心来做这件事"等，还有一种是将概念看作一个容器，例如"视野是容器"的隐喻表达有"他逐渐脱离了我的视野范围""目标物正已经进入到视野内""那个东西位于我的视野中心"等。而"结构隐喻指以一种概念的结构来构造另一种概念，使两种概念相叠加，将谈论一种概念的各方面的词语用于谈论另一概念，于是产生了一词多用的现象"③。例如上文所举的"时间是金钱"就是结构隐喻，就是用"金钱"这一概念来构造"时间"这一概念。

《诗经》一般是使用"比""兴"的修辞方法来对君子、圣贤进行建构，所谓"比"与"兴"，古人对其有不同的描述。汉代郑玄在对《周礼》作注时首次对"比""兴"做出界定："比，见今之失，不敢斥言，取比类以言之；兴，见今之美，嫌于媚谀，取善事以喻劝之"④，这样的界定方式将没有进行明显的区分，使得这二

---

① 龚克昌：《汉赋——文学自觉时代的起点》，《文史哲》，1988 年第 5 期。
② 毛氏，郑氏：《毛诗》，济南：山东友谊出版社，1990 年，第 1 页。
③ 赵艳芳：《认知语言学概论》，上海：上海外语教育出版社，2001 年，第 106 页。
④ 郑玄：《礼记》，北京：中华书局，1920 年，第 48 页。

者都类似于现代汉语中比喻的概念。而刘勰在其《文心雕龙》中则这样论述："比者，附也；兴者，起也。附理者切类以指事，起情者依微以拟议"①，刘勰虽然相较于郑玄对"比""兴"做出了较为明显的区分，但他以"理"与"情"的判断标准进行区别，就忽视"比"也可抒情、"兴"亦能说理的情况。朱熹在《诗集传》分别将"比""兴"描述为"比者，以彼物比此物也""兴者，先言他物以引起所咏之词也"②，在后世关于"比""兴"认知不断发展的过程，大多认同朱熹所做的定义。"比""兴"二者是两个不同的手法，"比"一般被认为相当于现代汉语修辞中的比喻，而"兴"虽不同于现代汉语修辞中的其他辞格，但郑远汉在其《辞格辨异》中认为"'起兴'是利用语言因素、建立在语句基础上的修辞方法，它有自己的特点，又有多方面的修辞作用，应视为辞格"③。但本文在讨论隐喻时并不将此二者进行分别论述，在文学或修辞学的视域下，"比喻式是根据类似的联想和对事物关系的新认知，选取另外的事物来描绘本事物的内在特征"④；而"起兴"则是"先说别的事物以制造气氛或规定韵脚，然后引出所要说的事物"⑤，因而无论是"比"或"兴"，都需要两个事物即两个概念，并在这两个概念之间建立起联系，这在概念隐喻中就反映为结构隐喻，因而本文会将"比""兴"视为结构隐喻进行分析研究。

　　《诗经》是通过多个隐喻来建构起君子、圣贤的概念，而不是使用一个单独的隐喻直接定义君子、圣贤，例如本文接下来将要论述的使用较多的"言念君子，温其如玉"所反映的"君子是玉石"的隐喻、"瞻彼淇奥，绿竹猗猗"所反映的"君子是草木"的隐喻以及使用较少的"关关雎鸠，在河之洲"所反映的"君子是鸟兽"的隐喻。使用这么多的隐喻是因为概念隐喻具有系统性。系统性是概念隐喻的一个显著特征，在"时间就是金钱"这一例中，时间与金钱本身具有各种各样的特征，可以认为是一个系统，当用"金钱"去隐喻和概念化"时间"时，就会将"金钱"的特征系统地转移到"时间"的特征上，"时间"中的要素就会系统地对应到金钱的相应要素上。莱科夫认为概念隐喻的系统性主要表现在两个方面——凸显和隐藏，系统性使得聚焦于某一概念的某一方面，例如在"时间就是金钱"这一例中就聚焦于"时间"的宝贵、有限这一方面；但同时就很容易忽视这一概念中与当前隐喻不一致的其他方面，例如上述例子中就难以注意到时间具

①　刘勰：《文心雕龙》，开封：河南大学出版社，2008 年，第 267 页。
②　朱熹，王逸，洪兴祖：《诗集传》，长沙：岳麓书社，1989 年，第 5 页。
③　郑远汉：《辞格辨异》，武汉：湖北人民出版社，1982 年，第 25 页。
④　张弓：《现代汉语修辞学》，石家庄：河北教育出版社，1993 年，第 67 页。
⑤　谭永祥：《汉语修辞美学》，北京：北京语言学院出版社，1992 年，第 245 页。

有流动性，时间在不断推进。因此，隐喻对一个概念的建构是有限的、部分的而非全面的，"如果是全面的，一个概念实际上就是另一概念，而不仅仅是通过那个概念才能理解"①，在这样的情况下，隐喻就不复存在了。所以单个概念隐喻无法完整全面地建构一个概念，需要多个隐喻来构建一个概念的不同方面才能使这个概念更加清晰，因而《诗经》使用了多个不同的隐喻性概念从多方面描绘君子、圣贤的画像。

而概念隐喻的工作机制主要分为两种："隐喻映射"和"意象图式"。"隐喻是'理解的普遍模式'，我们通过投射某领域的经验'样式'（pattern）来构建另一领域的知识"②，必须理解概念隐喻的工作机制才能理解概念的构建过程。

"隐喻映射"是将概念隐喻（隐喻性概念）分为"源域（source domain），是具体的、人们能够直接体验的认知域；目标域（target domain），是抽象的、不易理解的认知域"③，如果用"A 是 B"来描述"隐喻映射"的结构，那么 A 就是目标域，B 就是源域。概念隐喻是将源域投射到目标域上，即将 B 的知识投射到 A 身上，其投射的内容包括："（1）源域的突出结构特征映射于目标域的结构；（2）源域中的各种关系映射于目标域的关系网络；（3）源域的知识映射于目标域的知识"。④ 这种投射是一一对应的，不过可以一个目标域对应多个源域，但这种映射单向不可逆的，即不可由目标域对应投射到源域上，所以可以表现为"时间是金钱""时间是生命"，但不可表现为"金钱是时间""生命是时间"。

Johnson 曾对"意象图式"有过定义："An image schema is a recurring, dynamic pattern of our perceptual and motor programs that gives coherence and structure to our experience"⑤，意为"意象图式是我们感知互动和感觉运动活动中的一种反复出现的动态模式，它给我们的经验提供了连贯和结构"。更为通俗的解释就是"我们的身体始终处于和外部客观世界的接触和互动之中，意象图式就产生于这些看似无关的活动之中，并使这些看似无关联的活动相互连贯，给抽象的活动赋予具体结构"。⑥ 例如在"我昨天从长沙飞往北京""雨水从屋檐滴落到地上""这条路连接厦门与漳州"看似毫无关联的这几句话中，就包含了一个共同的意象图式："始源—路径—终点"的模式，他们都有一个始源（出发点），沿着一个路径到达终点。

①　莱考夫，约翰逊：《我们赖以生存的隐喻》，杭州：浙江大学出版社，2015 年，第 47 页。

②　张沛著：《隐喻的生命》，北京：北京大学出版社，2004，第 42 页。

③　谭爽：《莱考夫概念隐喻专题研究》，硕士学位论文沈阳师范大学，2012 年，第 35 页。

④　李庆丽：《乔治·莱考夫概念隐喻思想研究》，博士学位论文，吉林大学，2020 年，第 48 页。

⑤　Johnson, Mark. *The Body in the Mind: The Bodily Basis of Meaning, Imagination, and Reason*[M]. Chicago: The University of Chicago Press, 1987.

⑥　李福印：《意象图式理论》，《四川外语学院学报》2007 年第 1 期。

在概念隐喻中，Lakoff 提出了重要的恒定原则："源域的意象图式结构以与目标域的内部结构相一致的方式投射到目标域"①，也就是说，"目标域中如果不存在和源域相一致的意象图式结构，源域的特点就无法映射到目标域中去"②，《诗经》中的概念隐喻也要遵循这样的原则。

第四节　《诗经》中的君子画像

《诗经》被认为是采集先秦时期各国民歌歌谣、正声雅乐与祭祀月歌所修订而成的诗歌总集，而在当时由于物质生产较为落后，所选取的作为源域的事物较为有限，在贵族阶层，常见的源域是玉石，因而《诗经》中有一定的"君子是玉石"概念隐喻，而在平民阶层或是劳动人民中，大多选取自然界中接触得更为频繁的草木作为"源域"，所以《诗经》中也存在着一些"君子是草木"的隐喻。

一、"君子是玉石"的隐喻

《诗经》中关于玉石的描述描述有很多，但直接将君子与玉联系起来的概念较为有限，不过依然构建起了"君子是玉石"这样的隐喻性概念。

《小戎》中写道"言念君子，温其如玉"，《礼记·聘义》："昔者君子比德于玉焉，温润而泽，仁也"③来理解，所以"温"在这里理解为"温润"。但要理解《小戎》中的这句话，还需要先理解其中暗含着的"玉是水"的隐喻，因为"温"与"润"都是水旁，本应是与水相关，但在这里却被用来形容玉。

"温润"主要是用来形容玉的表面触感，这里需要将两字分开进行理解，因为在古代多为单音节词，并且《小戎》中也单用了"温"字："温"是会意字，其原字为右部"昷"，指浴盆中的水，后发展为"温"，表示加热浴盆中的水，而洗澡的水自然是需要不太冷又不过热的适中的温度，因而"温"也就有了不冷也不热适中的温度之义，所以"温"就是指玉的表面摸起来像洗澡的水温度不过冷也不过热，温度刚刚好，让人感到温和舒适；"润"原指水往下流，而水往下流到泥土之中或覆盖在物体之上，使其充满水分而不干燥，"润"就有了湿润之义，当水覆盖在物体表面时，由于能反射光线就使得表面也具有光泽，并且当人们用手触摸时由于水在表面形成了一层薄膜，减小了摩擦，就会感到平滑，摸起来柔和舒适，因而会有"润"来形容光滑，特别是形容玉石的光滑，例如"珠圆玉润"。

---

① 莱考夫，约翰逊：《我们赖以生存的隐喻》，杭州：浙江大学出版社，2015 年，第 201 页。
② 李福印：《意象图式理论》，《四川外语学院学报》2007 年第 1 期。
③ 郑玄注：《礼记》，北京：中华书局，1920 年，第 247 页。

　　所以用"温润"来形容玉，即是指其表面的触感不冷不热、温度适宜而又柔和平滑不粗糙。"玉有表面"这一"表里"的意象图式投射到"君子"这一目标域上，就对应为人的表面，人的表面即指人的面部，那么就是用本是形容玉表面的"温润"来形容君子的面部。人的面部承载着五官和面部皮肤，五官和皮肤的组合构成了人的面部表情，例如人在笑时需要人的嘴部、眼部、脸颊等多个部位的肌肉作用，表现为嘴角向上弯曲、眉尾眼角下弯、脸颊肌肉聚集等，因而人的面部就主要反映人的面部表情，所以"温润"更进一步就是用来形容君子的面部表情。

　　以"温"来形容面部表情，可以参见孔子在论语中对《关雎》的评价："《关雎》，乐而不淫，哀而不伤"①，就是说"《关雎》这首诗快乐而不放荡，悲哀而不悲伤，情感的表达刚刚好而不过度"。而《关雎》这首诗就是讲"窈窕淑女，君子好逑"，即一个君子追求一位窈窕淑女的故事，因而孔子的评价不只是指《关雎》中对男女情爱表达的描写，也是指故事与描写中的那位君子，他的情感表达是适中而不过度。面部表情是人的情感表达最主要、最明显也最直接的一种表达方式，因而在理解以"温"形容君子的面部表情时，就应是指君子的每一种面部表情都表现得刚刚好而不过度也不缺少，就像"温"的本义指温度不过冷也不过热而刚刚好的洗澡水。例如在遇到开心的事情时可以表露出适当的笑意，既不需要隐藏表情而压抑自己的内心，也不应当放声大笑、狂笑，表现得欣喜若狂。而面部表情的适当，进一步引申就是上文所述的孔子所讲的整个情感表达的适当。

　　以"润"来形容面部表情，"润"指玉石的光滑，而人面部的"润"较"温"更好理解：当人的表情过于夸张时，需要调动更多的面部肌肉去呈现，肌肉的集中与用力就会导致面部部分区域呈现扭曲的态势，例如悲伤过度时眉头会紧皱，因而此时面部就不光滑了。所以只有当人的面部表情正常呈现，也就是前文所述的人们的情感表现得刚刚好，不过度也不缺少。

　　综上，"温"与"润"在这里共同描绘了君子在情感表达上既不过度也不缺失的一个特征，这也是"言念君子，温其如玉"这句隐喻表达式所构建起的君子情感表达的一个层面。

　　除开《小戎》，《淇奥》也涉及了"君子是玉石"的隐喻。相关的两句分别是"有匪君子，如切如磋，如琢如磨"与"有匪君子，如金如锡，如圭如璧"。其中第二句是直接表述的隐喻性概念，即"君子是青铜器"（这里金不指现代意义上的黄金，"金即铜，金与锡和，是为青铜。古人铸器所资，故每并称"②）、"君子是玉

---

①　孔子：《论语》，北京：中国社会科学出版社，2000年，第32页。
②　闻一多：《诗经通义》，长春：时代文艺出版社，1996年，第44页。

石器"。在古代青铜器一般是祭祀礼仪用具，"圭"与"璧"也不是一般玉器，而是玉制礼器，这些器物都是只有在隆重崇高的仪式上才使用。因而"青铜器具有崇高的地位"与"玉石器具有崇高的地位"所反映的"高低"意象图式，投射到"君子是青铜器"与"君子是玉石器"的隐喻当中，就表示为君子具有崇高的地位。

"有匪君子，如切如磋，如琢如磨"这句中，"匪"同"斐"，"斐"表示文采高、文章好，今有成语"文采斐然"，"切""磋""琢""磨"是指古代加工玉石器、骨器的工艺，《尔雅·释器》："骨谓之切，象谓之磋，玉谓之琢，石谓之磨"①，而闻一多认为"切、磋、琢，皆磨也"②，《说文解字注》这样解释"磨"："今字省作磨。引伸之义为研磨"③，所以"磨"在这里理解为研磨。

无论是玉石器抑或骨器的材质都十分坚硬，而在先秦时期工具器物和技术技艺都还相对落后的情况下，研磨加工这些材料很有难度。而玉器、象牙等器物又十分贵重，这就要求人们在研磨时投入很多精力，专注于此事，并且这类器物等多是装饰性或礼节性器物，不是日常消费品，对它们的要求往往不是实用性而是美观性，因而对他们的外观要求就非常高，就需要人们不断地去研磨、打磨，将这些器物做到至善至美。

这里"如切如磋，如琢如磨"是就玉石器的加工、研磨做出描述，而在"君子是玉"的隐喻中，"玉石器的加工"所反映的意象图式，投射在君子上，则是对人的加工，而对人的加工用更为通俗的话来说就是自我成长。用"切""磋""琢"、"磨"形容君子的自我成长，即是指君子专注于自我成长，精益求精，《周易·乾》："君子终日乾乾，夕惕若，厉无咎"④就反映了君子的勤勉努力。

《诗经》中"君子是玉石"的隐喻性概念即如上文所述，主要构建了君子的三个方面："言念君子，温其如玉"所构建的是"君子的情感表达要恰达适宜，让人感到舒适"；"有匪君子，如切如磋，如琢如磨"则构建了"君子要专注于自我成长，精益求精"；而"有匪君子，如金如锡，如圭如璧"强调了"君子的地位要崇高"。

二、"君子是草木"的隐喻

即便是在后世甚至现当代，玉石器都是较为富足的家庭才能拥有的物品，在先秦时期可能更是集中在当时的统治阶级内，劳动人民难以得到、接触到玉石器。

---

① 郭璞：《尔雅》，北京：中华书局，1985年，第158页。
② 闻一多：《诗经通义》，长春：时代文艺出版社，1996年，第44页。
③ 段玉裁：《说文解字注》，扬州：江苏广陵古籍刻印社，1981年。
④ 朱熹：《周易》，上海：上海古籍出版社，1987年，第3页。

而《诗经》中许多诗歌都是取材于各国劳动人民民歌、民谣的"国风"，当人们难以接触一个事物，就会对这个事物其背后的概念不熟悉，因而人们就不太可能会选取这一概念去隐喻、构建其他概念，所以有关"君子是玉石"的隐喻性概念在《诗经》中内容有限。

而草木自然界中十分普遍的事物，所以任何阶层的人在其日常生活中都能频繁接触到，劳动人民也会更多地选用"草木"概念来进行隐喻性概念的构建，《诗经》中"君子是草木"的隐喻相比"君子是玉石"就更为丰富。

《淇奥》除了"君子是玉石"的隐喻外，也有"君子是草木"的隐喻。三句的首句"瞻彼淇奥，绿竹猗猗""瞻彼淇奥，绿竹青青""瞻彼淇奥，绿竹如箦"，使用起兴，先讲绿竹，再引出后文的君子。但这里的起兴不是起烘托气氛之效，如果绿竹的起兴是用来烘托，那么其营造的氛围与之后的赞美君子的主要内容不符合。并且"瞻彼淇奥"发起全诗，有意引人去看那淇水边的绿竹，联系到下文，仿佛是在有意让人去看下文所述的"君子"，因而绿竹在这里起到的是隐喻作用，是用绿竹喻君子，即"君子是草木"的隐喻。

"绿竹猗猗""绿竹青青""绿竹如箦"这三句，"猗猗"意为美丽茂盛的样子；"青青"可以理解为形容绿竹的颜色青葱，也可将"青"理解为通"菁"，那么"菁菁"就是草木茂盛的样子；"如箦"中，《毛诗》："箦，积也"①，所以此句就理解为绿竹好像都堆积在了一起，而《说文解字》："箦，牀栈也"②，因而也有说法认为"箦"是床栈，即床席，所以还可理解为绿竹就像是床席一样遮盖了下方，虽然有两种说法，但最终都是用来形容绿竹茂盛的样子，所以这两者类同。参考"猗猗"和"如箦"两句，都是用来形容绿竹的茂盛，并且《诗经》具有回环往复的特点，那么"青青"句可能意义与其他两句保持一致，只是为避免重复而是用了不同的说法，所以"青青"句也是形容绿竹茂盛的样子。

而"绿竹十分茂盛"用更为直白的语句描述则是"绿竹的数量多"，"数量"这一意象图式，投射到"君子"目标域上，反映为君子身上所具有的某种特征或事物的数量很多。那么这种特征是什么，《周易·乾》："地势坤，君子以厚德载物"③中谈到"君子厚德"，这里也使用了一个隐喻性概念，即"美德是容器"，这里的厚是表示深浅，所以美德可以承载、容纳物体。"厚"是表示程度的词，《说文解字》中描述为"山陵之厚也"④，就是指山高，所以"君子厚德"即是指君子品

---

①　毛氏，郑氏：《毛诗》，济南：山东友谊出版社，1990年，第182页。

②　许慎，徐铉：《说文解字》，北京：中华书局，2004年，第258页。

③　朱熹注：《周易》，上海：上海古籍出版社，1987年，第15页。

④　许慎，徐铉：《说文解字》，北京：中华书局，2004年，第531页。

德高尚。而在人类最基本的方位隐喻中，便有"更多为上，更少为下"和"地位高为上，地位低为下"的隐喻性概念，因而这里"厚德"可以追溯为"更多的德"。所以在《淇奥》这句中，"绿竹的数量多"描述的是"君子的品德很多"，用更为常用的话讲就是"君子的品德高尚"。

而在《诗经》的另一篇《樛木》，也涉及了"君子是草木"的隐喻。诗歌是以"南有樛木，葛藟累之""南有樛木，葛藟荒之""南有樛木，葛藟萦之"起兴，以引出下文所述的"乐只君子"。"樛木"是树枝弯曲的树，"葛藟"的"葛"与"藟"都是蔓生植物，"累之"中"累"《说文解字》解释为"纍，缀得理也"[1]，是为连缀、连接之意；"荒之"中"荒"《说文解字》解释为"荒，草掩地也"[2]，是为掩盖之意，而藤蔓掩盖了树枝，就理解为藤蔓攀援、生长到了树上；"萦之"中"萦"《说文解释》为"萦，收卷也"[3]，是为缠绕、卷住之意。因而现在有词"萦绕"，"累之""荒之""萦之"三句都是讲"葛藟"生长到了"樛木"上，和"樛木"连接、缠绕到了一起。关于这三句与后文"君子"的关系，这里有两种解释：（1）当代一般理解此诗为新婚祝福诗，因而"樛木"所喻的"君子"指新郎，"葛藟"则喻"新娘"，所以"葛藟"与"樛木"相互缠结就理解为新郎新娘结婚，古亦有"连理枝"指男女结婚或夫妻恩爱，白居易《长恨歌》即有"在天愿做比翼鸟，在地愿为连理枝"。（2）中国古代有一种理解是，此诗是赞美当时周王朝的"后妃"。《毛诗》称："樛木，后妃逮下也。言能逮下而无嫉妒之心焉"[4]，朱熹在其《诗集传》中也认为："后妃能逮下而无嫉妒之心，故众妾乐其德而称愿之曰：'南有樛木，则葛藟累之矣，乐只君子，则福履绥之矣'"[5]。"葛藟"缠绕"樛木"在普遍意义上即是"草木缠绕草木"，投射到"君子"这一目标域上，就是"人跟随人"，联系朱熹对《樛木》的注解，这是赞叹后妃心胸宽阔，可以容纳其他妻妾的存在的诗，但缺乏根据，所以后世不再采纳，因而本文也不详述。

《樛木》这一篇与《菁菁者莪》《隰桑》两篇类似，在现代都被认为是爱情诗，所述的"君子"其内涵更多的是指新婚丈夫或作诗女子的心上人。但《菁菁者莪》《隰桑》都是《小雅》中的篇目，《毛诗·大序》："雅者，正也，言王政之所由废兴也。政有小大，故有小雅焉，有大雅焉"，认为《诗经》中的《雅》跟"王政"有关，因而在中国古代对这两篇的理解大都不从爱情诗的角度理解。《菁菁者莪》

① 许慎，徐铉：《说文解字》，北京：中华书局，2004年，第791页。
② 许慎，徐铉：《说文解字》，北京：中华书局，2004年，第48页。
③ 许慎，徐铉：《说文解字》，北京：中华书局，2004年，第52页。
④ 毛氏，郑氏：《毛诗》，济南：山东友谊出版社，1990年，第31页。
⑤ 朱熹，王逸，洪兴祖：《诗集传》，长沙：岳麓书社，1989年，第5页。

中"菁菁"是茂盛的样子，《隰桑》中"其叶有难""其叶有沃""其叶有幽"这三句形容桑树，"难"通"娜"，"有难"即"娜娜"，意为茂盛的样子；"沃"本义是浇灌，《说文解字注》解释"水沃则有光泽，故《毛传》云沃沃壮佼也，又云沃柔也"[1]，因而"沃"引申为丰盛、丰美；"幽"通"黝"，《说文解字》："黝，微青黑色也"[2]，而只有当草木长势好，枝叶繁茂，枝叶间才因为光线原因呈现黑青色，因而这三句都是讲"隰桑"长势茂盛，因而《菁菁者莪》《隰桑》与《淇奥》中的形容没有本质区别，所以如果不将《菁菁者莪》与《隰桑》理解为爱情诗，那么这里也只是类同《淇奥》的映射过程，隐喻"君子的品德高尚"。

综上所述，虽然《诗经》中"君子是草木"的概念隐喻使用得要比"君子是玉石"的概念隐喻更为多见，但可能由于当时处于文学自觉时代之前，并且所采集的诗歌有许多来自底层劳动人民，而当时得知识普及率不高，因而对于草木的相关描述较为朴素，大多局限于描述草木的长势茂盛，数量多，所以《诗经》中基于"君子是草木"这一概念隐喻所延伸的隐喻表达式也较为有限。而"君子是玉石"这一概念隐喻其源域所选取的事物是玉石，它更多的是贵族阶层才能接触到的事物，而在贵族阶层的知识普及率要更高，所以对于玉石的描述更加丰富，因而相关的隐喻表达式也较多。

三、《诗经》君子隐喻的影响

《诗经》作为中国最早的诗歌总集，其文学地位不言而喻。而除开其文学上的价值，后世对于《诗经》更多是作为儒学经典进行传承，在西汉汉武帝施行"罢黜百家，独尊儒术"后，《诗经》作为五经之一而被人们所研习，它已然是儒家思想的重要载体。而整个中国古代史，虽然有过儒释道三家地位之争，例如在东晋盛行黄老道教思想，南朝风靡佛法，但在绝大多数时期，儒学思想一直是中国统治阶级的正统思想，对于《诗经》的研读在历朝历代都有所存在，因而本文在此考据后世对《诗经》"君子"概念的传播情况。

"君子是玉石"的隐喻：在《礼记·聘义》中"昔者君子比德于玉焉，温润而泽，仁也"这一句，便是对"言念君子，温其如玉"，即"君子的情感表达要恰达适宜，让人感到舒适"这一概念隐喻的再现；而在宋明理学盛行的时代，将成圣、达圣的过程描述为"做工夫"，成圣、达圣的方法描述为"工夫论""工夫"一词

---

① 段玉裁：《说文解字注》，扬州：江苏广陵古籍刻印社，1981 年，第 633 页。

② 许慎，徐铉：《说文解字》，北京：中华书局，2004 年，第 580 页。

来源于《抱朴子》："艺文不贵，徒消工夫"①，指时间和精力，将这两字拆解来看，《说文解字》："工，巧饰也"，"夫，丈夫也"，所以"工夫"可能本身指负责加工、装饰的人，后引申为加工、装饰时所消耗的时间。而宋明理学选用"工夫"一次，可能就受到了"有匪君子，如切如磋，如琢如磨"的影响，"切""磋""琢""磨"即是加工，装饰，是具体的"工"的方式，并且此句便是隐喻"君子要专注于自我成长，精益求精"，与"做工夫"的最终目标与内容相统一。

"君子是草木"的隐喻：后世以草木喻君子的隐喻表达有很多，如周敦颐以"莲"喻"君子"，白居易以"竹"喻"君子"，黄凤池辑有《梅竹兰菊四谱》以"梅竹兰菊"喻"君子"等等，这是收到了《诗经》中"君子是草木"概念隐喻的启发。但关于后世直接运用《诗经》中的隐喻已经难以查找到，这可能是因为当时《诗经》中有关"君子是草木"的隐喻表达较为朴素、较为原始，而后世的文言修辞得到了发展而使用的表达更加丰富具体所致。

综上所述，《诗经》中大量使用的"比""兴"是先秦当时构建概念的重要手段，而在构建"君子"这一概念时，使用较多的是"君子是玉石"与"君子是草木"的概念隐喻。这些隐喻构建了这样的君子形象：（1）君子在情感、情绪的表达上要适宜，不过度但也不缺失，让他人感到舒服；（2）君子要专注于自我修养、精益求精；（3）君子的地位崇高；（4）君子的品德要高尚。

这个君子形象这些方面以及《诗经》的概念隐喻使用方式——即"君子是玉石""君子是草木"的两个隐喻性概念，由于《诗经》自身的文学与经学价值，被后人们所传承，深深根植于中华数千年的儒学文化之中。

（本章作者：肖理浩 谢清果）

---

① 葛洪：《抱朴子》，上海：上海书店出版社，1986年，第95页。

第二十二章 纵横捭阖：作为中西方修辞思想之联结的《鬼谷子》

　　《鬼谷子》被视为我国口语修辞学的开篇著作，书中详细描述了鬼谷子"捭阖""反应""内""忤合""揣摩"等游说的策略和技巧，颇具独特性与开创性，具有相当高的研究价值。同时，在大量西方学者不了解华夏修辞传播的今天，该书与古希腊亚里士多德《修辞学》成书于同一时代，其中蕴含的修辞思想有诸多相同之处，具有一定可比性。因此本文以《鬼谷子》中的修辞思想为出发点，力图从修辞主体、修辞内容、修辞客体等方面，对《修辞学》与《鬼谷子》中修辞思想的异同进行对比分析，在西方修辞学视域下探讨我国古代经典修辞理论，深刻挖掘我国古代修辞学思想，凸显华夏修辞理论在修辞学中的重要地位。

第一节 鬼谷子研究的传播学视角

　　近年来，传播学的本土化问题越来越受到我国学界的关注，先秦诸子百家作为中华传统文化中的重要一环，相关研究蔚为壮观，其中对于儒家、道家等主流学派传播学思想的研究最受关注，研究成果层出不穷，而鬼谷子作为纵横学派的代表人物，其先进的修辞思想也逐渐被学者关注和探讨。学界对于鬼谷子的相关研究大致可分为三类：《鬼谷子》的基础性研究、《鬼谷子》的传播学研究和《鬼谷子》的修辞学研究。

一、《鬼谷子》的基础性研究

　　在中国知网以"鬼谷子"为关键词进行搜索后，笔者发现有大量对《鬼谷子》注释、点评、辨伪、辑校、音韵研究等方面的研究，如《鬼谷子真伪及其文学价值》《鬼谷子其人其地考》等，因与本文主要研究《鬼谷子》中蕴含的修辞思想，故这一部分不再赘述。

二、《鬼谷子》的传播学研究

自 20 世纪 80 年代起，得益于传统文史哲领域研究的深厚积淀，以及对历史史料等相关材料的充分挖掘，传播学本土化研究逐渐发展兴盛起来，而以先秦诸子传播思想为主题的研究也兴盛起来①。立足传播学角度对《鬼谷子》进行的相关研究以学者吴予敏和李敬一的著作为代表。其大多是对先秦诸子的传播思想进行广泛的研究，而《鬼谷子》则作为其中的一小部分被提及。不难发现，在这一时期《鬼谷子》在传播学领域的重要研究价值已被逐步发现和认识，但还并未成为研究的核心和重点，而是仅作为与其他诸子思想的对比或用于进行辅助论证。

而随着近年来《鬼谷子》中的传播学思想越来越受到人们的关注，其在传播学领域的相关学术研究逐渐增多并呈现系统化趋势，学者开始从说服传播、人际传播等细化的传播领域对其进行专门性分析。代表性的著作包括孙旭培《华夏传播论——中国传统文化中的传播》、关绍箕《中国传播思想史》、龚文庠《说服学——攻心的学问》等。总的来说，立足传播学视角对《鬼谷子》进行的研究大多将重点聚焦于探析《鬼谷子》在人际传播、说服传播方面的先进思想，从修辞学视角进行的探析相对不足。另一方面，学界虽然对《鬼谷子》的传播学价值已经有所认识，但仍未形成较为系统的理论构架，随着近年来传播学本土化议题在我国受到越来越多学者的关注，对《鬼谷子》传播学思想的探析也在逐步深入之中。

三、《鬼谷子》的修辞学研究

本文主要立足修辞学，对《鬼谷子》中的修辞思想进行探讨，而现存的研究《鬼谷子》修辞思想的专著相对较少，主要以学位论文和期刊为主，其中最具开拓性的是高圣林先生的《〈鬼谷子〉：中国修辞学著作的最早源头——兼与亚里士多德的〈修辞学〉比较》。其在文中对《鬼谷子》的修辞内容进行了梳理，包括鬼谷子提出的修辞的定义、表达修辞原则和接受修辞原则等，更为重要的是，其创造性地提出《鬼谷子》是我国第一部口语修辞学著作，树立了鬼谷子在我国修辞学领域的重要地位。文中还提到《鬼谷子》与《修辞学》之间的关系，认为二者所叙述的说服术具有一定的共性，又同是诞生于人类轴心文明时代的作品，同样

---

① 谢清果：《2011—2016：华夏传播研究的使命、进展及其展望》，《国际新闻界》2017 年第 1 期。

探讨口语修辞这一修辞范畴，因此具有较强的可比性[①]，因此成为本文的重要思路来源。

除此之外，立足修辞学视角对《鬼谷子》进行研究的学位论文大多采用对比分析的方式，既有与西方修辞学进行对比分析的《从西方修辞学的角度重新解读〈鬼谷子〉》[②]《西方人眼中的鬼谷子与古希腊三贤的修辞对比》[③]等，又有与我国古代其他修辞思想观点进行对比分析的如《中国古代三大修辞著作—〈鬼谷子〉、〈文心雕龙〉、〈文则〉之比较》《中国古代修辞思想的两种传统——基于〈论语〉〈鬼谷子〉的比较》等。文章均通过对比分析的方式对《鬼谷子》的修辞思想进行了深刻阐述，并强调了其在华夏修辞传播中的重要地位。

总体而言，目前学界对鬼谷子修辞思想的研究大多属于广义的比较修辞学研究范畴，以比较的手法为最主要修辞研究方法[④]，整体研究成果偏少，仍处于起步阶段。

第二节　鬼谷子的圣人观及其修辞思想

谈及《鬼谷子》在学界长期以来未受到足够关注的原因，便不得不提儒家的主流思想对以鬼谷子为代表的纵横家的批驳。传统的儒家思想强调"修辞立其诚"，而鬼谷子则为达到自己的修辞目的而使用各种修辞策略和手段，具有较高的功利性，这显然与儒家所倡导的主流的圣贤观不符，但在先秦这一特殊的历史背景下，鬼谷子也建立了自己独有的一种圣人观，并以此为核心构建了较为完善的修辞思想体系。

一、圣人的概念与先秦的圣人崇拜

根据《说文解字·耳部》中的记述，"圣"最初是通晓万物、聪明睿智的意思[⑤]，"圣，通也。从耳，呈声"，后被解释为"凡一事精通，亦得谓之圣"[⑥]。而到了先秦时期这一特定的历史背景下，人们开始出于政治等需求而赋予了"圣"特殊

①　高圣林：《〈鬼谷子〉：中国修辞学著作的最早源头——兼与亚里士多德〈修辞学〉比较》，《湘潭师范学院学报（社会科学版）》2000 年第 1 期。

②　董秀枝《从西方修辞学的角度重新解读〈鬼谷子〉》，《科技信息（科学教研）》2008 年第 2 期。

③　施文娟，毛浩然，徐起起，高丽珍：《西方人眼中的鬼谷子与古希腊三贤的修辞对比》，《当代修辞学》2016 年第 5 期。

④　王希杰：《论比较修辞学》，广州：广东高等教育出版社，2000 年，第 250 页。

⑤　刘家敏：《〈鬼谷子〉"因"论研究》，硕士学位论文，郑州大学，2019 年，第 32 页。

⑥　（清）段玉裁：《说文解字注》，上海：上海古籍出版社，1981 年影印经韵楼藏本，第 592 页。

的崇高色彩。

到了战国时期，在战乱频繁、沧海横流的社会大背景之下，诸子百家纷纷著书立说，通过游说的方式来宣传自己的政治主张，登上政治舞台大展拳脚，以期实现自己的理想抱负。此时"圣人"自然成了各家著书立说所依附的理想人格，"儒家以仁义道德而尊圣、道家以自然无为而崇圣、墨家以事功原则而希圣、法家以专制暴力而扬圣"[①]。正如姜广辉在《中国经学思想史》中所讲："诸子的政治理想都通过各自的圣人观念表达出来，诸子圣人观念也都是各自政治理想的人格化写照。"[②] 此时的"圣人"为先秦诸子各家著书立论而服务，各家纷纷通过树立自己的圣人观，以期传播思想观点、实现政治抱负，因而产生了"圣人崇拜"的思潮。

二、鬼谷子的圣人观

"圣人崇拜"圣人是春秋战国这一思想文化繁荣兴盛的时期呈现出的重要特征，此时诸子百家均依圣人立言，而逐渐形成各不相同的圣人观。其中，《鬼谷子》将"圣人"概念引入对游说理论的建构之中，认为圣人自己是管理世间人事万物的基本主宰，掌握世间自然和人类社会的基本规律，是上知天文、下知地理、中通人情的存在。《捭阖》篇开篇就有"粤若稽古，圣人之在天地间，为众生之先。观阴阳之开阖以名命物，知存亡之门户，筹策万类之始终，达人心之理，见变化之朕焉，而守司其门户。故圣人之在天下也，自古及今，其道一也"，首先就阐明了圣人作为缔造世间万物的主宰，又精通各种修辞术的智者形象。

三、依阴阳而立的圣人观

深入探析《鬼谷子》中的修辞思想，不难发现其与道家的思想理念有着千丝万缕的联系。

首先，《鬼谷子》第三篇以对"道"的论述作为开篇，并据此建立了自己的圣人观："养神之所，归诸道。道者，天地之始，一其纪也。物之所造，天之所生，包宏无形，化气先天地而成，莫见其形，莫知其名，谓之神灵。故道者，神明之源，一其化端，是以德养五气，心能得一，乃有其术。术者，心气之道所由舍者，神乃为之使。九穷十二舍者，气之门户，心之总摄也。生受于天，谓之真人；真

---

① 朱义禄：《从圣贤人格到全面发展——中国理想人格探讨》，西安：陕西人民出版社，1992年，第8页。

② 姜广辉主编：《中国经学思想史》（一），北京：中国社会科学出版社，2003年，第107—108页。

人者，与天为一。内修炼而知之，谓之圣人；圣人者，以类知之。"

其次，老子将"道"视作宇宙之本，而阴阳则是万物之因，而《鬼谷子》正沿袭了这一思想。《本经阴符七术》云："道者，天地之始也，一其纪也"，首先就说道是天地宇宙的本源。而后又有"物之所造，天之所生，包容无形，化气先天地而成，莫见其形，莫知其名，谓之神灵。故道者，神明之源，一其化端，是以德养五气，心能得一，乃有其术"，认为一是万物的开端，这与老子"道生一，一生二，二生三，三生万物"的思想十分相近。

最后，《鬼谷子》与《老子》均蕴含着朴素辩证法思想，围绕阴阳理论。老子提出"万物负阴而抱阳，冲气以为和"，认为"阴阳"在从"道"到世间万物的演化过程中起着至关重要的作用。而《鬼谷子》一书中也包含着类似的论述，并将大量游说理论均借助阴阳这一思维方式来进行解释，其游说理论中的"阴阳"思想，以"始终""开阖""进退""高下""贵贱"等此类属性相对立的词组形式展现出来[1]。

四、诞生于修辞中的圣人

首先，修辞是圣贤传播思想观点的重要途径。孔子曰"《志》有之：'言以足志，文以足言。'不言，谁知其志！"，又有"名不正则言不顺，言不顺则事不成"，先贤早已知晓言语修辞在传达思想观念中的重要作用。然纵观先秦先贤行人之路，有孔子罢官于鲁，冷遇于卫，拘畏于匡，斥逐于蒲，困厄于陈蔡，危难于宋郑，受阻于晋楚；有孟子意气风发，高谈阔论，却遇君主"勃然乎色变"，"顾左右而言它"[2]。此时，若在传播思想观点时忽略修辞的重要性，最终只能如《庄子·盗跖》所言，"不容于天下"，固然有远大志向与包容天下之胸怀，谋求仕进以企推行仁政，然安六国之理想抱负最终仍难以实现。可见，在战国的历史背景下，修辞首先是有志之士传播自己思想观点，使自己的观念得到广泛接受的必要条件，是圣贤思想得以传播所离不开的前提条件。

其次，在当时著书、立言被视作一项重要的人生目标和建立功名的方式，而著书和立言离不开修辞。《左传·襄公十八年》中有："太上有立德，其次有立功、立言，此乃三朽，禄之大者乃不朽。"因此，修辞不但是一种广泛传播自己思想观点的手段，更是实现个人人生追求的重要形式，是人生形态的重要表现形式，这也体现了修辞另一方面的价值

最后，刘向《说苑·善说》有"子产修其辞而赵武致敬，王孙满明其言而楚

---

① 刘家敏：《〈鬼谷子〉"因"论研究》，硕士学位论文，郑州大学，2019年，第32页。

② 赵逵夫：《〈鬼谷子〉的历史地位与当代价值》，《中国典籍与文化》2007年第1期。

庄以惭，苏秦行其说而六国以安，蒯通陈其说而身得以全"，将与尊君、重身、安国、全性联系起来。鬼谷子弟子苏秦在各国游走，通过传播他的政治观念，曾以三寸之舌促成六国联合，共同对抗秦国。先秦时期的有志之士固然不缺消除社会战乱、维护安定秩序、救民于水火的远大志向，但如果忽略了特定的历史背景和社会体制，只有一个国家的君主和卿大夫的意愿，才能为国家政治行动提供唯一的准则，思想观念不为君主所接受，救民于水火的远大志向便难以实现。此时修辞不仅仅是先贤传播自己思想观点的手段，更成为解决各国之间争端、维护社会安定有序、使贫苦百姓得以安生的重要途径。

鬼谷子的修辞思想和圣人观在特定历史背景下存在其必然性，其修辞观中蕴含着"道"这一中华传统思想文化，体现出华夏修辞思想的重要特色，同时，其与亚里士多德《修辞学》在一定程度上的相似性使其成为贯通东西方修辞学的重要节点。另一方面，其在传播思想观念、实现个人人生追求中的作用，更体现出这种修辞手段与圣贤之间千丝万缕的联系。总的来说，《鬼谷子》作为华夏修辞传播和圣贤文化的重要组成部分，同时又是融合东西方修辞理念的先进思想，有着重要的研究价值。

第三节　西方修辞学视角下的《鬼谷子》修辞思想体系

我国对"修辞"最早、最经典的论述出现于《周易》，"修辞立其诚，所以居业也"。再看各家各学派对于修辞的见解，儒家主张"以德化人""辞达而已矣"，即把"辞达"作为修辞的首要目的，认为修辞的目的在于使言语表达更加清晰明了，而不能运用言语技巧以辞害义。其他各家对修辞的观念也大都与修辞的核心原则，即"修辞立其诚"相关①。这一修辞体系显然与西方的古典修辞学与新修辞理论存在较大的差异，因而使得不少对华夏传播不了解的西方学者产生了"西方之外无修辞学"的质疑。

《鬼谷子》建构了修辞思想体系却与正统思想界的修辞观有所差异，其更加注重言语表达的策略和技巧，认为修辞的目的在于运用有效的方法表达自己的思想意图并说服他人，以达到"听者信其言"的宗旨。他将修辞称为"饰言"，即修饰语言，主张修辞要假借语言的力量，对语言进行增减、调整、修饰，以通过言语达到自己的目的，"益之损之，皆为之辞"（《阴符七术·损兑法灵蓍》）。学者高圣林先生曾开创性地提出《鬼谷子》是我国第一部修辞学著作，并认为其与亚里士

---

①　陈丽：《纵横家外交辞令中的修辞术》，《湖南广播电视大学学报》2013 年第 4 期。

多德的《修辞学》间存在较强的可比性 ①。正因如此，在华夏传统修辞理论在世界上未受到足够的理解与重视的当今，或可将二者的修辞观念进行比较，从传播主体、传播客体、传播内容几个方面进行展开，寻找其中的相通之处。

一、传播主体：“观阴阳之开阖”的修辞主体形象

在修辞主体方面，《鬼谷子》与《修辞学》中都关注到了修辞主体的形象对修辞产生的影响。《鬼谷子》全篇大多以“圣人”作为其修辞主体的代称，“圣人”一词在《鬼谷子》中多次出现，位置覆盖全书各个篇目，其既是修辞理论的提出者，又是开展修辞行为的主体。首先，先秦时期，诸子均依靠“圣人”立言，出现了一种空前的圣人崇拜的思潮，而《鬼谷子》中将“圣人”作为其修辞行为的主体，无疑增强了说服策略所能产生的效果。其次，《鬼谷子》中的“圣人”是一种外在掌握说服技巧，内在修神养气的有着极高地位、极高智慧和说服本领的形象，他熟悉阴阳法则，懂得一切事物都有两种倾向于融合统一，或者朝着反向相反的方向发展的重要规律，并能按事物的客观规则行事，还能够在谋划时做到周密，使得道理、游说的技术与时机相结合。可见，《鬼谷子》中一方面将世人敬重的“圣人”身份作为修辞行为的主体，另一方面又通过其叙述不断提高“圣人”的地位，美化修辞主体的形象，可见其修辞思想中对修辞主体的关注。而在《修辞学》中，亚里士多德提出了经典的“三诉诸”的修辞策略，即诉诸修辞者人格、诉诸逻辑、诉诸情感，其中“诉诸人格”即体现了其对修辞主体形象的关注。这里的“人格”是演说者在演说过程中表现出来的人格、品格、性格，亚里士多德认为，演说者应向他人展现自身优秀的精神特质，包括见多识广、心地善良和道德高尚，并能够因此提升自身的可信度，演讲者的人格是非常有效的说服方式，更是产生“说服权威”的重要方式，演讲者可以通过听者的心理来说服他们。可见，二者都注重修辞主体形象对修辞效果产生的影响，同时其修辞主体形象又有所不同。

二、传播客体：“随其嗜欲以见其志意”的受众观

在传播的客体上，《修辞学》和《鬼谷子》都用了很多篇幅来探讨和分析传播的客体的分类及对不同受众应采取的不同的修辞策略。如《捭阖篇》中有“夫贤、智、愚、仁、义等有别，审定有无，随其意以见其志”，又有“夫人轻货，不可以利诱，勇士轻难，不可惧患；智者达于数不可欺以不诚”等。鬼谷子主张

---

① 高圣林：《〈鬼谷子〉：中国修辞学著作的最早源头——兼与亚里士多德〈修辞学〉比较》，《湘潭师范学院学报（社会科学版）》2000 年第 1 期。

游说的内容必须符合游说对象的特点，传播客体在贤、智、愚、仁、义等各个方面都各有特点，应当"随其意以见其志"，再由人设辞采取不同的修辞方式和游说策略①。其中还详细叙述了修辞行为对象的分类方式，并详细介绍了不同类型的受众应当各采取什么样的修辞策略，认为与有智慧的人交谈，要依靠眼见的博广；与见多识广的人交谈，要凭借言辞犀利；与善于辩论的人交谈，要懂得抓住重点简明扼要；与高贵有地位身份的人交谈，要懂得借用他力；与富有的人交谈，要依靠利益；与地位卑微的人交谈，要依靠谦卑；跟勇敢的人交谈，要依靠果断勇敢；与愚钝的人交谈，要依靠思维的敏锐。而在《修辞学》中，亚里士多德也突出强调了接受者的地位②。修辞活动绝不是脱离接受者的自言自语，他认为受众个人的情感会对其判断力造成影响，受众的年龄也会对修辞的效果产生影响。因此他强调在演说中既要通过清晰的逻辑证明自己的论点，又要懂得如何使演说的听众处于某种对修辞实践有利的个人情感当中，强调要关注听众的个人特质，以此知道修辞实践，这种修辞策略在政治演说和诉讼演说中被尤其强调。③

三、传播内容："事有不合者，圣人不为谋也"的修辞内容选择

在修辞内容的选择方面，《鬼谷子》和《修辞学》中都强调了修辞内容的或然性问题。所谓"或然性"是指修辞的出发点和基本原则是或然性而非实然性的问题，其围绕的话题应当是一个尚未确定的、充满可能性的话题，再从大家基本认可的前提出发展开推论。《鬼谷子》第三篇"内揵"中有"事有不合者，圣人不为谋也"的说法，也就是说如果君王对某件事的观点完全不可能和圣人本身的观点相通、相融合，那么圣者就不会为此事而进行游说和谋划④。在所论述事物的"或然性"上，亚里士多德也有着类似的见解。亚里士多德首先将修辞定义为"属于艺术本身的或然性证明，能由法则和我们的能力提供的或然性证明"⑤，他还指出"我们有意讨论的是显出两种可能的事物，至于那些在过去、现在和将来都不可能有另一种可能的事物，没有任何明知如此的人愿意拿来讨论"，即修辞讨论的事物

①　冯志国：《先秦时期〈鬼谷子〉的修辞学及其影响》，《兰台世界》2015 年第 26 期。
②　林旺芳：《理论与实践：亚里士多德的〈修辞学〉》，硕士学位论文，福建师范大学，2007 年，第 29 页。
③　李金隆：《〈修辞学〉与〈鬼谷子〉修辞对比研究》，《文学教育》（中）2011 年第 3 期。
④　高圣林：《〈鬼谷子〉中国修辞学著作的最早源头——兼与亚里士多德〈修辞学〉比较》，《湘潭师范学院学报（社会科学版）》2000 年第 1 期。
⑤　[古希腊] 亚里士多德：《修辞学》，罗念生译，北京：生活·读书·新知三联书店，1991 年第 22—24 页。

应当表现出两方面的可能性，也即具有"或然性"[①]，而那些不存在讨论空间的、始终不会出现另一面向的事物，如知识和真理等则没有人会愿意为之进行修辞活动。讨论问题的起点应当是一般性的意见，而不是知识或真理。由此可见，二者在所谋之事的"或然性"问题上有相似的见解。

第四节 《鬼谷子》修辞思想在当下的存在价值

众所周知，后世独尊儒术，而《鬼谷子》中的修辞思想又与儒家修辞观念迥然不同，这也就解释了《鬼谷子》在历史上遭受的贬低和打压。但同时，历史上也不乏文人志士对《鬼谷子》修辞思想持肯定的态度。那么，这种有别于儒家传统修辞观的存在是否具有其合理性和必要性？我认为答案是肯定的，对于二者不同的修辞观，我们都应以辩证眼光去看待。

一、《鬼谷子》修辞思想在当代修辞事件中具有现实意义

在现代修辞实践中，《鬼谷子》中的先进的说辩思想也在不断地占据更加重要的地位。我们当然理应传承和发扬"修辞立其诚"这一华夏传统修辞观念，但在国际格局愈发复杂、跨国交往更加密切、意识形态分歧凸显、种族和宗教间差异巨大化的当今世界，要顺利完成跨国交往实践，处理好复杂多变的国际关系等，有时也要求我们掌握《鬼谷子》中的修辞智慧，适当地秉持灵活变通的修辞策略。在这一形势下，深入、系统地学习了《鬼谷子》中的修辞策略，取其精华去其糟粕，仍不乏重要的现实意义[②]。

二、《鬼谷子》的修辞思想是对华夏修辞学的极大丰富

作为不同于主流思想的一朵"奇葩"，《鬼谷子》无疑是对华夏修辞学多样性的极大丰富。进行华夏修辞传播研究，就必须厘清中国修辞学的多元性历史传统，梳理中国古代修辞思想的发展脉络，透彻了解中国古代修辞学的全貌，《鬼谷子》即是华夏修辞传播研究中不可不提的智慧瑰宝。西方有学者断言"西方之外无修辞学"，认为修辞纯粹是一种西方特有的现象，这正是源于其对华夏修辞思想多样性的误读。华夏修辞思想蕴含着丰富而深刻的智慧，认清中国古代修辞思想的多

---

① 王梦怡：《〈鬼谷子〉中的修辞思想——兼与亚里士多德的〈修辞学〉比较》，《海外英语》2012 年第 13 期。

② 霍四通：《中国古代修辞思想的两种传统——基于〈论语〉〈鬼谷子〉的比较》，《福建师范大学学报》（哲学社会科学版）2017 年第 5 期。

样性、多元化，也将为修辞学研究提供新鲜血液，使华夏修辞学研究及传播学本
土化发展能够迸发新的灵感，对于充实修辞学的研究问题及学科内涵、推进修辞
学学科的持续发展、建立不同于西方的华夏修辞传播体系都极具重要意义。

（本章作者：袁馨予　谢清果）

第九讲　华夏符号传播研究

第二十三章　衣以载道：
华夏圣贤文化的深衣符号建构

华夏衣裳文化丰富多样，意韵深远，其衣裳上衣取象于乾天、下裳取象于坤地，"上衣下裳"的服饰组合，成为天尊地卑上下关系的形象体现，标志着圣贤文化中追崇有序化、制度化的礼治开始萌芽。深衣作为上衣下裳的重要代表，其所承载的文化意涵是华夏圣贤文化的重要组成部分。为此，本章以罗兰·巴特的神话论为理论指导，以中国古代具有代表性和典型性的深衣为例，考察分析作为重要的文化传播符号的深衣与文化认同建构之间的关系，以挖掘华夏圣贤文化的现代性意义，重构中华民族文化认同。

随着全球化推进与传媒技术的不断发展，现代化进程加快，标准化的工业文明快速发展，挤占民族文化的生存空间。华夏圣贤文化的继承与发展受阻，民族文化认同感与民族凝聚力呈下降趋势。《易系辞传》云："黄帝、尧、舜垂衣裳而天下治。"[①]《身章撮要》载："深衣，古者圣人之法服也，考之于经，自有虞氏始焉。"[②]深衣作为华夏服饰的代表，具有重要的符号意义。

文化作为一个民族的精神支柱，对民族的生存发展具有重大意义。中国作为拥有几千年历史的文明古国，文化底蕴深厚，华夏文化内涵丰富，影响深远。随着现代社会的不断发展，标准化的工业文明在不断冲击华夏本土民族文化。传播权力的不对等使得华夏文化的传播逐渐式微，文化认同感降低，"想象中的共同体"正在被悄无声息地挑战和瓦解。在全球化时代，民族国家、民族文化受到工业文明的冲击，各民族文化受到他者侵入影响，本民族文化的影响力降低。其中，中

---

① 王夫之：《周易内外传》，北京：九州出版社，2020 年，第 72 页
② 陈元龙：《格致镜原》卷十五，《四库全书》子部第 1031 册，台北：台湾商务印书馆，第 193 页。

华文化虽然历史悠久、博大精深，但在标准化、同质化的工业文明的冲击下，继承与发展面临困境，因而基于中华传统文化构筑中华民族的"想象共同体"，重塑中国圣贤文化认同，成了重要的时代课题。

本章旨在通过对古代深衣所构建的文化认同进行分析考察，为当代文化认同的建构提出建议，树立文化自觉与文化自信，弘扬华夏圣贤文明的深刻内涵与博大底蕴。

本研究以罗兰·巴特的神话论为理论指导，使用西方传统研究范式去分析考察极具东方特色的传播符号，借由两种不同范式的分析结合，可以丰富神话论的实践意义，同时实现对华夏文化的深挖与传播发展。

此外，该研究可探析作为传播符号的深衣与文化认同的建构之间的关系，以期获得对当代文化认同建构的迷思与建议，实现中华民族"想象共同体"的建立，弘扬华夏文化。

第一节　深衣之道与符号神话

深衣作为上衣下裳的重要服饰代表，承载着华夏圣贤文化的重要意涵，是华夏圣贤文化的重要组成部分。作为文化符号，深衣的设计、裁制、颜色等都有着严格的规范要求，传递着不同的神话内涵和圣贤文化意义，是圣贤文化的重要载体，也是在当今建构圣贤文化体系、重塑民族文化认同的重要工具。

一、衣以载道，象法天地

目前学界对于深衣的研究以《礼记》为基点，对深衣的制度、文化、形制等问题进行诸多探讨，观点各异，其研究路径主要集中在历史考证和审美探讨两方面。学者刘乐乐、邱春林等主要从历史的角度、以《礼记》为史料基础，对深衣的形制进行简要考证，并在此基础上进一步研究深衣的礼仪、制度等内容。[①②] 而学者兰宇则从设计思维和美学角度出发，探讨深衣的设计美学、社会文化美学等美学意涵。综上，学界对于深衣历史的研究追溯较多，已有学者从符号角度出发，把深衣看作文化承载的符号进行研究，[③] 但是缺乏更深层次的传播学探讨以及更高层次的圣贤文化意涵总结，缺少现实层面的实践意义研究。

---

① 邱春林：《〈礼记〉的深衣制度与设计》，《东南文化》2007 年第 4 期。
② 刘乐乐：《从"深衣"到"深衣制"——礼仪观的革变》，《文化遗产》2014 第 5 期。
③ 兰宇：《中国传统服饰中深衣的民族文化涵义和美学意蕴》，《理论导刊》2007 年第 6 期。

（一）礼仪之大：作为礼器的深衣

深衣，是古代的一种服饰，源自春秋战国时代。深衣得名于"深"，因其衣裳相连，与及膝短襦区别鲜明。"郑氏曰：深衣连衣裳而纯之以采。孔氏正义曰：所以称深衣者，以余服则上衣下裳不相连，此深衣，衣裳相连，被体深邃，故称之深衣。"①深衣的基本的特点是矩领、宽衣、广袖、博带、衣裳相连、素色、彩边。《身章撮要》载："深衣，古者圣人之法服也，考之于经，自有虞氏始焉。"②深衣的设计、剪裁和使用都依附于礼法，其设计理念被深深打上了儒家思想的烙印。由此看来，深衣也可以说是一种另类的礼器，其设计目的是制约人的思想、规范人的行为③，如郭嵩焘所言："将使习其器而通其意，用其文以致其情，神而化之，使民宜之。"④

汉代，深衣作为普通大众穿着的常服风靡一时，同时其承载的符号意义与礼法教化也让深衣出现在各种礼仪场合，人们的行止和跪拜礼仪也在深衣的桎梏下被规训着。西汉著名政论家、文学家贾谊曾写有《容经》一篇，系统讲述了当时的行为礼仪："跪以微磬之容，揄右而下，进左而起，手有抑扬，各尊其纪。"⑤到了南宋时期，理学大儒朱熹根据《礼记》复原了深衣，并在《礼记》的基础上进行了加强，对其布幅数、大带、缁冠、幅巾等做了更详细的说明，其特点简单来说就是，直领对襟而穿为交领，下裳为 12 幅，裳幅皆为梯形，有衣缘而无纹饰，一律用黑缘⑥。这种深衣被后人称之为"朱子深衣"，远传海外，对于朝鲜、日本等国家的传统服饰产生了深远的影响。

（二）圣贤之道：深衣的符号意涵

深衣作为一种重要的服饰符号，承载着重要的文化意义和身体规训功能。其设计和使用，无处不体现着象法天地的道法自然与天人合一的宇宙自然秩序；除此之外，深衣作为一种另类的"礼器"符号，通过承载圣贤之道，制约着人们的言行举止，将圣贤之道通过服饰融入古人的日常生活当中，潜移默化成为古人的礼教规训。

---

① 江永：《深衣考误》，《文渊阁四库全书·第一二八册》，上海：上海古籍出版社，2003 年影印本，第 312 页。

② 陈元龙：《格致镜原》卷十五，《四库全书》子部第 1031 册，台北：台湾商务印书馆，第 193 页。

③ 邱春林：《〈礼记〉的深衣制度与设计》，《东南文化》2007 年第 4 期。

④ 郭嵩焘：《郭嵩焘诗文集》，长沙：岳麓书社，1984 年，第 118 页。

⑤ 贾谊：《贾谊新书》，长春：时代文艺出版社，2000 年，第 33 页。

⑥ 刘乐乐：《从"深衣"到"深衣制"——礼仪观的革变》，《文化遗产》2014 第 5 期。

深衣颜色主要由黑白两色组成，均属素色，是古人眼中最为纯粹和原始的颜色，象征着明暗、昼夜、阴阳的轮回更替，暗示着"万物负阴而抱阳"的一种生存状态[1]，象征着天道两仪的自然顺序，体现了古代圣贤提出的"阴阳"哲理，既映射了形而上的统一、对立和互化，反映了古人对于世界自然规律发展变化的根本归因，又规训着每一个身着深衣的个体，彰显其庄重肃静的内在要求。

从形来看，深衣分为上衣下裳，衣裳样式分开却又连为一体，其"深"字取其"衣裳相连，被体深邃"之意。如《白虎通》中所言："衣者，隐也。裳者，彰也。所以隐形自障闭也。"[2]中国古代服饰多为宽大样式，以衣裳的直线代替人体本身的曲线，表达含蓄深远的审美倾向与意涵。"深衣顺着身体直线而下，隐藏身体的同时，却凸显了人体的修长挺拔。圆袂的圆则缓和了直线形身体的刚，而加入了曲柔之感。"[3]这种隐藏的设计代表了中国古代圣贤所追求的委婉含蓄之美。除此之外，深衣虽为连衣，但是衣裳之间界限分明，其上衣下裳的设计，象征着天道方正、天尊地卑的宇宙自然秩序。唐代孔颖达说："垂衣裳者，以前衣皮，其制短小，今衣丝麻布帛所作衣裳，其制长大，故云垂衣裳也。取诸乾坤者，衣裳辨贵贱，乾坤则上下殊体，故云取诸乾坤也。"[4]这种以天为尊、以地为卑的尊卑秩序通过将其存在的合理性诉诸天地，成了中国几千年以来的等级秩序基调。"天不变，道也不变"，[5]上衣下裳的祖制也一直延续下来。

深衣作为最为重要的服饰符号之一，承载着古代圣贤的哲学思想以及对世俗社会的教化规训，同时也作为圣贤和凡人交流沟通的载体，对推动圣贤文化的传播与践行起到了重要的作用。

二、神话魅影

根据索绪尔的观点，每一个符号都是由能指和所指组成，或者说，每一个符号都可以人为地分为能指和所指部分。能指部分是符号中我们能听到或看到、感觉到的，是相对独立和客观的客体，而所指指的是符号在使用者心中的意象，是使用者给所指符号所赋予的共通意义。罗兰·巴特在索绪尔的一级符号系统之上，

---

① 李梅：《"身份化""艺术化"与"象法天地"——中国古代服饰的美学特征及深层原因》，《文史哲》2009 年第 2 期。

② 陈元龙：《格致镜原》卷十五，《四库全书》子部第 1031 册，台北：台湾商务印书馆，第 190 页。

③ 刘乐乐：《从"深衣"到"深衣制"——礼仪观的革变》，《文化遗产》2007 年第 4 期。

④ 《周易正义》，阮元校刻：《十三经注疏》，北京：中华书局，1980 年，第 87 页。

⑤ 董仲舒：《举贤良对策》："道之大原出于天，天不变，道亦不变。"班固：《汉书·董仲舒传》，北京：中华书局，第 2518 页。

提出了含蓄意指的概念，建构了二级符号系统。罗兰·巴特在《符号学原理》中没有对含指项进行详细的阐述，而我国传播学者隋岩在《符号中国》一书中系统地阐述了含指项的本质、作用。隋岩认为，含指项作为符号意义移植的载体，对于意义的建构以及意识形态的传播具有重要的作用。"含蓄意指的能指（表达面）可以是由多个直接意指组合，即多个符号（被结合在一起的能指和所指）所共同构成"①，通常多个含指项会指向唯一的共同含蓄意指的所指项。含蓄意指在自然化机制的作用下，将直接意指的意义掩盖，而突显出含蓄意指的作用，实现隐喻的过程，完成符号意义的自然化。除此之外，元语言作为神话的组成部分，完成意识形态传播的普遍化作用。"通过元语言组合，把已经自然化的含蓄意指的所指推广开来，使个别现象获得普遍意义……只有换喻中的'部分与全部'那一种，才是普遍化机制的'帮凶'。"②

在罗兰·巴特看来，神话指的是在直接意指基础上形成的含蓄意指，巴特用神话一词来称谓各种文学、文化符号所生产的意识形态观念以及文化符号生产意识形态并将其"自然化"的内在机制③。而本章对于神话的理解采取了隋岩在《符号中国》的定义，即"神话作为一种话语战略，包括两个层面，一是含蓄意指，一是元语言，含蓄意指借由隐喻建构，元语言则依赖换喻得以实现，含蓄意指/隐喻是自然化的深层机制，元语言/换喻是普遍化的幕后操纵者"④。

罗兰·巴特的神话学深奥晦涩，因而学界对于神话学的研究主要集中在对于罗兰·巴特神话学理论的思想溯源和理解探讨，分为传播学视域与文学领域的理论探讨，包括其后结构主义思考与文学批评等内容。除此之外，罗兰·巴特的神话学多被看作符号学研究的理论工具，学者多利用神话的二级含蓄意指层对现实生活中的传播现象或者传播符号进行文化意涵分析。本章沿用以往的研究范式，将神话学作为传播研究的理论工具，对深衣这一传播符号进行华夏圣贤文化的探讨与分析。

三、文化认同

文化作为一个民族的精神支柱，对民族的生存发展具有重大意义。而文化认同是民族建构"想象共同体"的关键因素。目前学界对于文化认同的概念界定不一，本章选取学者佐斌、温芳芳对于文化认同的定义，即"文化认同是人们对于

---

① 隋岩：《符号中国》，北京：中国人民大学出版社，2014，第16页。
② 隋岩：《符号中国》，第64—65页
③ 郝永华：《罗兰·巴特文学文化批评中的"神话学"方法》，《江西社会科学》2009年第2期。
④ 隋岩：《符号中国》，第66页。

文化的倾向性共识与认可，包括文化形式认同、文化规范认同、文化价值认同三个层次。中国人的文化认同是中华民族安身立命之本，也是实现伟大复兴的文化心理基础"①。人们使用相同的文化符号、背靠相同的文化背景、坚持共同的文化体系、遵守共同的行为规范是文化认同的依据。

社会学将文化认同作为一种集体性现象，表明文化认同是集体的、共同的、同质化的聚集。符号作为人们日常生活无处不在的、传递信息与情感的载体，影响着人们对于外在社会的理解和对于自身文化与价值取向的塑造，对于文化认同的建构有着天然的影响作用。承载特定意义的某类符号会被广泛运用于属于某个具有相同文化背景或者特定文化价值取向的群体，因此对于符号及其意义承载传达的研究，有利于重构文化认同。

学界有关中华文化认同的研究较多，已有成果主要集中于全球视域下的中华文化认同研究、中华文化认同概念界定、各少数民族中华文化认同、大学生中华文化认同、时代命题中体现的中华文化认同等几个方面②。现有的文化认同研究主要以文化认同相关理论为指导，从心理学、社会学、历史学的研究范式出发，从理论中汲取经验指导当代的中国文化认同重塑的社会实践。而本篇研究追溯华夏传统文化，以深衣作为符号传播的载体，以传播领域的神话学研究方法为路径和分析框架，分析传统文化认同得以建构的原因，以古鉴今，提出对当代文化认同重塑的迷思。

第二节　深衣：圣贤文化的符号建构

特伦斯·霍克斯把含蓄意指的所指看成"处于居先位置的意义上的寄生物"③。所谓"居先位置的意义"指的其实就是含蓄意指中直接意指中的所指，"寄生物"就是含蓄意指的所指，承载着社会文化语境的引申意义。因此，理解含蓄意指不能脱离其所处的历史环境和文化语境。地域与文化的限定使得能指与所指之间需要某种共性或者相似性，进而相互吸引，否则不具备对对方文本进行诠释的能力，符号意义难以融合理解，造成双方的对话无法进行④。因而，在分析深衣是如何建构华夏的圣贤文化认同时，需要考量当时的地域与文化特征。

① 佐斌，温芳芳：《当代中国人的文化认同》，《中国科学院院刊》2017年第2期。
② 冯雪红，张文文：《中华文化认同研究现状及展望》，《贵州民族研究》2020年第3期
③ 转引自艾伦·赛特：《符号、结构主义和电视》，载［美］罗伯特·C.艾伦主编：《重组话语频道》，北京：中国社会科学出版社，2000年，第12页。
④ 林亚莉：《符号与语境的关系》，《贵州师范大学学报（社会科学版）》2010年第3期。

一、深衣之制：蕴含天人合一的宇宙神话意指

深衣发源于春秋战国时期，在汉代时得到发展，至南宋时期，朱熹为了复兴理学，复原出"朱子深衣"，得到广泛的应用，并传播海外，影响广泛。而后，明代大家黄宗羲、清代经学家江永也依据《礼记》对深衣进行复原，以上都强调深衣的礼仪制度与教化规范。

西汉时期，是深衣延续发展的时期，而其所对应的时代背景正是董仲舒提出"天人合一"的阴阳五行宇宙体系。"董仲舒将天作为一个大系统，这个大系统中的运行元素是天、地、阴、阳、金、木、水、火、土、人，而具体的运行过程则是由"天次之序"的五行来完成的，即五行间的相生、相胜。通过五行间的相生、相克的运行，使得以阴阳五行为骨架的整个天地万物都动作了起来"[1]。这强调了两仪阴阳的变化，也凸显了天至高无上的地位，将其视为万事万物的源头与理据，为人道的三纲五常提供了理论上的正当性。"君臣、父子、夫妇之义，皆取诸阴阳之道。君为阳、臣为阴；父为阳、子为阴；夫为阳、妻为阴。"[2]"天之亲阳而疏阴，任德而不任刑也。是故仁义制度之数，尽取之天。天为君而复露之，地为臣而持载之；阳为夫而生之，阴为女而助之；春为父而生之，夏为子而养之……王道之三纲，可求于天。"[3]而在董仲舒天人合一的宇宙系统与人道论影响下，深衣的形制也承载着天人合一、象法天地的宇宙自然秩序的符号意义。

深衣最大的特点就是其裁制形式，为上衣下裳，虽为连体，却将衣裳人为地分割，其背后隐喻着以上为天、以下为地、天尊地卑的宇宙自然等级秩序。如图1所示，E1上衣下裳是直接意指层面的能指，其指向的是一种衣服形式，但是因为上衣下裳本身所带有的"上、下、尊、卑"观念，E1所代表的就不仅仅是一种衣服的形式，而是天尊地卑的宇宙自然秩序，其中细分为对两仪、阴阳等意义的表达。此时，（E1R1C1）为该神话的直接意指层，含蓄意指层的所指 E2 由其构成。含蓄意指（E1R1C1）R2C2 被建构。此时，上衣下裳与"上天下地"有着某种人为规定的相关性，上衣下裳可以被"上天下地"所替代，后者成为前者的隐喻。在自然化机制的作用下，第一层能指和所指，即 E1 与 C1 的约定俗成的关系被掩盖了，此时能指1（E1）与所指2（C2）的相似性与关联性得到凸显，上衣下裳为什么能与"上天下地"构成关系的任意性被掩盖。信息接收者不再关注为什么上衣下裳是一种衣服形式，而是直接将上衣下裳与天尊地卑的宇宙自然秩序联系起

① 康中乾，王有熙：《中国传统哲学关于"天人合一"的五种思想路线》，《陕西师范大学学报》（哲学社会科学版）2011 年第 1 期。
② 董仲舒：《春秋繁露》，郑州：中州古籍出版社，2010 年，第 18 页。
③ 董仲舒：《春秋繁露》，第 25 页。

来，强调两者的相似性，由此掩盖了信息的中介（能指 2）的形成过程（E1R1C1），从而掩盖了含蓄意指形成的人为性与背后蕴含的社会历史与意识形态。

E2		R2	天尊地卑的宇宙自然秩序 C2
E1 上衣下裳	R1	一种衣服形式 C1	
	E3 深衣　R3	C3	

图 1

除开含蓄意指，元语言作为神话的重要组成部分，也发挥着重要的作用。元语言层在图 1 中表现为组合（E3R3C3），此时该组合不再像含蓄意指一样，成为表达平面，而是成为另一内容平面或者所指[①]。在图 1 中表现为，上衣下裳暗示、代表着深衣这种服饰。此时，能指 1（E1）与能指 3（E3）展现出一种逻辑延伸或者部分与整体的关系，从而建构意义。

在这之中，通过自然化机制，古人将上衣下裳与天尊地卑联系起来，通过普遍化机制，将上衣下裳的样式与所有深衣联系起来，元语言与含蓄意指共同作用，构成了深衣关于宇宙自然秩序的神话，即深衣代表着天尊地卑、阴阳两仪的宇宙自然秩序。当深衣作为一种重要的礼仪与日常服饰在古代社会被不限阶级地广泛推广时，社会自上而下都秉持着同样的宇宙系统观，这也是深衣所构建的关于圣贤文化中宇宙自然秩序的文化认同。

二、朱子深衣："慎独方正"儒家神话的植入

儒家重视对身体行为的规范以及精神的独立自省，强调修身。修身，即对自身行为礼法约束与自身修养人格的发展完善。儒家经典《大学》中明确提出了"以修身为本"的思想："大学之道，在明明德，在亲民，在止于至善。"[②]《中庸》说："君子戒慎乎其所不睹，恐惧乎其所不闻。莫见乎隐，莫显乎微。故君子慎其独也。"[③] 这指明了修身的重要途径，即慎独。

从修身的内容来看，包括孔子的礼仪观念与朱子的"三纲八目"。孔子推崇周礼，认为"礼"作为一种社会规范，通过制定角色任务、定位角色关系，来达到维持社会秩序的作用。换而言之，"礼"就是一种用来调节个人关系与外在社会的行为准则与规范，是个人适应社会的重要途径[④]。所以，孔子认为，要"恭"而

---

①　隋岩：《符号中国》，第 20 页

②　曾参，子思：《大学·中庸》，北京：团结出版社，2017 年，第 1 页

③　曾参，子思：《大学中庸》，第 56 页。

④　张金桃：《儒家修身观及其现代意义》，《武汉大学学报》（哲学社会科学版）2005 年第 3 期。

有礼，"慎"而有礼，"勇"而有礼，"直"而有礼[①]"三纲八目"，是儒家为了实现"内圣外王"的境界而倡导的修养论。朱熹根据《大学》，将明德、亲民、至善作为三大纲领，将格物、致知、诚意、正心、修身、齐家、治国、平天下作为八目。"古之欲明明德于天下者，先治其国；欲治其国者，先齐其家；欲齐其家者，先修其身；欲修其身者，先正其心；欲正其心者，先诚其意；欲诚其意者，先致其知。致知在格物，物格而后知至，知至而后意诚，意诚而后心正，心正而后身修，身修而后家齐，家齐而后国治，国治而后天下平。"[②]其中不难看出，历代儒学大师对于圣人的追求、对圣贤文化的践行以及对于自身行为以及思想的规训。

朱熹将自己对于理学的复兴愿景投射到了朱子深衣的复原上。朱子深衣的袖口为圆形，如圆规，象征举手抬脚都要合乎规矩；方领如矩，象征品行方正；背线垂直，象征着为人刚正不阿；下摆平直，象征平允公道[③]。从神话学角度来看，如图 2 所示，E1R1C1 构成了直接意指层，能指是"圆形袖口"，其指向的最直接的、最本质的意义是"一种衣服设计"。E2R2C2 同理，能指是"圆规"，其对应的所指是"一种量具"。E1 与 E2 各有其对应的所指——C1 与 C2，但同时它们也有一个共同的所指——C3，圆形袖口 E1 与圆规 E2 构成了一个含指项，它包含了两个直接意指的符号的结合体，且这两个直接意指有一个共同的含蓄意指的所指。此时，含指项内部发生了意义的移植，本属于圆规的"合乎规矩"的符号意义被移植到"圆形袖口"这一符号上，从而使得"圆形袖口"这一能指指向了含蓄意指的所指，即 C3"尊崇礼仪、合乎规矩"。这种转移实质上是人为的、任意的，跟属于社会行为，但是在含蓄意指的自然化机制下，直接意指层的约定俗成的关系被掩盖，而在潜移默化中重新建立起了含蓄意指中能指与所指的新的自然而然的关系。也正是通过自然化的机制，古人将"圆形袖口"设计在深衣身上，直接意指"尊重礼仪，合乎规矩"的儒家慎独规范，而不再通过"圆规"进行中介传播。深衣的"方领"、"背线"、"下摆"等设计也是通过含蓄意指的路径，实现意义的移植与借力传播，如图 3。

E3		R3	尊崇礼仪，合乎规矩 C3
E1 圆形袖口	R1	一种衣服设计 C1	
E2 圆规	R2	一种量具　　C2	

图 2

①　刘宝楠：《论语正义》，《诸子集成》第 1 册，北京：中华书局，1954 年，第 155 页。
②　朱熹：《朱子四书语类·卷一》，上海：上海古籍出版社，1992 年，第 1 页。
③　晶心：《中国最早的深衣裙》，《中国国家地理》（中华遗产）2017 年第 146 期。

E3		R3	品行方正 C3
E1 方领	R1	一种衣服设计 C1	
E2 矩	R2	一种量具　C2	

图 3

古人通过含蓄意指，在能指之间实现含指项的意义移植，使得深衣承载了儒家圣贤文化中慎独方正的符号意义，那么深衣所承载的意义又是如何泛化成为所有儒家学子的行为规范呢？这与神话的另一部分——元语言关系密切。如图 4 所示，图 4 的元语言告诉我们，穿着深衣的儒士暗示着所有儒士，因而所有儒士都需要追求修身慎独，严格践行圣贤文化中的"三纲八目"，刚正不阿，尊礼守礼。E1 穿着深衣的儒士与 E3 所有儒士有着某种实质的相关性，比如我们在看到穿着深衣的儒士时，就会下意识把他作为整个儒士群体的代表，从而将两者的联系固化。此时，E1 与 E3 可以进行换喻。

E2		R2	慎独方正　C2
E1 穿着深衣的儒士　R1	一个人　　　C1		
	E3　所有儒士　　C3		

图 4

约翰·费克斯认为："换喻的基本定义是'部分代表全部'"，"换喻是它所代表的事物其中的一部分"[1]。穿着深衣的儒士被换喻为所有儒士，因而深衣对于单一的儒士的行为规范也转移到了所有儒士群体身上，通过普遍化机制的作用，慎独方正的圣贤追求自然而然地成了所有儒士的追求，并在此基础上建立了共通的儒家神话系统与文化认同。

第三节　圣贤文化符号重构：神话的逃离与弥合

通过对深衣的神话解构以及其所建构的文化认同的剖析，不难看出通过深衣建构的神话是古代社会建构"想象共同体"、维护社会秩序的关键因素。反思当代，中国在西方标准化的工业文明的冲击下，其华夏文化认同日渐低迷，国人对于圣贤文化的传承与践行实践仍有很大的探索空间。中国虽然拥有着五千年的历史文化底蕴与诸多民族文化宝藏，但是难以传播与推广，究其原因，是在于圣贤文化

---

① 隋岩：《强符号的国际传播途径研究》，《当代传播》2012 年第 5 期。

所建构的神话的缺位。承载着圣贤文化的生活符号逐渐被西方标准化的文化符号侵蚀和替代，如中国的传统文化节日——七夕节，受到了西方情人节的冲击，情人节以"爱情"的内核简单粗暴地完成了对七夕节的替换，潜移默化中人们忘记了七夕节除了爱情以外，乞巧、花灯等极具中国传统文化内涵的文化符号，圣贤文化所建构的神话逐步让位于西方的文化符号，对传统文化的认同与建构举步维艰。在此基础上，笔者提出以下三点建议。

一、重视差异：重塑中华文明传播"天人合一"的宇宙神话

我国与西方在文化上最大的不同在于其对于自然秩序和宇宙系统的认知。《黄帝内经》有云："阴阳者，天地之道也，万物之纲纪，变化之父母，生杀之本始，神明之府也。"[①] 儒家在天人合一中集中表现为将心性与天联系在一起。早在马斯洛提出需求层次理论的两千年前，孟子就提出了自己的需求层次论：食色需要、事业需要、道德需要。孟子认为人有良心本心，因而按照自己本心去做事的时候，人就会产生道德的愉悦感。后世的著名思想家、"心学"集大成者王阳明也延续了这种观点，强调"宇宙便是吾心，吾心便是宇宙"，人要按照心之所想行事，做到格物致知。值得注意的是，孟子进一步把这种道德之乐与天联系在一起。孟子认为，人要遵从本心，以此来认识自己的本性，从而达到克己复礼，实现仁义礼智，进而认识天命。孟子认为天是善的根源，因而人行善事便是为天负责，善找到了其行为的合理性。在以天论德的背景下，只有行善、知性才能做到不愧于天，这也是儒家追崇的道德层面的天人合一。

中国古代圣贤以阴阳两仪为基点，以道德修养为载体，探讨天尊地卑、十二天道，并与人道相对应，建立了天人合一、象法天地的宇宙秩序神话，这影响了我们日常生活的方方面面，包括人与自然、人与社会、人的内省等方面。比如，天人合一在生态上体现为人与自然和谐相处，要求人保护自然、尊重自然，这与当代社会主义核心价值观的倡导相契合，由此观之，天人合一的宇宙神话在当代仍具有指导意义和生命力。华夏民族所独有的、共通的宇宙神话鲜明地区别于西方的上帝宗教宇宙，这也投射到华夏民族的民族文化与日常生活中。这种独特的文化共享体验与神话建构，是重塑文化认同的重要依据与实现路径。

综上，重塑天人合一的宇宙神话需要追寻儒家圣贤的道德修养，强调本心与天性，重建中华民族对于天的敬仰，建立敬天的合理性和合法性。具体而言，要重视民族对于自然的敬畏、对于宇宙变化规律的敬畏、对于历史的敬畏。在现代

① 姚春鹏：《黄帝内经译注》，北京：中华书局，2014 年，第 45 页。

工业化发展进程中，要保护自然、尊重自然，唱响"绿水青山就是金山银山"的符号话语；强化祭黄帝、祭孔等古代重大仪式符号，通过仪式传播传递符号意义，加强民族认同与民族文化情感；在对外传播中，要牢牢把握住本土文化的重要财富，弘扬天人合一的宇宙秩序观念，贯彻中国的传统哲学思想以进行对外文化交流。

二、强化规范：弘扬慎独方正的儒家神话

无规矩不成方圆。秦始皇统一六国之后，在全国实施了统一货币、统一度量衡的政策。从实践层面看，其有利于全国各地互通有无、实现经济交流与发展；从民族认同层面探讨，我们会发现，遵守相同的规则、践行相同的规范对于重塑民族认同、加强民族黏性有着至关重要的作用。"大一统"思想下，各地区人民同为中华民族，需要尊崇同一套形而上的思想信仰，同时也需要遵守相同的文化规范和道德守则，这种要求和实践会在潜移默化中改变不同地区人民的行为习惯与身份认同，使其趋于一致化、集中化。在工业文明的冲击下，现代社会以利益为导向，凡事以资本和经济利益为先，忽视对于自然的敬畏与对文化理论的思考。在经济社会迅速发展的背后，是民族文化的陷落与传统礼仪与道德规范的崩坏，民族规范被迫瓦解，民族文化认同岌岌可危。因而从传统儒家圣贤文化中汲取养分，建构新时代中华民族的民族信仰与道德规范，刻不容缓。

"君子求诸己，小人求诸人"[1]，"吾未见能见其过，而内自讼者也"[2]。"内自讼"即内心的自我诘问，也就是自我反省。儒家规范强调，人要不断促进自身道德修养的完善，因而哪怕是在个人独处、无人可见时，也能做到严于律己，谨慎言行，非礼勿听，非礼勿视，防止有违背道德和礼法的行为与欲念出现，这也是儒家实现"内圣外王"的重要途径——自省。孟子作为圣贤，要求君子自觉充实个体的道德修养，重视自我人格的完善与道德信仰的建立。孟子引天作为善的行为依据，要求儒士"俯仰无愧于天地"，通过"慎独"实现对自身行为思想的约束与道德的完善。

"子曰：导之以政，齐之以刑，民免而无耻。导之以德，齐之以礼，有耻且格。"[3] 它的意思是如果统治者采取行政和刑罚的手段治理国家，那么民众只能试图避免暂时的罪过而不会感到羞耻；如果统治者采取道德和礼法的手段来引导社会，那么民众就会用羞耻之心来校正自己的过错。这从根本上厘清了治理大国的重要

---

① 刘宝楠：《论语正义》，《诸子集成：第 1 册》，北京：中华书局，1954 年，第 342 页。
② 刘宝楠：《论语正义》，《诸子集成：第 1 册》，第 110 页。
③ 赵纪彬：《论语新探》，北京：《人民出版社》，1959 年，第 38 页。

手段，即重视礼法规范，通过塑造民众心中的道德认同与责任意识，教化民众，从而实现民族的集聚和国家的统一。

综上，要重塑华夏文化认同，就要弘扬慎独方正的儒家神话，将儒家对于个人"明德""亲民""至善""慎独""仁礼"等道德要求重新投射到现实社会中，构建新型现代化、文明化的社会，与天不违，不愧于天。在当代的教育中，强化以孔子、朱熹等人为首的儒士形象与儒士规范，将其作为意义传播的符号载体，弘扬古代儒家轻生死重义礼的民族气节，追溯对道德修养的追求与完善，强调道德契约对于社会的维系与凝聚作用。

三、以强符号传播中国，重塑华夏

再具有优越性、主流性的神话，也需要依托符号进行建构。随着新媒体与网络的发展，符号充斥着我们的日常生活，我们不得不借助各类符号来认识和描述物质世界，从而与社会互动，重塑民族内涵。在这个过程中，强符号至关重要。

隋岩提出强符号的概念，即"强符号是社会共同体的价值认同、主流意识、社会关系，包括媒介、组织、群体的主观推动等因素的共同结晶。强符号是从吻合社会心理的大量普通符号中脱颖而出，并不独立于符号系统。在符号化的现代社会中，强符号是进行国际传播的有效途径。"[1]隋岩认为，强符号有如下的特征：强烈表现当代主流、有着持久的传播力、能指形式独特、社会利用率高、所指意义具有唯一性和不变性[2]。不管是对内传播还是国际传播，我们应该致力于去挖掘和寻找能够代表中国、传播中国的强符号，从已有的儒家圣贤文化中去汲取营养，实现对华夏文化认同的新时代建构。

以对圣人——孔子的形象塑造为例。孔子作为最有影响力、最为世界所熟知的中国文化符号，正在被世界看见。截至2016年年底，孔子学院总部已在全球建立了511所孔子学院和1073个孔子课堂，注册学员总人数达210万人[3]。以2015年为例，孔子学院中外专兼职教师达4.4万人，开办各类汉语教学班次约7.2万个，全年参加各类汉语考试人数达到600万人[4]。

在历史的沉淀中，孔子不再局限为中国古代的思想家、教育家，而更多的是在围绕"仁爱"的基础上被时代赋予了新的角色和内涵，在表现当代主流的同时

---

① 隋岩：《强符号的国际传播途径研究》，《当代传播》，2012年第5期。

② 隋岩：《强符号的国际传播途径研究》，《当代传播》，2012年第5期。

③ 李宝贵，刘家宁：《"一带一路"战略背景下孔子学院跨文化传播面临的机遇与挑战》，《新疆师范大学学报》（哲学社会科学版）2017年第4期。

④ 《孔子学院2015年度发展报告》，孔子学院总部/国家汉办。

又具有较强的传播能力，能够代表中国走向国际传播的舞台。事实证明，孔子作为中国"走出去"的重要符号之一，在国际传播中发挥着至关重要的作用。而在中国五千年的历史中，具有重要文化意义的符号载体数不胜数，已经成功走出国门的如"丝绸""瓷器"，其代表了我国高超的手工技术与别具一格的审美底蕴，对于华夏民族实现自身的身份确认与文化认同有着重要的意义。当群体拥有共同的代表符号的时候，民族才能聚集在一起，文化认同才能被重新建构。

爱德华·赛义德在其著作《东方主义》中，沿用福柯的知识—权力理论，认为在西方视野里所谓的"东方"是西方人精心建构起来的，这种建构更多的是西方人对于东方的消极的、自主的幻想，而非现实。随着工业时代的推进，资本主义工业文明下标准化生产的大众文化对民族文化发起进攻，这种强势文化的规训力量影响巨大，使得传统民族的文化认同遭遇了困境。正如福柯认为的那样，权力操纵着知识的生产，知识协助权力的社会扩张①。"东方在'东方主义'的话语权力网络中被'他者'化了，成为被表述、被书写、被想象、被观看的对象。"②

对于古代深衣如何建构神话、建构了什么样的神话的探讨，可以帮助我们回溯历史，寻找神话建构的过程以及内容，并在此基础上寻找现代神话的"弥合"，以古代圣贤文化为符号意义，以具有华夏民族独特性的强符号为载体，建构新时代的民族神话，挖掘古代圣贤文化的现代性意义，重塑华夏文化认同。

（本章作者：任佳杰　谢清果）

---

① ［法］福柯：《规训与惩罚》，上海：上海三联书店，2012 年，第 155—157 页。
② 雷启立、孙蕾：《在呈现中建构——传媒文化与当代中国人精神生活研究》，上海：上海文化出版社，2007 年，第 66 页。

第二十四章　生肖文化：
华夏生肖符号中的圣贤理念

　　中国生肖作为文化符号，对构建中华民族共同意义社群、在中华人民中建立社群归属及认同起到了重要的作用。其带有的意义包括表层的动物形象和深层的敬天、至德圣贤思想。那么，生肖符号如何在互动中传达其内涵？中华意义社群随时代不断变化后生肖符号又该如何延续其解释意义？本章将符号基于皮尔斯的符号三元传播模式从再现体、对象、解释项三层面进行探究，认为需要从形象认知与文化属性结合的角度，将生肖符号的解释意涵延续。

　　生肖是中华民俗中极为重要的文化符号，关系着中国传统中从个人命理到国家运势的计算，寄托着人们的信仰，反映了人们的审美情趣。中国生肖不仅仅是对生物形态的使用形成的图形符号，而且是在中华文化中的人与人、人与环境的互动中参与着意义的传递、解释、生产。本章尝试从符号学的视角，探究生肖在传播中如何作为符号发挥其功能，并基于三元符号理论从再现体、对象、解释项三个层面探讨生肖符号参与互动的过程，通过研究生肖符号，探讨中华文化中人与动物、人与自我、人与自然的关系，阐述其中蕴含的圣贤观念，并为当今中华符号的传播与运用提供参考。

第一节　生肖符号体系洋溢着圣贤文化精神

一、生肖起源

　　生肖的起源与远古时期的动物崇拜有关。动物崇拜是自然崇拜的一种形态，表现为视宇宙内一切动物皆为具有精灵的神物而加以崇拜。它由万物有灵观念发展而来，产生于原始社会狩猎时代。因为原始社会中凶猛或会大量繁殖的动物对人类来说感觉神秘，人会产生出畏惧或依赖的心理，因此对其敬畏崇拜。原始社会的先民会常用某种动物图形作为该氏族的保护神和图腾，他们认为氏族的繁衍发展离不开这些"图腾"的功德，这可以从我国现有记载的少数民族传说中看出。如鄂温克人认为自己的民族起源于鹰、天鹅、老虎等；川西德昌族有一家支以鼠为图腾，并衍化出黑鼠、白鼠、粗毛鼠等十二个分支；白族支系勒墨人氏族的来源传说是阿布帖和阿约帖生了五个女儿，分别嫁给熊、虎、蛇、鼠、毛虫，老五被毛虫吓死没留下后代，其他发展成熊氏族、虎氏族、蛇氏族、鼠氏族……[①] 这些都印证了人类从远古时期开始的动物崇拜现象的存在。

而对于具体的十二生肖的起源，未有文献明确记录，学者们对此众说纷纭，主要流传的有岁星说、星宿说等。

古人以木星位置来确定年度支序，木星运行十二年一周期，因此十二年被认为是一种轮回。而植物动物在不同年份生活状况会大不相同，于是古人依据动物兴衰与木星年规律，逐渐形成十二生肖。这便是岁星说对生肖起源的解释。

星宿说的说法为，古人将黄道与赤道附近的恒星分为"二十八星宿"。二十八宿分别代表一种动物。同时，古代将周天等分为十二分，表示为十二支，十二支分别配属生肖，生肖与二十八星宿存在对应关系。明代大学士王鏊认为，二十八种动物配属二十八星宿，并"以七曜统之"，成"女土蝠，虚日鼠，危月燕，子也"的格局。清代李长卿在《松霞馆赘言》认为，二十八宿配动物"即前十二属加一倍者也"，"亢金龙，辰官也，角木蛟附焉。蛟，龙类也"，体现十二生肖为二十八种星宿动物之基础。

由生肖起源可看出，生肖符号从动物出发，表达对自然、天地的敬畏敬仰。同时，生肖与古代纪年息息相关，是中国民间传统的记天时、年岁的符号体系，指导着人们的生产生活。

二、生肖意涵

生肖从表面上来看就是古人为方便纪年并为了方便地解释某些自然现象而设想的动物形象，但深入探析，生肖蕴含着极为深厚的意涵。

从现有发现的隋代银壳鎏金十二生肖镜开始，历代都有铸造生肖纹饰的铜镜；法国传教士蒋安仁和外籍宫廷画师郎世宁在乾隆时期设计的圆明园十二兽首是闻名海外的生肖文物；至今在剪纸绘画等艺术作品和钱币器皿等物品上还会饰有生

---

① 黄建荣：《十二生肖：图腾崇拜的延伸：中华民族十二生肖探源》，《社会科学战线》1994 年第 5 期。

肖图案[①]，……生肖背后带有吉祥如意的祝愿，建筑、服饰、器皿中的十二生肖作为祥瑞的象征，寄托着人们对安定年岁、美好时令、安康身体的愿景。

十二生肖对应着十二种美好的个人品质：鼠对应聪颖，牛对应勤劳，虎对应勇猛，兔对应谨慎，龙对应刚猛，蛇对应柔韧，马对应奋进，羊对应团结，猴对应灵活，鸡对应恒定，狗对应忠诚，猪对应随和。这些品质两两配对、互为完善，如鼠和牛代表的聪颖与勤劳需结合才能成就智慧。从古至今也流传了不少生肖有关的故事及诗词，塑造了生肖形象，并以此传达人们对美好品格的颂扬和和而不同、万物有灵等思想观念。

三、生肖符号与圣贤文化精神

古代学者将"修德"抬到了极高的位置，提高品德、"以德配天"是圣贤的要求。孔子提出"中庸"之德的概念，并认为"中庸"是人修行的最高境界。关于此，《中庸》中提出了"时中"的方法论思想，即任何相对的两点中的平衡中点，都是随不同条件而动态变化的，而要达到平衡追求德的高度，就需要随条件变化而调整自我。[②] 这表现为君子的言行举止及情感都需顺应不同的情境做出应变调整，在"刚柔相易之时"找寻平衡。可以看出，生肖文化中寄寓美德并两两相互对应补充的表现与圣贤对"德"的追求相契合。通过不同生肖代表的特质来把握年岁时节的变化，是一种华夏文明精确细微地感受、把握"天时""时变"的独特方式[③]。生肖符号寄托着中华民族对自身群体的期待与要求，正是民间群体向圣贤"至德"境界追求的体现。

生肖符号中体现出的"时中"之境实质是华夏文化里"人"与"天"和"时"的一体关系的外在表现，其深层蕴含的"天人合一"论理念，被认为是中国文化对人类最大的贡献。中华圣贤思想将"天"与"人"合在一起来看，认为"人生""天命"的最高意义便是能将二者合为一体。[④] 中国本土古代文化中并没有如希腊、罗马、印度、埃及等一样的宗教信仰起源，便是由于中国思想中"天"与"人"无法分离，人生即为天命的观念。儒家的"天人合一"说一般以孟子为主导，主张人性与天道具有同一性，《中庸》中所提的"诚者不勉而中，不思而得，从容中道，圣人也。"也体现出了"天人合一"的思想。儒家的"天"更多偏道德含义，

---

① 王静波：《中华生肖》，北京：农村读物出版社，2011 年，第 135—160 页。
② 王月清，暴庆刚，管国兴：《中国哲学关键词》，南京：南京大学出版社，2011 年。
③ 刘强：《时中守常，止于至善》，《名作欣赏》2020 年第 4 期。
④ 钱穆：《中国文化对人类未来可有的贡献》，《中国文化》1991 年第 1 期。

指"义理之天"，① 后儒家学者们逐渐将"天人合一"发展为人生追求的理想境界，即将人的道德规范等基础构筑于"天"之上，并进一步将追求"天"与己"合一"的目标投入日常的生产生活实践中。② 道家的"天"则更偏"自然之天"③，强调顺应天地的自然法则。老子所追求的"道"即为自然而然，庄子"梦蝶"也是"天地与我并生，而万物与我为一"（《庄子·齐物论》）的天人理念的外化表现。而无论是哪一学派，都注重讲自然与人的一体性，弘扬"万物一体"的思想。

生肖形象基本上来源于现实中的生物，唯一为虚构的"龙"，其被描述的生物特征也可以与现实生物的局部特征进行对应，生肖根本上是动物崇拜、自然崇拜的体现。而生肖被赋予美好品质的象征和吉祥如意的愿景，又使生肖在"自然性"与"道德性"上形成融合。将人赋予动物生肖属相，把"人生"与生肖关联起来，将"天命"与"人生"合为一体，正是一种"性天同一"思想的表现，是古人崇敬天地自然并追求至善的体现。生肖及其相关作品与活动成为圣贤"天人合一"理想在民间的具化表现。

第二节　作为传播符号的生肖

恩斯特·卡西尔的文化符号哲学体系中指出，文化的生成与变化的基础是人类创造并运用符号的能力。某个空间和时间域下的所有符号带着其所具有的内核意义不断交织形成网络，这样的意义之网便成为我们所说的文化。④ 莱斯利·怀特也持相同观点，认为一切人类行为都通过依赖于使用符号或直接由它构成，可以说文化就是人类创造的符号的总和。⑤ 生肖拥有具化的表征形式与深厚的内在意涵，成了构建华夏文明的极为重要的一部分，帮助着中华民族群体认识和发展华夏文化，是华夏传播活动中不可缺失的传播符号。中华民族的个体创造生肖符号、借助生肖符号生成和发展中华生肖文化的过程，实质就是将动物主体、崇敬天地思想、美好向善追求符号化的过程。

一、生肖符号承载的传播功能

传播是通过符号的编码和解码进行意义交流的过程，编码指将思想、情感等编成具象的表现形式即符号的过程，解码指接收并理解符号的意义的过程。生肖

---

① 张世英：《中国古代的天人合一思想》，《求是》2007 年第 7 期。
② 钟海连：《论中国传统文化的"天人合一"特色》，《赣南师范学院学报》1993 年第 3 期。
③ 张世英：《中国古代的天人合一思想》，《求是》2007 年第 7 期。
④ 恩斯特·卡西尔：《人论》，甘阳译，上海：上海译文出版社，1985 年。
⑤ 怀特：《文化科学》，沈原，曹锦清等译，杭州：浙江人民出版社，1988 年。

符号为华夏传播活动提供了一个能被共同理解的符号系统，并承载了群体的价值取向及思维方式，在华夏文化传播与政治传播活动中发挥重要作用。

（一）构建认同的文化功能

生肖符号是圣贤文化中敬天、重德思想在民间通俗化的表现。人们在使用生肖符号的过程中，就将追求的思想和品格投入在日常的传播活动中，由此不断地传递其内在含义，指引人们的生活实践。由生肖符号不断被使用而形成的生肖文化是华夏文化中重要的构建部分，丰富了中华文化的内容，甚至成为中华文化的某种代表。

1. 传递文化信息

作为富有民族特性的中华符号，生肖符号产生于华夏独一无二的历史进程中，承载了特定的历史背景与思想价值，是中华民族特定的历史记忆。生肖的历史渊源，发展至今经历了千年岁月，某种意义上载有长久的历史记忆，以其多元的表现形式传递着兼物质与意识层面的信息。

从物质形态来看，以生肖为内容的艺术作品涵盖种类十分丰富，从书画到梳镜甚至舞乐，从纯粹的艺术欣赏品到日常用品，表现形式多元。这些作品展示了中华文化生产生活中的工艺技法，是体现华夏人民经验与智慧的结晶的符号物，呈现出中华文化的外在审美取向。而从思想意象的角度来看，生肖中蕴含着美好品性与愿景，是中华传统天人观念的外在表现。其通过多种表现形式从对人的感官影响延伸至思想情感认知，将中华精神文明信息符号化并进行传递，借助人们的观念与信仰，帮助造就华夏文化的连续特性。

2. 构建文化共同体

生肖符号体系作为华夏群体特有且共通的文化意义体系，具有特定的社会属性和文化属性，能带给共同成员文化身份的认同。其带着华夏民族的集体记忆与情感认同，为民族凝聚力的形成提供了一定条件。

中华文化博大精深，不同地域具有不同的文化背景，呈现多元一体的格局。生肖符号在中华不同的文化中作为一个共通的符号体系搭建起一个桥梁，让整个中华群体处于共通意义下，从而形成文化认同意识。这样能使华夏内部群体更好地理解自我话语与自身形象，并能通过此深化中华价值观；对外部群体做到更有效地塑造中华形象、传播中华精神，引导他者去了解认识中华的价值内涵。

（二）政治功能

政治传播包含政治系统对外与社会环境和政治系统自身内部的信息交流过程，

这一过程本质上就是符号互动过程，而生肖符号在华夏政治信息的交流中起到重要作用。

1. 内部政治教化

十二生肖与古代采用的天干地支纪年法相联系，与十二地支一一对应，从而参与到了古人的纪年历法中，并且与星象占卜联系起来，指导着统治阶级政法的实施与百姓的生产生活。以生肖表十二地支，便于民间对年历记忆，并将生肖特性与年岁相关联，为政治决策的时令抉择提供依据。通过结合生肖属性对"人生""天命"进行计算占卜，统治者在这层意义上掌握了控制民风民俗、指导生产生活的"天赋"的权力，从而能达成以更易接受、效果更佳的方式维护社会稳定，实现政治教化。

2. 对外输出媒介

同时，中华生肖具有鲜明的华夏特色，在华夏群体内部形成文化认同，且其表现形式多元、反映内涵价值具有包容性、整体性的特点，使其能够作为代表中国进行对外传播的典型符号，帮助外部与内部形成合意。生肖作为符号载体，有多元的指代意涵，并由于其自然动物的外在形式具有普遍性、可接触性，在进行对外传播时可接受度相对高，是中国在国际政治文化输出过程中的良好载体。

三、符号学视角下剖析生肖符号的互动过程

生肖符号在华夏传播活动中承担了极其重要的功能，对其作用实现的路径的探析需从符号学的视角出发，以此来看生肖符号的作用方式。

（一）符号互动论

米德的"主我"和"客我"理论是符号互动论的前身，其将自我的发展描述为"主我"即自然的"我"与"客我"即社会化的"我"的长期不断的对话。其从人与人或环境互动的角度探究个人及社会生活中意识及自我的产生。[1] 这为生肖符号对个体的塑造过程提供解释路径。生肖文化中认为属相与人的特征有一定关系，人们会以生肖为依据对个体特征及人际关系做出判断，或因为生肖中的禁忌对生产生活做出调整。这可以被解释为，人所属的生肖及其代表特征是社会对其的期待，结合其自身对这种生肖文化的理解形成"客我"，"客我"与"主我"经过长时间的对话，最终使得生肖文化对个体产生实质上的影响，表现为个体"自我"顺应了生肖文化的内容，而这种呼应又再次加强了社会对该文化的信赖。

---

① 柯泽：《米德的符号互动论思想以及对美国传播学研究的影响和贡献》，《新闻爱好者》2014年第10期。

米德后，赫伯特·布鲁默与曼德福·库恩对于符号互动论进行争论探索，二者分别将互动的侧重放在"客体"与"自我"两个不同方面。两种理论磨合发展后，乔姆·曼尼斯和伯纳德·麦尔兹于对现代符号互动论做出总结①。

符号互动论的首要概念为，互动为人类特有，互动意义在于与他人的互动过程，而非互动本身。人类具有利用符号互动与他人结交的特殊行为能力，并由此产生各种人际关系，组成人类社会。生肖符号为人所生，不论其内涵价值如何形成与发展，其根本还是在于人及人的互动。生肖符号的产生是由于其具有人类社会活动所赋予的意义，即对动物对自然的崇敬，符号本身及其意义都来源于不断的不同的"主我"与"客体"的互动过程。

符号互动学家认为社会的各种特性是由人的行为所造成并维持或改变的，人的互动行为导致了社会角色的生成，带来社会阶级的设置。而人对于自身行为具有操控性与能动性，并能够为自身行为进行自我诠释。面对可能的影响，人不一定能全部忽视或超越，但能够通过创建或改变自我行为方式将影响变更，并由此创建新的互动路径与内涵。符号互动论还指出，人类具有很强的意识和反应能力，当人思考时，会因不确定性而展开想象，从而创造各种意象与其他抽象内涵，从而对现实做出补充。这解释了华夏群体在面对不可知的自然后在其互动过程中创建出一套崇拜体系，并主动地将自身与"天"形成联系的行为动机。生肖符号为华夏天人体系的产物，帮助人们对个体特性、自然现象及二者关系做出自我诠释，有力地支撑了中国推崇圣贤的行为旨趣。

结合以上可知，生肖符号的意义是由人与人的互动创造并再创造的。人们在实践与思考中探寻出与自然相处的模式及自我活动的要求，通过构建出生肖的概念及其意涵制定出一个框架。往后的社会个体便一直依据这个框架，参照原有群体的标准和规范对照和约束个人行为。由此生肖属相及其所附有的特性与禁忌，成为华夏文化中被恒久遵守的规则，不仅作为传播活动的媒介，还在很大程度上指导着人们互动行为本身。

（二）三元符号传播理论

"符号三元构成说"由皮尔斯提出，其认为任何符号都由再现体、对象、解释项三项所构成，其意义分别为符号的载体、符号所代表的东西、符号在解释者心中所创造的相等或更为发展的符号。该理论的核心在于符号需要被解释才能称作符号，且解释项可被看作新产生的符号，则又可产生新的解释项，使得符号的

---

① 毛晓光：《20 世纪符号互动论的新视野探析》，《国外社会科学》2001 年第 3 期。

意义不断地延展下去。符号的三元传播论与索绪尔的结构主义二元论的区别在于，符号不再局限于"能指"和"所指"的两面结构，并发现了解释环节在符号传播过程中的重要性。[①] 对生肖符号的剖析可以以三元传播理论作为架构，从三个层面分别探析生肖符号的传播机制。

生肖符号的再现体形式多样，除了诗词及民间故事中出现的生肖动物，大多数为可视的图像符号如雕花、绘画。皮尔斯认为，图像符号与象征符号和语言符号等差别在于，其再现体与对象之间有天然的相似性，这种相似性使接受者的理解更为容易。这可能便是选取了现实动物或能够找到实体特征的虚构动物作为生肖与十二地支相关联的原因，动物实体与人类生产生活贴近并能够被创作为图像，动物图像符号的亲切感能使人们对年历有更清晰的记忆。哈特利和费斯克通过分析图像符号的特征，提出符号可被分为任意非促因性符号和图像促因性符号，其中促因指对象对再现体的限制和影响。一般来说，促因越强，社会性力量对其的影响力就越小。[②] 这体现在古代生肖符号的使用与发展多在民间，其禁忌规定等也多是非正式流传而非法规制定，而其相似性特征使得其接受度高于更多以文字符号呈现的纪年法，成为中国民间传统记岁方法之一。

生肖符号所指称的事物，一是动物本体，二是所代表的年份，三是所蕴含的思想情感。设计制作者们基于符号表现对象，对生肖符号元素进行转化，构造出多种多样的生肖造型，运用至各种艺术创作、生活用品中。由此，生肖符号在多个方面参与华夏人民的生产生活，而其深层蕴含的对至高品德的追求、对天人合一的信仰也通过生肖符号的使用渗入民间，是圣贤文化在中华民间内化渗透的表现。

上述两点的内容可概括为生肖符号意义的产生过程，而作为三元关系中起决定性的一项的解释项层面将说明生肖符号意义的传播机制。在符号三元传播框架下，传播双方进行符号互动的最终目标是建立"共同解释项"即传受双方对符号意义的相同理解，而当多个个体拥有了共同解释项便会形成意义社群。皮尔斯认为，自我及其思想本质上都是符号，且都将与外界进行互动，所以自我也会属于某个意义社群，我们的意识思想甚至是潜意识也都是开放的符号。生肖符号通过日常生活交流不断与个体自我对话，让个体拥有对生肖的解释，并逐渐在中华民族群体中形成共同解释项，中华民族便能被视为一个整体的意义社群。就结果来看，其满足了社群形成的三个条件，即能够理解并利用生肖符号进行交流使相关

①　赵星植：《论皮尔斯符号学中的传播学思想》，《国际新闻界》2017 年第 6 期。

②　陈龙，陈一：《视觉文化传播导论》，上海：上海三联书店，2006 年，第 65—77 页。

事物及事件变得可交流；中华民族个体成员间具备既定的共同体关系，在其中可以达成传播与交流；中华民族成员进行有效符号互动的过程中能产生认同感，认可自己的社群属性。皮尔斯将人类所有符号认知活动都归为社群活动，即人类普遍的交往活动都是在进行社群探究活动。这表明运用生肖符号在中华民族意义社群内的互动可以是非正式的，蕴藏在任意的对话、无意看见的图案等过程里，人们可能不知信息具体从何而来，但能够与社群内他人建立共同解释项。

第三节　生肖符号的当代传播价值

皮尔斯人文符号解释项的推演是开放的，并且在理论上可以绵延以至无穷，所谓的"最终解释项"仅仅能作为一个阶段性的意义。在当今人与自然的关系与古代相比发生极大变化，人类与动物力量关系发生巨大转变的时代，动物崇拜的现象逐渐在日常生活中淡化，生肖符号所承载的敬畏自然意义在逐渐流失，其背后蕴含的"敬天重道""天人合一"理念与对至德至善的追求在当今社会生活中被一点点淡忘。

（一）对内建构认同

生肖符号的"对象"与"再现体"在长久的互动过程中被赋予了一定的规则，故其具体的表现形式相对具有普遍接受度，基本离不开十二种动物本身。但对于"解释项"，其在不同的个体能发展出不同的意义，而其又直接深刻地影响着符号传递信息与文化内涵的效果[①]。当社会文化快速发展更新，传统语境便不再适配，生肖符号原本所具有的价值观与意识形态需要在新的语境下进行阐释。

作为中华民族源远流长的传统符号，生肖及其文化具有普遍的认知度，华夏群体通过共同符号的运用建立起联系，增强了群体归属感，对构建民族认同起到重要作用。"生肖""生肖年"等概念是华夏所独有的话语，当他们被使用、解读，便具有了华夏民族的象征意义，华夏群体认同就会在这种解读中建立并强化。而在这个过程中，生肖符号的使用是仅出现在新年时随处可见的谐音词句、动物形象，抑或是被逐渐视为"迷信"的"太岁说"，还是能够结合其背后宏大的思想理念与古代科学发现，向当代华夏群体传递更深厚的传统文化内核？

---

① 程馨媛：《符号学视阈下中国文化对外传播的策略研究》，《新闻传播》2018 年第 23 期。

（二）对外传播文化

面对当代华夏群体之外，在生肖符号作为华夏典型文化符号代表"走出去"的过程中，更要关注受众个体的差异性，并对"再现体"进行优化。近年许多国外品牌为迎合中国消费市场推出"生肖限定"产品，但时常出现所谓生肖设计仅是在产品上印上不知所云且十分突兀的动物图案的状况。这反映出生肖作为华夏符号在对外传播的过程中并未有效承载其文化价值，符号编码的欠优导致了解码的片面、有限甚至无效，符号背后的解释意义缺位。设计者在运用生肖符号时要明白，消费者在进行符号消费时，除了在占有生产资本，也是在占有文化资本。故其需将符号所处的文化体系纳入对再现体的设计考量，在消费与认知的互构过程中进行文化输出。

生肖符号是否发挥到了其对内构建认同、对外传播文化的功能值得我们深思。结合三元模式，成功使用生肖符号，需要深入探究其解释项的意涵，找寻切合的文化属性，提取其解释项的关键文化词性。在设计上，既要融合生肖的传统造型，在表现形式上做到古今相融，更要深挖生肖的文化内涵，从生肖个体具有的品格特点到蕴含的"人生""天时"相合为一的华夏圣贤价值观进行全面把握，从而完善成为新时代的生肖符号。

回顾生肖文化，其反映了中华民族的民俗文化，同时展现了出圣贤文化"天人合一"思想的通俗表现。可以说，从"再现体""对象"到"解释项"，生肖符号不论是艺术表现形态、展现的审美与愿景，还是内核中承载的华夏文化中人与人、人与社会、人与自然的关系理念是华夏传播文明的独特体现，是源远流长的中华文明的产物。

（本章作者：刘伊令　谢清果）

第十讲　华夏教育传播研究

第二十五章　以思成贤：
华夏自我教育传播的逻辑进路

审视当下媒介化时代，植根于工具理性本质的媒介技术以其强有力的技术逻辑作为媒介侵蚀了人之为人"沉思冥想"的本质性存在，带来人思想能力的消解和精神主体的衰落。而具备扩充人内在潜能本质的教育，有望将人从强硬技术手段单纯对象化中拯救出来，泰然处之于自我的精神家园。本文试图充分挖掘华夏先贤哲思有关自我教育的丰富传播思想，立足于人与媒介关系视角下的生命理性，分析思想媒介里"赤子之心"和"浩然正气"的内在意涵，试图阐释自我道德情感如何在礼乐协同的仪式传播机制中受到激发，以思为媒与万物共处，进一步调配身心关系，使其最终到达圣贤君子所具备的慎独自在精神境界。

第一节　华夏自我教育传播的观察视角

随着智能媒体在日常生活中扮演着愈加重要的角色，网络构筑的虚拟世界正在通过强有力的技术逻辑使人沉浸其中并忘却自我，此时媒介不仅成为人的延伸，更通过人的沉浸时刻缠绕其中，让人变为符号化的对象，成为媒介化的人而存在。技术层面上的根源在于聚集、存储、链接一切的互联网突破时空限制，随时随地包裹人的精神生活，用其自身运行的高效率影响并重塑现代人的生活节奏，连同大量信息的快速更迭、生成与流变共同编织起诉诸工具理性的意义之网，使得荒野时代充满活力的生命意义在一切物欲浮华中渐行渐远。而从人自身使用媒介与媒介共处的自我价值角度出发，新媒体工具过分夸大了人自我呈现的手段，表现为呈现谱写了生存，幻想取代了现实 [①]，膨胀的世俗欲望依托新型媒介找到了释放的出口，天性中代表享乐的部分自我驰骋而来，生命中原先淳朴自然的本心因主体价值的失衡而逐渐丧失。

媒介技术通过对存在物的摆放设置干预人对本质的自我觉知，教育的真义则显现于从计算逻辑到心灵理性的回归，挣脱单纯理性的对象化思维，应和人的内

---

① 何华征：《新媒体时代人的生存问题的现代性解读》，北京：中国文史出版社，2016年，第94页。

在生命本质的回归①，由此新时代下的教育才可成为扩充人内在潜能、寻找释放人天性本心、完善实现人生命价值的重要手段。具体而言，当教育被视作内在的倾注个人感受与体验的生命活动过程，而非单纯外在于其生命本体的异己力量时，理解自我便能够成为教育活动开展的基础，其中勇于直面焦虑等负面情绪的一面也得以成为教育面向人生命本体真实存在展开的基本途径。此外，并不容易实现的有效自我传播活动能够为其他人在社会中进行的传播活动打下坚实的基础②，直面真实自我也因而能够成为人避免沦为统一社会模式中标准化的产物，生命主体实现拒绝科技与理性的奴役的有效方式。③

由此观之，对于人之为人沉思冥想本质展开系统性的论述，关注其在自我教育传播过程中如何以思为媒对抗外界信息的过分干扰，在工具理性僭越价值理性致使生命意义消解的当下具有深刻的时代诉求和现实意义。然而，纵观近年来教育传播学的发展进路，多从整体教育传播系统出发，系统性地探讨了教育传播学的基本组成部分和构成要素，多关注技术变革下整体上教学活动的最优化和最终教学效果的提升，鲜有作为信息接受主体被教育者自我传播活动的完备论述，或关注到教育传播对于揭示人生命本质的重要作用，却未能深究出一套完备的方法论，因而无法充分的应答工具理性与价值理性如何平衡这一根本出路的时代性问题。

自我教育源于"人在文明给定的条件下生存，难免不受限于规范和限制，由此更增添人对返回本真原始生活，返回和谐宇宙生命的渴念"④。当现代功利主义戾气高举工具理性武器，过分强调人与工具自然协调效率，极大凸现技术在教育场域内建设性支配作用，而忘却了技术的归宿与使命并非物质生产力的快速提高，而为彰显人性文明的礼乐秩序建构出的文化生产力⑤，致使对存在于人之为人本质思考中教育目的合理性的忽视。富于生命关怀哲思的自我教育思想可作为价值理性的思想本位，迫进个体灵魂本源，恢复人与物协同进化的存在常态。综合前人研究，笔者认为定义自我教育当基于先秦圣贤天人合一的教育智慧，促发"教天地人事育生命自觉"个体由内而外实现自觉把握人生命运转化规律⑥，尝试斯仁而

①   周廷勇：《计算意志的聚集和人的无保护性：互联网本质与教育的沉思》，《现代传播》2019年第 10 期。

②   陈力丹：《自我传播的渠道与方式》，《东南传播》2015 年第 9 期。

③   阎光才：《教育的生命意识——由荒野文化与园艺文化的悖论谈起》，《清华大学教育研究》2002 年第 2 期。

④   ［俄］尼古拉·别尔嘉耶夫：《人的奴役与自由》，徐黎明译，贵阳：贵州人民出版社，1994年，第 58 页。

⑤   吕明烜：《古圣制器与儒家技术思想》，《第七届世界儒学大会学术论文集》，山东曲阜，2015年，第 550 页。

⑥   叶澜：《中国哲学传统中的教育精神与智慧》，《教育研究》2018 年第 6 期。

至的信息求索，诚觉良知的意义发掘，趋向他者的自我超越，从而面向自由自觉而非自役自制的心灵境界，走向完整完全而非完善完美的成人之道。具体而言，"夫随成心而师之，谁独且无师乎"（《庄子·齐物论》）忠于本心的贤者当反抗无聊空虚、荒诞虚无的生命存在方式，积极推进心智建构，利用发展主体同外部客体的相互作用关照自身，提升、扩大、完善受教育主体的生命自在状态，并让其与外界关系得到合理发展 ①，成为人与万物同在意义网络中不可或缺的节点。雅思贝尔斯在其经典著作《什么是教育》中曾提及教育的原则是通过现存世界的全部文化导向人的灵魂觉醒之本源和根基。工具理性的放大有可能让人超越本性与创造天性时刻受到无可奈何的捆绑，从而默默忍受个体自我价值的放逐般异化，在日常的忧劳活动中渐渐缴纳不屈的精神力量，活成了世俗机器系统运转中的部分零件。当烦琐入侵热情，单调消解生机，教育之关切理应回复个体趋于发现自我、塑造自我而非摒弃自我、控制自我的成长。儒家的教育理念注重以君子的榜样为学习的模范，以德行优于知识，以圣人人格为教育的培养目标，强调成人或全人的教育理念，突出自我的主动性在教育过程中的意义，着眼在把人变成全面发展的高尚的人。② 自我教育则应立足于个体的生命原点，充分强调自觉且自由的人格养成，回归深思冥想的传播本态，展开丰富多元的自我对话，最终显现出"完人"境界的传播效果。

传播学视野下的自我教育将人本身视为媒介化的存在，以"因物自然，不设不施"（《道德经·第二十七章》）生命自我完整作为传播使命，透视非物质思维所蕴含生动的非固有本性传播偏向，尝试挖掘与分析主体性心灵认知、理解、感悟所处世界意义场域的传播能力，从而到达使用不断自我超越、进行与他者意义和解联结的价值理性，追求灵昭明觉诗意栖居的传播效果。笔者从华夏先贤丰富的教育传播思想中获得启发，试图深层次挖掘华夏先贤哲思中关乎自我教育层面的传播学理智慧，系统性阐释华夏自我教育传播的基本逻辑范式，以期为后来学者于人与媒介关系研究中提供更为完备华夏先贤观念的研究视角。

---

① 鲁洁：《教育：人之自我建构的实践活动》，《教育研究》1998 年第 9 期。
② 陈来：《论儒家教育思想的基本理念》，《北京大学学报（哲学社会科学版）》2005 年第 5 期。

第二节 华夏圣贤文化中蕴含对
自我生命价值教育意义的积极审视

自古以来，华夏圣贤文化对君子、贤者、大丈夫之类的人格养成便十分注重自我传播的意义和价值。性情纯朴的常人通过存天理灭人欲的自我修身过程，以扬弃的观念组织自我道德的思想境界，使人格的养成趋于自觉；因心念的纯正美善不被外欲所蛊惑，德行教化的感染下意义系统愈加完备，与人交往后反观自照、思我不足、察我所言，忘却本身个体孤独的存在，在和他者的和谐共处中发现自我、拥抱自我、发展自我。

一、主体性激活：生命存在理性的心灵审视

对于人生命价值的积极肯定关乎传播活动人作为传播者的主体性的诠释。自古至今，人类始终注重通过自身对于符号系统的思索与阐释，掌握多样的传播模式方法，利用丰富的传播媒介储存好体内外的记忆，从而扩展自我的活动范围并制造出自己的思想工具[①]。细究此漫长的创造媒介运用媒介具体实践过程，正如孔子所言"人能弘道，非道弘人"，人能够激发自身的能动性，在与媒介共生的过程中建构并阐发自我的主体意识，作为信息的解码者，在完备的信息传播活动中扮演并非被动的消极的接收者，而是更为积极主动地接受者角色。而能动性的激发离不开主体生命价值的回归，亦为受众自身的"接受主体性"——在浩瀚丰富的华夏先贤传播思想中，被庄子称为"真宰"，被慧能称为"本心"，被王阳明称为"良知"的本真精神世界，因其极易被外界的物欲所遮蔽，人作为传播活动的主体，必须通过辅助强大的主体性力量，恢复自我精神世界的本来面目，从而到达圣贤之人"道"相通的理想传播状态。[②]这种围绕自我遮蔽精神世界展开的信息传播活动具备高度的自反性，讲求华夏传播思想"反求诸己"的研究范式，强调建立在受众自觉反思或是"吸引力"的基础之上——当个体通过"主体性衰减"的不断修养进行主体的重构，获得自我的敞开与透明，其才能实现对于他者的吸引与接纳，亦即"内圣"才能"外王"。[③]落实到现实有关教育信息传播的积极尝试上，古典哲学里儒道两家所认为的"道"相通或"外王"的传播概念将融入日常生活叙事，帮助个人不自觉地尝作圣贤功夫，完善其德性人格之谓。

---

① 杨柏岭：《作为文化的传播：人、媒介与社会关系的形上之思》，《现代传播》2020 年第 5 期。

② 姚锦云，邵培仁：《华夏传播理论建构试探：从"传播的传递观"到"传播的接受观"》，《浙江社会科学》2018 年第 8 期。

③ 李红：《反求诸己：华夏传播研究的范式》，《山西大学学报（哲学社会科学版）》，2020 年第 2 期。

二、主体性联结：生命存在状态的关系构建

对于主体性的尊重与重视并不意味着非理性主义的绝对个性主义。形神的自由以及心气游于万物之间不可片面理解为绝对的独立自由，摆脱所有社会关系的制约，随心所欲地对待一切，因其必然的结果即为与万物割裂存在，个体的自我挤进了狭隘孤立的精神天地，生命质量不断压缩，灵魂矮化，龟缩进狭窄的内心，只保留自然的生命欲求，体现为人的生命性沦为了生物性本身，而人一旦舍弃了自我本可葆有的情感思想记忆，即将要丧失基本的人格独立，沦为与万物相等的地位，不再有"人是万物的尺度"一说。因此，关照人的生命理性当落脚于两方面：一方面是完善工具理性与价值理性的平衡以充分地确立人精神性生命与传播活动中的主体性地位。如"君子不器"（《论语·为政》）并非强调君子要抛弃器物，个体生命发展并非要绝对地脱离技术媒介的使用，在此对于价值理性的强调和重视并非一味凌驾于工具理性之上，圣贤之人总是"万物沛然一体"，天地万物皆可为我所用，承认的是人处于万物之间而非割裂万物而存在的主体性地位；另一方面则是人自身借助包含高贵理想信仰的精神性生命，在生活实践中到达个人理想与社会理想的统一。玄学道家将人的身心超越的生命境界落脚于将自我生命精神的超越以及对于生命社会价值实现融入人生实践中去，完善内圣外王的理想，"游外以冥内，无心以顺有"（《庄子·知北游》）是个体理想与社会理想的同时实现，回答了圣贤君子理想人格和生命境界的问题，绝佳阐述了个体与他者之间关系顺畅的生命存在状态。[①]

第三节 华夏圣贤文化蕴涵实现
自我生命意义教育的有效方法论

如前所述，强有力的技术逻辑捆绑住我们人之为人的本质，消解思维能力以及专注精力，逼迫我们与真知之性智慧渐行渐远，若是无法冷静下来思考人与万物的关系，我们迟早会沦为技术的附庸与奴仆，正如《娱乐至死》所呈现的文化悲剧那般——"当公共生活充斥了娱乐消遣的内容，人民蜕为被动的受众，民族一旦发现自我危在旦夕，文化灭亡的命运即在劫难逃。"[②]而作为个体的人所需的是怎样的沉思冥想，如何才能达到理想圣贤君子具备的沉思冥想状态，并且最终沉思冥想的立足点和终极目标应当落脚于哪里，华夏先贤所提出的心气合一的内向传播观点，礼乐教化的仪式传播机制以及内向慎独"完人"人格的传播效果呈现

① 李霞：《道家生命观论纲》，《学术界》2004 年第 5 期。
② ［美］尼尔·波兹曼：《娱乐至死》，章艳译，北京：中信出版社，2015 年版，第 210 页。

将分别回答上述个体如何拥抱自我生命价值，回归心灵理性的具体疑问。

一、以思为媒：心气合一的内向传播观点

原初天然的生命状态下，人先天的生命底色还未能彰显，个体对于信息的感知意识和能力在一开始还无法得到充分发展，天性本身并不具备接纳及思考日常生活中经验交流信息的能力，细微的情感，情绪仍需后天的养成，亦即"养心"。心是人之为人所独有的内在意义系统，它以对他人境遇的直觉感知和反应能力为根基，以情感体验和直觉之思为运行方式，在与外界的互动中构建人的道德品格，从而走向人的完成。[①]"心之官则思"（《孟子·告子上》），人的日生之性有赖于思之官能，道心之思当为修习的核心机制，体现反身而诚的自反性质。以思为媒调配人的内在传播进程，实现道心与性之间的意义共享价值体系，道心为性之所生，而道心之用又表现为对性的觉醒[②]，两者相辅相成从而逐步构建人之为人的自身存在样态。心与性的契合呼应是对人生命价值意义的挖掘方式，也是自我教育得以实现的重要前提。至于如何修心，在孟子看来，可分为消极意义的向内凝聚和积极意义的外向充拓，前者在于"存其心"，后者则为"求放心"，心的修炼不能受到外界信息过多的干扰，人需专注于自身心的专一凝定，从而为心的自觉呈现并不断扩充，遍及外物设定必要的启动机制[③]。"欲正其心者，必就其一年之所发而正之"，王阳明在孟子的心灵观念上进一步扩展，指出良知本身光洁如镜，然而极易被欲望和私意玷污，将本身的善所遮蔽，因而致良知意在去除染污，使得心性本体恢复最初纯真质朴的自然天性，这不仅是良知不断转化自身，超越自身的过程，也是个人生命境界不断提升的过程。由此观之，在喧嚣繁杂的信息生产环境里，人在进行自我教育的传播活动时，需要有意识地拒绝过多信息的干扰，将对于信息的注意力从外界变化转向自身修炼，进行专注的沉思冥想，进而发展出完备的"本心"，不断提升自我的信息接受及加工能力，亦即发挥心之主宰自身内在价值决断与定向作用，落实到生活具体实践中加以不断地实证与呈现。

气，作为食欲、性欲等生命内在具备的欲求，"其为气也，至大至刚，以直养而无害，则塞于天地之间。其为气也，配义与道；无是，'浩然之气'馁也"（《孟子·公孙丑上》）正义道性滋养下的传播者需用真诚的态度滋润，使自我的"气"充盈上下四方，无处不在，在不违背自我精神发展的前提下才能于内心处葆有充

① 彭文超：《心与人的完成：三重坐标中的孟子道德教育哲学》，《江海学刊》2019年第4期。
② 刘伟：《心的两面：论孟子的心灵观念》，《中山大学学报（社会科学版）》2020年第3期。
③ 彭国翔：《"尽心"与"养气"：孟子身心修炼的功夫论》，《学术月刊》2018年第4期。

沛的浩然正气①。"乃若其情，则可以为善矣"，气为道德本体，情感为其要义，此情非为一般意义上的喜怒哀乐，更指代人自身内在本有或者仍有待扩充的潜能，而内在的传播过程需要依赖于修心，实现或者释放出本身具备的潜能，亦即"充实之为美"②。结合孟子"万物皆备于我"的观念，内向的传播并非强调自我与外界的割裂，而是作为在与他者以及天地万物构建关系网络的一个节点的自我需借助个体行为者本身的浩然正气，在自我与他者的关系维护中发挥其"至大至刚"的作用，与宇宙原初的清明之气连为一体，在"塞于天地之间"的过程中最终实现自身。③因而，儒家所述的内向传播并非单纯意义上封闭的沉思冥想活动，而是强调道心相契的启发方式进入生命的深处，借助自我与他者之间关系网络中的互动交流葆有纯粹的经验，之后反身到自我心灵深处，进行完善的生命体认过程，也才有可能扩充自我的内在潜能，实现真正的"见道"④。修炼浩然正气的另一方面在于"以直养而无害"，"勿正""勿助"。人为无法加以过多的干涉，而要帮助它自然而然地生长起来，具体来说，于自我教育传播最终达到的效果而言也并非强制的将人塑造成某种完美精致的生产工具，从而契合当下社会运作系统的充分需求，而是让人能够自由地成为存在的人，不断发展和超越自我的人，让生命之所以为生命中沉思冥想本质得到深度的挖掘，并加以激发出创造性的生命活力，"流水之为物也，不盈科不行，君子之志于道也，不成章不达"（《孟子·尽心上》）水之不舍昼夜，生生不息，有如人的生命特质，圣贤之人的生命本原因其自然的生长养育的无比丰沛，一以贯之，形气实存并相互转化，内在的生命也因创造而不息，犹如活泉涌流永不腐朽。

麦克卢汉曾于《理解媒介》中谈及"思想也是一种特殊的媒介"⑤，诚然大多内向传播活动均关注于道德自觉的"吾日三省吾身"不断衰减主体性的私欲，自诚明与自明诚互相依赖，格物致知，穷理达一，已是心与气协同效益最大化体现，却忽视了人作为万物尺度，永处强势、至纯、至真、至美的灵性媒介审思，可以允许片刻的"心气合一"传播观念存在，从而突出生命意识自我接收信息能力中"心"所念向与"气"氛沉浸构成思想媒介不可分割的二元。"身的主宰就是心，

① 刘梁剑：《一种基于心气论的道德哲学：王夫之的孟子学及其当代意蕴》，《学术月刊》2016年第 7 期。

② 冯庆：《中国人的义气》，北京：中信出版社，2020 年。

③ 单虹泽：《从孟子到阳明："良知"的超越与转化》，《原道》2018 年第 1 期。

④ 师曾志：《生命传播：自我·赋权·智慧》，北京：北京大学出版社，2018 年，第 365 页。

⑤ ［加］赫伯特·马歇尔·麦克卢汉：《理解媒介：论人的延伸》，何道宽译．商务印书馆，2000年，第 47 页。

心之触发就是意，意的本源就是知，意的所在就是物"①，心气合一将更为明确指向出内传播形态中本原性的存在，阐释出一种更为道德自觉的原初养成——对自我道德善念的坚信和激励构成了心的运作，以及对自我先天潜能的蓬勃野性建造出气的"生生不息"，凸显二者均为生命主体的自由本源构建而且密不可分：从传播动力而言，心是官能的统摄，气则是内在欲望的推动，彼此交融才能实现思想媒介在场的感官体验；从传播运行而言，"君子役物，小人役于物"（《荀子·修身》）正心本身是对私欲的控制，而欲念本身需要时刻受到心灵的牵引，否则刚健有力的浩然正气将会在意义场域内毫无方向地随处摇摆，在还未滋养成熟之前碰撞损耗，威胁生命本体的完整原初；最终，从传播效果而言，心与气本身拥有各自的媒介逻辑，是复杂思想中不可分割的一体，前者偏向于谨慎小心的觉悟层面，是信息传播中觉知，赋予意义与价值的主宰，即意义的消解，后者则偏向于放肆超越的认识层面，是信息传播中感知，获取建构信息新兴内涵与本质的主宰，即信息的连接。在"奇思妙想、灵意生感"此种特殊内向传播行为展开中，意义与信息需时刻交互进行，主体需因洞察信息而知晓意义，亦因洞察意义而知晓信息，饱满有力的精神场域方可敞开出生命自由实现，摆脱器物奴役此种最为根本内在思维逻辑演进的深度"命格"。本然之性即存在于对实然气质之性超越过程中②，二者无限逼近趋于一体的短暂时刻，灵魂光亮便能忽明忽暗地乍现扑闪，也将延伸到灵感迸发的具体现实体验中。

当下信息忧思体现于媒介夸大自我呈现手段后生存焦虑的"信息病症"——内在的意义系统与外界标准化评价体系的意义系统之间的交流与互动的方式，趋向于内在急切附和外界，致使外界毫不费力捆绑内在。如此的自我传播观念不断地渗入日常生活中的微小叙事之中，无形之中便不自觉地消解了人自身精神性生命的价值与意义。而华夏先贤的自我教育思想在最初的内向传播活动中强调以思为媒，要充分尊重并挖掘个体的知觉与反观自照的能力，让个体借助微小情感、情绪、感觉的积累，发掘阐明灵性片刻，才可在之后有所传播作为——于具体的生活经验中感知自我与他者的交互，在使用媒介的过程中有望深入运用自我信息接收意识能力，扩充自我的内在潜能，让自在的意义系统和外在的意义系统相辅相成，让物与人都成为其自身，物为客体与对象，人为主体，完善建构好自我与他

① （明）王阳明：《传习录》，张怀承注译，长沙：岳麓书社，2004 年，第 14 页。
② 黄玉顺：《"情感超越"对"内在超越"的超越——论情感儒学的超越观念》，《哲学动态》2020 年第 10 期。

者之间的关系网络[①]。

二、情感激发：礼乐教化的仪式传播方式

"日益加剧的个体化进程意味着孤独感和不安全感的日益增加，也意味着个人对宇宙中地位，对生命怀疑的增大，个人的无能为力与不安全感也有可能构筑对生命存在的侵犯。"[②]除却通过沉思冥想到达道心相契、灵昭明绝的精神境界，丰富完善生命本性的内在意蕴，自我教育传播离不开外界符号意义系统的激发。通过情感媒介在场的仪式世界认知，达到生命主体的内在平衡状态，为自我在生活意义世界积极主动尝试完善自我的价值理性，释放内在潜能提供强大保障。

儒家关乎感性的教育信息传播活动较为典型的显现为"礼"与"乐"两个层面，前者外在于日常生活中的各种礼节仪式，规范各类社会关系，建立在诸如"贵贱有序"等基础上的道德规范和礼仪风俗，要求人们在日常生活中一举一动都要遵循该修养自身和待人接物的基本准则，后者实为探求人的本性及变化，在自我与他者的关系中发挥弱化差别，和合矛盾，情感抒发后毫不乖戾且恰到好处，内涵中正平和、顺遂万物的道义价值意蕴[③]。

《通志·乐略》曾言："礼乐相须以为用，礼非乐不行，乐非礼不举。"礼与乐相辅相成，作为相互作用，互不分离的两种符号形态，成为仪式的有机组成部分，显示出独特的作用和地位，一方面以特有形式激发受众的情感，另一方面礼乐蕴含的仁义作为国人基本道德情感，建构起相互认同的基础[④]。礼乐协同作为华夏情感交流的基本机制实为以人为核心，深入到人的情感来实现对人的控制教化，内向传播层面上用符号化形式传播情感，诉诸情感的感知与认同，其中凸显的是对于人主体性的尊重，表现出人的自我意识觉醒和对于人的本质认识和终极关怀[⑤]。礼乐施行的要义，在于没有礼的乐将毫无节制，而脱离乐的礼又将显得过分残暴，其教化的内核并非依赖高深莫测的心性修养来安抚底层民众的精神，而是更多地强调利用日常的礼仪规训来实现对于底层民众的精神安顿，从而在感性的叙事以及身体在场感知的氛围中生发出对于礼仪秩序的敬畏[⑥]。情感媒介在仪式传播过程

---

① 周廷勇：《计算意志的聚集和人的无保护性：互联网本质与教育的沉思》，《现代传播》2019年第10期。

② [美]埃里希·弗罗姆：《逃避自由》，刘林海译，上海：上海译文出版社，2015年，第23页。

③ 蒋颖荣：《荀子的"礼乐"教化思想与现代道德传播》，《哲学动态》2010年第5期。

④ 谢清果，林凯：《礼乐协同：华夏文明传播的范式及其功能展演》《新闻与传播评论》2018年第6期。

⑤ 龙柏林，刘伟兵：《传统礼乐的文化整合功能》.《重庆社会科学》2017年第2期。

⑥ 冯兵：《礼乐哲学论纲》，《社会科学研究》2015年第4期。

中发挥对主体精神世界建构作用的关键在于情感的社会化。社会和个体通过仪式链接施行互动，个体通过他者反馈不断改善自我情感，并自觉改善社会情感文化，进而巩固和发展社会整体情感制度①。

区别于规训式教育对人的支配、处置、压制、形塑作用②，礼乐通过情感媒介对人的精神主体实行教化，并非试图桎梏人的天性，而是强调通过超级符号的缔造引导人的生命主体价值中偏向享乐纵欲的自我部分与更为理性严谨遵守规约的超我部分达到平衡，致使人在回到现实自然世界里以更为平衡有力的价值意义系统来完成现实生活场景各类信息解码活动，从而达到呼唤心灵理性力量回归的目的，自得于各类关乎信息运输传递、意义构建分享以及日常生活交往的传播情境③——"君子素其位而行，不愿乎其外。素富贵行乎富贵，素贫贱行乎贫贱，素夷狄行乎夷狄，素患难行乎患难。君子无入而不自得焉。"（《礼记·中庸》）

礼乐协同是华夏文明传播中仪式传播方式典型例证，细究仪式世界编造的超级符号化行为如何通过情感媒介激活人自我内在的意义系统，关键在于仪式本身作为强有力的传播效果形式，其需建立于最基本的信仰和价值观基础之上，充分挖掘共有符号意义系统中隐秘深刻的编码逻辑，以此激发情感的媒介作用，从而利用早已超越了模式化的行为来构建行为本身的超级符号④，达到对于人的自我教化作用。传播仪式观强调参与、分享、联合以及拥有共同的信仰，并非信息在时空意义上的扩张，而是在时间意义上对于社会的维系，并不在于分享信息的行为，而要突出共享信仰的表征⑤。仪式传播为受众建构并维系好一个有秩序、有意义、能够用来支配和容纳人类文化行为的意义世界，参与者在进行信息分享的活动时，媒介在参与者的精神世界中具备重要角色，帮助传播活动的受者逐步形成媒介化的人生观与世界观⑥，内隐于心而后外化于行，离开仪式世界后的真实生活场景中因身体在场带来完全打开、真切沉浸的感官体验、更为全面的认知框架，促成个体更加清晰地依赖自我的理性的信息接收意识能力，丰富自我认同，完善身份建构，编织更为完满生命自在的意义之网，并在现实生活的具体实践中加以显现。

① 赵委委：《技术发展与个体精神世界的建构》，博士学位论文，中共中央党校，2019 年，第 134 页。

② 金生鈜：《规训与教化》，北京：北京教育科学出版社，2004 年，第 2 页。

③ Eric W.Rothenbuhler. *Ritual Communication: From Everyday Conversation to Mediated Ceremony*. California: SAGE Publications，1998: 58-59; 26.

④ 张方敏：《仪式传播场域论纲》，《当代传播》2015 年第 5 期。

⑤ James .Carey W. *Communication as Culture: Essays on Media and Society*. Umvin Hyman. Inc.1989

⑥ 朱杰：《仪式传播观浅议》，《当代传播》2007 年第 2 期。

三、慎独成贤："完人"人格的传播效果

《中庸》有言："君子戒慎乎其所不睹，恐惧乎其所不闻。莫见乎隐，莫显乎微，故君子慎其独也。"慎独是作为主体的君子以高度自觉的心态来处置自我的内心活动。直观而言，慎独为不断反省自我督促自我的成贤功夫，强调以圣贤境界的崇高来反衬俗我卑贱的姿态，从而进一步完善巩固内向传播活动的进行，并不断以最新的成果为基础，巩固和推进更深层次的自我心灵革命[①]。而前文所述的礼乐施行中情感媒介的激发和尽心养气思想媒介的发挥作为完善内在的道德本质为人自身保持道德自觉和精神充裕打下坚实的基础，有望成为在儒家圣贤看来慎独修身的"完人"人格境界——个体超凡入圣的最高精神修养目标，"慎"于内心隐秘深处，因人的存在内外其为一体，如"翩翩君子"的外在形象必然与行事中的温婉之风相联系；"独"于万物来往之间，并非意味自我与万物关系的割裂，而是强调内心的高度自由，充分显现于内在心灵编织的意义之网与外界视听媒介环境建构信息的符号系统达到了和谐共处的平衡状态。

此种生命存在的平衡状态一方面落脚于具体能动的受者自身积极主动的信息接收意识与能力，借助广袤的信息积累培养强大"解蔽"的信息洞察力。理学家黄宗羲曾言"人能于虚静处认得分晓，又于闲静时存得纯固。此乃万理之宅，万事之原"：被视作具体能动积极的受者尽心养气的完备内向传播活动中蕴含内在的对自我生命价值的高度重视，得以在万籁俱寂时分结合自我对于礼乐施行仪式传播强化后的意义系统，挖掘出生命自身充分的活力与冲动，不易被事物的局部所蒙蔽，高度的实施自我的沉思冥想，对于世间万物运行基本机理进行批判性的认知与理解，达到"圣人知心术之患，见蔽塞之祸，故无欲，无恶，无始，无终，无近，无远，无博，无浅，无古，无今，兼陈万物而中县衡焉。是故众异不得相蔽以乱其伦也"（《荀子·修身》）的解蔽意蕴。圣贤之人能够充分知晓任何带有过于偏颇的思想视角抑或未加控制的情感冲动对于信息认知上存在的极大祸害因而能够很好地做到深入探究认知事物，与万物平衡共处。

另一方面则面向心灵理性力量，虽被世俗规则所制约却不为其所蒙蔽，建构完善自我的意义价值系统，从而激发生命天性中刚健有力、不屈向上、奋进不止的创造源泉。首先，自我需学会借助心灵理性力量完成内在的信息解码和编码活动。儒家圣贤慎独观念强调的是包含肉体及其相关物质存在的"物质自我"，他人关系建构联系编织起的"社会自我"以及内在主观如性情倾向等精神性生命内蕴于中的精神自我三者共同的平衡共处——以"精神自我"作为安身立命之本，进

---

① ［德］海德格尔：《林中路》，孙周兴译，北京：商务印书馆，2018，第327页。

而获得"社会自我"的高度认同，之后落实到社会自我的鲜活实践①。不同"自我"的交流转换，正是个体在与他者关系的积极建构中认识和感悟自我的存在。以孔子为代表的儒家圣贤将君子毕生追求定义为立德、立功、立言的三不朽境界，个体需葆有高尚的社会理想，将生命价值充分地与社会自我鲜活实践紧密联系起来，使得"万物沛然一体"，圣贤之人所追求的慎独意味必须紧靠时代下宏观社会环境里的风云际会，内在的意义系统需要和外界的意义系统拥有充分的交流与互动，而这种自觉性自发性积极能动的信息交互正是依托于内在心灵理性力量的作用。

其次，个体需结合已有完善的价值意义系统，进行广袤宽阔信息视野的全方位整合，扩充生命的内在潜能，亦即个体内在具备的生命理性。值得注意的是，实践目标向往建构的圣贤形象并非完全地依附于社会自我的身份认同，而是对外界意义之网的编织加以批判性自我的理解与思考，观其与精神自我相适应与不适应的部分，并探索出精神自我与物质自我相辅相成的和谐共生方式，才可称其为高度自由而非绝对自由或是毫无自由的生命理性，而之后的自我借助于已完备编码的圣贤形象，对照此媒介形象，于内心深处进行对人生观和价值观的重塑②。

最后，慎独要求君子有意识积极主动地超越外在形式，让对自我的终极关怀能够体现为确证自我道德本性的内在超越，从而能够体现出以道德理想和道德价值来进行无限扩展自我的不息过程。人在运用媒介创造媒介过程中需有赖于自身生命克服停滞向上奋勇的刚健力量，进而让内在本真的精神境界彰显无穷不止，生生不息的机灵活力，才得以利用自我"接受主体性"一面的信息感知身份、信息理解运用的意识和观点，实现拒绝人与物单纯对象化，工具理性与价值理性的归位。

四、结语

华夏教育传播思想围绕受众的"接受主体性"基本观点展开了自反性传播的讨论，包括心气论中内在"本心"与浩然正气指引人发挥信息接收自主性并拥抱自我的心灵主体，礼乐施行则通过仪式性传播传达人身体在场的强烈信息感悟从而完善丰富人内在的意义价值系统，相辅相成，共同帮助人最终完成慎独过程，激发自我生命内在的灵气活力，从而呈现出本真精神世界的完整面目。"生命托于机体以为中心而连通于一切：既有其局守之一面，同时更重要的是有其通灵之一

① 谢清果：《作为儒家内向传播观念的"慎独"》，《暨南学报（哲学社会科学版）》2016 年第10 期。
② 谢清果：《内向传播视域下的先秦儒家"慎独"观》，《杭州师范大学学报（社会科学版）》2017 年第 5 期，第 101—113 页。

面。通是正面，局是其负面。然局守之一面世俗易见，其另一面通灵之无限也，多为世俗所忽焉。"①生命以宇宙存在的"局守""机械化"作为基础，习惯于固有不变的礼仪规训，从而节省力量，再向前开展迸发创造。创造与超越顺从的无非宇宙由"局"往"通"的生命态势，不断超越实存的限制，让个体的"心"，此种包裹心理意识的丰富生命底色，不断克服"局守"的状态向上不满的突破，在庞杂信息的快速流转更迭中书写生机与活力，因心性的操存涵养从而葆有生命本体原初的纯真质朴，因气欲的真诚修炼从而在外界错综复杂的意义系统中探颐索引，因礼乐施教的固有保守利用超级符号化的仪式性行为进一步完善个体内在意义系统里偏于感性逻辑享乐纵欲的本我与偏于理性传播逻辑严谨思索的超我存在平衡，从而节省出足够创造性整合信息加以实现对外界输出的生命活力，也因万籁俱寂时分收拾身心，排除过多杂欲的干涉，不为过多的信息量所牵制，媒介与人和谐共处实现"万物沛然一体"，最终才能启发"真宰""灵韵"本真的自我精神世界②，让生命本然的指向与真实的意义得到充分完整的彰显。所谓"生如夏花之灿烂"，个体因此能够拥抱自我生命中本真向善，虚明灵觉，如其所是，刚健精进，生生流行，充满生机，生意，春意的意义③。

（本章作者：陈泓熹 谢清果）

---

① 梁漱溟：《人心与人生》，上海：上海人民出版社 2018 年版，第 11 页。
② 姚锦云，邵培仁：《华夏传播理论建构试探：从"传播的传递观"到"传播的接受观"》，《浙江社会科学》，2018 年第 8 期。
③ 李景林：《教化视域中的儒学》，北京：中国社会科学出版社，2013，第 100—101 页。

第二十六章 时空平衡：媒介视角下的
儒家圣贤教化的偏向性

中国古代王朝实行社会控制的重要手段之一是教化传播。而在国家教化传播模式中承担着重要职责的，正是那些承载着正统儒学思想的儒家圣贤们。他们承担着将王化信息转化为化民信息并将之传播给广大臣民的责任。如果将儒家圣贤们的教化传播活动看作一种传播媒介的话，则其会呈现出时间上以及空间上的偏向性，与伊尼斯的"媒介偏向论"的观点相呼应。

第一节 教化传播：理解华夏圣贤文化的视角

一、教化传播：一种统治手段

对于中国古代的历代统治者来说，所谓政治，不仅仅是政治高压和具体的行政及执行效率，更重要的是持久地将适合维护统治的文化价值通过各种渠道灌输给臣民，形成社会规范，使臣民们发自内心地臣服于当下的政治统治。也可以这么讲，既要建立稳固的政治秩序，同时还要建立用来整合、控制社会的文化秩序。而以道德伦理为主要传播内容的教化传播，即是建立文化秩序的最主要手段。

教化传播可以说是一种"内在的黏合"。在中国古代的大多数时期，教化传播被认为是政治法规、社会制度的基础。历代王朝的统治者普遍对教化传播的重视程度极高，其内在原因就在于统治者们看到了教化对于政治乃至是社会巨大的控制价值。以教化传播为基础的这种政治控制方式，很难在短期内让统治者看到明显的效果。但是从长远的角度来看，其可以最大限度地使社会长治久安，从而巩固王朝的统治根基。①

---

① 陈谦：《从传播模式与功能理论看中国古代教化》，《中共南京市委党校学报》2008 年第 2 期。

二、重要概念厘定

本章主要涉及教化、媒介的偏向性两大范畴，研究成果比较分散，所以需要对这两方面的学术成果都有一番大致的了解。

（一）教化

"教化"一词在辞海中的含义，首先解释为政教风化，其次解释为教育感化。

从概念界定的角度来看，白文刚在《中国古代政治传播研究》中将教化表述为"中国古代与政治文化应对的术语"。[①]而张汝伦认为，"教化即是国家的统治者用自己的思想来统一人们的思想，从而维护他们的统治。这并非一个简单的人的教育的问题，而是属于一种政治手段"[②]。

从教化者或者说是以传播主体的角度去解释教化，应该满足一定的预设，即教化是一种自上而下的活动，其目的是为了建立更加稳固的社会秩序。秉承着这一界定原则的学者认为，教化是通过各种不同手段对人们心理道德的一种影响因素。更有甚者认为"教化"的"教"就是"宗教"的"教"。[③]张锡勤认为，"教化即教育感化、政教感化；也有把教化当作一种手段的，即把教化看作古代统治阶级治理人民的一种手段。是统治者用来感化人民，转移人民注意视线的一种习惯"[④]。

同时，也有一些学者尝试着从被教化者或者说是传播受体的角度来解释教化。他们认为教化就是通过一定的手段和方式使当时人们的道德标准符合当时社会环境的整体要求，并成为除法律以外的人们所遵循的行为准则。[⑤]何隽在《儒家伦理教化的一个考察与分析》中有过这样的表述："教化意味着一种精神转变，即个人脱离源于个人经验的本能性或直接性的东西，本质上具有普遍性的精神意识，以及具备全社会以及社会中的所有成员都有的相似的行为方式。更重要的是这种精神不带有任何神秘主义的色彩。"[⑥]

但不论从何种角度来定义教化，我们都不难看出，古代传统教化的内涵要远远超越现代教育所能体现的方面。教化在某种程度上已经被总结成一种文化的代表，或者说就是一种文化，与民俗、传统等文化元素之间实现着相互交叉与包涵。

---

①　白文刚：《中国古代政治传播研究》，北京：中国社会科学出版社，2014年，第112页。
②　张汝伦：《作为政治的教化》，《哲学研究》2012年第6期。
③　董琰：《中国古代教化研究》，硕士学位论文，西北农林科技大学，2011年。
④　张锡勤：《试论儒家的"教化"思想》，《齐鲁学刊》1998年第2期。
⑤　王永祥：《中国古代教化方式研究》，硕士学位论文，兰州大学，2014年。
⑥　何隽：《儒家伦理教化的一个考察与分析》，《浙江学刊》1994年第5期。

（二）媒介的偏向性

20 世纪 50 年代，哈罗德·伊尼斯提出了"媒介偏向理论"，即传播和传播媒介都具有偏向性。[①] 在之后的半个世纪中，媒介环境学派的学者们相继对这一概念的内涵进行了深度的挖掘，使其成为对社会的文化和价值产生深刻影响的重要理论之一。[②]

伊尼斯通过对传播史的梳理，总结出了媒介的偏向理论。通过媒介的演变推导出媒介、社会与文化之间的联系：随着时间一点一点地向后推移以及科学技术日益的发展，媒介也逐渐产生了时间和空间两个维度上的偏向性。[③] 与伊尼斯同样作为媒介环境学派第一代代表人物的麦克卢汉，则将冷热偏向和感官偏向引入了媒介偏向理论。[④]

尼尔·波兹曼是媒介环境学派的第二代代表之一。他从整体上继承了媒介偏向理论的观点，并且创造性地提出了媒介具有意识形态层面的偏向。波兹曼认为，不管是媒介还是技术，均有一种隐含着的、并没有显露出来的偏向，而每一种具有重要作用的媒介技术，均会通过自己的隐而不发的偏向性，在潜移默化之中影响并塑造环境。[⑤]

媒介环境学派的第三代代表人物是约书亚·梅罗维茨和保罗·莱文森。梅罗维茨将媒介偏向理论的研究引入到了具体的生活层面。他认为，一种新的媒介会塑造出一种全新的环境，从而影响到处于该环境之中的人，进而影响到人们的工作和生活。[⑥] 而莱文森则认为媒介具有一种人性化的趋势，可以随着人们的具体需求进行进化。

三、研究思路及创新

本章主要围绕三个问题展开，即儒家圣贤与华夏教化传播有怎样的关系，儒家圣贤在教化传播活动中传播了哪些内容，以及媒介视角下教化传播行为有着怎样的偏向性。据此，应先从儒家圣贤这一方向下手，明确儒家圣贤在"由上至下"的国家教化传播体系中扮演着怎样的角色，在国家教化传播活动的整个过程之中起到了什么样的作用，再经由分析其所传播和宣扬的儒家教化思想，引出整篇文

① 李子路：《试论北美媒介环境学派的"媒介偏向理论"》，《新闻世界》2011 年第 6 期。
② 谢振宇、马虹：《媒介偏向理论研究综述》，《新闻知识》2016 年第 6 期。
③ 哈罗德·伊尼斯：《传播的偏向》，何道宽译，北京：中国人民大学出版社，2003 年。
④ 曹智频：《媒介偏向与文化变迁：从伊尼斯到麦克卢汉》，《学术研究》2010 第 8 期。
⑤ 范明献：《网络媒介的文化解放价值———种基于媒介传播偏向的研究》，《新闻与传播研究》2010 年第 1 期。
⑥ 约书亚·梅罗维茨：《消失的地域》，何道宽译，北京：清华大学出版社，2002 年。

章的重点部分，即在媒介视角下儒家圣贤的教化传播行为有着怎样的偏向性。

本文的创新点在于引入"媒介偏向性"这一西方传播理论，将华夏圣贤教化传播活动置于媒介的视角之下，来阐释其传播维度的偏向性，说明其在传统教化传播活动中的重要作用，并由此对儒家圣贤教化传播的内涵做出进一步的挖掘与探讨。

第二节　儒家圣贤与教化传播的互动

教化传播塑造了圣贤，而圣贤的核心作用正是教化。两者相互为用，互相促进。

一、国家教化传播体系

毛峰在《文明传播的秩序》一书中曾有过这样的表述："一个社会共同体，仅靠制度、法规等外在方式是很难粘合的，必须有一种共同的价值观作为主脑，一切制度、法规才能奏效。"[①]这句话对历代王朝的教化传播内涵有着很准确的揭示。其中所提到的"共同的价值观"，即是教化传播的内容，大体上是儒家文化所倡导的三纲六纪、五常、忠孝、王法等伦理、道德与规训等等，或者我们也可以将其概述为"纲常礼教"。

从传播对象的角度来看，教化传播的受众是全部臣民。在《权力宰制理性——士人、传统政治文化与中国社会》一书中，葛荃有过这样的表述："所谓教化，就是统治者通过包括学校在内的一些手段，宣传并推广符合统治阶级利益的一整套价值观念，并且逐步为社会中的全体成员所认同、接受，人们将会按照统治阶级的要求来自觉地约束、规范自己，最终成为满足统治者需要的顺民，从而最大程度地保证了政治秩序以及社会秩序的稳定。"[②]儒家圣贤董仲舒在谈及教化的作用时曾指出："夫万民之从利也，如水之走下，不以教化堤防之，不能止也。是故教化立而奸邪止者，其堤防完也；教化废而奸邪并出，刑罚不能胜者，其堤防坏也。古之王者明于此，是故南面而治天下，莫不以教化为大务。立太学以教于国，设庠序以化于邑，渐民以仁，摩民以义，节民以礼，故其刑罚甚轻而禁不犯者，教化而习俗美也。"[③]无论是"立太学以教于国，设庠序以化于邑"，还是"渐民以仁，

---

① 毛峰：《文明传播的秩序——中国人的智慧》，北京：中国传媒大学出版社，2005年，第102页。

② 葛荃：《权力宰制理性——士人、传统政治文化与中国社会》，天津：南开大学出版社，2003年，第74页。

③ 《汉书》，北京：中华书局，1962年，第2503页。

摩民以义，节民以礼"，从中都不难看出古代教化的对象是臣民。国家通过教化而不是刑罚，对臣民起到"堤防"的效果。

从国家教化传播的目标来看，其中最基本的无疑是更好地控制社会、控制臣民。使臣民按照长期教化所形成的文化习俗、行为习惯来行事，从而最大限度地来稳定社会、巩固统治。也就是说，统治者需要的不是具备辩证思考能力、有创新意识的臣民，而是自觉自愿地按照既有规范来生活的臣民。孔子曰："民可使由之，不可使知之。"①老子言："古之善为道者，非以明民，将以愚之。"②从中我们不难看出，古代国家教化传播的核心是"教之使愚"。统治者通过长期推行教化传播，使臣民逐渐丧失多元化思考的能力，并接受相对片面的文化信息，从而养成对统治者、对政治教化的一种顺从习惯和文化自觉，成为统治者所期望看到的愚民、顺民、淳民。

二、儒家圣贤在教化传播中的作用

儒学诞生于我国中原的齐鲁大地，但是在初期，由于儒家学者们一直秉持着一种对统治阶级的批评的态度，因此起初的儒学主要是建立在学术之上的。而随着封建王朝的政治统治的逐步稳定，儒学进一步加深了与封建政治的合作，在西汉中期最终与封建王朝达成了观点与利益上的一致，从而自此开始长期地作为封建王朝统治所普遍遵循的政治依据。由此，儒学也成功实现了由学术性向政治性的过渡，有着很强的社会影响力的儒家圣贤们也开始越来越多地介入到国家的政治活动之中。政治化的儒学的最大特点，同时也是儒家圣贤们主要倡导的治国思想，即是强调"教化为先，刑罚为辅"，倡导教化治国。由此，教化成了中原封建王朝政治的本质。③

在明确了儒家教化治国思想在国家政治中的地位之后，我们再来看一下儒家圣贤们在教化传播过程中的具体作用。中国古代王朝承担教化责任的首要传播者或者说传播中心，毫无疑问是整个国家的的权力核心——君主。当然，这并不意味着君主要事事躬亲地从事教化传播，参与到教化传播的每一个环节。他需要做的，只是依照君道理念行事，在一言一行之中做出表率，从而成为整个国家的精神的象征以及国家教化传播活动的源头。真正从事教化传播的具体实践的，实际上是以儒家教化思想为武装的儒家圣贤们。宋史中有过这样的表述："儒者通天、

①　《论语译注》，杨伯峻译，北京：中华书局，1980年，第81页。
②　《老子全译》，沙少海、徐子宏译，贵阳：贵州人民出版社，1989年，第132页。
③　王保国：《教化的政治与政治的教化——传统中原政治文化传播模式探析》，《学术论坛》，2008年第1期。

地、人之理，明古今治乱之原，可谓博矣。"①其中提到的儒者，也就是儒家圣贤，他们的角色定位即是上至中央政权的君主，下至地方黎民百姓的传播中介。君主将王化信息传递给朝堂之上、江湖之中的儒家圣贤们，而圣贤们又通过自己极强的社会影响力，将王化信息转化为化民信息，广泛传播给社会上的臣民。他们既是王化信息的接受者，同时也是化民信息的具体传播者，在统治君主与广大臣民之间搭建起了一座沟通的桥梁。从传播学的角度来看，我们可以说儒家圣贤是国家教化传播过程中"二次传播"的"意见领袖"，他们对国家政治的文化价值进行筛选、分析、解释，并且准确、恰当地将之传递给民众。

在教化传播活动的完整的过程之中，存在着三种权力，即政治权力、文化权力以及传播权力。其中，统治者掌控着政治权力，儒家圣贤掌握着传播权力，而文化权力则蕴含在信息传递的过程中，被统治者和儒家圣贤所共同掌控。从先秦开始，君、亲、师一体逐渐成为大一统政治的必然走向。因此，儒家圣贤们除了要承担传递化民信息的责任，同时还要在教化传播过程中，通过思想论证将理想中的君子人格让渡于现实中的君主，从而巩固君主在臣民心中国家仪范的形象，实现现实中的道、王合一。而这也是国家教化传播的原动力所在。

第三节　儒家圣贤教化传播的媒介偏向性

千百年来，由儒家圣贤们倡导并实施的教化传播，呈现出一定的传播偏向，并且遵循着时空之间的平衡。

一、儒家圣贤教化思想

儒家认为人的德善并非来自天生，而在于后天的教化，因此儒家圣贤们将教化工作看得十分重要。在他们看来，人之所以能成为贤明的君子，一是在于修身，二是在于教化。从个人角度来说，要注重自身的修养；而从国家以及统治者的角度来说，应该高度重视对于民众的教化。二者相辅相成，缺一不可。

（一）孔孟的教化思想

孔子将国家教化传播的核心概括为"由己及人"，意思是说整个教化的过程也就是君王自身在道德层面的感化的过程。他认为教化传播的关键即是统治者的个人品德。而这一观点在《论语》中曾多次被提及。例如，《论语·子路》一章中曾

---

① 《宋史》，北京：中华书局，1977 年，第 3658 页。

有过这样的表达，"其身正，不令而行；其身不正，虽令不行""上好礼，则民莫敢不敬；上好义，则民莫敢不服；上好信，则民莫敢不用情"；《论语·颜渊》一章中也曾提到"政者，正也，子帅以正，孰敢不正？""君子之德风，小人之德草，草上之风必偃"。[①]

孟子大体上继承了孔子的仁政思想。而施行仁政的核心即是要在全社会推行教化。孟子希望通过秩序来约束子民，教给他们道德，从而实现"父子有亲，君臣有义，夫妇有别，长幼有序，朋友有信"[②]，而这也是人伦五常的具体内涵。

（二）荀子的教化思想

荀子的思想大体上与封建君主的政治需求相符。王保国在《评荀子的君本论及其君民"舟水"关系说》一文中将荀子定义为后世封建统治者的幕后导师。[③]荀子把《劝学》作为自己著作中的首篇文章，足以见得"教化"在他的思想中扮演着多么重要的角色。在他看来，人性本恶，但是人们可以通过后天的教化来摆脱恶性，因此他十分强调后天学习的意义。而人性的善恶直接与社会治理的难易程度相关联，所以荀子认为教化是国家兴旺的必要也是首要因素。在《荀子·大略》一章中，有"国将兴，必贵师而重傅，贵师而重傅，则法度存。国将衰，必贱师而轻傅，贱师而轻傅，则人有快，人有快则法度坏"。[④]其中不难看出荀子对"师"的重视，对"贵师"的推崇。

（三）董仲舒的教化思想

董仲舒在儒家圣贤群体之中显得尤为特殊，因为正是他实现了儒学从学术层面到政治层面的最后过渡。他继承了孔子针对教化传播核心的界定，认为君主是教化传播的主体，在建立教化的过程中承担着十分重要的责任。在他所著的《春秋繁露·深察名号》一章中，有"天生民性有善质，而未能善。于是为之立王以善之，此天意也。民受未能善之性于天，而退受成性之教于王，王承天意以成民之性为任者也"，又有"性者，天质之朴也；善者，王教之化也。无其质，则王教不能化；无其王教，则质朴不能善"。[⑤]可见，他认为只要君主能够发挥好自己在教化传播活动中的作用，就可以使臣民"性之善于王"。

---

① 《论语》，北京：中华书局，1954年。
② 《孟子》，北京：中华书局，1954年。
③ 王保国：《评荀子的君本论及其君民"舟水"关系说》，《史学月刊》2004年第11期。
④ 《荀子》，北京：中华书局，1954年。
⑤ 《春秋繁露》，文渊阁四库全书。

在对于人性的研究方面，董仲舒否定了孟子的"性善论"，相对来说更贴近荀子的"人性本恶论"。他提出了"性三品"说和"性待教而善"，认为"性待渐于教训而后能为善；善，教训之所然也"。他认为社会之所以不能实现大治，原因在于"教化不立，而万民不正也"。而解决这一矛盾的方法，在《董仲舒传》中也有所提及："夫万民之从利也，如水之走下，不以教化堤防之，不能止也。是故教化立而奸邪皆止者，其堤防完也；教化废，而奸邪并出，刑罚不能胜者，其堤防坏也。古之王者明于此，是故南面而治天下，莫不以教化为大务。立大学以教于国，设庠序以化于邑，渐民以仁，摩民以谊，节民以礼，故其刑罚甚轻 而禁不犯者，教化行而习俗美也。"① 我们可以将其概括为建立教化堤防。如果教化能够在全社会推行，则"天下和洽，万民皆安仁乐义，各得其宜，动作应礼，从容中道"。

二、教化传播活动的媒介偏向性

伊尼斯认为，人类的文明活动和传播行为由于所依靠的媒介的不同，从而出现了"时间的偏向"和"空间的偏向"两种情况。具有时间偏向性的媒介，依靠视觉和口头传统，例如汉字、纸张、书籍等等，笨重但易于长久地保存和流传，有利于文化、规范的传承以及国家的稳固。而具有空间偏向性的媒介，依靠听觉和书面传统，例如字母文字、广播、电报等等，轻便但不易于长久地保存，有利于文化输出和帝国扩张。伊尼斯在《帝国与传播》一书中表达了他对于媒介偏向性的看法。他说："我们考虑大规模的政治组织，比如帝国，必须立足于时间和空间两个方面。我们要克服媒介的偏向，既不能过分倚重时间，也不能过分倚重空间。"② 也就是是说，一种政治制度或者是一个政治集团，若想要长久稳定地延续下去，就必须在文化、制度的传播过程中把握好传播媒介的两个维度的平衡。

如果我们进一步引申媒介偏向理论，将整个教化、教化活动、教化制度看作一种"传播媒介"，或将这一"传播媒介"视为社会教化的一种"隐喻"，则圣贤教化呈现出两个传播维度，一是共时性的空间扩散，二是历时性的文化传承，分别与"媒介偏向理论"中"时间的偏向"和"空间的偏向"相对应。我们可以将之分别比作代表教化传承的历久弥新的"石碑"，以及代表教化传播的传之广远的"电波"。而中国古代的儒家圣贤们，在进行教化传播的时候，也非常讲究在时间和空间两个层面上维持一种平衡。

一方面，儒家圣贤们普遍遵循儒家道德思想，推行道德教化和人文教养，从

---

① 《汉书》，北京：中华书局，1988 年。
② 哈罗德·伊尼斯：《帝国与传播》，何道宽译，北京：中国人民大学出版社，2003 年，第 5 页。

而培养民众善的性情，使他们按照规范的文化习俗、行为习惯来行事，由此形成忠于君主、礼敬圣贤、兼爱众生的文化精神和文化传统。荀悦《汉纪》曰："夫成大化者，必稽古立中，务以正其本也。"所谓"稽古"，即是注重对传统文化、历史经验的传承。说明儒家圣贤们传播的政治制度与文化精神并非凭空而来，而是对传统的继承与发展。由此可见，教化传播的历时性传承，在漫长的历史长河中一直受到高度重视。

另一方面，儒家圣贤教化思想的精髓，甚至上升到中华传统文化的精髓，在于内在涵养的自然而然的外化，在于文明教化的适度传播，而不是强制性文化输出和扩张。《令蕃客国子监观礼教敕》中写道："夫国学者，立教之本，故观文之道，可以成化。庠序爰作，皆分泽于神灵；车书是同，乃范围于天下。近戎狄纳款，日归夕朝，慕我华风，孰先儒礼。由是执于干羽，常不讨而来宾。"《论语·季氏》中有言："远人不服，则修文德以来之。"这些都说明中国古代儒家圣贤们所推行的教化传播非常讲究空间传播的维度。

作为时间维度上的"石碑"和空间维度上的"电波"，儒家圣贤所主导的华夏教化传播既是华夏历史传承时间序列上的精神原点，同时也是华夏对外教化传播空间方位上的精神中心。"石碑"与"电波"之间的平衡，正是中国古代社会政治制度、文化模式得以延续不衰的重要原因。

教化传播对于社会和谐稳定、国家长治久安的重要性不言而喻。中国古代的儒家圣贤们，通过建构国家教化传播者的身份，在君主与民众之间搭建起了一座沟通的桥梁，在教化传播活动的过程中与不同历史时空中的人对话、与不同空间维度上的人交流，使华夏传统教化传播真正地实现了时间与空间维度上的平衡。

反观当代，华夏教化传播的理论思想与实践经验依然可以发光发热，在学术层面引导我们去挖掘华夏传统文化精神中的闪光点，在实践层面指导我们去探索中国文化内外传播的路径。

（本章作者：周啸宇 谢清果）

参考文献

[加] 马歇尔·麦克卢汉，何道宽译 . 理解媒介：论人的延伸 [M]. 南京：译林出版社，2011.

[法] 雷吉斯·德布雷，黄春柳译 . 媒介学宣言 [M]. 南京：南京大学出版社，2016.

潘祥辉 . 华夏传播新探：一种跨文化比较的视角 [M]. 上海：复旦大学出版社，2018.

[法] 罗兰·巴特，许蔷蔷（译）. 神话：大众文化诠释 [M]. 上海：上海人民出版社，1999.

杨国荣 . 善的历程：儒家价值体系研究 [M]. 上海：华东师范大学出版社，2009.

刘刚，李冬君：中国圣人文化论纲 [M]. 太原：山西教育出版社，2014.

王文亮 . 中国圣人论 [M]. 北京：中国社会科学出版社，1993.

金观涛，刘青峰 . 观念史研究：中国现代重要政治术语的形成 [M]. 北京：法律出版社，2010.

葛荃 . 权力宰制理性：士人传统政治文化与中国社会 [M]. 天津：南开大学出版社，2003.

费孝通 . 皇权与绅权 [M]. 天津：天津人民出版社，1988.

钱穆 . 宋代理学三书随札 [M]. 北京：读书·生活·新知三联书店，2002.

周良宵 . 皇帝与皇权 [M]. 上海：上海古籍出版社，2014.

刘泽华 . 中国政治思想史 [M]. 北京：人民出版社，2008.

许进雄 . 中国古代社会：文字与人类学透视 [M]. 北京：中国人民大学出版社，2008.

郑丞良 . 南宋明州先贤祠研究 [M]. 上海：上海古籍出版社，2013.

樊浩 . 道德形而上学体系的精神哲学基础 [M]. 北京：中国社会科学出版社，2006.

杨阳.王权的图腾化：政教合一与中国社会 [M].杭州：浙江人民出版社，2000.

刘泽华.圣人：中国传统文化的本体 [A].洗耳斋文稿 [M].北京：中华书局，2003.

顾颉刚.圣、贤观念和字义的演变 [A].中国哲学·第一辑 [C]，北京：生活·读书·新知三联书店，1979.

邓广铭.论宋学的博大精深：新宋学 [J].上海：上海辞书出版社，2003.

萧延中.中国传统中"崇圣"现象的政治符号学分析 [A].文化研究（第 5 辑），桂林：广西师范大学出版社，2005.

秦晖.传统中华帝国的乡村基层控制：汉唐间的乡村组织 [A].中国乡村研究（第一辑）[C].北京：商务印书馆，2003.

吴震.中国思想史上的"圣人"概念 [J].杭州师范大学学报.2013 年，第 4 期.

宗德生.先秦儒家圣人观研究 [A].论中国传统政治文化 [C].长春：吉林大学出版社，1987.

姜锡东.论"圣贤气象"：宋代朱熹、吕祖谦《近思录》研究之一 [J].河北学刊.2006 年第 1 期.

朱汉民.圣贤气象与宋儒的价值关怀 [J].湖南大学学报，2009 年，第 6 期.

赵克生.明代地方庙学中的乡贤祠与名宦祠 [J].中国社会科学院研究生院学报，2005（01）.

张会会.明代乡贤祭祀与儒学正统 [J].学习与探索 2015.

成云雷.榜样力量与人格优化 [J].山东社会科学，2006 年，第 7 期。

后　记

　　本书基于现有研究成果及文献梳理，以"天人关系"这一中国传统思想的中轴为框架，考察宇宙的本质和规律由于圣人而得到凸显、人的存在由于圣人而获得了价值和可能、知识由圣人所传、政治是圣治、法是圣人所生、伦理是圣人所设等观念和现象背后的逻辑发展脉络。以圣贤文化作为中心点来探索中国传统文化的传播范式，能够以小见大，以点带面，凸显华夏文明传播特质，提炼华夏文明传播的观念基础。

　　本书以西方传播学话语体系为参照，加强中西传播观念对话，同时以史为鉴，借鉴历史上人们对理想人格形象的完善、内涵的解读、价值的建构、理论的完善等方法，探索如何将个体自律的权威安住于个体趋达人格理想中的共通性路径，建构适应时代发展的理想人格传播理论框架。

　　本书认为"人即讯息"是华夏传播特质之一，总结以理想人格为媒介的传播理论，结合现代圣贤文化建设中大量的实践经验总结，便于探索充分发挥典型宣传与榜样传播的作用的路径。

　　本书提出"作为媒介的圣贤"学术观点，是基于以往圣贤文化研究，并与传播学相结合的研究新思路，具体如下：

　　其一，以历史研究的视角，注重文字学考据与观念史考古相结合，从历史的变迁中考察圣贤理想人格的变化过程及圣贤文化的传播现实，从史实中印证总结和印证圣贤文化传播的范式，强调提炼出圣贤文化传播现象背后的逻辑、传承发展而不绝的基本精神，以此来发现并总结出理想人格传播模式中能适用于不同时代的共通特质。

　　其二，以比较研究的视角，以西方传播学话语体系为参照，同时注重中西传播观念的差异，比较中西圣贤观念的不同，对如"贤能政治"等西方政治学、哲学、传播学理论视域下的理论进行参考和扬弃，总结出既能如实反映中国传统文化又能为不同民族文化所理解的中国圣贤文化图景。

　　其三，以学科交叉的视角，尽可能借鉴历史学、民俗学、政治学、社会学等学科内容，展现圣贤文化传播的诸多面向。

　　本课题研究从学术价值而言，具有较强的理论原创性和现实可行性，将为传播学"中华学派"的建设提供较为系统的理论支撑与实践素材，从而推动全国新闻传播学院校的传播理论与中国传播史的教学科研，为中华文化海外传播提供重要的依托。从预期社会效益而言，有助于增强中国本土传播理论的国际话语权，提升中华文明自信，服务于当代社会伦理道德建设，助力乡村治理。

　　本书得到"四川大学中华文化研究院 2019 年度课题"一般项目立项，本书正是该项目的结项成果，感谢四川大学中华文化研究院的资助。

谢清果

于厦门淡然斋

2021 年 4 月 10 日